D1746434

Andreas Gautschi · Burkhard Winsmann-Steins
ROMINTEN – GESTERN UND HEUTE

Die Verfasser:

ANDREAS GAUTSCHI, Jahrgang 1956, Dipl.-Forsting. (ETH), verfaßte den Text und zeichnete die Geweihskizzen.

BURKHARD WINSMANN-STEINS, Jahrgang 1948, Foto-Journalist und freier Mitarbeiter der Zeitschrift „Wild und Hund", leitete zusammen mit A. Gautschi die Arbeit, schuf und betreute die Verbindungen zum Verlag, beschaffte Bildmaterial sowie Quellen und fotografierte die heutige Rominter Heide für dieses Buch seit 1983.

Das Werk einschließlich aller seiner Teile ist urheberrechtlich geschützt.
Jede Verwertung außerhalb der engen Grenzen des Urheberrechtsgesetzes ist ohne Zustimmung des Verlages unzulässig und strafbar. Das gilt insbesondere für Vervielfältigungen, Übersetzungen, Mikroverfilmungen und die Einspeicherung und Verarbeitung in elektronischen Systemen.

ISBN 3-927848-06-9
© nimrod-verlag, Postfach 11 13, Düsterneichen 291, Bothel, Tel.: (0 42 66) 86 66, Fax.: (0 42 66) 86 67
Printed in Germany
Titelgestaltung: Heinz L. Potzkai unter Verwendung des Gemäldes „Fürst" von Prof. Gerhard Löbenberg (im Besitz der
  Ostpreußenstiftung Oberschleißheim)
Konzeption und Gestaltung: Frank Rakow
DTP-Satz: TDS Melsungen, Inge Gerlach-Wiegand, Melsungen
Lithos: Reprotechnik Schulz, Kiel, und GWS Schröder, Lüneburg
Druck: Wachholtz Druck, Neumünster
Verarbeitung: Buchbinderei Büge, Celle

Andreas Gautschi
Burkhard Winsmann-Steins

ROMINTEN

GESTERN UND HEUTE

2. durchgesehene und ergänzte Auflage

90 Farb-
90 Schwarzweißabbildungen
5 Grafiken
18 Tabellen

nimrod
verlag + versandbuchhandel

Oberförster Andrzej Krajewski
und allen waidgerechten Jägern
dieses Waldes

Vorwort

Der Name „Rominten" ist heute noch immer Sinnbild beispielhafter Hege. Die kapitalen Hirsche, die dort zur Strecke kamen, sind in der Jägerschaft keineswegs vergessen, nicht nur in Deutschland, sondern auch in vielen ausländischen Revieren, in denen gegenwärtig unter ähnlich günstigen Verhältnissen eine zielbewußte Hege betrieben wird. Zu erinnern ist beispielsweise an das ungarische Revier Lábod.

Freilich, wer die leicht erreichbare Beute sucht, hüte sich, heute in die Rominter Heide zu fahren. Es gibt hinsichtlich der Höhe des Wildbestands, der Stärke der Geweihe und des Grades der Hege wesentlich „anziehendere" Reviere. Und doch läßt die Rominter Heide diejenigen, die ihr einmal verfallen sind, nicht mehr aus ihrem Bann. So auch die Verfasser.

Angeregt von der bekannten Rominten-Monographie WALTER FREVERTS, des letzten Revierverwalters des Rominter Forstamts Nassawen und Leiters des Oberforstmeisterbezirks „Rominter Heide", haben sie sich darangemacht, immer tiefer in dem umfangreichen Schrifttum zu diesem vormals einzigartigen Jagdrevier nachzuforschen. Sooft es möglich war, haben sie die Rominter Heide aufgesucht, um dort dem Waidwerk nachzugehen. Sie nahmen auch Verbindung zu den wenigen noch lebenden Forstbeamten aus deutscher Zeit und deren Nachkommen auf. Manches, was sonst der Vergessenheit anheimgefallen wäre, konnte so der Nachwelt erhalten bleiben.

Dies soll keine Rominter Monographie sein. Sie wurde vor über dreißig Jahren von berufenerer Hand geschrieben. Trotzdem, so hoffen wir, mag das vorliegende Buch als Dokumentation seine Berechtigung haben. Hier wird ein Bild der Rominter Heide gezeichnet, ohne daß auf das Selbsterlebthaben der Zeitläufte ihrer jagdlichen Blütezeit zurückgegriffen werden konnte. Dies bringt die Gefahr mit sich, Wesentliches zu verkennen, Unwesentliches überzubewerten.

Aber eine Sicht aus der Ferne ermöglicht es auch, den Raster der Zeitlosigkeit, der unabhängigen Sachlichkeit anzuwenden. Darum haben sich die Verfasser bemüht. Sie sind vor gelegentlicher Kritik, wo diese unumgänglich schien, nicht zurückgeschreckt. Immer jedoch geschah dies im Bewußtsein, daß Handeln und Urteil der Menschen auch vom jeweils herrschenden Zeitgeist bestimmt werden.

Die veränderte politische Situation brachte es mit sich, daß uns vorher verschlossene Quellen plötzlich zugänglich wurden. Das betrifft vor allem den nördlichen (russischen) Teil der Rominter Heide, den die Verfasser nach Abgabe des Manuskriptes mehrfach aufsuchten. Die sich daraus ergebenden Erkenntnisse wurden – soweit möglich – noch in Wort und Bild eingearbeitet. Nicht alle Fragen können damit beantwortet werden. Deshalb sind die Autoren an weiterem ergänzendem Material interessiert.

Die rege Nachfrage hat es mit sich gebracht, daß die 1. Auflage dieses Buches bereits nach drei Jahren vergriffen ist. Die notwendig gewordene 2. Auflage gab keine Veranlassung zu wesentlichen Veränderungen im Text, es wurden zur Hauptsache nur Druckfehler berichtigt. Erweitert wurde hingegen die Literaturliste, da inzwischen noch zahlreiches Schrifttum über Rominten ausfindiggemacht werden konnte.

Frühjahr 1995

Andreas Gautschi
Burkhard Winsmann-Steins

Inhalt

Vorwort 7

Zur Geschichte, Beschreibung und Bewirtschaftung des Rominter Waldes 9
    Geographische Lage und räumliche Verhältnisse 9
    Landschaft, Gestein, Boden und Gewässer 10
    Das Klima 18
    Die Waldgesellschaften der Rominter Heide 19
    Charakter des Waldes und Zusammensetzung der Bestände 20
        Die Fichte 21
        Die Kiefer 25
        Die Eiche 27
        Die Linde 28
        Esche, Spitzahorn, Ulme und Hainbuche 28
        Schwarzerle, Birke, Aspe, Weichlaubholz 28
        Fremde Baumarten 31
    Der Wandel in den Bestandsverhältnissen 33
        Das ursprüngliche Waldbild der Rominter Heide 33
        Wandel in den Bestandsverhältnissen aus natürlichen Ursachen 33
        Wandel in den Bestandsverhältnissen durch primitive Waldnutzungsformen 34
        Ältere Bestandsbeschreibungen 38
        Art und Auswirkungen der geregelten Forstwirtschaft in der Neuzeit 38

Die Verwaltung der Rominter Heide 46
    Die Entwicklung der Forstverwaltung 46
    Die Rominter Heide als Kriegsschauplatz 54
    Der Neubeginn unter Polen und Rußland 60

Die baulichen Einrichtungen der Rominter Heide 65
    Die Waldsiedlungen in neuerer Zeit 65
    Das Wegenetz 67
    Die Romintensche Jagdbude 71
    Das Kaiserliche Jagdhaus Rominten 73
    Der Reichsjägerhof Rominten 78
    Jagdliche Anlagen 82
    Grenzanlagen in der Rominter Heide 89

Rominten, altes Hohenzollernsches Jagdrevier 91
    Geschichte der Wildbahn 91
    Aus der Entwicklung des Jagdregals und Jagdrechts 96
    Die vormaligen Jagdmethoden in Rominten 97
    Die Jagdherren der Rominter Heide 98
        Deutschordensritter und Hohenzollernfürsten 98
        Die Jagdherren des Kaiserreichs 99
        Rominter Jagdherren der Weimarer Republik 109
        Das Dritte Reich – Hermann Göring 110

Die Rominter Forstbeamten 122
    Zeitliche Übersicht 122
    Oberförster Reiff, Nassawen 124
    Oberförster v. Saint Paul, Nassawen 127
    Forstmeister Frhr. Speck v. Sternburg, Szittkehmen 129
    Forstmeister Witte, Goldap und Warnen 135
    Oberforstmeister Wallmann, Nassawen 136
    Oberforstmeister Frevert, Nassawen 139
    Oberförster Krajewski, Szittkehmen und Goldap 143

Jagdmalerei in Rominten 144

Das Rominter Rotwild 149
Herkunft, Geweihform und besondere Merkmale des Rominter Hirsches 149
Bestandsentwicklung 154
Wildbret- und Geweihgewichte sowie Endenzahl des Rominter Hirsches 157
Die Jagd auf den Brunfthirsch 165

Das Elchwild 189

Anderes Schalenwild 191

Das Raubwild 201
Bär, Wolf, Luchs und Wildkatze 201
Das kleinere Haarraubwild 212

Hase, Biber und Bisam 216

Das Federwild 218

Zum Schluß 224

Schrifttum 226

Personen- und Ortsregister 236

Bildquellen-Verzeichnis 246

Übersichtskarte 248

Zur Geschichte, Beschreibung und Bewirtschaftung des Rominter Waldes

Was wißt ihr, dunkele Wipfel,
von der alten, schönen Zeit?
J. v. Eichendorff

In diesem Buch wurden im wesentlichen die für das frühere Preußisch Litauen (Regierungsbezirk Gumbinnen) typischen alten Ortsbezeichnungen gewählt, deren klangvolle Namen die Herkunft der Wörter aus der litauischen, aber auch aus der prussischen, deutschen und polnischen Sprache erkennen lassen. Bei der Nennung von Jagen-Nummern handelt es sich um die alte deutsche Einteilung.

Geographische Lage und räumliche Verhältnisse

Die Rominter Heide trägt ihren Namen von dem Fluß Rominte, der sie in nordwestlicher Richtung durchströmt. Sie ist ein geschlossenes großes Hochwaldgebiet. Auf der südöstlichen Endmoräne des baltischen Höhenrückens gelegen, stellt sie einen autochthonen Rest des noch im 14. Jahrhundert etwa die Hälfte des Preußenlands umfassenden mächtigen Waldgürtels der „Großen Wildnis" dar, der zum überwiegenden Teil ursprünglichen natürlichen Bewaldung. Sie umfaßt aber auch die wieder zu Wald gewordenen ehemaligen Siedlungsländereien der vom Orden unterworfenen prussischen Stämme der Sudauer und Galinder.

An ihrer Peripherie sind seit dem Zweiten Weltkrieg große Waldflächen hinzugekommen, so daß die heutige Ausdehnung des Rominter Waldgebiets etwa 15 km in nord-südlicher und 35 km in west-östlicher Richtung beträgt. Die Seehöhe des Waldmassivs steigt von 150 m im nordwestlichen Teil des Reviers Warnen bis auf 285 m im südöstlichen Teil bei Dagutschen an. Die Rominter Heide liegt in unmittelbarer Nähe der einstigen sieben Jahrhunderte alten preußischen Ostgrenze, etwa dort, wo jenseits der Grenze Litauen und Polen zusammentrafen. Ein eigentlicher Zusammenhang mit den früheren litauischen oder polnischen Wäldern bestand jedoch nicht. Möglicherweise geht aber heute die nördliche Rominter Heide in diese Nachbarwälder über.

Der Rominter Wald gehörte zum preußischen Regierungsbezirk Gumbinnen. Der überwiegende Teil lag im Kreis Goldap, die nördlichen Teile der Reviere Warnen und Nassawen im Kreis Stallupönen. Zu erreichen war die Rominter Heide von Königsberg her über Insterburg und Gumbinnen oder über Allenstein und Goldap aus südwestlicher Richtung.

Nach dem Zusammenbruch des Deutschen Reiches gelangte der größte Teil der Rominter Heide mit ihrem Kernpunkt, dem Ort Jagdhaus Rominten, zum sowjetisch besetzten Teil Ostpreußens. Dieser wurde als Kaliningrader (Königsberger) Gebiet ein Verwaltungsbezirk der Russischen Sozialistischen Föderativen Sowjetrepublik. Die Russen nennen die Rominter Heide „Wyschtinietzki Les" (Wystiter Wald). Der südliche, oft nur wenige Kilometer breite Randbereich des Waldes kam als Staatsforst zu Polen. Das Gebiet gehört zur Wojewodschaft Suwałki und ist am besten über Oletzko und Goldap oder über Suwałki zu erreichen. Die polnische Bezeichnung für die Rominter Heide lautet „Puszcza Romincka".

Während derzeit aus dem nördlichen Teil der Rominter Heide erst wenige Nachrichten und persönliche Eindrücke vorliegen – ein erstmaliger Besuch dieser Reviere durch die Verfasser erfolgte im Herbst 1991 –, kann der südliche Teil, die zum Waldbezirk Białystok gehörende Oberförsterei Goldap seit langem ohne Schwierigkeiten aufgesucht werden. Der Anteil dieser Oberförsterei an der Rominter Heide beträgt etwa 12.500 ha Wald. Da sich die Waldfläche der nördlichen Rominter Heide nach Kriegsende durch Brachlegung und Aufforstung großer Gebiete auf etwa 23.500 ha vergrößert hat und noch weiter wächst, darf man von einer Größe des Waldkörpers der Rominter Heide von 36.000 ha ausgehen. Die Heide, die vor dem Krieg 25.000 ha umfaßte, hat sich also um 11.000 ha vergrößert.

Wie aus zahlreichen Namen zu schließen ist, war das Rominter Waldgebiet einst Schauplatz heidnischer Kultur. Der Name des im Norden der Heide gelegenen Marinowosees, den die Russen übrigens beibehalten haben, scheint auf eine Opferstätte hinzuweisen (lit. *marinu* = töten, *marinas* = tödlich), und der Name des aus ihm strömenden Flusses, der Schwentischke, kommt vom litauischen *sventas* (= heilig).

Landschaft, Gestein, Böden und Gewässer

Wie im gesamten baltischen Ostseeraum ist auch die Landschaft um die Rominter Heide von großzügiger Schönheit geprägt. Von keiner schroffen Bergkette wird der Blick begrenzt. Der Betrachter wähnt sich in einem unendlichen Land, das aber durch die sanften Schwingungen des Hügellands, die reichlich vorhandenen Wasserflächen, die prächtigen Alleen aus Eichen, Ulmen und Linden und die am Horizont bläulich

Wald und Wild bilden in der typischen leicht hügeligen Landschaft der Rominter Heide eine harmonische Gemeinschaft

schimmernden, vielfach beinahe noch unentweiht dastehenden unermeßlichen Wälder keineswegs ermüdend wirkt.

Die Böden der Rominter Heide sind diluvialer (Höhenboden) und alluvialer Entstehung (Moorböden). Das Gebiet gehört dem geologischen Aufbau nach zur Zone der südöstlichen Endmoräne, die hier, über mächtigen, bis zur Tiefe von 60 m hinabreichenden älteren Moränenablagerungen, als Staumoräne in Erscheinung tritt. Die Entstehung dieser Formation vor etwa 13.000 Jahren ist durch den Druck der noch vorhandenen Eismassen auf die wasserdurchtränkten, weichen Erdschichten und ihr Hervorquellen über den Eisrand erklärbar. Die durch Aufpressung aus ihrer ursprünglichen Lage gebrachten Sedimente erfuhren weitere Quetschungen und Verschiebungen, so daß ein der inneren Struktur nach schwer entwirrbares Gemisch von Tonfetzen, Geschiebemergelpartien, Kalktrümmern, erratischen Blöcken, Kieslagern und Sanden entstand (URBSCHAT, 1931). Besonders stattliche Blöcke befinden sich in den früheren Jagen 164 (Warnen), 31, 32 und 58 (Rominten) sowie im Jagen 4 (Szittkehmen).

Das Relief in der Heide ist hügelig. Zumeist ist eine Überlagerung des Geschiebemergels durch eine mehr oder minder dicke Sandschicht zum Teil diluvialer, zum Teil alluvialer Entstehung charakteristisch.

Die Beeinflussung der Pflanzendecke durch den Untergrund ist aber überall erkennbar. Die Böden sind für den Waldwuchs gut geeignet. Im allgemeinen gehen sie jedoch über die II. Bonität für Fichte nicht hinaus. Die Podsolierung ist der langen Frostdauer wegen vergleichsweise gering. Besonders lehmreiche Böden durchziehen den südwestlichen Teil der Rominter Heide, also das Revier Goldap. Flache, arme Sandböden, frühere Seebecken, finden sich im Bereich der Förstereien Schillinnen beim Goldaper See (Żyliny) und Blindischken (Dziki Kąt) im Revier Szittkehmen. Im allgemeinen herrscht lehmiger Sand vor, unter dem vielfach reiner Lehm ansteht.

Als höchste Erhebungen der Rominter Heide sind die Höhen bei Dagutschen (285 m) zu nennen. Eine weitere bekannte Erhebung ist die Königshöhe (Królewska Góra) mit 218 m, wo 1892 ein 40 m hoher Aussichtsturm errichtet wurde, von dem man bei klarer Sicht einen herrlichen Rundblick über die gesamte Rominter Heide genießen konnte. Im Ersten Weltkrieg wurde dieser Turm zerstört. Nachher wurde ein niedrigerer, etwa 20 m hoher Turm errichtet, dessen vermodernde Reste die Verfasser 1987 noch fanden. Schließlich sind der Pellkawer Schloßberg (195 m), der Lasdinkalnis, der Pilnekalnis, der Sankalnis und andere zu nennen. Fast überall, auch in den dichtesten Beständen und unter Fichte, zeigt der häufig kalkhaltige Boden eine gutentwickelte Pflanzendecke. Der Pilzreichtum ist auf ärmeren Böden groß.

Die Rominter Heide ist von zahlreichen Seen in jedem Stadium der Verlandung und von unzähligen kleinen und größeren Mooren durchsetzt. Die Vielgestaltigkeit des hauptsächlich durch das Diluvium geprägten Reliefs, der hohe Grundwasserstand, die große Speicherfähigkeit der lehmhaltigen Böden und die recht bedeutenden Niederschläge bringen es mit sich, daß in jeder Mulde Moorbildungen auftreten. Die Reviere Nassawen und Szittkehmen als östliche, im allgemeinen höher liegende Teile der Rominter Heide besitzen östlich von Jagdhaus Rominten entlang den Flußgebieten auf alluvialen Sanden ziemlich ausgedehnte Flachmoorwiesen. An ihrem Rand kommt es zu Quellmooren mit eigenartiger Bodenschichtung und Vegetation.

Im allgemeinen werden die Moorböden nach einer gewissen Gesetzmäßigkeit ihrer Entstehung einge-

Der Wystiter See bei Wyszupönen

Der Marinowosee

teilt: Da ist zunächst das Lehmbruch, ein flaches, gute Bestände tragendes Niederungsmoor über nährstoffreichem Lehm (Baumarten: Erle, Fichte, Birke, Esche beigemischt). Das Moorbruch, ein Niederungsmoor, ist je nach Mächtigkeit, Entwässerung und Zersetzung unterschiedlich wertvoll (Baumarten: Erle, Birke und Fichte beigemischt). Das Torfbruch ist ein mehr oder weniger zersetztes Übergangsmoor (Baumarten: Birke, auch Fichte und Kiefer). Das Moosbruch bildet schließlich die letzte Stufe der Vermoorung (Hochmoor) in den undurchlässigen und abflußlosen Senken (Baumarten: Kiefer, zum Teil Krüppelwuchs).

In der Umgebung der Rominter Heide gibt es einige größere Seen. Der größte von ihnen ist der nordöstlich des Waldes, jetzt auf russischem Gebiet liegende, früher noch zu Preußen gehörende Wystiter See mit einer Fläche von 1.763 ha. Er schließt sich heute unmittelbar an die Rominter Heide an. Dann folgt der zwischen der Stadt Goldap, der Försterei Kummetschen und der Försterei Schillinnen im Südwesten des Rominter Waldes gelegene Goldaper See mit 226 ha, der heute rundum vom Rominter Wald umgeben ist. Von den größeren Seen am Südrand der Heide sind der Czarner See mit 165 ha und der Loyer See mit 77 ha zu nennen.

Im nördlichen Teil der Heide liegen der Marinowosee, südlich von Nassawen der Szinkuhner See, südlich des Wystiter Sees Dobawer und Billehner See und westlich von Jagdhaus Rominten der Hirschthaler- oder Perschelowissee. Zahlreich sind auch die kleineren Waldseen, etwa der Sodwariersee oder der Igter See im Revier Warnen, die beiden Nassawer Seen bzw. die vor allem in der Kaiserzeit zur Fischzucht angelegten Stauteiche wie der schöne Pracherteich im Revier Szittkehmen.

Die wichtigsten fließenden Gewässer erreichen die Rominter Heide von Südosten her in den durch den Rückzug des Gletschereises nach Norden gebildeten Abflußrinnen. An erster Stelle zu nennen ist der Bludszer Fluß, der seinen Ursprung südlich der alten preußischen Grenze in Polen hat und den Loyer See durchfließt. Etwa von derselben Größe ist der Blinde-Fluß, der, aus dem alten Polen kommend, bei

Oben: Der Pracherteich, Oberförsterei Szittkehmen, Jagen 51, im Morgennebel.
Links: Die Blinde im Jagen 55

Blindischken in die Rominter Heide eindringt. Sein Name erinnert an das litauische Wort für Salweide. Blinde und Bludsze vereinigen sich noch im Szittkehmer Revier. Etwa anderthalb Kilometer nordwestlich ihres Vereinigungspunkts gesellt sich ihnen der aus dem Nassawer Wald kommende Szinkuhner Fluß hinzu. Er wiederum speist sich aus dem Dobawer Fluß, heute Szittkehmer Flüßchen genannt.

Am Vereinigungspunkt von Bludsze und Szinkuhner Fluß entsteht die Rominte. Sie durchfließt zunächst den Ort Jagdhaus Rominten und schlängelt sich dann in zahlreichen Windungen in nordwestlicher Richtung durch die früheren Forstämter Rominten, Nassawen und Warnen. Hinter Jagdbude nimmt sie noch den aus dem Goldaper (Rominter) Revier kommenden Schwarzen Fluß auf, der im Großen Moosbruch entspringt. Teilweise durcheilt die Rominte tiefeingeschnittene, enge bewaldete Täler, oft auch fließt sie in breiten Wiesen dahin. Hinter Makunischken verläßt sie die Heide, ihrem Endziel, der Pissa zuströmend, die sie bei Gumbinnen erreicht. Die gegenwärtigen Namen dieser Gewässer sind der Tabelle 5 (auf Seite 61) zu entnehmen.

Der Dichter LUDWIG PASSARGE beschrieb vor hundert Jahren den Lauf der Rominte, des oft besungenen Waldflusses: „Mächtige Höhen ragen um die Quellen der Rominte auf, blaue Waldseen klären sie. Erst begleiten Salweiden ihre Ufer, dann säumt der Fichten- und Kiefernwald meilenweit sie ein und gibt ihren Wassern die tiefbraune Farbe, die sie

Am Bludsze-Fluß (Äschenbach), Oberförsterei Szittkehmen, Jagen 57

von dem Pissaflusse unterscheidet. Unaufhaltsam stürzt sie dahin, meist über Steinblöcke, unter denen die Forelle liegt; an den Wohnungen der Förster, den Theer- und Jagdbuden, um welche sich die Menschen angesiedelt haben, vorüber, um jenseits des Waldes reiche Wiesen zu wässern und große Mühlen zu treiben. Immer fließt sie zwischen hohen Ufern, an die sie hier sich anschmiegt, während sie anderswo das alte Bette verläßt. Es ist ein Eilen ohne Rast und Ruhe, wie es einer solchen Pilgerin ziemt; das spricht schon aus ihrem Namen, der nichts anderes bedeutet als ein schnelles, eiliges Dahinwandern."

Das Meliorationswerk in der Rominter Heide nahm schon zu Zeiten des Szittkehmer Oberförsters Frhr. v. NORDENFLYCHT seinen Anfang und wurde von seinem Nachfolger, Frhrn. SPECK v. STERNBURG, tatkräftig fortgeführt und auf die ganze Heide ausgedehnt. Viele Flachmoorwiesen wurden in dieser Zeit in ertragreiche Süßgraswiesen umgewandelt. v. STERNBURG war es auch, der den Satz prägte: „Bis zur Mittelsprosse können wir dem Hirsch durch die Winterfütterung helfen, die Krone muß er durch die Wiesen kriegen."

Auch in den moorigen Beständen im Walde selbst, an denen natürlich kein Mangel herrschte, wurden durch Anlage von Abzugsgräben forstliche und jagdliche Verbesserungen erreicht. Nach dem Ende des Zweiten Weltkriegs, als die Rominter Heide politisch entzweigeschnitten wurde, verfielen vor allem im neuentstandenen Grenzgebiet durch mangelnde Pflege viele Abzugsgräben.

Als Mitte der siebziger Jahre die Biber in die Rominter Heide vordrangen, hatte das ebenfalls erhebliche

Wildwiese im Jagen 27, Oberförsterei Szittkehmen

Folgen für das Gewässersystem. Durch das Graben von Bauen in die als Teichdämme genutzten Waldwege werden die Wegkörper stark beschädigt. Die von den Bibern geschaffenen Dämme heben bei den vorhandenen geringen Vorflutverhältnissen auf weite Strecken den Wasserspiegel, so daß Hunderte von Hektaren wieder in „urweltliche Zustände" versinken.

Ein Beispiel für diese Entwicklung ist das Gebiet südlich von Pellkawen und Binnenwalde, früher hauptsächlich meliorierte Flußwiesen, wo neuerdings mit Kern des früheren Hühnerbruchs ein neues Reservat „Szittkehmer Flüßchen" geschaffen wurde. Als die Verfasser im Herbst 1985 den Grenzweg zwischen den Revieren Goldap und Szittkehmen befuhren, versank der schnurgerade Weg plötzlich in einem recht beachtlichen See. Biber hatten das die dortige Wiese entwässernde „Rote Flüßchen" angestaut! Die Forstverwaltung versucht in der Regel, die Biber zum Abwandern zu veranlassen, indem die Kunstteiche von Zeit zu Zeit abgelassen werden.

In den großen Waldflüssen kommen alle einheimischen Fischarten vor, jedoch nur in geringer Zahl. Die Fischbrutanstalt in Bibergraben ist zur Zeit nicht mehr in Betrieb, da das Wasser durch die staatliche Landwirtschaft in Dagutschen verunreinigt wird. Somit besitzt die Fischwirtschaft gegenwärtig in der Rominter Heide keine Bedeutung mehr.

LANDSCHAFT, GESTEIN, BÖDEN UND GEWÄSSER

Links: Vor 20 Jahren noch eine Nutzwiese – heute ein Moorbruch (Jagen 34, Oberförsterei Szittkehmen, entlang der Bludsze). Rechts: Überflutung des Goldaper Grenzgestells (Jagen 10/37) im Jahr 1985 durch einen Biberdamm am Roten Flüßchen

Das von Bibern angestaute Rote Flüßchen überschwemmte die früher vorhandene Wildwiese im Jagen 37

Das Klima

Klimatisch liegt die Rominter Heide in einer Übergangszone des nördlich-maritimen zum kontinentalen Klimabereich, freilich schon am östlichen Rand dieser Zone. Das Maximum der Niederschläge liegt im Juli – starke Regengüsse und Gewitter sind dann häufig, das Minimum im Februar. Die Jahresmenge der Niederschläge in der Heide wird mit über 700 mm angegeben. Diese Menge ist somit nur wenig geringer als in den deutschen Mittelgebirgen. Im südöstlichen Teil der Heide sind die Niederschläge höher als im nordwestlichen Teil. Innerhalb Altpreußens zählte die an der Nordabdachung des baltischen Höhenzugs liegende Rominter Heide zu den Gebieten mit den höchsten Niederschlägen. Wie GROSS (1935) feststellt, weist das Klima der Rominter Heide die größte Humidität innerhalb des Fichtengebiets Ostpreußens auf.

Die monatlichen Temperaturschwankungen sind mit 22°C recht groß, vergleichsweise so groß wie in Gebieten im Innern Rußlands (Kasan). Der Winter ist im allgemeinen hart und lang. Kältegrade von -25°C bis über -30°C kommen regelmäßig vor und können wochenlang andauern. Die herrschende Windrichtung im Winter ist die südöstliche – also kalte, trockene Festlandswinde. In letzter Zeit erfuhr allerdings auch die Rominter Heide eine Reihe von sehr milden Wintern.

Die hohe Lage der Rominter Heide bewirkt einen schon etwas nördlich geprägten Einschlag des Klimas, mehr jedenfalls, als dies von den Breitengraden her zu erwarten wäre. So ist die mittlere Januartemperatur die gleiche wie in Estland und Südfinnland (-4°C bis -5°C). Die Schneedecke lag früher gewöhnlich mehr als 100 Tage. Die Vegetation beginnt im allgemeinen erst Mitte April. Spätfröste sind sehr häufig, sie stellen sich bisweilen noch im Juni ein. So herrschten am 15. Juni 1990 beispielsweise in Szittkehmen -6°C. Ebenso können im Spätsommer (August) zeitig die Frühfröste beginnen. Während erstere besonders schwer die jungen Eichen und Fichten schädigen, nehmen letztere mitunter auch Kiefernkulturen arg mit.

Tabelle 1: Das Klima der Rominter Heide

Jahresniederschlagsmenge	700 bis 750 mm
Mittlere Januartemperatur	-4° bis -5°C
Mittlere Junitemperatur	17°C
Mittlere Jahrestemperatur	6,3°C
Dauer der Vegetationszeit	180 bis 190 Tage (16.4. – 22.10.)
Dauer der Schneedecke	100 Tage
Anzahl der Frosttage	130 bis 150 Tage

Der Frühling ist durch eine rasche Temperatursteigerung und eine dementsprechend recht stürmische Entwicklung der Pflanzendecke gekennzeichnet. Dieser Umstand macht sich auch waldwirtschaftlich unliebsam bemerkbar, indem die für die Ausführung der Kulturen verfügbare Zeit sehr kurz ist. Im übrigen ist aber die strenge Winterkälte und die normalerweise den ganzen Winter über liegende Schneedecke eine wichtige Voraussetzung für die Holzgewinnung in der Rominter Heide, weil erst mit Eintritt dieser Witterungsverhältnisse der Zugang zu den Moorwaldbeständen und das Rücken des Holzes möglich werden. Der Sommer ist von recht kurzer Dauer. Was er jedoch an Länge einbüßt, wird durch umso größere Wärme wieder ausgeglichen. Auch ist in der Vegetationszeit eine wesentlich längere Sonnenscheindauer als beispielsweise in Westdeutschland zu verzeichnen (20 bis 25% mehr).

Bei den häufigen Stürmen sind in der Rominter Heide nicht selten schwere Windwürfe hinzunehmen. Auch Schneebruch ist in den jüngeren Beständen eine bekannte Erscheinung.

[...] minter Heide

Die [...] [...]nter Heide begann etwa 10000 v. Chr. mit S[...]arten. Mit dem Übergang zum Boreal um et[...] Das schuf die Voraussetzungen für die Einw[...]v. Chr.) wurde es wieder feuchter, die Somm[...]zug der Fichte in der Rominter Heide, die b[...]1935). Auch Linde, Ulme und Eiche nahm[...]

Die [...]cht mehr in erster Linie durch Klimaschw[...]d Nonnenkalamitäten zurückzuführen sowie[...]

Un[...]e ein Übergangsgebiet zwischen der Vorhe[...]schen Nadelwaldes. Die seltene klimatische [...]ief und die sehr unterschiedlichen Bodenve[...]hwanderung, ließen hier Pflanzenarten der verschiedensten Wuchsgebiete gedeihen. Daher auch die starke Neigung zum Mischwald.

So finden sich sehr viele Charakterarten der borealen Waldzone und des kontinentalen mittelrussischen Raumes. Weiterhin kommen als arktisch-alpines Element Glazialrelikte der nordrussischen Region vor. Auch Arten des skandinavischen Fichten-Kiefern-Birken-Mischwaldes sind anzutreffen. Von den mitteleuropäischen Pflanzen, also von jenen, die etwas dasselbe Areal wie die Buche besetzen, existieren hier vor allem montane Arten. Erstaunlicherweise sind auch einige wenige Vertreter des pannonischen Eichen-

Blick von Szabojeden auf das Wäldermeer der Rominter Heide

bezirks Südosteuropas hier anzutreffen. Das atlantische Florenelement fehlt hingegen vollständig in der Rominter Heide (URBSCHAT, 1931).

In Hinblick auf Holzgewächse liegt die Rominter Heide nordöstlich der natürlichen Verbreitungsgebiete von Buche, Traubeneiche und Bergahorn, jedoch südlich der natürlichen Verbreitung der Weißerle. Die beiden letztgenannten Baumarten kommen jedoch an einigen Stellen der Rominter Heide in geringer Zahl vor.

Charakter des Waldes und Zusammensetzung der Bestände

Es liegt ein geheimnisvoller Reiz schon in der Annäherung an große Wälder. Eine Vorahnung des Heimlichen, Verborgenen befällt vor allem Jäger, wenn sie die weit ausgedehnte, bläulich schimmernde Kulisse vor sich in der Ferne auftauchen sehen.

Der Weg durch den Rominter Wald führt über sandige Hügel, durch Bruch und Moor. Es ist ein immerwährendes Auf und Ab mit dem Reiz ständig neuer Blickwinkel, ohne daß der bestimmende Eindruck von der Größe dieser Waldlandschaft verlorengeht. Das Auge wird verwöhnt von der vielfältigen Struktur, von der farbenprächtigen Mischung der Bestände nach Art, Schichtung und Alter. Die klare Luft ist von Harz- und Moorduft durchdrungen, ab und an ist der melancholische Ruf des Kolkraben, der Schrei eines Greifes oder das Trompeten der Kraniche zu hören.

Im Herbst zieht der tiefe Bass des Hirsches die Jäger in seinen Bann, in sternklarer Winternacht läßt das Heulen des Wolfes erschauern, und nicht selten ist noch das Plätschern des Otters an dem im Mondlicht glänzenden Gewässer zu vernehmen. Nur bruchstückhaft lassen sich Stimmung und Schönheit des Rominter Waldes in ihrer ganz Vielfalt beschreiben.

Im folgenden sollen die Baumarten, die den Charakter der Rominter Heide bestimmen, in ihrer waldbaulichen Rolle beschrieben werden. Vorweg sei dazu noch angemerkt, daß ein großer Teil der älteren

Tabelle 2: Die Anteile der Standorttypen in der Oberförsterei Goldap mit der gegenwärtig herrschenden Bestockung; Angaben in ha (Forsteinrichtungswerk 1984)

Waldstandorttyp	Nährstoffarmer Nadelwald			Nährstoffarmer Mischwald			Nährstoffreicher Mischwald			Nährstoffreicher Laubwald				Ganze Oberförsterei	
	frisch	feucht	vernäßt	frisch	feucht	vernäßt	frisch	feucht	vernäßt	frisch	feucht	Er-Es-Wald	Er-Wald	ha	%
Anteile in ha	29	34	146	1.505	261	242	2.908	42	472	4.718	183	375	183	11.098	
Anteile in %	–	–	1	14	3	2	26	–	4	43	2	3	2		100
Kiefer	28	9	135	1.120	7	27	717		24	61				2.128	19
Lärche							7			1				8	–
Fichte	1	12	3	320	190	173	1.324	31	295	1.641	13	13	25	4.041	36
Eiche				14			603		1	2.197	33			2.848	26
Weide										4				4	–
Esche										17	23		18	58	1
Hainbuche										11				11	–
Birke		13	8	51	61	42	245	10	110	627	9	49	7	1.232	11
Schwarzerle						3	3	1	42	46	97	313	132	637	6
Weißerle										6			1	7	–
Pappel							8			10				18	–
Aspe							1			62	6			69	1
Linde										35	2			37	–

Mischbestände bezüglich des Massenertrages nicht der Produktionskraft des Bodens entspricht. Vernässung, Windwurf und Borkenkäfer reißen oft schon frühzeitig zuwachsmindernde Löcher in die Bestände.

Die Fichte

Wie bereits angedeutet, verdankt die Fichte in der Rominter Heide ihr dortiges Auftreten nicht, wie in anderen Waldgebieten, hauptsächlich dem Anbau durch Menschenhand. Vielmehr gehört die Heide noch vollkommen in das nordosteuropäische Fichtengebiet, dessen Grenze hart südwestlich von Allenstein verläuft. Wie GROSS (1935) aufgrund seiner Pollenuntersuchungen in einigen Mooren der Heide feststellte, soll der Fichtenanteil an der Bestandsbildung schon gegen Ende der Bronzezeit (500 v. Chr.) stellenweise ungefähr ebenso groß wie heute gewesen sein. Ihre Massenausbreitung in der zweiten Hälfte der Wärmezeit trat in der Rominter Heide viel stärker hervor als in anderen Gegenden Altpreußens. Die damalige Klimaverschlechterung (Zunahme der Humidität) förderte besonders stark die Fichte und war den Edellaubhölzern abträglich.

Die Fichte hat die Rominter Heide in der Nacheiszeit aus ihrem Refugium im Innern Rußlands erreicht. Nach GROSS (1934) ist der Formenreichtum der Fichte in Altpreußen beachtlich. Im allgemeinen soll nach der Form der Zapfenschuppen *var. accuminata* BECK mit spitzen, gezähnelten Schuppen vorherrschen. Dies trifft auch voll und ganz für die Fichte in der Rominter Heide zu. Die in Sibirien vorherrschende Form „*obovata*" konnte durch die

Fichtenaltholz im Waldreservat „Boczki", Oberförsterei Goldap, Jagen 29

Verfasser in der Heide nicht festgestellt werden. KRAMER (1963) beschreibt die Fichtenbestände in der Elchniederung und bemerkt dazu: „Die heimische Fichte zeichnete sich durch schlanke Krone, eine mehr graugrüne Rinde und Baumhöhen von bis zu 40 m aus."

Eigene Beobachtungen in der Rominter Heide bestätigen auch dort einen großen Formenreichtum. Am Bestandsaufbau sind sowohl schmalkronige, spitze Plattenfichten, die die Form einer Säule aufweisen, als auch breitkronige Kamm- und Bürstenfichten sowie deren Mischformen beteiligt. Die Holzgüte ist durchschnittlich, Wertholz ist selten. Wie WELLENSTEIN (1987, schr. Mitt.) wohl zu Recht vermutet, wurde die Neuanpflanzung der gesamten Rominter Heide nach dem verheerenden Nonnen- und Borkenkäferfraß um die Mitte des 19. Jahrhunderts mit Fichtensaatgut aus West- und Süddeutschland vorgenommen.

Leider waren nach dem Bau der Ostbahn (1849-1860) solche Saatgutlieferungen nach Ostpreußen in völliger Verkennung ihrer Folgen üblich. Auch bis in die neueste Zeit ist gelegentlich völlig ungeeignetes Fichtensaatgut verwendet worden, wie ein noch jüngerer, sehr astiger Baumholzbestand unmittelbar hinter der Försterei Bludszen beweist. Demnach darf man davon ausgehen, daß die Fichtenalthölzer der Rominter Heide, je nach ihrer Entstehung mehrheitlich aus Naturverjüngung oder Kulturen, genetisch eher dem autochthonen bzw. eher dem westlichen Fichtentyp nahestehen.

Trotzdem ist es erstaunlich, daß mit Ausnahme ganz weniger, aus dichten Kulturen hervorgegangener und äußerst minderwertiger Fichtenreinbestände der jüngeren Baumholzstufe aus westdeutscher Herkunft sich überall, namentlich in den Mooren, ein guter Anteil der heimischen schlanken Fichte erhalten konnte. Es ist zu hoffen, daß dieser langfristig durch natürliche genetische Selektion (Spätfröste!) erhöht wird, wobei ein derartiger Prozeß durch entsprechende Auslese bei der Verjüngung und Durchforstung unterstützt werden müßte.

In der Rominter Heide stellt heute die Fichte auf besseren Sandböden, auf sandigem Lehm sowie im Torf- und Moorbruch durchaus die naturgegebene Baumart dar, freilich niemals rein, sondern hier, im vegetationsgeographischen Grenzland, stets in geringer bis großer Mischung mit Kiefer (stark sandige Böden, Torfbruch) und Laubholz (Birke und Erle in Brüchern, Aspe, Stieleiche, Hainbuche, Esche, Ulme, Spitzahorn und Winterlinde auf gutem Höhenboden). Die Fichte ist trotz ihres schwankenden Anteils wohl die prägendste und wichtigste Baumart des Rominter Waldes. Frhr. v. SCHRÖTTER (1966) schreibt: „Ich kannte Rominten von früheren Jahren her als ein dunkles, einförmiges, außer seinen erlenumsäumten Bachtälern und Wiesen, seinen Teichen und Seen schwermütig wirkendes, Herz und Sinne wenig ansprechendes Waldgebiet reiner Fichtenbestände mit dem fast schon russisch wirkenden Landschaftstyp der birkenbruchumsäumten Streuwiesen und Moorblänken."

Die gegenwärtigen Rominter Fichtenalthölzer sind fast immer mit der Kiefer bzw. mit Laubholz gemischt und sehr locker gestellt. Die Kronen sind tief hinabgezogen, Äste und Rinde oft mit Flechten besetzt und daher von graugrüner Farbe (die Artenvielfalt der Flechten ist im übrigen in der Rominter Heide in den letzten Jahren sehr zurückgegangen). In den häufigen Bestandslücken, wo die Beschirmung eine Austrocknung der obersten Bodenschichten verhindert und Gras- und Krautwuchs zurückdrängt, findet sich überall reichlich Naturverjüngung, so daß nicht selten plenterwaldähnliche Bestandsbilder entstehen. So schreibt auch der Berichterstatter vom Lehrausflug des Deutschen Forstvereins nach Rominten im Jahr 1929 folgendes: „Hinter Nassawen wurde die Rominter Heide erreicht. Fichten von gewaltigen Längen, spitz gebaut, tief herunter beastet, grüßten den Besucher ... Hier waren Plenterwaldbilder zu sehen, die an Form und Wüchsigkeit kaum hinter den berühmten schweizerischen zurückstehen." Der abstoßende Eindruck des lebensfeindlichen „Stangenackers", wie er vor allem in den Fichtenforsten Westdeutschlands entsteht, ist gegenwärtig im Rominter Wald nur noch bei den wenigen, von Nonne, Sturm und Borkenkäfer verschonten Bestandsresten der Altersklassen 50 bis 90 Jahre festzustellen. Durch

Wildwiese in der Oberförsterei Szittkehmen, Jagen 1

die Wahl der Pflanzverbände in den Kulturen oder durch den Grad der Überschirmung in Naturverjüngungen bietet sich abgesehen vom gezielten Einbringen von Laubholz die Möglichkeit, den Mischholzanteil zu fördern.

Aus Gründen, die noch zu erläutern sein werden, sind gegenwärtig im südlichen Teil der Rominter Heide (Oberförsterei Goldap) nicht mehr viele hiebsreife Fichtenbestände anzutreffen. Erwähnt seien davon nur die beiden im Revier Szittkehmen liegenden Bestandskomplexe bei Bibergraben und am Gebirgsweg. Bei ersterem handelt es sich um einen hochwertigen, von der Forstverwaltung als Samenerntebestand bewirtschafteten Altholzrest. Die Kiefer tritt als geringe Beimischung auf. Als Nebenbestand sind reichlich Eberesche, Stieleiche und Ahorn vertreten. Bei letzterem, der auf etwas weniger lehmigem Sand stockt, fehlt das Laubholz, die Kiefernbeimischung ist stärker. Wegen des „gebirgigen" Geländecharakters besitzt auch dieser plenterwaldähnliche Bestand einen großen Reiz.

Die Fichten des im Revier Goldap liegenden 106 Hektar großen Reservats „Boczki" (poln. Storch), früher Wilde Jagen 20 und 29, stehen gemischt mit Linde, Ulme, Aspe und anderem Laubholz. Sie weisen bei mäßiger bis guter Baumhöhe zum Teil recht große Durchmesser auf. Diese Mischungsart ist allgemein kennzeichnend für die Fichtenalthölzer im südwestlichen Teil der Rominter Heide, während im Szittkehmer Revier die Fichtenalthölzer nur wenig mitherrschendes Laubholz aufweisen, hingegen stärker mit der Kiefer gemischt sind.

Schmalkronige Fichte, Oberförsterei Szittkehmen, Jagen 27

Oberförster JÜDTZ, Warnen, vermerkte 1887, daß Kiefern und Fichten bei einem Alter von 140 bis 160 Jahren nicht selten eine Höhe von 38 m bei vollholzigem Wuchs erreichen. Der Wuchs der Fichte dürfte auf den besten Böden den der ersten Standortsklassen übertreffen, wie auch LANGE (1929) feststellt. Im allgemeinen liegt er bei der Bonität II, auf ärmeren Böden sinkt er ab auf III.

In älteren Berichten ist vielfach von besonders großen und schönen Fichten die Rede. LUDWIG PASSARGE schreibt 1878: „Wir fahren bald darauf über die kaffeebraune Joduppe, den Abfluß des Gehlweider Moosbruchs westlich vom Sankalnis, und haben plötzlich eine der schönsten Fichten dieses Waldes vor uns, den Stolz des nahewohnenden Försters Kl. in Szeldkehmen, der ihre Höhe auf 130 Fuß (1 Fuß entspr. 12 Zoll = 0,31385 m; somit Baumhöhe 41m) ermittelt hat. Vom Fuße bis zum Scheitel fast gleich breit, steht sie wie ein ungeheurer Wächter am Fuße eines Hügels, während ihre Genossen, hinter ihr langsam aufsteigend, ihr doch nur zur Folie dienen. An ihr ist alles Kraft, Gesundheit und Frische. Es ist, als ob die Natur einmal habe zeigen wollen, was sie in Wahrheit vermöge, wenn man sie gewähren lasse." Und SCHMIDT berichtet 1898 wahrscheinlich über dieselbe Fichte, die „Königsfichte" genannt wurde. Auch in dem letzten deutschen Meßtischblatt ist diese Fichte noch verzeichnet. Zwischen Binnenwalde und Pellkawen (Jagen 62, Oberförsterei Szittkehmen) stand die Kaiserfichte, deren Umfang von SCHMIDT (1898) auf „stark 10 Fuß" angegeben wird. Bis in die neueste Zeit waren sehr große Fichten in der Rominter Heide vorhanden. Wie Oberförster KRAJEWSKI erklärt, wurde die stärkste Fichte der Oberförsterei Goldap 1986

Mischbestand aus Fichte und Kiefer im Reservat „Dziki Kąt" (Wildwinkel), Oberförsterei Szittkehmen, Jagen 54

südlich Mittel Jodupp (Hajnówek) geschlagen. Sie umfaßte nachweislich 11 Festmeter Sägeholz, der Gesamtinhalt wird von KRAJEWSKI auf 15 bis 17 Festmeter Derbholz geschätzt. Eine weitere sehr starke Fichte, genannt „Waldkönigin", stand in der Revierförsterei Bludszen (Bludzie). Sie wurde vom Sturm geworfen, nachdem angrenzend ein Kahlschlag entstanden war. Der um diese Fichte stehengelassene Waldmantel half nichts.

Die gegenwärtig wertvollste den Verfassern bekannte Fichte, die zugleich besonders mächtig ist, steht im Jagen 29 der Oberförsterei Goldap (Reservat „Boczki"). A. Gautschi ermittelte bei diesem Baum 1991 einen Umfang in Brusthöhe von 2,98 m und eine Baumhöhe von 42 m. Die Höhe des vollkommen astfreien Erdstamms dieser Kammfichte beträgt 11 m. Der Gesamtinhalt berechnet sich somit auf 15 Festmeter, wobei allein das astfreie, sehr wertvolle Bodenstück 6 Festmeter Inhalt aufweist.

Auf den ärmeren Böden der Rominter Heide findet sich die Fichte als Nebenbestand unter Kiefer ein. Mit der Zeit holt sie diese im Höhenwachstum ein und dringt in die herrschende Schicht der Bäume vor.

Das Reservat „Dziki Kąt" (Wildwinkel), 34 ha, bei Blindischken ist ein 130 - 160jähriger Altbestand aus Fichte und Kiefer vom Myrtillus-Typ (Pino-Piceetum). Es soll sich dabei von der Pflanzendecke her um eine Zusammensetzung handeln, wie sie im Spätglazial vorhanden war („Taiga"). Auf guten Lehmböden macht zunehmend das Edellaubholz der Fichte Konkurrenz (südwestliche Teile der Rominter Heide). Auf diesen Standorten findet man sie auch als Nebenbestand unter der Eiche und als Mischholz im Eichen-Linden-Ulmen-Aspen-Hainbuchen-Eschen-Bestand. In den Flach- und Zwischenmooren (Moor und Torfbruch) der Rominter Heide tritt die Fichte zusammen mit der Birke (hauptsächlich Moorbirke) und der Kiefer auf und bildet hier sehr langsamwüchsige, dünnstangige, nicht sehr hohe, lockere Bestände, die aber durchaus ein hohes Alter erreichen. Die natürliche Verjüngung erfolgt kleinflächig durch das Absterben eines oder mehrerer Bestandsglieder (zum Beispiel Reservat Szittkehmer Flüßchen). Auf diesen Böden wächst auch eine sehr seltene Moorform der Fichte, die nur im baltischen Raum auftreten soll, die sogenannte Krummfichte. Sie ist vor allem in den weiten quelligen Flachmooren am Szinkuhner und Szittkehmer Fluß anzutreffen. Die verbogenen Stämme und tief herabgekrümmten Wipfel, die bisweilen eine ganze Umdrehung machen, verleihen diesen Mooren ein höchst eigenartiges Gepräge. Weiter kommen gelegentlich außer den sehr schlanken säulenartigen Fichten solche vor, die wie geschoren aussehen und Kronenumrisse in der Form einer Granate aufweisen (Kugelfichten). Auch im Reservat „Żytkiejmska struga" (früher Hühnerbruch) ist bei der Fichte die Form *var. accuminata* BECK weit vorherrschend. Die Moorbirke tritt dort wesentlich häufiger auf als die gemeine Birke.

Die Kiefer

Nächst der Fichte ist die Kiefer als wichtiger Nadelbaum der Rominter Heide mit beachtlichem Flächenanteil zu nennen. Sie wanderte im Spätglazial ein. Mit der Zunahme der Feuchtigkeit im Atlantikum ging die Kiefer wieder zurück und besiedelte in der Folge diejenigen schlechteren Böden, auf denen sie sich gegenüber der Fichte behaupten konnte. Reine Kiefernbestände sind in der Rominter Heide eher selten. Vor allem treten sie im Revier Szittkehmen auf den alluvialen Sanden und in Schillinnen, Schuiken und Roponatschen am Goldaper See auf.

Zumeist erscheint die Kiefer jedoch innerhalb der bekannten Mischbestände mit der Fichte, wobei es sehr viele Übergangsformen entsprechend dem Anteil der Zusammensetzung gibt. In erster Linie wird diese durch die Mächtigkeit der Übersandung bestimmt (Müller, 1929). Ist die Sandschicht über dem Lehm so dick, daß die wasserhaltende Kraft des Lehms auf die obersten Schichten nicht mehr von Einfluß ist, so verschwindet die Fichte aus dem Bestand. Umgekehrt erschwert eine zu schwache Übersandung das Fortkommen der Kiefer, für deren Ankommen die Bedingungen jedoch günstig liegen können. In einem solchen Bestand scheidet die Kiefer in zunehmendem Maß infolge Absterbens über dem Lehmuntergrund

Kiefernüberhälter in der Oberförsterei Warnen, Jagen 176

Holzlagerplatz am Czarner See

oder durch die Wuchsüberlegenheit der Fichte aus. Die entstehenden Bestandslücken werden sofort durch Fichtenanflug erobert. Auf diese Weise ergibt sich die Ungleichaltrigkeit und Stufigkeit eines großen Teiles der Kiefern-Fichten-Mischbestände. Bei der Bestandsverjüngung auf diesen Böden ist es schwierig, einen genügenden Kiefernanteil zu sichern, um der Verfichtung vorzubeugen. Oft hat dies zu Kahlschlag mit schwieriger Kultur reiner Kiefer geführt.

In Warnen und Nassawen bildet die Kiefer derzeit zusammen mit der Birke auf den unmittelbar nach Kriegsende abgetriebenen riesigen Flächen sehr ausgedehnte Pionierbestände. Verjüngt wird die Kiefer nach dem Muster der russischen Waldbaulehre durch Überhaltbetrieb mit nachfolgender Naturverjüngung.

Die Rominter Kiefern erreichen beachtliche Dimensionen (Bonität I bis II auf guten, II bis III auf schlechteren Böden), sind aber im allgemeinen nicht von höchster Güte, wenn man sie mit denjenigen auf den besten masurischen (z. B. Osteroder Heide; Taberbrück) bzw. ostpolnischen (Supraśl) Kieferngebieten vergleicht.

Die Kronen sind im wesentlichen spitz gebaut, die Geradschaftigkeit ist gut gewährleistet. Es dürfte sich, wie Gross (1932) vermutet, um ein Gemisch zweier Rassen und ihrer Bastarde handeln, nämlich um die der rundkronigen Kiefer und der nach Norden und Nordosten weisenden Spitzkiefer. Auf den geeigneten Böden sind aber in der Rominter Heide durchaus gute Leistungen möglich. Anläßlich des Lehrausflugs des Preußischen Forstvereins 1887 fiel den Teilnehmern „unweit des Dorfes und der Försterei Theerbude eine große Zahl starker und äußerst starker Kiefern-Schneideblöcke" auf. Auch jetzt noch sind namentlich im Szittkehmer Revier recht beachtliche Überhälter zu bewundern, die ein Alter zwischen 170 bis 200 Jahren aufweisen. Bei der Barstiltisbrücke, Jagen 51 der Oberförsterei Szittkehmen, stand früher eine besonders gewaltige Kiefer, die „Königskiefer".

Die Eiche

Die Eiche war einstmals im Preußenland ein massenhaft verbreiteter Waldbaum, der an Wichtigkeit alle übrigen Holzarten übertraf. Als der Deutsche Orden 1232 in das Kulmerland eindrang, gab es hier so stattliche Eichen, daß man bezeichnenderweise den ersten festen Stützpunkt in der Gegend von Thorn in der Krone einer riesenhaften Eiche baute („eyn Slus off eyne Eyche"), wohl der größeren Sicherheit halber (MAGER, 1965).

Wenn in der Rominter Heide von der Eiche gesprochen wird, so ist damit immer die Stieleiche gemeint. Diese zeigt wie im übrigen Altpreußen auch in der Rominter Heide einen vorzüglichen Wuchs. Das allfällige Vorhandensein der Traubeneiche beruht auf Fremdanbau.

Die von dem Allensteiner Botaniker GROSS 1935 veröffentlichten Pollenanalysen aus Rominter Mooren beweisen, daß mit Beginn der nacheiszeitlichen Wärmezeit (8100 v. Chr.) eine starke Ausbreitung von Ulme, Linde und Eiche stattfand. Um 6000 bis 5000 v. Chr. (Ancylus- und Litorina-Zeit) übertraf der Laubholzanteil den der Kiefern. Die später stattfindende Klimaverschlechterung machte – wie schon ausgeführt – die Fichte gegenüber den edlen Laubhölzern zunehmend konkurrenzfähig. Aber noch zu Beginn der Jungsteinzeit (2500 v. Chr.) bis zum Erscheinen des Menschen lag der Eichen-anteil verhältnismäßig hoch, um dann durch die Abkühlung des Klimas zugunsten der Fichte ständig zurückzugehen.

Auf den mittleren bis schwereren Böden der Heide hält die Eiche bis heute einen respektablen Anteil (1984 über 25% der Gesamtfläche der südlichen Rominter Heide!). Reste alter Eichenalleen und markante Einzelbäume sind nicht selten. Erwähnt seien beispielsweise die Ponkelnis-Allee im Goldaper Revier und die Jagen 33, 39 und 40 der Oberförsterei Szittkehmen. Im Goldaper Revier sind sehr schöne mittelalte Eichenbestände vorhanden, die hauptsächlich mit Linde, aber auch mit Ulme gemischt sind.

Die Vergesellschaftung mit Fichte und Birke ist eher auf den leichteren Eichenböden festzustellen. Zum waldbaulichen Verhalten der Eiche ist zu vermerken, daß diese in der Rominter Heide ein großes Durchsetzungsvermögen zeigt. Sie gedeiht, wie bereits beschrieben, unter dem lockeren Schirm des Fichtenaltholzes wie auch in der Jugend unter dichtgeschlossener Birke. Lange, astfreie und geradwüchsige Wertschäfte sind die Regel. Die Bonität beträgt II bis III.

Wertvoller Eichenbestand mit unterständiger Hainbuche auf Höhenboden, Oberförsterei Goldap, Jagen 30

Die Linde

Die Winterlinde bildet in Rußland häufig ausgedehnte und sogar nur wenig gemischte Bestände, in Mitteleuropa kommen jedoch nur äußerst selten Linden bestandsweise vor. Aus Altpreußen wird oft die bedeutende Höhe und Stärke dieses wertvollen Waldbaums hervorgehoben, wobei es sich zuallermeist um die Winterlinde handelt. Von einer außergewöhnlichen Sommerlinde des Landes wird aber aus Königsberg berichtet (HAGEN, zit. nach MAGER). Diese hatte unten einen Umfang von 9,3 m. „Durch Stufen konnte man zur Spitze hinaufgelangen, und es fanden darauf drei Stockwerke oder vielmehr Ruheplätze statt. Der oberste ... war dennoch zureichend, daß im Jahre 1697 der Kanzler v.Kreutz den König Friedrich I. mit seinem großen Gefolge darauf bewirten konnte." Freistehende Winterlinden mit einem Umfang von fünf bis sechs Metern sind auch heute noch in Altpreußen vorhanden.

Die Oberförsterei Warnen im nordwestlichen Teil des Rominter Waldes zeichnete sich nach dem Nonnenfraß des vorigen Jahrhunderts mit dem dadurch bedingten Ausfall der Fichte durch zwar lichte, aber schönwüchsige, reine Lindenbestände aus (JÜDTZ, 1887). Diese Bestände waren um 1860 etwa 120 bis 150 Jahre alt, erreichten damals eine Höhe von 30 bis 35 m und bildeten zusammenhängende Flächen von ungefähr 400 ha. Jedoch schon dreißig Jahre später sind sie bis auf geringe Reste abgetrieben worden. In den dreißiger Jahren unseres Jahrhunderts existierte davon noch eine Restfläche von 15 ha (Försterei Schackummen, Jagen 157). Sie umfaßte etwa 300 bis 400 Linden mit durchschnittlich 2 bis 2,5 m Stammumfang (1 m über dem Boden) und 38 m Höhe. Eine vor längerer Zeit gefällte starke Linde wies eine Höhe von 43 m und einen Stamminhalt von 6 Festmetern Derbholz auf. In der Oberförsterei Goldap sind Linden hauptsächlich auf den schwereren Böden anzutreffen (Budweitschen). Die schönsten Bäume findet man im Reservat „Boczki", wo Linden zusammen mit Fichten, Aspen, Hainbuchen und Ulmen einen plenterartigen Hauptbestand bilden. Die Stammformen sind tadellos, und die Baumhöhen erreichen hier durchaus diejenige der Fichte. Die Verjüngung der schattenertragenden Holzart erfolgt natürlich oder durch Stockausschlag.

Esche, Spitzahorn, Ulme und Hainbuche

Was hinsichtlich des prähistorischen Auftretens der Eiche gesagt wurde, gilt im wesentlichen auch für die gemeinhin als Edellaubhölzer bezeichneten Arten, die auf den besten Lehmböden der Rominter Heide (z.B. Revier Goldap) bis heute wesentlich vertreten oder sogar vorherrschend sind (Wilde Jagen). Sie zeigen dort große Wuchspotenz und Verjüngungskraft. Auf Abtriebsflächen können nicht selten im kleinsten Umkreis sämtliche vorkommenden Arten aus Anflug oder Stockausschlag vorgefunden werden.

Von den Ulmen kommen in der Heide alle drei Arten (Feld-, Flatter- und Bergulme) vor, die letztere am häufigsten. Auch im älteren Bestand ist die Mischung auf solchen Standorten von Natur aus außerordentlich reich. Man ist kaum in der Lage anzugeben, welches nun Haupt- und Nebenbaumarten sind. Einzig bei der Hainbuche tritt ihre dienende Rolle, z.B. im Fichtenaltbestand, häufiger in Erscheinung. Der Wuchs des Edellaubholzes ist im allgemeinen vorzüglich. Spitzahorn, Ulme und Esche besitzen im Baltikum und in den angrenzenden Gebieten deutliche Wuchsoptima bzw. Arealschwerpunkte. Auch die auf allen Mineralböden vorkommende Hainbuche zeigt hier einen Ökotyp, der westliche Herkünfte klar übertrifft (große Baumhöhe, gute Schaftausformung).

Schwarzerle, Birke, Aspe, Weichlaubholz

Zu den Baumarten, die auf den Lehmböden des baltisch-ostpreußischen Raumes gegenüber ihrem mitteleuropäischen Vorkommen ein deutlich ausgeprägtes Wuchsoptimum erreichen, gehören auch Schwarzerle,

Wertvoller Bestand von Schwarzerle, Esche, Birke und Eiche auf Übergangsstandort Lehmbruch-Höhenboden, Oberförsterei Goldap, Jagen 29

Schwarzerlenbruch bei Bludszen

Birke und Aspe. Höhe, Vollholzigkeit, Geradschaftigkeit und Astreinheit der Bestände finden hier ihre höchste Vollendung, die die genannten Arten zu wertvollen Waldbäumen mit hoher Nutzholzausbeute macht (z. B. Schwarzerle 80%).

Die Schwarzerle gedeiht am besten im Lehmbruch oder an dessen Rand und liefert hier starke Nutzholzstämme. Die Weißerle, eine nördliche Art, deren Hauptverbreitungsgrenze etwa mit der früheren Nordgrenze Ostpreußens übereinstimmt, kommt in der Rominter Heide vor, allerdings nicht so häufig. Die Birke gedeiht auf allen Böden, am besten jedoch auf nicht zu stark vernässtem sandigem Lehm, wo sie Nutzholzdimensionen erreicht. Hier steht sie vor allem gemischt mit Fichte und Eiche. Die Birke hat eine große Bedeutung als Pionierwald auf den Kahlschlägen, wo sie unter anderem die Wärmeabstrahlung vermindert und damit Frostschäden vorbeugt. Sie schließt alle Lücken in Kulturen oder Naturverjüngungen. Auch als Mischholz im trockenen oder moorigen Nadelwald ist sie von Bedeutung. Auf den zahlreichen Moortypen und ihren Übergangsformen kommen auch die Moorbirke (*B. pubescens*), die Strauchbirke (*B. humilis*) und die Zwergbirke (*B. nana*) vor. Im russischen Teil der Heide bildet die Birke – wie erwähnt –, hauptsächlich zusammen mit der Kiefer und auf feuchteren Böden zusammen mit der Aspe, riesige dort vorherrschende Bestände, die sämtliche Flächen, die bis Kriegsende mit Fichte bestockt waren, einnehmen.

Die Aspe ist auf den mittleren und besseren Böden der Rominter Heide als Mischholzart vorhanden mit einer Nutzholzausbeute bis zu 70%. Im Reservat „Boczki" steht sie gemischt mit Fichte, Linde und Ulme und erreicht auch die Ausmaße dieser Baumarten. Leider ist sie oft frühzeitig von Kernfäule befallen und scheidet dann aus den Beständen aus.

An den Blößen und Gestellen, an Bachläufen und in den Mooren der Heide kommen viele, zum Teil boreale Weidenarten und andere kleinwüchsige Bäume und Sträucher vor, deren unmittelbarer wirtschaftlicher Nutzen gering ist (Eberesche, Traubenkirsche, Pulverholz, Hasel und andere). Sie haben jedoch in waldökologischer Hinsicht Bedeutung, zum Beispiel als Äsungsspender für den Biber und das Schalenwild. Im Revier Goldap, Jagen 45, stand eine beachtliche baumförmige Salweide von 2,24 m Umfang und 15 m Höhe (GROSS, 1934).

Fremde Baumarten

Von denjenigen Baumarten, die in der Rominter Heide in früheren Jahrzehnten aus forstlichen Gründen versuchsweise angebaut wurden, jedoch ihre natürliche Verbreitung außerhalb der Rominter Gegend haben, sind die Weißtanne und die Lärche zu nennen. Im Bereich der heutigen Oberförsterei Goldap sind den Verfassern zwei Standorte der Tanne bekannt. Der erste liegt im Revier Szittkehmen am Forstmeisterweg. Diese wenigen Bäume weisen erstaunlicherweise eine durchaus normale Entwicklung auf. Sie wurden seinerzeit von Revierförster ROEGLER zusammen mit einigen anderen fremden Arten zu Versuchs- und Lehrzwecken angebaut. Der zweite Standort liegt in demselben Revier, Jagen 58. Dort bildet die in einem Eichenbestand unterständige Weißtanne eine kümmerliche und stark geschädigte „Kampfform". Sie ist häufig von Rotfäule (*Fomes anosus*) befallen.

Die Lärche, erst nach dem Nonnenfraß von 1860 angebaut, eignet sich wegen ihrer Standortansprüche weit besser zum Anbau in der Rominter Heide. Eine besonders auffällige Gruppe alter Überhälter steht auf einem Hügel im Szittkehmer Wald in der Nähe des Budergrabens.

Vom Laubholz wurde die Buche versuchsweise angepflanzt. Im Nassawer Revier soll ein recht starkes Exemplar vorhanden gewesen sein. MARON (zit. nach MAGER, 1965) nannte 1862 einen kleinen, wohl künstlich angebauten Horst von Buchen im Revier Warnen. Im Jagen 60, Goldap, gab es sogar eine „Kaiserbuche", die als Naturdenkmal erfaßt war. Im Park der früheren Oberförsterei Szittkehmen sind einige alte Buchen vorhanden. Eine kleine Gruppe starker, aber kurzer und sehr krummwüchsiger, astiger Buchen steht im Jagen 59, Szittkehmen. Im gleichen Jagen befindet sich auch ein wertvoller Eichenbestand, der mit Buche unterbaut ist.

Die Bludszer Straße nach Jagdhaus Rominten, Oberförsterei Szittkehmen, Jagen 57

Aus hegerischen Gründen wurden in Rominten Roßkastanie und Roteiche, namentlich entlang den Wegen, angebaut. Erstere scheint jedoch wegen des rauhen Klimas nicht recht gedeihen zu wollen (siehe z.B. Allee nach Keppurdeggen, Jagen 38, Oberförsterei Szittkehmen). Die Roteiche wächst normal, bildet aber nicht die geraden Stammformen der einheimischen Stieleiche. Eine recht hübsche Allee alter roter Eichen ist im Jagen 57 (Oberförsterei Szittkehmen) entlang dem Weg Bludszen—Jagdhaus Rominten zu bewundern.

Beginnende Herbststimmung

Der Wandel in den Bestandsverhältnissen

Das ursprüngliche Waldbild der Rominter Heide

Bis zu den großen Rodungen der Ordenszeit, die in der östlichen Landeshälfte im 15. und 16. Jahrhundert einsetzten, blieb in Altpreußen die Zusammensetzung des Waldes im wesentlichen gleich, wie sie schon zu Ende der Bronzezeit bestanden hatte. Wie bereits hervorgehoben, besaß die Fichte in der Rominter Heide schon zu vorgeschichtlicher Zeit einen für Altpreußen weit überdurchschnittlichen Anteil am Aufbau des Waldes. Weiter sind als Hauptbaumarten Kiefer, Eiche, Hainbuche und Linde zu bezeichnen. Die mittlere Bodengüte ist wohl vor Beginn der schädlichen Waldnutzung durch den Menschen noch erheblich besser gewesen als heute. Insbesondere dort, wo heute auf sandigen Partien nur noch Kiefer und allenfalls Fichte wächst, dürfte früher die Laubholzbeimischung deutlich größer gewesen sein. Im allgemeinen wird man jedoch nicht fehlgehen, die heute vorhandenen Böden nach ihrer Baumarteneignung auch als weitgehend maßgeblich für die ursprüngliche vorgeschichtliche Bestockung zu betrachten.

Die innere Beschaffenheit des Rominter Waldes zur Zeit, als er noch einen unberührten Teil der Wildnis bildete, war natürlich abgesehen von der Zusammensetzung eine wesentlich andere als heute. Die Verhältnisse in den „Wilden Jagen" (z. B. Reservat „Boczki") geben dafür gute Hinweise. Stellenweise war der Wald nahezu undurchdringlich. Meterhoch häuften sich gefallene riesige Stämme und Kronen, durch die das Weichholz massenhaft emporwuchs. An dicksten Fichten, Kiefern, Eichen und Linden in jedem Stadium des Zerfalls dürfte kein Mangel geherrscht haben. Auf den zahlreich herumliegenden Baumeichen, in den Sterbelöchern des zusammenbrechenden Altbestands, fanden sich sofort Anflug und Aufschlag ein, auch dürften Sträucher eine größere Bedeutung gehabt haben als heute. Durch die für den Urwald charakteristischen, nur geringen Schalenwildbestände war die Verjüngung des Waldes immer und überall gewährleistet. Es gab nicht nur gutgepflegte, wohl ausgeformte Bäume, wie sie der heutige Forstmann erzieht, sondern auch viele schwankende, lange und dünne Gestalten; ebenso verbreiteten sich astige Protzen ungehindert.

Im Nationalpark von Białowieża können heute der natürliche Zerfall und die Verjüngung von ähnlichen Beständen, wie sie die Rominter Heide aufwies, beobachtet werden. Man gewinnt einen Eindruck davon, wie das ewige „Stirb und Werde" den Urwald bestimmt hat.

Wandel in den Bestandsverhältissen aus natürlichen Ursachen

Keineswegs bildete der urtümliche Wald eine durchweg undurchdringliche, nur von Sümpfen unterbrochene, hauptsächlich aus zerfallenden Althölzern bestehende Wildnis. Vielmehr hatten die verschiedensten Naturgewalten, verbunden mit tierischen Einflüssen, entscheidenden Anteil an der Dynamik des Urwalds, indem sie nicht nur für stellenweise Durchlichtung sorgten, sondern auch ausgedehntere Blößen erzeugten, auf denen nach anfänglichem Ankommen von Birke und anderem Erstgehölz später umfangreiche und mehr oder weniger gleichförmige Bestände heranwuchsen.

Durch Blitzschlag war in den trockensten Kieferngegenden Romintens die Möglichkeit zu Waldbränden gegeben. Diese erreichten aber nirgends großen Umfang, waren doch die Bedingungen dazu andere als auf den typischen ausgedehnten Kiefernstandorten des Ostens. Oberförster JÜDTZ bezeichnete 1887 die Brandgefahr als sehr gering. Am ehesten passierte etwas im April und Mai, wenn trockene, leicht feuerfangende Gräser den Boden überziehen.

Anders verhält es sich jedoch mit den in regelmäßiger Wiederkehr über die altpreußischen Wälder dahinbrausenden gewaltigen Stürmen. Zu der Zeit des Bodenfrostes hält sich der Schaden in Grenzen; brechen die Stürme aber beispielsweise im Frühjahr über die Forsten herein, dann sind die Verheerungen auf den aufgeweichten Böden und in den Mooren groß, wobei natürlich vor allem die flachwurzelnde

Fichte betroffen ist. Berüchtigt war der schwere Orkan vom 17. Januar 1818, dem sämtliche Überhälter und alle haubaren und angehend hiebreifen Fichtenbestände zum Opfer fielen. Allein in der Oberförsterei Warnen wurde die Gesamtmenge des geworfenen Holzes auf etwa 270.000 Festmeter geschätzt, wovon 1820 immer noch 100.000 Raummeter Brennholz im Wald lagen. Noch 1823 versuchte man durch Bekanntgabe wiederholter großer Preisermäßigungen das noch nicht ganz verrottete Material abzusetzen. Am 24. November 1888 warf ein Sturm in den vier Oberförstereien der Heide 54.020 Festmeter Derbholz, und im November 1930 lagen allein im Forstamt Rominten 25.000 Festmeter am Boden. Den Sturmverwüstungen folgt regelmäßig der Borkenkäfer mit mehrjährigen erheblichen Fraßschäden.

Wenn auch diese Verheerungen zweifellos durch eine weitgehende Entwaldung Altpreußens und durch ausgedehnte gleichförmige Nadelholzbestände, ja durch die Förderung des Nadelholzes allgemein erst ermöglicht wurden, so ist doch zu vermuten, daß Katastrophen in begrenztem Umfang auch schon den vom Menschen unberührten Wald betroffen haben, zumal der Fichtenanteil der Rominter Heide bereits von Natur aus gleich groß war wie heute. Dasselbe gilt möglicherweise auch für die periodisch etwa alle 60 bis 80 Jahre wiederkehrenden Nonnenkalamitäten, die GROSS schon für die vorgeschichtliche Zeit nachweisen zu können glaubt, und von denen eine der einschneidensten wohl diejenige um die Mitte des vorigen Jahrhunderts war. Auch hier folgten bis 1862 beträchtliche Schäden durch Borkenkäfer.

Die Nonne fraß schon vor 1853 jahrelang in Südostpolen und drang von dort unaufhaltsam in nordwestlicher Richtung gegen die ostpreußische Grenze vor, die sie 1853 überschritt, um nach und nach sämtliche Staats- und Privatwaldungen Ostpreußens heimzusuchen. Der Fraß, der besonders die mittleren und älteren Altersklassen der Fichte befiel, dauerte unvermindert bis 1856 an, um schließlich 1857 langsam zu erlöschen. Es wurden nicht etwa nur allfällig vorhanden gewesene reine Fichtenbestände vernichtet, sondern „vornehmlich ... stark mit Laubholz durchsetzte Bestände" (MÜLLER, zit. nach MAGER). Die Masse des durch den Insektenfraß abgestandenen Fichtenholzes betrug nach den Aufzeichnungen im Taxationsnotizenbuch der alten Oberförsterei Warnen für die Reviere Warnen und Goldap rund 400.000 Klafter Derbholz, entsprechend 934.892 Festmetern (JÜDTZ, 1887).

Einen nicht zu unterschätzenden Anteil im Leben der Wildnis spielte in früheren Zeiten der Biber, der bis zum Jahr 1805 in der Rominter Heide heimisch war. Durch die Anlage von Dämmen staute der Biber die Waldbäche an. Mit den entstehenden Teichen wurden daraufhin mehr oder minder große bestockte Flächen unter Wasser gesetzt. Das Holz im engeren und weiteren Umkreis wurde vom Biber zu Futterzwecken gefällt. War es einmal aufgebraucht und wurde das Heranschleppen wegen zu großer Entfernungen zu beschwerlich, so verlegte die Biberkolonie ihr Wirken flußauf- oder -abwärts. Die Dämme, die nun nicht mehr unterhalten wurden, rissen mit der Zeit ein, die Stauteiche leerten sich und übrig blieben meist fruchtbare, flache Blößen, die gute Wiesen abgaben und mit der Zeit vom Wald wieder zurückerobert wurden. Auf diese Weise sorgte der Biber für eine Durchlichtung des Waldes entlang den Fluß- und Bachläufen. Heute kann man diese Sukzession in begrenztem Umfang wieder beobachten, wie bereits zuvor geschildert.

Wandel in den Bestandsverhältnissen durch primitive Waldnutzungsformen

Das Erscheinen des Menschen im Rominter Gebiet ist schon für die Steinzeit nachgewiesen. Entsprechende Siedlungsstellen wurden in der Umgebung des Goldaper und Wystiter Sees gefunden. 1895 entdeckte Oberförster Frhr. SPECK V. STERNBURG zwischen dem Kaiserweg und der nach Goldap führenden Straße bei Jagdhaus Rominten ein Gräberfeld mit 25 Grabstätten, teils Skelett-, teils Brandgräber. Nach BEZZENBERGER stammen diese Funde aus der frühen Eisenzeit (La Tène) um 1500 bis 500 v. Chr.

Einige Jahre später stieß v. STERNBURG im Jagen 44 der Försterei Blindischken zwischen dem Weg Rominten—Gollubien und dem Blindetal auf eine weitere Fundstelle, die aus einer Befestigungsanlage mit einem Wallgraben und doppeltem Pallisadenzaun bestanden haben dürfte; außerdem fanden sich dort noch zwei Sporen. Andere Fundstellen aus der Rominter Heide sind: Dagutschen, Jagen 16, Brandgräberfeld; Goldap, Steinaxt, bronzezeitliche Speerspitze; Hirschthal, Einbaum; Iszlaudszen, Steinhammer; Kuiken, Gräberfeld; Linnawen, Steinbeil; Szittkehmen, Gräberfeld.

Außer als Wohn- und Jagdgebiet diente dem Menschen die Rominter Heide, insbesondere in der jüngeren Steinzeit, auch zum Ackerbau. Mit Vorliebe siedelte er entlang der Seen und Flußläufe. Die bronzezeitlichen Fundstellen sind hingegen seltener. Eisenzeitliche Burgwälle sind in der unmittelbaren Nähe der Heide bekannt aus Adlersfelde, Goldap, Dobawen, Pellkawen, Schwentischken und Szittkehmen.

Der römische Historiker TACITUS nennt in seiner „Germania" (98 n. Chr.) die Aestier als Bewohner des baltischen Raumes.

Die Prussen waren ein Teil dieser indogermanischen Völkergruppe, zu der auch die Kuren, Litauer und Letten zählten. Im Gebiet Romintens, dem „Kempinewald", hauste der prussische Stamm der Sudauer in locker eingestreuten Lichtungen. In Szittkehmen, Matznorkehmen und Dagutschen wurden silberne prussisch-sudauische Schmuckgegenstände und Tonscherben gefunden. Die Ortsendungen auf „-awen" deuten auf ehemalige prussische Siedlungen hin. Auch ist die Endung „-itten" des Ortsnamens Romitten (Rominten) prussischen Ursprungs. GERULLIS (zit. nach URBSCHAT, 1931) leitet den Namen von prussisch „rams", litauisch „romus" (ruhig) ab.

Zu den Grundzügen des prussischen Wesens zählte eine starke religiös-heidnische Verehrung der Naturgewalten, große Neigung zum Soldatenhandwerk und Pferd sowie großer Fleiß. Der geistige Mittelpunkt aller Prussenstämme, die sich auch häufig selbst bekriegten, war die vermutlich in der Landschaft Nadrauen gelegene heilige Stätte Romowe. Im Hain von Romowe stand als höchstes Heiligtum eine riesige, uralte Eiche, in deren Stamm die Bilder der wichtigsten Götter eingefügt waren. Vor dem Bild Perkunos', des gewaltigen Herrn über Blitz und Donner, brannte das „Heilige Feuer", das niemals, auch nicht in eisiger, schneesturmdurchbrauster Winternacht, verlöschen durfte.

Auf den Ruf Herzog KONRADS VON MASOVIEN und von Kaiser und Papst bevollmächtigt, kam ab 1231 der Deutsche Orden ins Land. Mit seiner Hilfe sollten die Prussen christianisiert und das Land in Besitz genommen werden. Nach damaliger Anschauung konnten Kaiser und Papst über heidnisches, deshalb als herrenlos geltendes Land verfügen. Jahrzehntelange Kämpfe und Aufstände entbrannten. Als letzter der prussischen Gaue konnte nach besonders langwierigem Ringen Sudauen und damit auch das Rominter Gebiet unter die Herrschaft des Ordens gebracht werden. 1283 gab dort der Gaufürst SKOMAND den Kampf auf, der hauptsächlich in den Wäldern partisanenartig geführt wurde. Ein Teil der noch verbliebenen Bevölkerung flüchtete nach der Besetzung ins nahe Litauen, die restlichen Sudauer wurden ins Samland umgesiedelt. Auf diese Weise entstand im Gebiet der Rominter Heide eine weitgehend entvölkerte Landschaft.

Der Orden ließ an der Ostgrenze seines Landes bewußt wieder eine Wildnis entstehen, die hauptsächlich als Schutz gegen litauische und polnische Gefahren dienen sollte. Nur noch wenige Prussen wohnten in der völlig vereinsamten Waldgegend – zum Beispiel am Goldaper Berg oder bei Pellkawen an den Stellen der alten prussischen Fliehburgen (Pellkawer Schloßberg). Sie ernährten sich durch Jagd, Fischfang und Beutnerei und dienten dem Orden als Späher und ortskundige Führer durch die Wildnis. Die ehemals gerodeten Flächen wurden vom Wald zurückerobert; dadurch entstand wieder ein geschlossenes Waldgebiet in der riesigen Ausdehnung von 50.000 bis 60.000 Quadratkilometern, das weit nach Polen und Litauen hineinreichte. Aus den zwischen 1384 und 1402 von dem Orden dienenden „Leitsleuten" erstellten Wegeberichten, einer Beschreibung der Wildnisrouten, geht hervor, daß häufig lichte Kiefernwälder und mit Gesträuch bewachsene Wiesen vorhanden waren, zweifellos die verwüsteten alten Siedlungsflächen. Die Rominte ist unter dem Namen „Dwissit", der Goldaper See als „Romytensee" und die Jarcke als „Arcke" in den Wegeberichten genannt.

Die spätere planmäßige Besiedlung der Großen Wildnis, auch wieder entlang der Wasserläufe, begann erst 1535, nachdem der Ordensstaat 1525 säkularisiert und der letzte Hochmeister, ALBRECHT VON BRANDENBURG-ANSBACH, als erblicher Herzog in Preußen anerkannt wurde. Das nunmehrige Herzogtum

Preußen stand fortan allerdings bis 1657 unter der Lehnshoheit des polnischen Königs. Ausgangspunkt der Wildnisbesiedlung mit litauischen und deutschen Kolonisten war das Hauptamt Insterburg.

Die erste Verschreibung im Rominter Waldgebiet datiert aus dem Jahr 1531 und nennt einen Hof „Rominten", der Lorenz Hermes verschrieben wird. Aus späteren Urkunden wird ersichtlich, daß Hermes dort „pechen, dielen und schneiden" darf. Das Zinsregister von 1539 und die Hauptbücher des Amtes Insterburg von 1554/55 bis 1564/65 bringen bereits die Namen fast aller Dörfer, die unmittelbar am Rand der heutigen Rominter Heide liegen. Groß Rominten wies damals die größte Siedlerzahl auf, dagegen hat in Warnen erst später ein einziger Siedler ein Stück Wald zur Rodung verschrieben bekommen.

Von den Schulzenämtern des Insterburger Hauptamts entfielen auf das Gebiet der heutigen Rominter Heide das „Romittische" im Westen und eines im Osten, in dem später die „Teerbude" (entspricht Theerbude, später Kaiserlich Rominten bzw. Jagdhaus Rominten) erwähnt wird. Wie tatkräftig das Siedlungswerk gefördert wurde, geht daraus hervor, daß 1590 bereits über 95% aller heutigen Ortschaften des Kreises Goldap vorhanden waren.

Während südlich der heutigen Rominter Heide größere adlige Lehnsgüter entstanden (Frhr. v. Kittlitz und Dietrich v. Packmor im südöstlichen Teil bis zur polnischen Grenze, Lorenz v. Halle im Südwesten und Kaspar v. Nostitz bis zur Rothebuder Forst), waren die meisten Siedler im Rominter Waldgebiet scharwerkspflichtige Bauern oder Kölmer, die sich neben der Rodung und ihren landwirtschaftlichen Arbeiten mit der Werbung von Waldprodukten befaßten.

Seit Mitte des 16. Jahrhunderts wurde die Holzflößerei betrieben. Die Flößung von Brennholz wuchs um 1712 stark an. 1723 wurde auf Anordnung Friedrich Wilhelms I. in Nassawen ein Holzflößamt eingerichtet, das bis 1783 bestand. Das Holz wurde „bei Theerbude in Achtel aufgesetzt, klobenweise in den Rominteflluß geworfen und von da bis nach Gumbinnen geführt ..." (Bock, zit. nach Mager). Dem Amt stand ein Oberförster „zur Anweisung der Holzreviere" mit Sitz in Nassawen vor. Jährlich mußten nun große Mengen von Brenn- und Bauholz nach Königsberg und zum Amtshaus Insterburg geflößt werden, zumal die dortigen, näher gelegenen Waldungen bald gänzlich erschöpft waren.

Als bestes verflößbares Holz galt die Erle. Für Bauholz und Dielen wurden zunächst ausschließlich Kiefern und Eichen eingeschnitten. Die Goldap und Angerapp wurden von den gröbsten Steinen und von Strauchwerk gesäubert, um das in Goldap eingeschnittene Bauholz zu verflößen. Dieser Ort erhielt 1570 Stadtrechte; er verdankte sein Aufblühen dem Holzgewerbe. Jährlich wurden aus den noch unerschöpflich scheinenden Vorräten „des Frühjahrs viele Dielen und geschnitten Holz ... auf den Strömen gen Königsberg" verflößt (Hennenberger). Zweifellos konnte man damals von dem Holzreichtum profitieren. Um 1500 soll nach einem Bericht „das Zcymmer" (Bauholz) in der Heide noch unverhauen gewesen sein. Und noch 1711 wird beklagt, daß „viele tausend Stämme und vom Winde umgeworfenes Holz in der Heide liegend verfaulen müssen und für nichts genutzt werden".

Aber stellenweise muß es in dieser Zeit auch schon anders ausgesehen haben. 1680 waren die Rominter Eichenbestände durch das vom Kurfürsten verpachtete Budenwerk bereits stark angegriffen. 1771 mußte der Oberforstmeister v. Mengede in seinem Immediatbericht feststellen, daß die Beritte Warnen und Nassawen „schon stark behölzet und größtenteils aus jungem Anwachs bestehen".

In den östlichen Teilen der Rominter Heide waren die Flößverhältnisse bedeutend schlechter, und deshalb wurde dort das Kiefernholz, selbst die besten Stämme, zum Teerschwelen, die Laubbäume zum Aschebrennen verwendet. In ausgehöhlten starken Kiefern hielten die Beutner ihre Bienenschwärme. Um aus den teilweise verwüsteten Waldpartien noch mehr Einnahmen zu erzielen, wurde die Anlage von Schäfereien erwogen und zum Teil ausgeführt. Das ist ersichtlich aus folgenden Verordnungen des Kammerrats Kaspar v. Nostitz, eines Beauftragten des Herzogs Albrecht: „Bey Lorentz Katerkopffs Hofe, da ich die Scheffferey angelegt, über dem Romitten, ist ein Walt, gehet nach dem Sehe Tscharne" (Czarner See) „und darnach nach der Jagdbuden, hat vor Zeiten einer dar gewonet, Gelewitz genannt" (vgl. Gehlweiden), „den Ort soll man besetzen, mit der Zeit eine Schefferey dar anzulegen." – „item über dem Romitten ist ein Damerau, gehet ein schön Flies dadurch, ist auch bevolhen zu besetzen."

Das Dienstland bei der früheren Försterei Dagutschen

Wie bedenkenlos man mit der Eiche verfuhr, geht aus einem Budenwerkskontrakt mit REINHOLZ VOGT vom 19. September 1637 hervor, dem ein großer Teil halbwüchsiger Eichen zwecks Klappholz-, Wagenschoß- und Plankenherstellung zum Opfer fiel und die aus der „Wiltnuss der Romittischen Heide zwischen dem Fluß undt alle den Feldern alss Budszwayen, Plauzken, Gelweiden und wie sie weiter heißen von Budenicker" (Teerbude?) „biss an das heidischen so hinder Gorkischken" (Jörkischken) „lieget" beschafft werden sollten. Die Teerbrennerei in der Rominter Heide war zu jener Zeit an ein Unternehmen in Oletzko verpachtet, das 1637 den Zins von 300 polnischen Talern ablieferte, der einzige, der im Hauptamt Insterburg einging. Allein die Rominter Heide war damals in Preußisch Litauen noch in der Lage, reichlich Kiefernbauholz zu liefern. Die schon damals bestehende Nutzung der Heide als landesherrliches Jagdrevier bewirkte zweifellos einen nicht zu unterschätzenden Schutz der Holzbestände, so daß wenigstens die schlimmste Ausplünderung vermieden wurde.

Als nach der großen Pest 1708 bis 1710 in Preußisch Litauen etwa 9.000 Höfe verödet, geplündert und verwüstet waren und ab 1714 das „Retablissement" mit der Neubesiedlung dieses Gebiets durchgeführt wurde, deren Höhepunkt die Aufnahme der protestantischen Salzburger im Jahr 1732 war, mußten viele Gebäude neu errichtet werden. Wieder lieferte die bisher im Vergleich zu den anderen altpreußischen Forsten verhältnismäßig geschonte Rominter Heide das notwendige Kiefernbauholz. Bei Binnenwalde entstand die „Romintische Schneidemühle" (aufgehoben 1820). Durch den Stau zu deren Betrieb erlitten die tiefgelegenen Teile der Nassawer Forst Schäden durch Vernässung.

Nachdem einige Hinweise auf Art, Umfang und Auswirkungen der mittelalterlichen Waldnutzung in der Rominter Heide gegeben wurden, soll nun, vor der Besprechung der Einrichtung einer geregelten Waldwirtschaft, noch einmal der Blick auf die damaligen Bestandsverhältnisse geworfen werden:

Ältere Bestandsbeschreibungen

FRIEDRICH MAGER erwähnt in seinem umfassenden Werk über den altpreußischen Wald auch die ältesten Bestandsbeschreibungen der Rominter Heide. Es handelt sich um die Besichtigungsprotokolle von HERTEFELD vom 12. und 13. Juni 1725. Sie sind sehr allgemein gehalten und kennzeichnen das Rominter Waldgebiet als eine Nadelholzheide mit unterschiedlich starker Beimischung von Laubholz. Schwächere Laubholzbeimischungen bleiben in den Protokollen unberücksichtigt; nur wo sie stärker in Erscheinung treten, werden sie nach Holzarten erwähnt.

Laubholzbeimischung hebt HERTEFELD für die im damaligen Großnassawenschen Beritt gelegene Szabojeder Heide hervor, die vom Fließ „Plinda" bis an das „Pludscher" Fließ reichte; ferner im Beritt Warnen-Jörkischken für die Schakummensche Heide, wo die Kiefern und Fichten „mit etwas alten Eichen und jungen Hainbuchen melirt" waren; für die Pöwgaller Heide, die mit Fichten, jungen Eichen und Hainbuchen bestanden war; für den Iszlaudszer Wald sowie für den Wald „Köhsgries", der, mit einem heutigen Ortsnamen nicht identifizierbar, zwischen dem Iszlaudszer- und dem Stumbernwald gelegen haben dürfte und außer Kiefern und Fichten „etwas junge Eichen" enthielt, für den Jörkischkenschen Wald, der Kiefern, „viel" Fichten und „hin und wieder abgestandene Eichen", alte und junge Linden, Hainbuchen, Birken und Ellern aufzuweisen hatte, und endlich noch für den Budweitscher Wald, der außer Fichten noch „alte und junge Eichen, Linden, große Birken, Eschen, Ellern und Espenholz" barg. Die genannten Wälder lagen „in einem Strich weg", bildeten also eine zusammenhängende Waldmasse wie die heutige Rominter Heide.

Mehr summarischen Charakter besitzt auch die Kennzeichnung des Waldes, die MORGENLÄNDER 1780 lieferte. Immerhin dürfte aus ihr hervorgehen, daß die Laubholzbeimischung des Rominter Nadelwalds artenreich und wohl auch nicht unbedeutend gewesen sein mag. So heißt es über den damaligen Großwarnenschen Beritt, dieser bestehe „durchgehends aus Eichen, Hainbuchen, Kienen (Kiefern), Tannen (Fichten), wenig Rüstern, Eschen, Birken, Linden, Espen, melirt untereinander stehend ..." ERNST (auch zit. nach MAGER) nennt in seiner Forstbeschreibung des Kammerbezirks Gumbinnen von 1775 unter den Laubholzarten dieses Beritts auch den Spitzahorn. Der Wuchs des Holzes wird von MORGENLÄNDER als „ziemlich", also mittelmäßig, gekennzeichnet. Die Bestandsverhältnisse des Großnassawenschen Beritts boten 1780 folgendes Bild: Das Revier bestand „aus Kienen, Tannen, Linden, Espen, Hainbuchen, Rüstern, Leinbaum, Birken, wenigem Erlen- und Eichenholze, ... diese Holzarten stehen sämtliche melirt, ... es ist auch allhier Stangenholz und junger Aufschlag, so den besten Fortgang zeigt, vorhanden."

Nach dem „Preußisch-Litthauischen Forsttaschenbuch Anno 1801/02" bestand der gesamte Beritt Nassawen damals zu 90% der Fläche aus Fichte und Kiefer, zu 10% aus Laubholz mit 30jährigem Abtrieb (Niederwald). Bezüglich des Warner Beritts heißt es, daß dieser zu 83% (164 Jagen) aus Nadelholz und zu 17% (34 Jagen) aus Niederwald besteht. „Es dominieren Kienen (Kiefern) und Rottannen (Fichten); in den Laubholzschlägen ist vorzüglich Birken, und wird es noch mehr werden, wenn die Tannen erst alle herunter sind. ... Ist die beste litthauische Heide, nur fehlt es noch an starken Hölzern..."

Art und Auswirkungen der geregelten Forstwirtschaft in der Neuzeit

Die Bemühungen, die die Ablösung rein raubbaulicher Eingriffe in den Wald durch eine geregelte Bewirtschaftung zum Ziel hatten, waren im Lauf des 18. Jahrhunderts mehr und mehr von Erfolg gekrönt. Nach URBSCHAT (1931) wurden damals bereits auf Mooren, die für die Weidenutzung ungeeignet waren, Kiefern- und Birkenschonungen angelegt. Im Warner Revier entstanden infolge des fortwährenden Bauholzeinschlags große Kahlflächen. Die Flächen sollten sich selbst wieder bestocken, und man ließ zu diesem Zweck Samenbäume stehen. Auf den krautwüchsigen Böden der Rominter Heide konnte dieses Verfahren natürlich nicht gelingen. Die künstliche Bestandsbegründung griff zur gemischten Fichten-Kiefern-

Zapfensaat oder zur reinen Fichtenzapfensaat, wenn nicht genügend Kiefernzapfen aufgetrieben werden konnten. Die Fichte muß in großen Beständen vorhanden gewesen sein (wenn auch nicht in alten Beständen), denn nach den Warner Forstakten von 1799 sind große Mengen Samen gesammelt und auch an andere Forsten geliefert worden.

1790 wurde eine Schlagfläche von 82 Morgen (1 Morgen = 0,25532 ha; 82 Morgen sind somit 20,9 ha) im Warner Beritt zwischen Schillinnen und Schuiken von den Scharwerksbauern mit Kiefernzapfen besät. Im Belauf Budweitschen im Südosten dieses Beritts wurden die dortigen Laubholzbestände im Niederwaldbetrieb bewirtschaftet. Man wollte damals offenbar reine Laub- und reine Nadelwälder erziehen. So wurden im östlich angrenzenden Belauf Markawen die sich in der Minderzahl befindlichen Fichten herausgehauen, ebenso aus den Nadelholzjagen Aspen und Linden.

Angaben über die damalige Wirtschaft, insbesondere über den Stand der Schonungen, können den „Acta zur Bereisung und Untersuchung der Nassawenschen und Warnenschen Forstreviere durch Geh. Forstrat BARTELS, 1799, 1801, 1803" entnommen werden: „Nassawen. Vorzüglich ist nötig, die Räumden und Blößen in den Schlägen wieder anzubauen und dadurch die nachteiligen Folgen der ersten fehlerhaften Forstwirtschaft, da man das Holz Fuß vor Fuß gehauen, einigermaßen zu redressieren ... Die Schläge 30 – 42 waren der ersten Vorschrift gemäß vor 15 und mehr Jahren gänzlich abgeholzt und schon vor 10 Jahren gänzlich verangert und ohne allen Nachwuchs befunden worden. Die Natur hat zwar nach der Zeit stellenweise einen guten Aufschlag von Rottannen hervorgebracht. Da aber auch das wenige noch stehengebliebene Holz durch Windbrüche umgeworfen worden, so hat dadurch das Unkraut und Gras noch mehr Luft zu wachsen bekommen und in den Schonungen überhand genommen, so daß die Pflanzen nicht aufkommen und Wurzel fassen können. Besonders ist das mit den Anhöhen der Fall, wo selbst alle von den Revierforstbedienten mit Pflügen und Hacken des Feldbodens und künstlichen Besamungen gemachte Versuche noch immer fehlgeschlagen, auch von der diesjährigen Frühjahrsaussaat bis jetzt noch wenige Pflanzen sichtbar sind."

„Die Schläge 33, 34, 36, 38 sind daher nur allein als gut bestanden anzunehmen, wogegen in allen übrigen noch größere Räumden anzubauen sind."

„Strichweise fand sich Rottannenholz vertrocknet, welches aber nach der Behauptung des Revierforstbedienten nicht von den Raupen herrührt, sondern dieses Holz hat durch die Stürme vor einigen Jahren gelitten und ist sukzessive abgestorben ... Fast sämtliches vertrocknetes Holz wurde wurzellos befunden. In der Borke von all diesen Bäumen ist der Käfer, welches aber bei allem auch altershalben abstehenden Tannenholz der Fall ist ... In den Bruchgegenden des Reviers stehen starke Linden und Espen ... Der Stand der Schonungen ist schlecht."

„Warnen. Das Warnen'sche Forstrevier hat durchweg einen sehr inegalen Forstbestand. In sämtlichen Forstteilen steht das Haubare oder die erste Klasse mit zweiter und dritter in Kiehnen und Rottannenholz melirt. Das gewöhnlich starke Bauholz findet sich nur selten, und der Bedarf muß größtenteils vom Mittelholz angewiesen und das Revier mit Vorsicht behandelt werden, weil durchgehends im jungen Holze gewirtschaftet und geplentert werden soll. Die Jagen 72, 73, 88, 89 bestehen größtenteils aus Räumden, die aus dem übel geführten Hau des vorigen Forstbedienten herrühren. Sie sind der Natur überlassen und zeigen den besten Anflug ... In den Blöcken I, II, III, IV sind Schlaghölzer" (Bezeichnung für Niederwald).

„Die noch mit Kienen und Rottannen bestandenen Horste in dieser Bruchgegend müssen noch stärker durchgeforstet, solche herausgenommen und dadurch den Laubholzarten mehr Luft zum Wachsen verschafft werden ... Revier Warnen besteht größtenteils aus Kienen und Rottannen 2. Klasse ... Die Schonungsjagen 130 und 131 haben nicht rechten Fortgang, obgleich der Beamte auf den Höhen Kienen, in den Niederungen Tannenzapfen ausgesät hat, dazu wenig Samenbäume vorhanden waren. Der Graswuchs ist hinderlich. Es soll versucht werden, Birken hineinzubringen ... Zu Jagdbude ist der stärkste Holzverkehr." Die erste Kiefernpflanzung datiert aus dem Jahr 1848. Fichten wurden nur zur Nachbesserung in Büscheln gepflanzt. Etwa um 1850 ging man, da mit den bisher üblichen Lichtungs- und Besamungshieben

Typische Waldpartie in der Rominter Heide im Bereich der Försterei Budweitschen

nicht die gewünschten Erfolge eintraten, und wohl auch, um der Zeitströmung Rechnung zu tragen, zur Kahlschlagwirtschaft über (ADOMAT, 1934).

Aus den Schonungstabellen zu Anfang des 19. Jahrhunderts geht hervor, daß der größte Teil des jungen Waldes aus reiner Fichte bestand, während Kiefern-Fichten-Mischbestände seltener waren und von reinen Kiefernschonungen kaum die Rede ist. Dieser Umstand trug zweifellos dazu bei, daß sich der Nonnenfraß von 1853 bis 1857 zu einer Katastrophe größten Ausmaßes ausweiten konnte. Den Forstbeamten war die Nonne (*Lymantria monacha*) damals gänzlich unbekannt, so daß zu ihrer Bekämpfung der Eintrieb von Schweinen empfohlen wurde. Auf dem größten Teil der Fläche wurden die Nadelholzbestände vernichtet und erst im Verlauf mehrerer Jahrzehnte wieder aufgeforstet. Ein Absatz des Holzes war damals zum Teil unmöglich, besonders in abgelegenen Teilen südwestlich von Theerbude in der späteren Oberförsterei Goldap (LANGE, 1929).

Noch im Betriebswerk von 1870 wurden bei den Bestandsbeschreibungen zahlreiche Jagen als durch das viele übereinander liegende Insektenfraßholz unzugänglich geschildert. Allmählich verjüngten sich diese Jagen durch Anflug von Weichlaubhölzern und Fichte, die mit der Zeit mit dem erhalten gebliebenen Laubholz einen neuen Bestand bildeten. Nur die wertvollsten älteren Hölzer wurden genutzt, während vor allem Weißbuche und Birke ungenutzt blieben. Die Linde wurde von aus Thüringen herbeigeholten Muldenhauern geschlagen und an Ort und Stelle verarbeitet. So entstanden die überwiegend Laubholz aufweisenden „Wilden Jagen" (beispielsweise Jagen 60 der Försterei Hirschthal), von denen ein Teil im 20. Jahrhundert unter der deutschen Forstverwaltung, zum Teil auch noch unter der polnischen, als Schutzgebiete erhalten blieben, jedoch mit der Einschränkung, daß Nutzungen an absterbendem wertvollem Holz erfolgen dürfen.

Bezüglich der Entstehung der „Wilden Jagen" vertrat MÜLLER die gegensätzliche Meinung, daß diese Bezirke entweder nach dem Fraß von 1795 oder nach dem Sturm von 1818 der Natur überlassen blieben

(URBSCHAT, 1931). Als Beweis dafür wird angegeben, das während des Ersten Weltkriegs dort die stärksten Fichten gehauen wurden, die notwendigerweise aus der Zeit vor 1855 stammen mußten.

In den ersten Jahren nach der Fraßkatastrophe wurden wegen Pflanzenmangels zuerst Streifensaaten aus Fichte, etwas Kiefer und geringer Lärchenbeimischung ausgeführt. Von 1860 an pflanzte man dann vorwiegend mit Fichtenbüscheln.

In den geänderten Betriebsplänen wurde eine stärkere Beteiligung der Eiche und die Herbeiführung eines standortgerechten Mischwalds gefordert. Dazu im Gegensatz steht allerdings die Tatsache, daß der größte Teil der Fraßflächen mit Fichte wiederangebaut wurde, die unglücklicherweise wahrscheinlich sogar eine ungeeignete Herkunft (Westdeutschland) aufwies (WELLENSTEIN, 1987, schr. Mitt.). Damit waren weitere Sturm- und Insektenschäden vorgegeben.

Nachdem im Jahr 1897 Schwierigkeiten mit der Nonne in den Förstereien Schuiken (Jagen 40), Hirschthal (Jagen 73) und an einigen anderen Stellen auftraten, kam es bereits wieder bis 1912 zu einer erneuten Massenvermehrung, die „erheblichen Lichtfraß" (ADOMAT, 1934) verursachte. 1897 hatte man bedauerlicherweise als Vorbereitung zur „Leimung", einer Bekämpfungsmethode gegen die Nonne, das zwischen- und unterständige Laubholz aus den Fichtenbeständen herausgehauen. Die gut sichtbaren Leimringe waren noch viele Jahre später ein Charakteristikum für Rominten. An ganz alten Fichten entlang des Romintesteilhangs beim Jägerhof sind auch heute noch diese schwarzen Leimringe sichtbar.

Die hervorragende Eichelmast von 1848, verbunden mit Pflanzenmangel, gab aber immerhin Veranlassung, der Nachzucht der Eiche wieder größere Aufmerksamkeit zu schenken, die ja seit alten Zeiten arg dezimiert war. Zunächst versuchte man es mit Saatreihen im Nadelholz, dann mit Heisterpflanzung in Streifen und Gruppen in den Fichtenkulturen und ab 1880 mit der Begründung von Eichenkulturen (Einstufen von Eicheln sowie Pflanzung) auf größerer Fläche im Kulturgatter. Anfang der neunziger Jahre wurde die Eiche allenthalben in Form der MORTZFELDTSCHEN Löcher eingebracht, die aber die bekannten Nachteile zeigten, daher ab 1900 wieder der Übergang zu Pflanzung oder Schirmsaaten auf großer Fläche (ADOMAT, 1934).

Kaiser WILHELM II. wollte den Charakter des Rominter Waldes als „Naturwald" erhalten bzw. herbeiführen. 1899 bestimmte er, daß die Wilden Jagen von der Axt verschont werden sollten; auch erteilte er der Forstverwaltung in der Heide die Weisung, Kahlschläge nach Möglichkeit zu vermeiden und statt dessen vermehrt natürliche Verjüngung zu fördern. In der nachkaiserlichen Zeit wurde hiervon wieder mehr und mehr abgewichen (STRAATMANN), so daß man wohl behaupten kann, daß die Wirtschaftsweise in unserem Jahrhundert im wesentlichen eine normale Schlagwirtschaft war, die sich in allen ihren Aspekten (Kulturen. Wegebau usw.) von derjenigen in anderen Forstämtern nicht unterschied.

Auffallend ist die starke Zurückdrängung des Laubholzes im Zeitraum zwischen 1907 und 1924.

Starkfichte mit altem Leimring am Steilufer der Rominte, Oberförsterei Nassawen, Jagen 90

MAGER (1965) spricht von einer „forstwirtschaftlich bedingten Verfichtung". Von der Anwendung von Naturverjüngungsverfahren unter dem Schirm des Altholzes profitierte die Fichte naturgemäß.

Wie der damalige Forstmeister des Forstamts Rominten, ADOMAT, mitteilte, war nach den neuen Betriebsregelungen 1934 in diesem Forstamt auch eine Plenterwaldfläche von 320 ha ausgeschieden. Es handelte sich vorwiegend um Bestände auf Übergangsmooren und um solche mit großer landschaftlicher Schönheit. Dieses Forstamt wies auch „Ausschlußflächen" von 630 ha auf, zu denen sechs Wilde Jagen (unter anderen 20, 44, 45, 60 und 61) sowie ertraglose Moorbestände gehörten. ADOMAT wies besonders auf die Notwendigkeit der Pflegehiebe hin, die zum Schutz der zahlreichen eingesprengten Laubholzarten notwendig sind. Der Naturverjüngung solle überall dort nachgegangen werden, wo sie möglich sei. Dem Edellaubholz seien weitere Flächen zu erschließen.

In den dreißiger Jahren überwog in der Heide bei weitem die Fichte, die vor allem in reinen 80jährigen Beständen vorkam, namentlich im Forstamt Nassawen, aber auch in Warnen und Szittkehmen. Nicht weniger ausgedehnt waren 70 bis 80 Jahre alte Mischbestände von Fichte und Kiefer. Der größte Teil des Forstamts Szittkehmen, fast das ganze Forstamt Warnen und große Teile von Rominten und Nassawen waren davon eingenommen (STEINFATT, 1938). Bei all diesen Beständen handelte es sich um Nadelholzkulturen, die auf den riesigen Kahlflächen des Nonnenfraßes von 1853 bis 1857 gründeten.

Tabelle 3: Die Anteile von Fichte (Fi), Kiefer (Ki) und Laubholz (Lbh) an der Bestandsbildung in den vier Revieren der Rominter Heide (in % der Fläche)

Jahr		Nassawen	Szittkehmen	Goldap	Warnen
1801	Fi Ki Lbh	} 90 10		83 17	
1892	Fi Ki Lbh	84 12 4	61 39 –	54 18 28	44 54 2
1907	Fi Ki Lbh		48 25 27		
1924	Fi Ki Lbh	}	92 8		
1934	Fi Ki Lbh	– – –	– – –	61 19 20	– – –
1944	Fi Ki Lbh	78 5 17	– – –	60 16 24	– – –
1984	Fi Ki Lbh	10 (Schätzung) 20 (Schätzung) 70 (Schätzung)	37 19 44		15 (Schätzung) 15 (Schätzung) 70 (Schätzung)

Ein Teil davon fiel erneut dem Fraß von 1933 bis 1937 zum Opfer, der wiederum große Kahlflächen hinterließ. Die Flugzeugbestäubung verzeichnete in den Randzonen des Fraßgebiets wohl gewisse Erfolge, konnte aber nicht verhindern, daß vor allem in den Forstämtern Nassawen und Warnen große Kahlflächen entstanden, die in den Revierförstereien Klein Jodupp und Schuiken auch weit in das Forstamt Rominten übergriffen. Die Nonnen- und Käferkalamität führte dazu, daß seit 1934 bis zur Besetzung durch die Russen eigentlich keine planmäßigen Hauptnutzungshiebe mehr geführt wurden. Der Haupteinschlag war Jahr für Jahr im Kalamitätsgebiet konzentriert, in den übrigen Revieren wurde lediglich Windwurf und Sammelhieb aufgearbeitet und gelegentlich eine Durchforstung ausgeführt. Große unaufgeforstete Kahlflächen waren beim Einmarsch der Russen nicht mehr vorhanden. Die Pflanzen wurden vornehmlich von der Firma GUSTAV LÜDEMANN, Halstenbek/Holstein, bezogen (MICKE, 1960).

1946 waren im südlichen, nunmehr polnischen Teil des Waldes Schäden durch den Buchdrucker zu verzeichnen, 1948 wiederum durch die Nonne. Ersterer hatte sich in dieser Zeit speziell im nördlichen Teil der Heide stark vermehrt und breitete sich nach Süden aus. Verantwortliche Beamte, so auch der damalige Szittkehmer Revierverwalter, wurden hinter Gitter gebracht, weil sie der Plage nicht Herr wurden. Es war damals unmöglich zu bekennen, daß das Übel von den Russen ausging, doch davon später. Die Reste dieser alten Fichtengeneration, die immer noch einen stattlichen Umfang aufwiesen, wurden im Südteil der Heide weitgehend während der siebziger Jahre abgetrieben. Sie waren stark von Rotfäule befallen.

Wie Professor WELLENSTEIN, der von 1933 bis 1937 die Bekämpfung der Nonne in der Rominter Heide leitete, den Verfassern berichtete, drangen die Ideen des Dauerwaldes, wie sie auch der damalige Generalforstmeister Dr. V. KEUDELL vertrat, in der Rominter Heide nicht durch. Nach seiner Beurteilung spielte der Waldbau in dieser Zeit in der Rominter Heide „so gut wie keine Rolle". „Die Überhege des Rotwildes hatte natürlich schwerste Schälschäden zur Folge" (WELLENSTEIN, 1987, schr. Mitt.). Dies bestätigte auch Forstamtmann a.D. ZIEBELL (1981, mdl. Mitt.), früher Revierförster in Blindischken. Schwere Schälschäden (100%) aus der Vorkriegszeit werden außerdem von polnischen Forstbeamten bezeugt, die seit Anfang der fünfziger Jahre ununterbrochen in der Heide tätig sind. Noch heute kann man sich davon überzeugen, daß die Fichtenbestände der Rominter Heide aus früherer Zeit zu 100% geschält sind. In den langsamwüchsigen Moorbeständen sind die Schälwunden zum Teil noch nicht überwallt.

Dagegen bemerkt WALLMANN (1931), daß nach dem Höhepunkt der Schälschäden um die Jahrhundertwende nach einer Verringerung des Rotwildbestands bei gleichzeitiger Intensivierung der Fütterung ab 1908 das Schälen stark zurückging: „Frische Schälschäden wurden kaum noch gefunden, und auch die Sommerschälung hörte auf, so daß bis auf die heutige Zeit (1930) wesentlicher neuer Schälschaden nicht mehr entstanden ist."

Dr. STEINFATT, der als Ornithologe unter WELLENSTEIN in der Waldstation für Schädlingsbekämpfung in Jagdhaus Rominten arbeitete, wies 1941 darauf hin, daß hier „die Jagd seit 50 Jahren die beherrschende Rolle spielt und ihr die Forstwirtschaft in jeder Hinsicht untergeordnet ist". Was den Waldzustand bis 1934 betrifft, fügt er folgende Bemerkung an: „Bei dem sehr großen Rotwildbestand von 1.500 bis 1.700 Stück ist es kein Wunder, daß in der eingegatterten Rominter Heide Unterholz fast völlig fehlt. Nur die Hasel hat sich stellenweise noch halten können (Hirschthal, Budweitschen, Gehlweiden und Schuiken)." Auch bei näherer Betrachtung alter Abbildungen aus der Kaiserzeit fällt auf, daß die Bestände und Ränder der Waldwiesen völlig frei von Gebüsch und Nebenbestand sind. Es ist nicht erstaunlich, daß durch die umfangreichen Nadelholzkulturen aus den Jahren um 1860 und durch den hohen Wildbestand die Natürlichkeit des Rominter Waldes gelitten hatte. Man muß anerkennen, daß die in den dreißiger Jahren neuentstandenen Nonnenfraßflächen nun mit Laubholz bepflanzt wurden und auch jede Gelegenheit genutzt wurde, das bestehende Laubholz zu fördern und Neuanlagen zu schaffen (FREVERT, 1957). Dadurch wurden auch zahlreiche Kulturgatter notwendig.

Die Bekämpfung der Nonne mit Hilfe der Arsenbestäubung vom Flugzeug aus soll nach Angaben des Blindgaller Revierförsters SZKIŁĄDŻ (1988, mdl. Mitt.) zum Aussterben vieler Vogelarten, zum Beispiel des Schwarzspechts, geführt haben. In der Tat wurden die Singvögel auf einigen mit Kalkarsenat bestäubten Flächen bis auf zwei Arten vollständig vernichtet. Erst nach umfangreichen Versuchen konnte diejenige Arsendosis gefunden werden, die die Nonne sicher vernichtete, aber wenigstens dem Rotwild nicht schwere Schäden zufügte. 1936 wurde auf einer Bestäubungsfläche von 4.420 ha ein neues Berührungsgift (Dinitro-ortho-Kresol) ausgebracht, das gegen höhere Tiere weniger schädlich sein sollte, hingegen beträchtliche Verbrennungen bei Bodenvegetation, Wiesen und landwirtschaftlichen Kulturen verursachte. Auch die Teckel der Schädlingsforscher bekamen im Lauf der Zeit eine „intensiv gelbe Färbung".

Im polnischen Teil der Heide ist den Verfassern das Waldbild seit Beginn der achtziger Jahre aus eigener Anschauung bekannt. Es ist geprägt durch große Kahlschläge, die durch den Einschlag fast des gesamten Fichtenaltholzes in den siebziger Jahren entstanden sind und die sich allmählich wieder mit Jungwald bedecken. Die Birke fliegt auf den freien Flächen überall massenhaft an. Die Wiederbegründung der Bestände erfolgte sinnvollerweise mit den jeweils den Bodenverhältnissen entsprechenden Baumarten in Einzelmischung. Weite Eichenjungwüchse und auch bereits ausgedehnte Dickungen und Stangenhölzer dieser Baumart sind vorhanden. Wegen des Mangels an hiebreifen Beständen ging man Mitte der achtziger Jahre dazu über, nur noch dort kleinflächige Räumungen vorzunehmen, wo stark verlichtete Bestandspartien vorliegen. Der Rest der Nutzung wird zwangsläufig aus der Durchforstung der jungen und mittleren Bestände genommen. Der Hiebsatz beträgt zur Zeit nur drei Festmeter pro Hektar, dazu im Vergleich betrugen 1926 die Hiebsätze in den Oberförstereien Rominten (Goldap) und Szittkehmen 4,8 fm/ha. Szittkehmen und Goldap wiesen 1984 einen Vorrat von 159 m^3/ha und einen Zuwachs von 3,83 m^3/ha und Jahr auf, es sind also Aufbaureviere.

Die polnischen Forstbeamten besitzen ein vorzügliches waldbauliches Gespür. Dies äußert sich in der sinnvollen Anlage der Kulturen nach Arten, Mischungsgrad und -form, in der Wertschätzung des Laubholzes – auch der Pionierbaumarten! – und ferner in der umfangreichen Schaffung von Waldreservaten. Die Kulturen sind anfänglich unter Einbezug der Birke sehr locker gehalten. Dadurch erreichen sie eine hohe Widerstandskraft. Trotzdem bleibt die Astigkeit im normalen Rahmen. Der Nichtforstmann gewinnt oft den Eindruck, es handle sich um „Urwald".

Der umfassende Umbau der reinen Fichtenbestände in standortgerechte Mischbestände mit hohem Eichenanteil gelang auch deshalb so gut, weil zwanzig bis dreißig Jahre lang praktisch kein oder nur wenig Rotwild vorhanden war, das das weite Artenspektrum und den günstigen Verlauf der natürlichen Verjüngung hätte beeinträchtigen können. Eine Einzäunung der Jungwüchse ist bei deren Größe natürlich undurchführbar. Die Flächen wären nicht zu kontrollieren, der Unterhalt der Zäune wäre zu teuer. Der größte Nachteil aber wäre, daß dem Wild eine viel zu große Äsungs- und Einstandsfläche entzogen würde. Deshalb wird ausnahmslos Wildschadensbekämpfung mit Hilfe von chemischen Verbiß- und Schäleinzelschutzmaßnahmen praktiziert.

Die Vorratsverhältnisse in den beiden nördlichen Revieren Warnen und Nassawen dürften etwa gleich hoch wie im Südteil der Heide liegen. Zwar sind dort nur sehr wenige Kahlflächen zu sehen, aber die Kiefern/Birken-Bestände, die auf den Böden der alten Fichtengeneration stocken, sind doch recht vorratsarm. Die zugewachsenen bzw. aufgeforsteten Flächen beispielsweise am Wystiter See sind von vielen Blößen und auch von bewirtschafteten Wildwiesen unterbrochen.

Förster SZKIŁĄDŻ, der seit 1955 in der Heide tätig ist, berichtete uns, daß er in den fünfziger Jahren einem russischen Ingenieur vier Monate lang die polnische Seite der Heide vermessen half. Er fragte diesen auch nach den Verhältnissen auf der sowjetischen Seite und erfuhr, daß dort schon bald nach dem Krieg alle einigermaßen brauchbaren Bestände und einzelnen starken Bäume abgehackt worden seien. Die riesigen Flächen sind daraufhin sich selbst überlassen worden. Besagter Förster wußte auch von maschinell ausgeführten Kiefernkulturen auf Riesenflächen zu berichten, die allerdings zum größten Teil fehlgeschlagen seien. Diese Beobachtungen des polnischen Försters decken sich mit der Darstellung eines Artikels, der unter dem Titel „Die heutigen forstlichen Verhältnisse im nördlichen Ostpreußen" 1967 im Holz-Zentralblatt, Stuttgart, erschien. Die Verfasser können diese Angaben aufgrund ihres Aufenthalts in Warnen und Nassawen eindeutig bestätigen.

Mit Birke überwachsener Schlag am Gebirgsweg, Oberförsterei Szittkehmen, Jagen 41

Von den ausgedehnten Kahlhieben nach Kriegsende war – wie erwähnt – vor allem die Fichte betroffen. Das geschlagene Holz blieb vielfach lange Zeit liegen, daraus erklärt sich die Massenvermehrung der Borkenkäfer. Ein Erkundungsgang im Frühjahr 1990 zeigte auch, daß sehr alte, gänzlich unbewirtschaftete Laubholzkomplexe vorhanden sind, wie zum Beispiel südlich von Jagdhaus Rominten am Hirschweg. Die unmittelbar nördlich der Grenzschneise vorherrschenden Bestände haben gegenwärtig ein Alter von etwa 40 bis 45 Jahren. Auch sie stocken auf den Abtriebsflächen der alten Fichtengeneration. Entlang der Grenze werden von den Russen praktisch keine forstlichen Maßnahmen durchgeführt. Die dortigen Althölzer sind mit zahlreichem Dürr- und Fallholz durchsetzt. Es ist nicht verfehlt, hier von einem sekundären Urwald zu sprechen. Überhaupt zeichnet sich der russische Waldbau durch außerordentlich geringe Eingriffe in die Bestände aus. Die Jungbestandspflege fehlt fast vollkommen.

Abschließend läßt sich sagen, daß der Rominter Wald in seiner heutigen Beschaffenheit den Anforderungen eines zeitgemäßen Natur- und Forstschutzes eher entspricht, als dies vormals der Fall war. Er stellt gegenwärtig eine wertvolle und stabile Lebensgemeinschaft dar, so daß beispielsweise der Forstschutz im Insektenbereich kaum noch Probleme aufwirft. Einzig zur Verminderung der Schäl- und Verbißschäden im polnischen Teil werden, wie bereits ausgeführt, flächendeckend umfangreiche Einzelschutzvorkehrungen mit chemischen Repellents getroffen. Ihre Wirksamkeit ist aber leider bislang noch völlig ungenügend. Die Fichte wird zwar gegenwärtig eher nur schwach geschält, jedoch mit zunehmender Tendenz, wobei diese noch durch die unsinnige gänzliche Entfernung der Äste im unteren Stammbereich anläßlich der Pflegehiebe unterstützt wird. Die Eiche, Esche und der Spitzahorn sind zu einem sehr hohen Prozentsatz von den Schälschäden betroffen (um 90%), so daß die Wertholzerzeugung leidet. Hinsichtlich der Eiche ist zu hoffen, daß die Verkernung die Ausbreitung der Fäulnis eindämmt.

Die Widerstandskraft der Bestände gegen Sturmschäden ist durch die Stufigkeit und die starke Förderung des Laubholzes verbessert worden. Selbstverständlich erfüllt ein solcher naturnaher Wald, der sich an vielen Stellen vom Urwald nicht mehr wesentlich unterscheidet, seine Aufgaben im Bereich des botanischen und zoologischen Artenschutzes auf optimale Weise.

Der gegenwärtige Waldbestand in den Forstämtern Warnen und Nassawen trägt zur Hauptsache Pionierwaldcharakter. Wertvolle Baumarten der Schlußwaldgesellschaften wie die Fichte fliegen unter dem Schutz des Birken/Kiefern-Schirms an oder werden durch Vogelsaat (Eiche) eingebracht. Bis sich die Baumarten des Schlußwaldes durchgesetzt haben, dürften noch viele Jahrzehnte vergehen. Auf den Lehmböden gibt es riesige noch undurchforstete Laubmischbestände.

Die Verwaltung der Rominter Heide

Die Entwicklung der Forstverwaltung

Als der Deutsche Orden im 13. Jahrhundert das Preußenland in Besitz nahm, gelangte auch das Wildnisgebiet um die heutige Rominter Heide in dessen Eigentum. Durch die großzügige Besitzverschreibungspraxis im 16. Jahrhundert wurden große Waldbezirke gerodet und besiedelt. Die sich damals schon abzeichnenden gegenwärtigen Umrisse des Rominter Waldes umschlossen aber ein Gebiet, das sich der Orden auch weiterhin als sein ausschließliches Eigentum vorbehielt. Nach der Säkularisierung des Ordens 1525 ging die Rominter Heide in herzoglichen Besitz über.

Alle Einnahmen aus dem „Waldwerk" wie beispielsweise die Nutzung der Eichen, die Beutnerei und Mastnutzung, die Asch- und Teerbrennerei flossen in die landesherrliche Schatulle. Zahlreich waren auch die Berechtigungen und Privilegien, die der Bevölkerung am Wald gewährt wurden und die im Verein mit der mißbräuchlichen Ausnutzung der verpachteten Regalien langsam zum Ruin des Waldes beitragen mußten. Dieser Entwicklung versuchte die Waldordnung des Regenten GEORG FRIEDRICH 1582 Einhalt zu gebieten. Alle Versuche, der Ausbeutung des Waldes zu begegnen, schlugen jedoch letzten Endes fehl, bis es durch die Forstreform im 18. und frühen 19. Jahrhundert gelang, die Dinge zum Besseren zu wenden. Dazu waren nicht nur eine starke Überwachung, wirksame Kontrolle und ein zweckmäßiger Aufbau der Administration notwendig, sondern auch eine klare Einteilung der Wälder und eine minimale Ausbildung der Forstbediensteten.

Im Ordensstaat scheint es noch keine forstliche Zentralverwaltung und keine Reviereinteilung, insbesondere nicht im Gebiet der Großen Wildnis, gegeben zu haben. Denkbar ist höchstens, daß die Rominter Heide, die ja schon damals zu den Leibrevieren der Hochmeister gehört haben soll, unter der Aufsicht eines Jägers gestanden hat. Ob das Rominter Gebiet auch den Schutz von Wald- oder Jägermeistern als Untergebenen der Komturei genoß, ist nicht bekannt. Jedenfalls findet man gegen Ausgang des 15. Jahrhunderts auch in der östlichen Wildnis Jagdbeamte, wie die Lohnliste der Häuser Insterburg und Taplacken vom 24. August 1488 beweist, in der ein Jäger und ein Jägerknecht aufgeführt sind. Um 1500 herum scheint auch hie und da mit der Bildung von Revieren begonnen worden zu sein.

Der Jahresrechnung des Hauptamts Insterburg 1554/55 ist zu entnehmen, daß damals im Rominter Gebiet die Aufsicht und der Schutz des Waldes einem „alden Mann, welcher in Jagdbuden zusieht", übertragen war. Jahresgehalt: 8 Mark. Im Lauf des 16. Jahrhunderts ist des öftern von den Wildnisbereitern die Rede. Um 1617 hat dieses Amt hier MORITZ STOLTZNER, „Wildnisbereuter im Insterburgischen", ausgeübt.

Einen gewissen Einfluß zur Straffung der Forstverwaltung hat aber doch die genannte Waldordnung des Herzogs GEORG FRIEDRICH gehabt. Danach unterstanden einem Jägermeister, verantwortlich für alle Forst- und Jagdsachen im Herzogtum Preußen, drei Oberwildnisbereiter (Oberforstmeister) mit entsprechenden Bezirken. Diesen oblag die Aufsicht über die örtlichen Wildnisbereiter. Im 17. Jahrhundert wurden die drei Oberforstmeisterbezirke auf zwei vermindert. Das Samland gehörte mit Preußisch Litauen in denselben Bezirk.

Der Große Kurfürst versuchte 1641, das Jägermeisteramt abzuschaffen und die beiden Holzförster, wie die Oberforstmeister auch genannt wurden, direkt der kurfürstlichen Regierung in Berlin zu unterstellen. Das schien sich jedoch nicht zu bewähren, denn kurz darauf schuf er anstelle des früheren preußischen Jägermeisteramts eine neue Stelle für Preußen mit der Amtsbezeichnung „Forstmeister" und später „Oberforstmeister", die aber mit den beiden Holzförstern nur eine Art Kollegialbehörde bildete, wie sie damals in der gesamten Verwaltung üblich war. Die Oberforstbeamten, die als ehemalige Offiziere vom Forstwesen meistens nicht viel verstanden und ihren Posten hauptsächlich als Altersversorgung betrachteten, versahen ihren Dienst vielfach nachlässig, da sie sich vor dem im fernen Berlin sitzenden Oberjägermeister ziemlich sicher fühlten. So kam es 1717 zu dem entscheidenden Schritt, indem die beiden Holzförster oder Oberforstmeister, wie sie seit 1688 betitelt waren, den Amtskammern (entsprechend den späteren Kriegs- und Domänenkammern, den nachmaligen Bezirksregierungen) unterstellt wurden, die eine ständige scharfe Kontrolle ausübten, um eine pflichtgetreuere Dienstführung zu erreichen. Außerdem beauftragte König FRIEDRICH WILHELM I. mit seiner Instruktion vom 1. März 1725 seinen Oberjägermeister v. HERTEFELD, Chef der brandenburgisch-preußischen Forstverwaltung, mit einer eingehenden Durchleuchtung des preußischen Forstwesens. Auf die Protokolle v. HERTEFELDS aus der Rominter Heide wurde bereits hingewiesen.

Im 18. Jahrhundert machte das Forstwesen besonders unter dem genannten König und auch unter FRIEDRICH DEM GROSSEN unleugbare Fortschritte. Den Oberforstmeistern wurden durch die Verfügung vom 18. Dezember 1754 verstärkt ihre Pflichten vorgeschrieben. Noch immer traten nämlich erhebliche Klagen über Mißstände auf. Eine Inspektion spielte sich etwa folgendermaßen ab: „Gewöhnlich wurden sie" (die Oberforstmeister) „... vortrefflich aufgenommen. Man fuhr den sogenannten Oberforstmeisterweg, das heißt einen bequemen Weg, welcher an den Seiten einige Ruten breit bepflanzt war und der durch die besten Bestände ging, spazieren, machte am Tage eine kleine Jagd und am Abend eine Spielpartie und die jährliche Revision war erledigt ..." (PFEIL, zit. nach MAGER, 1960).

Zu Beginn der herzoglichen Zeit wurden Forst- und Jagdschutz sowie die damals noch sehr bescheidene Revierverwaltung, die bislang in der Hand eines einzigen Wald- oder Jägerknechts lagen, getrennt, indem man das Amt des Wildnisbereiters als das des eigentlichen Revierverwalters schuf und gleichzeitig sehr viele nebenberufliche Forst- und Jagdknechte entließ. Die Dienstbezirke der Wildnisbereiter, die sogenannten Beritte (Wildnisberitte, später Forstberitte), umfaßten nicht selten Hunderttausende von Hektaren, waren also ohne Personal kaum zu kontrollieren.

Die Rominter Heide hatte um 1540 einen „Wart", der in Chaldappe (Medunischken) wohnte und gleichzeitig die anderen Waldungen im Hauptamt Insterburg beaufsichtigte (URBSCHAT, 1931). Jägermeister DIEMINGER suchte im Auftrag GEORG FRIEDRICHS die Einteilung und Besetzung der Beritte tatkräftig voranzutreiben. Betreffend das Amt Insterburg schreibt er 1595, daß zwischen Rominten, Kattenau und Bajorgallen in einem Revier von neun Meilen Ausdehnung niemand sei, der die Aufsicht darüber habe, obwohl es „doch ein schön Gehege" sei. Er setzte dort als Wildnisbereiter einen Mann ein, der dem Fürsten als Kämmerer gedient hatte.

Im Gefolge des wirtschaftlichen Zerfalls des Landes, der mit der großen Pest 1708 bis 1710 sein größtes Ausmaß erreichte, wurden einschneidende Sparmaßnahmen notwendig, die nicht zuletzt die Königliche Forstverwaltung betrafen. So wurden auch in der Rominter Heide, wie die Bereisungsprotokolle des Oberjägermeisters angeben, 1725 die Beritte Warnen und Jörkischken vereinigt (der letztgenannte war damals schon einige Zeit unbesetzt und wurde von Warnen aus verwaltet), so daß in der Heide fortan nur die beiden über 10.000 ha großen Beritte Warnen und Nassawen verblieben.

In dieselbe Zeit fällt auch die Auflösung des Insterburger Hauptamts und die Gründung der „Königlichen Krieges- und Domänenkammer zu Gumbinnen" am 19. August 1736, der späteren „Regierung Gumbinnen" (ab 1808).

Das Wildnisbereiteramt war ziemlich einträglich. Die Existenzgrundlage bildeten ein hinreichend großes Stück Deputatland samt dazugehörendem Gehöft sowie Barlohn und allerlei Vergünstigungen.

FRIEDRICH WILHELM I. verbot die Bezeichnung „Wildnis" für den Amtsgebrauch, da sie ihm nicht mehr angezeigt schien. Mit Datum vom 28. Juli 1739 verfügte er, daß künftig die „Forstbedienten" in Preußen „nicht mehr Wildnisbereuter heißen, sondern Kgl. Förster genennet werden sollen", da „Se. Kgl. Majestät keine Wildnis in Ihren Landen erkenneten." Dieser Titel wurde für die Revierverwalter, sofern diese nicht schon höhere Titel führten, vom 29. November 1803 an durch den Oberförstertitel abgelöst. Die Forstberitte wurden nun zu Oberförstereien.

Der untere Forstdienst, der in äußerst kläglichen materiellen Verhältnissen lebte, die früheren Waldknechte, hießen seit Mitte des 16. Jahrhunderts Warte, von 1739 an Unterförster, später von 1803 an „Kgl. Förster".

1564 waren im Romittischen Schulzenamt (zu vergleichen mit dem Warner Beritt) vier Warte beschäftigt, je einer in Iszlaudszen und Szeldkehmen und zwei in Jörkischken (URBSCHAT, 1931). Um das Jahr 1780 waren im Gebiet der Rominter Heide mindestens zwölf Unterförster im Amt, und zwar je zwei in Blindischken und Schuiken und je einer in Bludszen (ab 1719), in Jörkischken, in Kraginnen, in Markawen (ab 1617), in Matznorkehmen (ab 1719), ferner je einer in Roponatschen, Szeldkehmen und Szinkuhnen.

In feste Schutzbezirke mit eindeutigen Grenzen sind die Beritte anscheinend erst im Lauf des 17. Jahrhunderts eingeteilt worden. Um 1800 umfaßte der 54.184 Morgen 31 Ruthen (13.834 ha) große Forstberitt Nassawen vier Reviere mit 21 Unterförstern, nämlich das Grigalischker Revier (Nordosten), das Hauptrevier, die Jodupoen und den Franzkus. Der Forstberitt Warnen wies 47.840 Morgen 164 Ruthen (12.215 ha) mit drei Revieren auf: das Hauptrevier, das Kotziolker Revier und das Pietrascher Wäldchen. Die beiden letzten wurden später bis zu ihrer völligen Abholzung der Oberförsterei Bodschwingken angeschlossen, da sie schon lange keine Verbindung mehr mit dem Hauptrevier Warnen besaßen.

Im Ortschaftenverzeichnis des Regierungsbezirks Gumbinnen werden 1818 außer den Forstämtern Nassawen und Warnen folgende Forstdienststellen aufgeführt: Hegemeister-Etablissement Kl. Szittkehmen, Unterförster-Etablissements in Kl. Pellkawen, Kl. Kuiken, Kl. Gollubien, Kl. Dagutschen, Kl. Grigalischken, Ischlaudszen und Jagd Bude.

Hier seien noch einige besondere Umstände erwähnt, die der Verwirklichung der landesherrlichen Bestrebungen zur Verbesserung der Waldwirtschaft immer wieder größten Abbruch bescherten. Da ist die Korruption und mangelnde Disziplin in der Forstverwaltung zu nennen. Die Beamten mußten infolge der schlechten Verkehrsverhältnisse und ihrer abgelegenen Wohn- und Arbeitsgebiete „weit ab vom Schuß" kaum mit einer überraschenden Kontrolle rechnen und konnten sich daher noch weit mehr als andere Beamtenschaften herausnehmen. Oft traten nicht gerade die besten Elemente in den Forstdienst, der besonders in der großen Wildnis noch eine Art „Wildwest"-Dasein bot und dessen naturverbundene Rauheit mit Vorliebe abenteuerliche Leute anlockte. Erst FRIEDRICH WILHELM I. und FRIEDRICH DEM GROSSEN gelang es, der brandenburgisch-preußischen Beamtenschaft eine saubere, uneigennützige Dienstführung anzugewöhnen.

Daß es unter den die Waldarbeit verrichtenden Bauern mit der Berufsethik nicht besser sein konnte, leuchtet ein. So ist einem Immediatbericht des Oberforstmeisters v. HALLE vom 4. Dezember 1686 zu entnehmen, daß sich die Dorfschaften das Holz „durchaus nicht anweisen lassen, sondern hin und wieder in die Wälder an unterschiedlichen Örtern einfallen, so viel, als ihnen beliebt, in Achtel setzen, auch, wann ihnen gefällt wieder nach Hause fahren, ja, die meisten liegen in den Wäldern ganz still, tun nichts, bis sie das mitgenommene Futter vertan, in währender Zeit sie zu Fuß die Wälder durchstreichen, an die besten Eichen, auch gar ans Wildbret sich machen ... und wo welche von den Warten, auch Wildnisbereitern selbst ertappt werden, so ... rottieren sie sich zu 50 bis 100 auch mehr Schlitten zusammen und gehen mit Äxten ... auf sie los, bis sie sich durchschlagen und davon kommen können ..."

Noch 1803 klagte Oberforstmeister v. TREBRA, daß „eine zu große Anzahl Holzschläger, die fast durchgängig berauscht sind auf einmal in die Forst fallen und auf keine Anweisung des Forstbedienten achten ..." – „... diese versoffenen Geschöpfe bleiben auch mit dem Gespann des Nachts im Walde, bei welcher Gelegenheit sie dann, um sich und ihr Vieh vor Kälte zu schützen, eine beträchtliche Quantität Holz zu ihrer Erwärmung verbrennen."

Die Gliederung der Heide in nur zwei Oberförstereien bestand noch bis zum Sommer 1869, als von der Oberförsterei Warnen die südliche Hälfte als Oberförsterei Goldap abgetrennt wurde. Vom südlichen Teil der Oberförsterei Nassawen bildete man die Oberförsterei Szittkehmen. Diese Ein-

Forstmeister Kaiser, Nachfolger Reiffs in Nassawen, ab 1873 Inspektionsbeamter in Gumbinnen, von 1881 an Professor in Breslau

teilung in vier Oberförstereien bestand bis zum Zusammenbruch im Verlauf der Kämpfe um die Rominter Heide im Oktober 1944. Die Kontrolle der vier Oberförstereien oblag dem Oberforstmeister (später Landforstmeister) bei der Regierung Gumbinnen. Als Zwischeninstanz diente die Forstinspektion Goldap mit einem Forstinspektor (später Regierungs- und Forstrat), der auch einige andere Oberförstereien angehörten. Die Oberförstereien waren in Schutzbezirke eingeteilt; diese entsprachen den späteren Revierförstereien. Jedoch waren im 19. Jahrhundert allenthalben auch noch die alten Bezeichnungen Beritt und Belauf gebräuchlich.

In den Schutzbezirken übten die Kgl. Förster, oder, wenn es sich um besonders verdiente ältere Beamte handelte, die Hegemeister den Forstschutz aus und beaufsichtigten die technische Durchführung der Waldarbeiten. Die Schutzbezirke oder Förstereien waren oft zweigeteilt, wobei der kleinere Teil einem Forstaufseher unterstellt wurde.

Im Jahr 1898 wurde die Oberförsterei Szittkehmen in Rominten umbenannt (Zitierung: Oberförsterei Rominten – Szittkehmen). Ferner wurde um die Jahrhundertwende die Oberförsterei Goldap zu dem Ort Kaiserlich Rominten (früher Theerbude) verlegt (Zitierung: Oberförsterei Goldap – Rominten) und erhielt 1925 den Namen „Rominten", während die bisherige Oberförsterei Rominten nun ihren alten Namen Szittkehmen wiederbekam.

Tabelle 4: Die Rominter Heide um 1890 (nach v. Hagen / Donner, 1894)

Oberförsterei	Gesamtfläche	Forstwirtschaftsfläche	Anzahl der Schutzbezirke
Szittkehmen	5.592 ha	4.833 ha	5
Goldap	5.947 ha	5.098 ha	5
Nassawen	6.654 ha	4.440 ha	5
Warnen	5.690 ha	5.165 ha	5
Rominter Heide	23.883 ha	19.536 ha	20

1934 erfolgte die Umbenennung der Oberförstereien in Forstämter. Die Revierverwalter wurden zu Forstmeistern, ein Titel, der bis dahin nur verdienten älteren Beamten zuteil wurde. Die bisherigen Betriebsbeamten, die Förster, wurden zu Revierförstern.

Im Zug der „Verdeutschung" unter dem Nationalsozialismus wurden viele Revierförstereien, wie die alten Schutzbezirke nun hießen, mit „echten" deutschen Namen versehen. Auch das Forstamt Szittkehmen hieß – ebenso wie das Dorf Szittkehmen – von 1938 an „Wehrkirchen".

Zur selben Zeit wurde die jagdliche Leitung, die nach dem Weltkrieg von Forstmeister v. Sternburg wieder an die einzelnen Revierverwalter übergegangen war, erneut zusammengefaßt. Der Reichsjägermeister verfolgte damit die Absicht, eine einheitliche Hege des Rotwilds, die zu Höchstleistungen führen sollte, durchzusetzen. Mit dem dadurch neugeschaffenen Amt des „Oberforstmeisters der Rominter Heide" wurde der Revierverwalter des Forstamts Nassawen, Walter Frevert, betraut, der schon bei seiner kurz zuvor erfolgten Annahme des Nassawer Amtes nachdrücklich auf die Vorteile einer jagdlichen Gesamtleitung hingewiesen hatte. Damit war am 1. April 1938 die Rominter Heide zum sogenannten Staatsjagdrevier geworden.

Oberstjägermeister Scherping schreibt 1950: „In den Staatsjagdrevieren hatte die Jagd das Primat vor der Forstwirtschaft. Das hätte in früheren Zeiten, in denen die Zahl der Stücke alles, die Qualität wenig bedeutete, fraglos zu einer Massenversammlung des Wildes geführt, die eine geordnete Forstwirtschaft mehr oder minder ausgeschlossen hätte. Das Steuer war in dieser Beziehung aber um 180 Grad herumgeworfen. Das zeigt sich am besten an der Tatsache, dass wir fast in allen Revieren, nachdem sie zu Staatsjagdrevieren erklärt waren, als erste Maßnahme einen ganz wesentlich erhöhten Abschuß durchgeführt haben."

Frevert war nach wie vor Revierverwalter des Forstamts Nassawen, wurde nun aber zum Inspektionsbeamten aller vier Rominter Forstämter. Jagdlich unterstand er unmittelbar dem Ministerium in Berlin, d.h. dem Reichsjagdamt unter Ministerialdirektor Scherping, forstlich jedoch nach wie vor dem Landforstmeister in Gumbinnen, WACHHOLTZ, übrigens einem der fähigsten Forstbeamten in ganz Preußen. Die Dienstbezeichnung lautete: „Der Preußische Landforstmeister. Regierungsforstamt Gumbinnen. Oberforstmeisterbezirk Rominter Heide". Durch den Runderlaß GÖRINGS vom 11. Juni 1941 wurde schließlich vom 1. Juli 1941 an die Rominter Heide auch forstlich aus der preußischen Staatsforstverwaltung herausgelöst und unmittelbar dem Reichsjagdamt angeschlossen, wodurch Oberforstmeister FREVERT die Vollmachten eines Regierungsforstamts (Landforstmeisters) erhielt. Für die forstlichen Belange der Staatsjagdreviere war im Reichsjagdamt Oberlandforstmeister NÜSSLEIN zuständig.

Der letzte verwaltungsrechtliche Stand der Rominter Heide im Jahr 1944 umfaßte folgende Forstämter und Revierförstereien:

Oberforstamt Rominter Heide
Größe: 25.019 ha, davon Holzboden 22.435 ha, enthaltend:
Forstamt Nassawen
Größe: 6.721 ha, davon Holzboden 5.884 ha
Revierförstereien: Nassawen, Jägersthal, Schanzenort (Schwentischken), Albrechtsrode (Kuiken), Pellkauen (Pellkawen), Reiff, Hilfsförsterei Schenkenhagen (Szinkunen).
Forstamt Barckhausen (Warnen)
Größe: 5.684 ha, davon Holzboden 5.354 ha
Revierförstereien: Eichkamp (Schakummen), Fuchsweg, Jagdbude, Schönheide (Iszlaudsszen), Schelden (Szeldkehmen), Steinheide (Roponatschen).

Oberlandforstmeister Wachholtz, Leiter des Regierungsforstamtes Gumbinnen, dem die Rominter Heide bis zur Herauslösung aus der preußischen Staatsforstverwaltung unterstellt war. Er fiel im Kampf um Königsberg

Romintetal mit Teehäuschen am Jägerhof (Bellevue), aufgenommen 1937

Forstamt Warnen, Zustand Herbst 1990

Forstamt Rominten
Größe: 6.804 ha, davon Holzboden 6.292 ha
Revierförstereien: Holzeck (Mittel Jodupp), Schwarzbach (Klein Jodupp), Elsgrund (Budweitschen), Spechtsboden (Schuiken), Jarkenthal (Jörkischken), Heidensee (Schillinnen), Hirschthal.
Forstamt Wehrkirchen (Szittkehmen)
Größe: 5.810 ha, davon Holzboden 4.905 ha
Revierförstereien: Wehrkirchen (Szittkehmen), Unterfelde (Gollubien), Binnenwalde, Wildwinkel (Blindischken), Kausch (Bludszen), Teerbude, Zapfengrund (Dagutschen), Markauen (Markawen), Hilfsförsterei Schneegrund (Blindgallen), Hilfsförsterei Bibergraben (Forellenzuchtanstalt).

Die vier Rominter Forstmeister hatten je 12 ha Deputatland gegen ein Nutzungsgeld zur Verfügung; außerdem stand ihnen die Fischereinutzung zu, zum Beispiel in Warnen und Nassawen auf je 11 ha See- und Teichfläche. Jeder Forstmeister verfügte über drei Dienstpferde.

Zur Erinnerung an den im September 1939 vor Warschau gefallenen Revierverwalter von Warnen, Forstmeister Dr. BARCKHAUSEN, wurde auf Anordnung des Reichsjägermeisters das Forstamt Warnen in „Barckhausen" umbenannt (FREVERT, 1957).

Zu erwähnen bleibt noch, daß nach der Besetzung Polens im November 1939 im Anschluß an die Rominter Heide, im Südosten nach Polen hinein, ein weiteres Forstamt mit der Bezeichnung „Adlers-

Forstamt Adlersfelde im Jahr 1943

felde" eingerichtet wurde. Es umfaßte einen Bezirk von 20.000 ha, gegliedert in die beiden Revierförstereien Hańcza und Sidory. Der Waldbestand dieses „Forstamts" betrug nur 795 ha und mußte größtenteils noch durch Aufforstung herangezogen werden. Nach FREVERT (1943, unveröff.), der diese Arbeiten vorantrieb wie er nur konnte, rechnete man bis zum Frühjahr 1943 mit 2.000 ha fertig kultivierter Aufforstungsfläche. Millionen von Forstpflanzen wurden in die verlassenen Äcker gesteckt. In diesem Forstamt sollten jagdliche und ästhetische Belange vor den forstlichen uneingeschränkt Vorrang besitzen. Das Gebiet ist wegen seiner landschaftlichen Schönheit gegenwärtig als Landschafts-Schutzpark (Suwalski Park Krajobrazowy) ausgewiesen. Das Dienstgebäude des Forstamts befand sich in dem 1939 vom Forstfiskus ersteigerten Gut Adlersfelde, südlich des Pablindscher Sees.

In polnischer Übersetzung heißt Adlersfelde heute Orliniec. Von den gesamten Baulichkeiten sind nur noch die Fundamente sichtbar. Die Bezeichnung ging auf den früheren Nassawer Wildnisbereiter ADLER zurück, dem dieses Land von König FRIEDRICH WILHELM II. zu Eigentum verliehen wurde.

Dieses Werk, zu Ende geführt, hätte zusammen mit der ursprünglichen Heide einen geschlossenen Waldbezirk von über 35.000 ha ergeben.

Die anscheinend unbegrenzte Vermehrung der jagdlichen Möglichkeiten, die mit dem Einmarsch der Wehrmacht in Polen ihren Anfang nahm und 1941 mit der Inbesitznahme der ostpolnischen Gebiete – darunter Bialowies (Białowieża) – noch bedeutend erweitert wurde, verlockte zur Überheblichkeit. So sollte die Jagd im besetzten Polen „ganz großzügig" betrieben werden. Die Gelegenheit wurde als günstig erachtet, vollendete Tatsachen zu schaffen (LIEBENEINER, 1987). Beispielsweise sollte auf Anordnung des Reichsmarschalls das Urwaldgebiet von Bialowies um etwa 100.000 ha auf seine ursprüngliche Ausdehnung von 260.000 ha erweitert werden (SCHERPING, 1941). 38 Dörfer im Bereich dieses Waldes wurden verbrannt und ihre Bewohner vertrieben (MONKIEWICZ, 1986; RUBNER, 1985).

Ähnliches geschah 1939 in Adlersfelde. Nach BORKENHAGEN (1977) und ROEGLER (unveröff.) wurden die zahlreichen dort ansässigen Dorfbewohner – im Unterschied zu den umliegenden, Ostpreußen angeschlossenen Gebieten – kurzerhand durch die Parteidienststellen (Amtskommissare) ausgewiesen und in das Generalgouvernement abgeschoben. BORKENHAGEN, Verfasser der „Deutschen Försterchronik", hatte sein Wissen aus Aktenbeständen des „Forstpolitischen Apparats" beim Reichsforstamt, die sich zuletzt im Besitz des dort tätig gewesenen Oberforstmeisters KOENNECKE befanden. Ihr derzeitiger Verbleib ist nicht bekannt. Der in der Rominter Heide beschäftigte Berufsjäger SOKOŁOWSKI und Revierförster SZKIŁĄDŹ bestätigten diese Aussagen. SOKOŁOWSKI war als Junge selbst zu den Aufforstungsarbeiten in Adlersfelde herangezogen worden. Es wurden hauptsächlich Fichte und Kiefer angebaut.

Die Holzhäuser der ehemaligen Bewohner wurden aber nicht, wie später in Bialowies geschehen, verbrannt, da hier das Partisanenproblem als unbedeutend erachtet wurde. Die Aufsicht über die Aufforstungsarbeiten, zu denen Arbeitskräfte aus der Nachbarschaft des neuen Forstamts zwangsverpflichtet wurden, übten Rominter Revierförster und Forstschutzgehilfen aus. Revierverwalter von Adlersfelde wurde der tüchtige Sachbearbeiter der Inspektion Rominter Heide, Oberförster LOPSIEN. Er wurde bald Forstamtmann und brachte es 1943 sogar zum Forstmeister. Im Gefolge der Roten Armee kehrten 1944 und 1945 einige von dort Vertriebene wieder zu ihren Gehöften zurück und entfernten teilweise die Aufforstungen (SOKOŁOWSKI, 1989; SZKIŁĄDŹ, 1989, mdl. Mitt.).

Nach den Aufzeichungen Revierförster ROEGLERS sollte die Rominter Heide auch auf dem angrenzenden deutschen Gebiet vergrößert und abgerundet werden. Zur Aufforstung vorgesehen waren landwirtschaftlich wenig ertragreiche Ländereien wie z. B. das Blindetal und die Feldmark bei Gollubien. Den Besitzern wurde wertvolleres Land im neueroberten Gebiet Polens versprochen. So beschritten GÖRING und sein Reichsjagdamt mit der Ausdehnung des Staatsjagdreviers Rominten und des Reichsjagdgebiets Bialowies einen Weg, der sich in seiner Konsequenz und Rücksichtslosigkeit nahtlos in das nationalsozialistische Gebahren einfügte.

Die Verwaltung der Staatsjagdreviere führte im Lauf der Jahre zu schwerwiegenden Auseinandersetzungen zwischen Oberstjägermeister SCHERPING als dem Leiter des Reichsjagdamts und Generalforstmeister

ALPERS, dem Staatssekretär GÖRINGS im Reichsforstamt. Anlaß zu einem ersten Höhepunkt in dem Konflikt gab die sogenannte „Hirschgästeliste" für die Staatsreviere, die SCHERPING im Sommer 1942 offenbar mit GÖRINGS Billigung aufgestellt hatte. Darin wurden die besten Hirsche in folgender Reihenfolge zugeteilt: Reichsführer SS, dann drei Standartenführer und vier Vertreter der Wehrmacht. ALPERS drohte in dieser Sache bei GÖRING mit seinem Rücktritt. Er erreichte, daß die Liste jeweils nur mit seinem Einverständnis aufgestellt werden konnte.

Im Winter 1942/43 kam es zu einem weiteren beachtlichen Zerwürfnis, das als „Haferkrieg" in die Geschichte eingegangen ist. Damals gingen im Reichsforstamt Berichte von einzelnen Ernährungsämtern und Reichsverteidigungskommissaren ein, die sich darüber beschwerten, daß Hafer „tonnenweise" vom Reichsjagdamt an das Rotwild in den Staatsjagdrevieren verfüttert werde, während es bereits schwierig sei, Hafer für die Kleinstkinderernährung zu beschaffen. Es gelang darauf dem Generalforstmeister mit Hilfe der „Fachschaft Forstbeamte", die Haferfütterung zu unterbinden. Bereits die Fütterung mit dem aus der Türkei eingeführten Sesamkuchen, die in den Jahren 1937 bis 1941 erfolgte, belastete den Staatshaushalt durch den Verbrauch knapper Devisen.

Im Herbst 1943 wurde SCHERPING, der den SS-Rang eines Brigadeführers bekleidete, vom Amt suspendiert. Er kehrte erst wieder dorthin zurück, als sein Gegner ALPERS an die Front gegangen war, wo er kurz darauf fiel (RUBNER, 1985).

Mit Rücksicht auf den durch die Nonnen- und Käferkalamität verursachten hohen Einschlag sowie angesichts der Tatsache, daß GÖRING in Rominten meist sein Hauptquartier eingerichtet hatte, waren im Krieg immer verhältnismäßig viel Forstbeamte in der Heide zurückbehalten worden. Etwa 50 % der Planbeamten waren auch schon über das kriegsdiensttaugliche Alter hinaus. Hinsichtlich des Forstschutzes wurde außerdem in den letzten Kriegsjahren ein ständiger Streifendienst durch die in Rominten stationierte Wachkompanie „Hermann Göring" unterhalten, der teilweise beritten war (MICKE, 1960).

Generalforstmeister Friedrich Alpers

Die Rominter Heide als Kriegsschauplatz

Herr Reichsmarschall, es muß doch etwas geschehen, irgend etwas muß geschehen!
GÖRNNERT, Görings persönlicher Referent, zu seinem Chef, Herbst 1944

Schon wiederholt in der Geschichte ist die Provinz Ostpreußen durch Kriegseinwirkungen verwüstet oder zumindest arg in Mitleidenschaft gezogen worden. Nach der Errichtung des Herzogtums Preußen ist zunächst der sogenannte Tatareneinfall zu nennen, wobei im Herbst 1656 und zum zweiten Mal im Februar 1657 eine polnische Streitmacht unter dem Feldherrn GĄSIEWSKI das Land überflutete. Die durch Tartaren verstärkten Truppen „brateten den damaligen (Goldaper) Bürgermeister DULLO auf dem Markte lebendig am Spieße" (Bericht des Hauptmanns zu Insterburg vom 19. Oktober 1656 an den Kurfürsten).

Verhältnismäßig geringe Schrecken verursachte die russische Besetzung während des Siebenjährigen Krieges, als FRIEDRICH DER GROSSE die Provinz räumen mußte. Am 6. August 1757 rückten 20.000 Russen in Goldap ein. Erst im September 1762 kam Ostpreußen wieder unter preußische Verwaltung.

Einen weiteren Einschnitt in die Entwicklung des Landes, der große Verwüstungen und den Rückfall in die Armut brachte, bedeuteten die napoleonischen Kriege ab 1806. Auch nach dem jammervollen Rückzug der „Großen Armee" im Winter 1812/13 hatte die Bevölkerung an den Folgen dieser Auseinandersetzungen erheblich zu leiden.

Des weiteren sind noch die Kampfhandlungen während des Ersten Weltkriegs zu nennen, wobei das Gebiet der Rominter Heide erstmals in den Tagen nach dem 21. August 1914 hinter die russischen Linien fiel. Die feindlichen Truppen waren hauptsächlich nördlich und südlich der Heide vorübergezogen. Aber schon am 10. September begann nach dem überwältigenden Sieg über die russische Narew-Armee bei Tannenberg die Befreiung des Kreises Goldap. Für etwa sechs Wochen waren nun die Rominter Heide und das Kreisgebiet vom Feind frei, die Front verlief jenseits der Grenze. Der Befehl der Obersten Heeresleitung zur Abgabe von zwei Armeekorps zwang die 8. Armee zur Zurücknahme der Front auf die leichter zu verteidigende Angerapplinie, wobei es vom 28. Oktober bis zum 5. November 1914 auch in der Rominter Heide zu Rückzugsgefechten kam. Erst gegen Mitte Februar 1915 gelang es im Zug der sogenannten Winterschlacht, die russischen Truppen endgültig aus dem Kreis Goldap und aus Ostpreußen hinauszudrängen (MIGNAT, 1965). Bei dem zweiten russischen Vormarsch wurde der Wildbestand der Heide durch die in Kaiserlich Rominten und Jagdbude stationierten russischen Jagdkommandos, die den Auftrag hatten, die Truppen mit Wildpret zu versorgen, stark gelichtet (WALLMANN, 1931).

Noch heute findet man in der Heide einzelne Schützengräben aus dem Ersten Weltkrieg, beispielsweise am Ostrand des Waldes bei Szittkehmen.

Zahlreiche Ehrenfriedhöfe der gefallenen Soldaten zeugen von den blutigen Kämpfen. Der heute noch bestehende Kriegerfriedhof in Dubeningken trägt an der Seite der russischen Gräber auf der Steinmauer ein weithin sichtbares russisches Kreuz, auf dessen Sockel man die Inschrift lesen kann: „Sie erfüllten ihre Pflicht". Dieselbe Inschrift steht auch auf dem grossen Kriegerdenkmal aus dem Ersten Weltkrieg in Groß Rominten, das die Russen erstaunlicherweise bis heute unbeschädigt ließen.

Von Zerstörungen blieb die Rominter Heide verhältnismäßig verschont. Der Zar soll zu Beginn des Krieges an seine Truppen den Befehl gegeben haben, Rominten nicht zu verwüsten (V. TIRPITZ, 1920). Gefangene Offiziere erzählten, der Kaiser von Rußland habe es als sein Jagdrevier in Aussicht genommen. Nachstehender Befehl General RENNENKAMPFS scheint die Richtigkeit dieser Angabe zu bestätigen (LINDENBERG, 1922):

„Bekanntmachung:
Es sind von mir Maßnahmen getroffen worden zum Schutze der Romintenschen Heide und der darin belegenen, Seiner Kaiserlichen Majestät dem Deutschen Kaiser gehörigen Schlösser, doch nur in dem Falle, falls die Heide nicht als Unterschlupf der russischen Armee feindlich gesinnter Banden oder Truppenteile dient. Leider ist es mir bekannt geworden, daß in der Romintenschen Heide aus dem

Hinterhalt einzelne Glieder der Kaiserlich russischen Armee von nicht zur deutschen Armee gehörenden bewaffneten Banden und Förstern beschossen worden sind.

Ich warne alle Einwohner, besonders die Förster, und mache sie darauf aufmerksam, daß, falls sich so etwas wiederholen sollte, die Romintensche Heide mit allen darauf befindlichen Schlössern schonungslos und bis auf den Grund niedergebrannt werden wird, wie solches mit Groß-Rominten geschehen, dessen Einwohner auf russische Automobile geschossen haben.

von Rennenkampf
General-Adjutant Seiner Kaiserlichen Majestät, General der Kavallerie."

Das Kaiserliche Jagdhaus Rominten blieb stehen, wurde aber im Inneren ziemlich stark beschädigt; ebenso erging es der Oberförsterei Goldap in Kaiserlich Rominten. Einige andere Gebäude dieses Ortes brannten ganz nieder. Von den Förstereien waren lediglich ein Stall der Försterei Reiff und das alte Wohnhaus der Försterei Klein Bludszen abgebrannt (MIGNAT, 1965).

Während des Zweiten Weltkriegs lag die Heide zunächst abseits des Geschehens, wenn man von den kritischen Tagen Anfang September 1939 absieht, als eine polnische Kavalleriebrigade sich zum Angriff auf die nur durch schwache Grenzschutzverbände gesicherte Ostgrenze bereithielt. Zur Sicherung gegen einen allfälligen polnischen Vormarsch wurden in der Rominter Heide Wegsperren errichtet. Beim Pracherteich im Revier Szittkehmen mußten dazu die wertvollen 150jährigen Altkiefern gefällt werden (ROEGLER, unveröff.).

Im Frühsommer 1941 erlebte die Rominter Heide den nicht enden wollenden Truppenaufmarsch zum Unternehmen „Barbarossa". Die Kolonnen marschierten in den Nächten und lagen am Tage in den Wäldern, wo die Pferde die Fichtenrinde abknabberten. Am 22. Juni frühmorgens eröffnete die Luftwaffe mit einem gewaltigen Angriff den Kampf, und die deutschen Armeen rollten mit großer Geschwindigkeit nach Rußland hinein. Bei dem dortigen Grenzabschnitt gab es nur an einem gut getarnten Bunker in einem Wäldchen am Wystiter See harten Kampf und Verluste auf beiden Seiten.

Mit Beginn des Feldzugs richtete sich der Oberbefehlshaber der Luftwaffe sein Hauptquartier in der Rominter Heide ein. Das eigentliche Hauptquartier des Oberkommandos der Luftwaffe lag bei Breitenheide in der Johannisburger Heide, während Göring selbst in seinem Jägerhof Rominten wohnte. Bald erwies sich jedoch das mit großen Kosten eingerichtete Bunkerlager in Breitenheide als zu feucht. Es wurde aufgegeben und in den Reichsjägerhof verlegt. Die beiden Sonderzüge des Reichsmarschalls standen zeitweilig bei Schackummen am Nordrand der Heide oder bei Groß Kummetschen am Goldaper See.

Auch sein Generalstabschef, Generaloberst JESCHONNEK, hatte seinen Standort in einem Sonderzug in der Nähe von Goldap. Angesichts der großen Schwierigkeiten der Luftwaffe erschoß sich JESCHONNEK 1943 in seinem Abteil. JESCHONNEKS Nachfolger, General KORTEN, wohnte in der Försterei Sternburg in Klein Szittkehmen, die ansonsten der Dienstsitz des Revierförsters i.G. (Revierförster im Geschäftszimmer) des Forstamts war. Bei der Explosion der STAUFFENBERGschen Bombe am 20. Juli 1944 im Führerhauptquartier kam KORTEN ums Leben.

Die Bahnlinie Tollmingkehmen—Goldap, die übrigens jetzt noch bis Groß Rominten in Betrieb steht, wurde bei Anwesenheit Görings jeweils gesperrt: Man mußte in Trakischken bzw. Kummetschen in einen Bus umsteigen. So wurde die stille Rominter Heide zur hektischen Schaltstelle der deutschen Luftkriegsführung über einen ganzen Erdteil, vom Atlantik bis Rußland, von Norwegen bis Ägypten. Hitler selbst hat aber seinen Luftwaffenchef in Rominten nie besucht.

In Rußland entfernte sich die Front ebenso schnell wie der Angriff begonnen hatte. Die Russen waren auf Verteidigung nicht vorbereitet. Vielmehr hatten sie an ihrer Westgrenze riesige Angriffsverbände bereitgestellt, die nun von der deutschen Wehrmacht zerschlagen wurden. In diesem Punkt hatte sich HITLER nicht geirrt. Aber der „Blitzsieg", an dem selbst er diesmal Zweifel hegte, blieb aus. Drei Jahre nach dem Angriff bewegten sich die ausgebluteten Reste der deutschen Armeen in verbittert geführten Abwehrkämpfen nach Westen zurück.

Am 22. Juni 1944 brach der sowjetische Angriff auf die Heeresgruppe Mitte im Raum Mogilew-

Witebsk los, der diese so gut wie völlig zerschlug. Doch etwa 20 km ostwärts der ostpreußischen Grenze gelang es der 4. Armee unter General der Infanterie HOSSBACH, eine neue Stellung zu errichten. An der Front trat nun verhältnismäßige Ruhe ein, die zum Ausbau der Stellungen und zu Kampfvorbereitungen genutzt wurde. Im Sommer 1944 war am Ostrand der Rominter Heide bereits das ferne Rollen der Artillerie zu vernehmen.

Während im ersten Jahr des Feldzugs praktisch keine russischen Einflüge stattfanden, begannen im Spätsommer 1942 sowjetische Bombenflugzeuge älteren Typs, sogenannte „Rollbahnkrähen", Störangriffe, die 1943 allmählich stärker wurden. Da die Bomber stundenlang über den Kreisen Goldap und Stallupönen kreisten, war zu vermuten, daß sie den Oberbefehlshaber der Luftwaffe suchten. Bomben, die allerdings nur geringen Schaden anrichteten, fielen denn auch hauptsächlich nördlich, westlich und südwestlich der Rominter Heide.

1943 konnten im Goldaper Gebiet russische Flugzeuge in sehr großer Höhe ausgemacht wurden, die lediglich der Aufklärung und der Registrierung von irgendwelchen Truppenbewegungen dienten. Anfang Juli 1944 wurde auf persönlichen Wunsch des Reichsmarschalls Oberforstmeister FREVERT mit Teilen seiner „Kampfgruppe Hermann Göring", auch „Jäger-Sonderkommando Bialowies" genannt, aus Bialowies herausgezogen und nach Rominten verlegt. Gleichzeitig begann auch der Volkssturm mit Schanzarbeiten an der Grenze.

Über den 20. Juli 1944 berichtet FREVERT, der den Rang eines Majors der Reserve bekleidete, wie folgt: „Gegen Mittag wurde ich zu ihm (Göring) befohlen und er eröffnete mir, daß ein Attentat auf Hitler erfolgt sei und daß ich sofort höchste Alarmbereitschaft befehlen sollte. Alle Zugänge zum Jägerhof sollten sofort gegen Panzer gesichert werden und alle, die gewaltsam versuchen sollten, zu ihm vorzudringen, sollten unter Feuer genommen werden, gleichgültig, um wen es sich handelte. Es passierte aber gar nichts."

Der Reichsjägerhof, der bereits früher weiträumig abgegattert worden war, wurde nun mit Schützengräben und Stacheldrahtverhauen erneut verstärkt gesichert, auch einige Flakgeschütze waren in Stellung gegangen. Unterhalb der Terrasse bei den Gemächern des Reichsmarschalls befand sich eine schnell zu benutzende Bunkeranlage.

Im Rominter Waldgebiet waren seit Sommer 1944 russische Aufklärer an Fallschirmen abgesetzt worden, die vornehmlich der Auskundschaftung dienten und praktisch keine Schäden anrichteten. „Sie wurden gesehen und verschwanden", berichtete Revierförster MÜLLER, Jägersthal. Das Jägersonderkommando unter FREVERT machte Jagd auf sie. Bei Jagdbude erwischten sie drei Mann und eine Funkerin.

Der Bunker am Reichsjägerhof wurde erst 1940 fertiggestellt

Eine der Gruppen landete im Forstamt Nassawen, Jagen 95, in der Nähe der Murgasfütterung. Da ein Fallschirm in einer hohen Fichte hängenblieb, wurde diese Aktion bald bemerkt und ein Angehöriger des Trupps, als er zu der dort noch vorhandenen Verpflegungsbombe kam, angeschossen und gefangengenommen. Später abgesetzte Fallschirmspringer, darunter deutsche Gefangene, meldeten sich zum Teil sofort im nächsten Dorf.

Kurz nach dem Attentat in der Wolfsschanze, als eines Abends Görings Stabswagen nach Rominten zurückkehrten, lösten sich aus dem Dunkel zwei Gestalten und nahmen die Wagen mit Maschinenpistolen unter Feuer. Am Tatort fand man russische Patronenhülsen (IRVING, 1986). GÖRING zog es nun vor, in seinem Sonderzug zu wohnen.

Die Jagd in der Rominter Heide übte er jedoch bis in die ersten Oktobertage des Jahres 1944 aus, wenige Tage, bevor die Sowjets ihren Großangriff auf die ostpreußische Grenze eröffneten. Wie in den früheren Jahren, so erstellte auch jetzt das Oberforstamt die übliche Liste der Hirsche, die für den Reichsmarschall und seine Gäste zum Abschuß vorgesehen waren. Für GÖRING waren dabei neun Kapitalhirsche auf dem Etat, von denen er vermutlich nur noch einen, den sogenannten „Moritz", erbeutete. Der „Leutnant" sowie nach HOLM (1944) auch der „General" wurden vom Oberforstmeister als letzte Hirsche geschossen. Ein Jagdbetrieb wie früher kam nicht mehr zustande.

Oktober 1944: Letzte Tage in der Rominter Heide. V. l. n. r: Generaloberst Loerzer, Göring, Oberforstmeister Frevert

Es konnte der Sicherheit halber nicht mehr mit dem Pferdewagen durch das Revier gefahren werden, wie GÖRING es immer so liebte, sondern nur noch in forschem Tempo im Mercedes und mit Polizeischutz. FREVERT war erleichtert, als der Reichsmarschall endlich die Heide verließ. Zur Verstärkung der Bewachung des Hauptquartiers wurde ein Oberstleutnant mit einigen Kompanien der Fallschirm-Panzer-Division 1 „Hermann Göring", die mit panzerbrechenden Waffen ausgerüstet waren, nach Rominten beordert (LANGE, 1950). Offiziell hieß es, daß kein Fuß breit deutschen Landes je dem Feind preisgegeben werde.

Zu den Soldaten der nach ihm benannten Division, die er gerne als den Retter Ostpreußens gesehen hätte, sprach GÖRING: „Aber eines, meine Kameraden, müßt ihr euch schwören: Man konnte russisches Gelände aufgeben, mehr oder weniger, das war nicht entscheidend, aber eigenes deutsches Gebiet, das ist unmöglich. Es darf keine deutsche Frau, kein deutsches Kind diesen Bestien in die Hand fallen. Sollte das Schicksal gegen uns sein, sollte der Russe in diese Provinz hineinkommen, dann muß es erst dann möglich sein, wenn kein Soldat der Division Hermann Göring mehr am Leben ist!" (IRVING, 1986)

Der Zeitpunkt des Angriffs auf die 4. Armee war von dieser auf den Tag genau erkannt worden, so daß sie die Hauptmasse der Besatzung bereits von der Hauptkampflinie zurückgezogen hatte, als der Vorstoß der dritten weißrussischen Front unter Armeegeneral TSCHERNJACHOWSKI mit einem zweistündigen Vorbereitungsfeuer und unter Einsatz starker Panzerkräfte sowie der Luftwaffe in der Frühe des 16. Oktober von Suwałki bis fast an die Memel losbrach. Die deutschen Verbände kämpften sich schrittweise zurück. Zu ihrer Verstärkung wurden Teile der 367. Infanteriedivision ostwärts von Johannisburg herausgezogen und bei Wehrkirchen (Szittkehmen) und Nassawen eingesetzt. Am 17. Oktober griffen russische Schlachtflieger erfolglos den Jägerhof an (ROEGLER, unveröff.). Am 19. und 20. Oktober gelang der sowjetischen 2. Garde-Panzerarmee nördlich der Rominter Heide ein tiefer Durchbruch, der am 21. Hardteck (Groß Rominten) erreichte. Durch Zuführung von Panzerverbänden sowie der aus Rastenburg abgezogenen Führer-Grenadier-Brigade, der bislang der Schutz der Wolfsschanze oblag, gelang es schließlich, bis Ende Oktober die Front nördlich von Goldap zum Stehen zu bringen.

Inzwischen war aber die Rote Armee auch südöstlich der Heide vorgedrungen. Im Lauf des 20. Oktober rückte sie in den Südteil des Forstamts Wehrkirchen (Szittkehmen) vor, wo neben anderen Einheiten auch

Zerschossene russische T34 im Nordteil der Rominter Heide (Oktober 1944)

Teile der Division „Hermann Göring" den Abwehrkampf führten. Die ständigen Angriffe der im Waldkampf erfahrenen Russen mit dem für sie charakteristischen nächtlichen Durchsickern und überraschenden Auftauchen hinter den Linien verhinderte den Aufbau einer Stellung von Bludszen bis Nassawen (Präsidentenweg). In der Heide gab es nun erbitterte Einzelkämpfe mit hohen deutschen Verlusten. Russische Verbände sickerten nun auch in den Westteil der Heide ein. Am Südrand schoben sich die Sowjets am 21. Oktober bis Scharnen-Elsgrund (Czarnen-Budweitschen) vor. Am selben Tag ging auch Jagdhaus Rominten verloren.

Auf Befehl Görings mußte nun eine besondere Volkssturmeinheit „Rominter Heide" aufgestellt werden. Oberforstmeister Frevert sollte sie führen, kam aber bald wegen einer Knieverletzung ins Lazarett. Alle Waldbewohner und Angrenzer mußten dabei sein, auch alle verfügbaren Forstbeamten wie Bernhardi, Holm, Lopsien, Micke, Rodenwald, Roegler, Titel, Weinreis und Westphal. Der Haufen wurde als „Kampfgruppe Rominten" in die Luftwaffe überführt, konnte aber nach Lage der Dinge nicht mehr viel erreichen. Bereits am 22. Oktober fiel nach schwerem Beschuß und harten Kämpfen die Stadt Goldap in die Hände der Russen.

In der Nacht vom 2. auf den 3. November traten die 5. Panzerdivision von Norden her und die 50. Infanteriedivision von Süden her zum Entsatz der Stadt Goldap an, und es gelang, die russischen Truppen in der Stadt zu verdrängen und eine neue Front am Ostufer des Goldaper Sees zu errichten. Diese Kämpfe wurden besonders erbittert geführt. Auch Teile der Rominter Heide mit dem bereits abgebrannten Jägerhof sollen von den deutschen Truppen zurückerobert worden sein (Hirschbeck, 1991, mdl. Mitt.).

Nun folgte die Ruhe vor dem Sturm, die auf beiden Seiten zum Stellungsbau, weiteren Gefechtsvorbereitungen sowie kleineren Aufklärungsangriffen benutzt wurde. Nach Frostbeginn wurde die Eisdecke des

Goldaper Sees durch Ablassen des Wassers zum Einsturz gebracht, wodurch er ein schwer zu überwindendes Hindernis bildete. Im Gebiet der Rominter Heide wurde die 2. russische Garde-Panzerarmee als ausgesprochener Angriffsverband festgestellt. GUDERIAN, der Chef des Generalstabs des Heeres, versuchte bei HITLER die Genehmigung zur Zurücknahme der 30 in Kurland stehenden Divisionen nach Ostpreußen zu erhalten – vergeblich. Diese dreihunderttausend Mann, zu denen die Verbindung längst abgerissen war, wären hier von unschätzbarem Wert gewesen, um wenigstens die Zivilbevölkerung herauszubekommen. Noch im Dezember 1944 entschloß sich HITLER, aus den bereits viel zu dünn besetzten Stellungen im Osten Divisionen abzuziehen, um sie in die Ardennenoffensive zu werfen.

Am Morgen des 13. Januar 1945 traten die Russen nach einstündigem Trommelfeuer mit einer bisher bei ihnen noch nicht beobachteten Stärke und unter außergewöhnlicher Unterstützung durch Schlachtflieger und Panzer zum Generalangriff zunächst nördlich der Straße Gumbinnen—Schloßberg (Pillkallen) an. Die weitere Entwicklung führte dazu, daß in der Nacht vom 21. auf den 22. Januar die 4. Armee zur Frontbegradigung zurückgezogen werden mußte. Damit fielen Goldap und die Rominter Heide endgültig in die Hand des mit äußerster Grausamkeit hereinbrechenden Feindes, der nun Gelegenheit hatte, für den deutschen Überraschungsangriff auf Rußland Vergeltung zu üben. Nemmersdorf, 25 km nordwestlich der Rominter Heide gelegen, ließ erkennen, welche Greuel die Zivilbevölkerung erwartete.

Noch heute ist in der Rominter Heide das umfangreiche System zahlloser Stellungen, Schützengräben und -löcher zu sehen, das an jene Kämpfe erinnert. Auf dem sandigen Boden östlich des Goldaper Sees, vor den Toren der hart umkämpften Stadt Goldap, finden sich noch Kampfspuren wie Granatsplitter und anderes. Bei der Mitte der achtziger Jahre erfolgten Räumung eines Altholzbestands bei Dagutschen konnte das Reisig infolge der vielen herumliegenden Artillerie-Blindgänger nicht verbrannt werden. Die Fläche mußte erst von einer Armee-Einheit gesäubert werden.

Berufsjäger STEFAN BARWICKI berichtete von einem makabren Fund, den er im Rominter Wald gemacht hatte: In den Stahlhelmen steckten noch die verblichenen Schädel der gefallenen Soldaten. An einigen Stellen in der Heide gibt es auch Massengräber, zu erkennen an den charakteristischen aneinandergereihten, eingefallenen Rechtecksflächen. So wird es dem, der heute durch die Rominter Heide streift, auf Schritt und Tritt bewußt, welche Schicksale mit diesem Boden untrennbar verbunden sind.

Oktober 1944: Flüchtlingstreck im nördlichen Teil des Kreises Goldap

Der Neubeginn unter Polen und Rußland

Verwildert ist das Feld, verhauen ist der Wald, nur das Wasser fliesset, wie es einstens floss...
WALTHER VON DER VOGELWEIDE

Schon bald, nachdem der furchtbare Krieg über das Land hinweggefegt war, begannen die Sowjets, das von ihnen besetzte Gebiet auch verwaltungsmäßig in Besitz zu nehmen. Die Südhälfte Ostpreußens sollte Polen übertragen werden. Der erste polnische Starost im Kreis Goldap wurde am 11. April 1945 in sein Amt eingesetzt. Am 12. Juni 1945 wurde die Stadt Goldap vom sowjetischen Militärkommandanten an Polen übergeben. Zur gleichen Zeit wurde auch die polnische Verwaltung des Stadt- und Kreisgebiets Goldap eingerichtet.

Zu diesem Zeitpunkt war noch nicht bekannt, wie die Kreisgrenze im Norden, die gleichzeitig auch die Grenze zwischen dem sowjetischen und dem polnischen Gebiet bilden sollte, verlief. Erst einige Monate später wurden die Grenzregulierungen vorgenommen und der endgültige Verlauf der Trennlinie zwischen den beiden Staaten bestimmt (CEGLARSKA u. a., 1971). Die Grenze verläuft innerhalb der Rominter Heide knapp südlich von Schuiken, dann entlang des F-Gestells südlich an Jagdhaus Rominten vorbei und verlängert sich von dort in gerader Linie, um knapp nördlich von Szittkehmen die Rominter Heide zu verlassen.

Nach Kriegsende sollen noch längere Zeit deutsche Widerstandsgruppen aktiv gewesen sein, die aber schließlich aufgerieben wurden. Im Juli 1945 wurde eine Gruppe der ukrainischen Aufstandsarmee, die die Aufgabe hatte, Verbindungen zu der litauischen Untergrundarmee und der polnischen „Armia Krajowa"

Riesige Kahlschläge prägen das Waldbild der Rominter Heide

herzustellen sowie NKWD-Angehörige zu liquidieren, Zeuge einer Razzia der Sowjets. Die Opfer sollen in der Rominter Heide in der Umgebung des Dorfes Ostrowken begraben sein (WRONISZEWSKI, 1989).

Im Rahmen der von den Siegermächten betriebenen Abtrennung ganz Ostdeutschlands vom Deutschen Reich bildeten die Russen am 7. April 1946 in der Nordhälfte Ostpreußens das „Kaliningrader Gebiet" (Kaliningradskaja Oblast) und unterstellten es der größten sowjetischen Unionsrepublik, der Russischen Sozialistischen Föderativen Sowjetrepublik. Der größte Teil der angestammten ostpreußischen Bevölkerung flüchtete nach Westen, sofern sie nicht unmittelbar Opfer der Roten Armee wurde.

Die NSDAP verbot seinerzeit rechtzeitige Fluchtvorbereitungen, was Tausenden von Menschen das Leben kostete. Viele starben auf der Flucht und in sowjetischen Lagern, wurden von den neuen Behörden aus Ostpreußen ausgewiesen oder ab 1947 nach Westdeutschland entlassen. Nur wenige blieben zurück. Der Verlust ihrer Heimat bedeutete für diese Menschen eine große Tragödie, für Deutschland als Nation den Verlust seiner Ostgebiete mit den historischen Stätten Königsberg, Danzig, Stettin und Breslau.

Die heutigen Bewohner des Kreises Goldap, bereits zwei Generationen, stammen zum größten Teil unmittelbar aus den früheren polnischen Nachbargebieten Wiżajny, Suwałki und Przerośl. Sie sind hier nun heimisch geworden. Die alten Ortsnamen, wie sie bis 1938 bestanden, wurden von der polnischen Verwaltung – natürlich in polnischer Schreibweise – wieder eingeführt oder aber ins Polnische übersetzt. Die Russen hingegen führten in der Regel gänzlich neue Bezeichnungen ein. Die stark zerfallenen Ort-

Tabelle 5: Einige Ortsbezeichnungen in der Gegend der Rominter Heide

Ortsbezeichnungen im polnischen Teil der Rominter Heide	
Adlersfelde (100% zerstört) ... Orliniec	Markawen .... Markowo
Blinde-Fluß .... Błędzianka	Matznorkehmen .... Maciejowięta
Blindgallen .... Błąkały	Mittel Jodupp .... Czarnowo Średnie,
Blindischken .... Błędziszki	.... Hajnówek
Bludsze-Fluß .... Bludzianka	.... Jodupowo Średnie
Bludszen .... Bludzie	Ostrowker See .... Jezioro Ostrówek
Budweitschen .... Budwiecie	Pablindszen .... Pobłędzie
Butkuhnen .... Botkuny	Pablindszer See .... Jezioro Pobłędzie
Czarner See .... Jesioro Czarne	Padingkehmen .... Będziszewo
Dagutschen .... Degucie	Plautzkehmen .... Pluszkiejmy
Dobawer Fluß .... Żytkiejmska Struga	Rakowker See .... Jezioro Rakówek
Dubeningken .... Dubeninki	Rogainen .... Rogajny
Gehlweiden .... Galwiecie	Rominte-Fluß .... Rominta
Goldaper Berg .... Gołdapska Góra	Rominter Heide .... Puszcza Romincka
Goldaper See .... Jezioro Gołdap	Sankalnis .... Sankalnia
Gollubien (100 % zerstört) ..... Golubie	Schillinnen (100% zerstört) ... Żyliny, Szyliny
Großes Moosbruch .... Mechacz Wielki	Schwarze-Fluß .... Czarna Struga
Groß Jodupp .... Czarnowo Wielkie	Skaisgirren .... Skajzgiry
Jarke-Fluß .... Jarka	Staatshausen .... Stańczyki
Jörkischken .... Jurkiszki	Szabojeden .... Żabojedy
Kögskehmen .... Kiekskiejmy	Szittkehmen .... Żytkiejmy
Königshöhe .... Królewska Góra	Wolfsberg .... Wilcza Góra
Linnawen .... Linowo	Wolfsbruch .... Wilcze Bagno
Loyer See .... Jezioro Przerośl	

Ortsbezeichnungen im russischen Teil der Rominter Heide	
Billehner See ...... Osero Tschistoje	Rominte ...... Krasnaja
Dobawer See ...... Osero Kamyschowoje	Rominter Heide ...... Wyschtinietzki Les
Groß Rominten ...... Krasnolessje	Ribbenischken ...... Uwarowo
Groß Schwentischken ...... Pugatschowo	Sausleszowen ...... Sausleschowen
Hirschthaler See ...... Osero Utinoje	Schuiken ...... Prochladnoje
Jagdhaus	Schwarze-Fluß ...... Tschornaja
Rominten (100 % zerstört) ... Radushnoje	Szeldkehmen ...... Sosnowka
Iszlaudszen ...... Dimitrijewka	Szinkuhnen ...... Borowikowo
Makunischken ...... Tokarewka	Szinkuhner Fluß ...... Protoka
Marinowosee ...... Osero Marinowo	Szinkuhner See ...... Osero Prototschnoje
Mehlkehmen ...... Kalinino	Tollmingkehmen ...... Tschistyje Prudy
Nassawen ...... Lessistoje	Warnen ...... Oserki
Nassawer See (Gr.) ...... Osero Rybnoje	Wyszupönen ...... Rybino
Pellkawen ...... Jakowlewka	

schaften rund um den nördlichen Teil der Heide wie Pellkawen, Ribbenischken, Nassawen und Warnen sind nur zu etwa 20 % bewohnt. Die Leute stammen teilweise aus weit entfernten asiatischen Gebieten der Sowjetunion. Der Zerfall und die Armut sind unbeschreiblich.

Forstlich verwaltete die südliche Rominter Heide vom Kriegsende an die Oberförsterei Goldap mit etwa 13.800 ha. Sie umfaßte noch Teile der gegenwärtigen Oberförsterei Oletzko (Treuburg). Die damalige Lage war gekennzeichnet durch große Schädlingsprobleme bei gleichzeitigem Mangel an Arbeitskräften, Betriebsmitteln und Maschinen.

1952 wurden die beiden Oberförstereien Goldap und Szittkehmen gebildet. Erstere umfaßte eine Fläche von 5.347 ha, letztere eine solche von 5.991 ha. Nachdem in den Folgejahren immer wieder Sturm- und Borkenkäferschäden auftraten, die die Betriebspläne durchkreuzten, wurden 1960 und 1970 neue definitive Einrichtungswerke erstellt. 1972 wurden die beiden Oberförstereien Goldap und Szittkehmen wieder zur heutigen Oberförsterei Goldap (Nadleśnictwo Gołdap) mit 12.583 ha Gesamtfläche zusammengefaßt. Sie untersteht der Regionaldirektion der Staatlichen Forsten zu Białystok

Tabelle 6: Die gegenwärtige Einteilung der Oberförsterei Goldap (Forsteinrichtungswerk 1984)

Oberförsterei Gołdap
Gesamtfläche: 12.582,52 ha, davon Holzboden 11.097,79 ha
Revier Żytkiejmy 6.031,51 ha, davon Holzboden 5.232,69 ha Revierförstereien:
1. Maków   1.103,38 ha, davon Holzboden   943,07 ha
2. Błąkały   1.054,24 ha, davon Holzboden   939,58 ha
3. Zacisze   1.023,10 ha, davon Holzboden   890,97 ha
4. Dziki Kąt   984,73 ha, davon Holzboden   851,37 ha
5. Bludzie   788,72 ha, davon Holzboden   638,23 ha
6. Dubeninki   1.077,34 ha, davon Holzboden   969,47 ha
Revier Gołdap 6.551,01 ha, davon Holzboden 5.865,10 ha Revierförstereien:
7. Boczki   1.005,97 ha, davon Holzboden   889,08 ha
8. Budwiecie   1.003,65 ha, davon Holzboden   935,46 ha
9. Ostrówek   1.304,15 ha, davon Holzboden   1.178,69 ha
10. Jędrzejów   959,98 ha, davon Holzboden   855,98 ha
11. Żyliny   1.225,59 ha, davon Holzboden   1.094,19 ha
12. Kumiecie   1.051,67 ha, davon Holzboden   911,70 ha

(Okręgowy Zarząd Lasów Państwowych w Białymstoku) und weist die in Tabelle 6 (S. 62) genannten Reviere auf.

Geleitet wird die Oberförsterei von Oberförster mgr. inż. ANDRZEJ KRAJEWSKI, der im alten Forstamtsgehöft Szittkehmen wohnt.

Tabelle 7: Die Waldreservate in der Oberförsterei Goldap

Name	Försterei	Ausdehnung	Bedeutung
Boczki	Boczki	106,33 ha	alter Fichten-Laubholzbestand
Mechacz Wielki	Ostrówek	139,08 ha	Moosbruch
Dziki Kąt	Dziki Kąt	33,64 ha	Nördlicher Nadelwald
Czerwona Struga	Bludzie und Dubeninki	3,22 ha	Vorkommen des Straußfarns
Żytkiejmska Struga	Zacisze und Dziki Kąt	331,52 ha	Moor- und Torfbruch u. alter Fichtenbestand
Gesamtfläche		613,79 ha	

Ihm zur Seite stehen zwei ebenfalls akademisch ausgebildete Beamte für die beiden Forstreviere Goldap und Szittkehmen, mgr. inż. GRZEGORZ JEJER für den übergreifenden Revierdienst sowie mgr. inż. ZBIGNIEW JATKOWSKI als stellvertretender Oberförster. In den Revierförstereien sind 12 Förster und etwa 20 Unterförster beschäftigt, dazu ein Förster und zwei Unterförster, die sich nur mit der Jagdwirtschaft befassen.

Dem Jagdwirtschafts-Förster unterliegt die Jagd in der ganzen Oberförsterei mit Ausnahme des Reviers Kumiecie und der südlich der Chaussee gelegenen Teile der Försterei Jędrzejów, wo eine Jagdgesellschaft wirkt. Ihm obliegt außerdem besonders der Hegebezirk Goldap mit den Förstereien Żyliny, Ostrówek, Budwiecie, Boczki und Teilen von Jędrzejów. Der Hegebezirk Bludszen mit den Förstereien Dubeninki, Bludzie und Dziki Kąt sowie der Hegebezirk Szittkehmen mit den Förstereien Zacisze, Błąkały und

Blick auf die Feldmark bei Budweitschen

Maków sind je einem Unterförster unterstellt. Zwei zusätzliche Beamte sind ausschließlich für die Forstpolizei zuständig. Im Bürohaus der Oberförsterei arbeiten 20 Angestellte. Zusammen mit den Waldarbeitern und allen Beamten sind somit rund 200 Arbeitskräfte in der Oberförsterei Goldap beschäftigt.

Zum nördlichen Teil der Rominter Heide bestehen noch keinerlei forstliche Verbindungen. Nur die Grenzschutzkommandos besitzen eine Telefonleitung. Sie arbeiten eng zusammen und halten auch gemeinsame Übungen ab. Das russische Gebiet gehört zum Kreis Stallupönen (Rayon Nesterow). Entlang der Grenze wohnen nur ganz wenige Zivilisten. Auch viele Ortschaften des anschließenden Hinterlandes dürften nur noch dem Namen nach bestehen.

Heidemann und Ronigkeit schreiben im Ostpreußenblatt (1990): „Gleich nach Festlegung der polnisch-sowjetischen Demarkationslinie im Jahre 1945 begann man auf sowjetischer Seite mit dem Abriß von Dörfern im großen Stil auf einer Breite von 15 bis 20 Kilometern. Ähnlich wie bei der einstigen innerdeutschen Zonengrenze waren die Machthaber daran interessiert, ein weitflächig geräumtes Terrain leichter zu kontrollieren.

Eine zweite Abrißwelle ging 1954/55 durch das sowjetisch verwaltete Ostpreußen. Weite Teile des westlichen Samlands wurden zum Beispiel aus militärstrategischen Gründen von Ansiedlungen geräumt. Andernorts blieben sogar Städte wie Zinten, Kreuzburg, Pillkallen und Schirwindt von diesem Schicksal nicht verschont. Sie fielen als Steinbruch dem russischen Wiederaufbau zum Opfer."

Die Rominter Heide war bis 1991 vom Moskauer KGB für auswärtige Besucher gesperrt. Die Verfasser konnten aus diesem Grund bislang nur mangelhafte Erkenntnisse sammeln. So befindet sich das Bürohaus des Forstamts (russisch Les-Chos) in Groß Rominten.

Russische Oberförsterei Gr. Rominten

Die baulichen Einrichtungen der Rominter Heide

*Es rauschen die Wipfel und schauern, als machten zu dieser Stund
um die halbversunkenen Mauern die alten Götter die Rund.*

J. v. Eichendorff

Die Waldsiedlungen in neuerer Zeit

Wie bereits erwähnt, ist die Entstehung der meisten Ortschaften in der Rominter Gegend bereits auf die frühherzogliche Zeit des 16. Jahrhunderts zurückzuführen. Um 1818 hatten die in der Mitte der Rominter Heide liegenden Waldorte Theerbude 99 Bewohner, Binnenwalde 22 und Jagdbude 53. Die Gehöfte (Wohnung, Stall und Scheune) waren im allgemeinen recht einfach gebaut. Das Wohnhaus wurde aus Stämmen im Blockverband oder aus Lehm erbaut, mit Stroh, Schilf oder Schindeln gedeckt und hatte vom Hof aus den Eingang. Die litauischen Gehöfte hatten meist noch eine Klete (Vorratshaus), auch wiesen die Giebelenden des Daches einen eigenartigen Schmuck auf, in der Regel geschnitzte Pferdeköpfe (AMBRASSAT, 1912). Weniger verbreitet waren in früherer Zeit die Steinbauten, zu denen die überall vorhandenen Findlingsblöcke verwendet wurden.

In den letzten hundert Jahren sind die meisten Häuser aus modernem Backstein errichtet worden. Nur noch Unterbau und Stallungen wurden aus behauenen Blöcken gefertigt. Der Stil der einfachen Häuser war nüchtern und klar, ohne jede überflüssige Verzierung, bescheiden, aber anmutig. Die wohlgeformten, im allgemeinen nicht weit über die Mauern vorspringenden Dächer bestanden nun aus roten Ziegeln.

Der Ort Theerbude, später Kaiserlich Rominten, dann Jagdhaus Rominten genannt, war noch zu Beginn der Zeit Kaiser Wilhelms II. eine bescheidene Waldkolonie mit vorwiegend stroh- und schilfbedeckten Holzhütten und Lehmkaten. Einige Häuser von Landbesitzern, Waldarbeiterwohnungen, dazu zwei Förstereien und ein kleiner Gasthof bildeten die Ortschaft.

Der Kaiser gab Theerbude mit der Einführung des norwegischen Baustils ein neues Aussehen, was später noch beschrieben wird.

Das Gehöft der Oberförsterei Szittkehmen

Forstamt Nassawen (Zustand Herbst 1991)

Die bis zum Jahr 1944 in der Rominter Heide stehenden Forsthäuser sind aus Abbildungen bekannt, zum Teil können sie noch heute besichtigt werden. Zu erwähnen ist in erster Linie das ehemalige Forstamtsgebäude Szittkehmen, ein geräumiger, gut proportionierter Bau, der nach dem Brand der alten Oberförsterei in den Jahren um 1890 an gleicher Stelle auf einer kleinen Anhöhe südöstlich der Chaussee Goldap-Szittkehmen (große Provinzialchaussee 1. Ordnung) in unmittelbarer Nähe der Heide errichtet wurde. Der Ort hieß früher Klein Szittkehmen, nun wird er polnisch „Osada leśna" (Waldort) genannt. Eine wunderbare alte Eichenallee verbindet Chaussee und Gehöft, das schon die verschiedensten Jagdgäste – von Kaiser Wilhelm II., dem Fürsten RICHARD ZU DOHNA-SCHLOBITTEN und Hermann Göring bis zum polnischen Marschall SPYCHALSKI und dem Ministerpräsidenten JAROSZEWICZ – in seinen Mauern sah. In den Jahren 1985/86 wurde das Haus renoviert und steht jetzt in altem Glanz da.

Die Försterei Bludszen (aufgenommen Herbst 1991)

Wie bereits erwähnt, dient es dem Oberförster als Wohnsitz, außerdem finden dort Jagdgäste Aufnahme. Bis zum Zusammenschluß der Reviere enthielt es die Diensträume der Oberförsterei Szittkehmen. Ähnlich große, repräsentative Gebäude stellten die Forstämter Rominten in Jagdhaus Rominten, Warnen und Nassawen dar. Rominten ist zerstört, hingegen stehen noch Warnen und Nassawen. Warnen macht aus einiger Entfernung gesehen einen verhältnismäßig guten Eindruck, während Nassawen, der vormalige Dienstsitz Oberforstmeister Freverts, in dem vor ihm schon so bedeutende Heger wie Reiff, v. Saint Paul und Wallmann lebten, ein Bild des Jammers gibt und kurz vor dem Einsturz steht.

Von den Revierförstereien sind einige erhalten. Zu erwähnen sind Szittkehmen, unweit der beschriebenen Oberförsterei, Markawen, Budweitschen und Bludszen. Von den übrigen Forsthäusern stehen nur noch Ruinen, beispielsweise von Blindischken, Dagutschen und Gehlweiden (Mittel Jodupp) und von denjenigen in Warnen und Nassawen. Auch einige Waldarbeiterhäuser sind erhalten, so etwa der hübsche Backsteinbau im Blindetal an der Chaussee nach Szittkehmen, Dienstsitz des Revierförsters von Blindgallen.

Försterei (früher Hilfsförsterei) Blindgallen

Das Wegenetz

Zu Beginn des 19. Jahrhunderts waren die Verkehrsverhältnisse in Ostpreußen noch äußerst schlecht. Die vorhandenen Wege bestanden nur aus unbefestigten Fahrspuren, die bei Regen stark aufweichten. Im Herbst und Frühjahr war das Befahren oft unmöglich. Den entscheidenden Anstoß zur Schaffung eines Chausseenetzes in der Provinz gab im ersten Viertel des 19. Jahrhunderts Oberpräsident v. Schön.

Ein bescheidenes Wegenetz hat in der Rominter Heide zweifellos schon seit alten Zeiten bestanden, sei es, daß die anfänglich ausschließlich zu jagdlichen Zwecken angelegten Gestelle als Wege benutzt wurden, sei es, daß in denjenigen Revierteilen, wo die Gestelle zu naß waren, Verbindungs- und Umgehungswege angelegt wurden. Insgesamt wird aber das Wegenetz bis zum großen Nonnenfraß in der Mitte des 19. Jahrhunderts völlig ungenügend gewesen sein.

Wie alte Revierkarten beweisen, muß aber bereits in der Kaiserzeit das Rominter Wegenetz in seiner heutigen Form fertig vorgelegen haben. Die Hauptlinien bestehen teilweise aus Wegen mit Kopfsteinpflaster (z. B. die Plautzkehmer Straße) oder aus solchen mit Kiesauflage (z. B. die Chaussee Szittkehmen-Bludszen-Jagdhaus Rominten, fertiggestellt 1911); in den meisten Fällen handelt es sich jedoch um einfache Sandwege. In dem hügeligen Gelände waren manche hohen Einschnitte und Dämme notwendig, um eine vernünftige Linienführung zu erhalten. Die Bauarbeiten für die wichtigsten Wege waren mit beträchtlichen Erdverschiebungen verbunden und wurden im 19. Jahrhundert teilweise durch Aufbietung von Häftlingen ausgeführt. Auch zahlreiche Brückenbauten waren notwendig, für die anfänglich Holz benutzt wurde. In der Kaiserzeit ersetzte man sie durch Betonbauten.

Die bekannteste dieser Brücken ist die Hirschbrücke in Kaiserlich Rominten, die, nicht weit von den dortigen früheren Teeröfen entfernt, im Jahr 1905 erbaut wurde. Vier Plastiken Rominter Hirsche schmückten dieses Bauwerk, die der Gumbinner Künstler Professor Richard Friese modelliert und Professor Joseph Pallenberg, Düsseldorf, in Bronze gegossen hatte.

Die Rudimente der Hirschbrücke im Jahr 1991

Plautzkehmer Straße nach Rominten – vor der Grenze zugewachsen

Vor allem das Szittkehmer Revier besaß eine große Zahl betonierter, regulierbarer Stauwehre, die der Teichwirtschaft dienten und teilweise heute noch im Einsatz stehen.

In der Nähe der Grenze zum russischen Teil der Heide sind die Wege nach über vierzig Jahren vollständig vergrast, verbuscht und zum Teil schon von hohen Bäumen bewachsen. Da mutet es merkwürdig an, wenn man bedenkt, daß hier früher drei Hotels standen, das Hotel „Zum Hirschen" in Jagdhaus Rominten und die Kurhäuser Marinowo und Schillinnen. Viele Wege mußten damals von der Forstverwaltung gesperrt werden, andere wiederum wurden besonders gekennzeichnet, um den Besucherstrom zu kanalisieren. Es gab sogar eigens angelegte Beobachtungsschirme, von denen aus die Wanderer Wild sehen konnten. Um eine schärfere polizeiliche Handhabe gegen Übergriffe des Publikums zu haben, wurde die Rominter Heide durch Verordnung des Regierungspräsidenten in Gumbinnen vom 13. September 1930 zum Naturschutzgebiet erklärt. Nur zwei Waldteile beim Marinowo- und beim Goldaper See durften ganzjährig begangen werden, alles übrige war gesperrt. Nach dem Erscheinen des Reichsnaturschutzgesetzes kam die Heide als „Reichsnaturschutzgebiet" unter noch strengeren Schutz (KENNEWEG, 1939). Die unmittelbare Umgebung von Jagdhaus Rominten stand außer für die Zeit vom 1. September bis zum 15. Oktober dem Publikum offen.

Zahlreiche Wege, Gestelle, Wiesen (z.B. die Lasdenitze), Flüsse und Brücher trugen aus der litauischen Sprache herrührende Namen, zum Beispiel die Ponkelnis von Jörkischken nach Klein Jodupp, das Brastasgestell, der Raudonsweg oder der Melinisweg. Viele Wege sind aber auch rein deutsch, vielfach nach jagdlichen Gesichtspunkten, benannt worden, so etwa die häufig vorkommenden „Spürwege" am Rand des Waldes, der Wolfsweg, der Neue Pürschweg oder der Gebirgsweg. Es gab aber auch den Dohnaweg,

Der Dohnaweg im Blindetal, Oberförsterei Szittkehmen, Jagen 32

den Kaiserweg, den Puttkamerweg, den Prinzenweg, oder man benutzte ganz einfach die Namen der Waldorte, die durch den betreffenden Weg verbunden wurden, als Bezeichnung (Staatshausen—Dagutscher Weg, Theerbude—Szittkehmer Straße, Jagdbuder Weg). Die Benennung „Fuchsweg" wird nach mündlicher Überlieferung auf ein Ereignis in der Zeit nach den Freiheitskriegen zurückgeführt, als die Russen viel in der Heide gewildert hatten und auch Einheimischen Gewehre und Munition in die Hände fielen. Dem an Zahl ungenügenden Forstpersonal gelang es trotz eifrigen Bemühens nicht, der Wilderer habhaft zu werden. Um den Beamten, der in Jagdbude wohnte, zu ärgern, hätten diese einen geschossenen Fuchs dicht an der Försterei am Weg mit einer alten Tabakspfeife im Fang aufgestellt. Dadurch sei der Name „Fuchsweg" entstanden (STRAATMANN).

Als GÖRING Herr der Rominter Heide war, mußten zahlreiche Wege, Gestelle und Brücken zu Umbenennungen herhalten. So gab es den Göringweg (das alte F-Gestell), die Alpers- oder die Scherpingbrücke und das Körnergestell. Zu allem Überfluß wurde der Marinowosee in Gömbössee umbenannt, was sich aber in der Bevölkerung nicht einbürgerte. Der Reichsjägermeister wollte damit sein fast beleidigendes Verhalten gegenüber dem ungarischen Ministerpräsidenten wiedergutmachen, als dieser zur Jagd in Rominten weilte.

Auch vielen alten Ortschaftsnamen erging es ähnlich. „Die Folge war," berichtet Revierförster ROEGLER, „daß zunächst kein Mensch mehr wußte, was gemeint war. Jedenfalls sagte Oberstjägermeister SCHERPING zu mir, als ich ihm auf seine Frage angab, der Hirsch stehe in Unterfelde: ‚Übersetzen Sie mal'. Ich sagte: ‚Gollubien' und er darauf: ‚Aha, nun weiß ich Bescheid'."

Gegenwärtig ist noch eine Anzahl alter Jagensteine und steinerner Wegweiser vorhanden. Sie bestehen aus rotem Granit. Die polnischen Abteilungssteine sind dagegen aus weißem Granit, während die Russen Nummernpfähle benutzen. Die Ost-West-Gestelle der Rominter Heide waren früher mit großen Buchstaben bezeichnet, angefangen mit A bei Gollubien bis Q bei Warnen. Die Nord-Süd-Gestelle hingegen waren mit kleinen Buchstaben bezeichnet, also mit a bei Gollubien bis p bei Markawen bzw. Klein Schwentischken. Am Grenzgestell des Großnassawenschen und Großwarnenschen Beritts, die ja bis 1869 bestanden, begann die Einteilung neu mit a und endete bei Schuiken mit q.

Die Jageneinteilung in der Rominter Heide verlief sehr großräumig. Die Größe der Jagen lag meist zwischen 50 und 100 ha, in Einzelfällen noch darüber. Innerhalb der Jagen gab es nur selten Wege. Aus jagdlichen Gründen vermied man es, das Wegenetz zu verdichten (MICKE, 1960).

Polnischer und deutscher Jagenstein

Der Weg Szittkehmen—Bludszen

Die Romintensche Jagdbude

Den Ausgangspunkt aller späteren jagdlichen Pracht der Rominter Wildbahn bildete wohl die sogenannte „Romittische Jagdtpude", die bereits in der Karte von CASPAR HENNENBERGER 1576 als einziger Ort in der Heide eingetragen ist. Das genaue Jahr ihrer Erbauung ist nicht bekannt. Die Jagdbude lag schräg gegenüber der späteren Försterei Fuchsweg zwischen den nach Jagdhaus Rominten und nach Plautzkehmen führenden Wegen, gerade gegenüber der nach Schwentischken führenden Abzweigung auf einer Anhöhe, mitten im Warner Revier. Haumeister WEINREICH aus Jagdbude, wie die spätere Siedlung dort genannt wurde, der in den Freiheitskriegen 1814 und 1815 zweimal nach Frankreich marschiert war, hatte das Gelände, auf dem das kurfürstliche Jagdhaus gestanden hatte, vom König als Gnadengeschenk erhalten. Die Fundamente des dort stehenden Hauses, das zuletzt in der deutschen Zeit als Jagdhütte diente und als „Kurfürstliche Jagdbude" bezeichnet wurde, hat WEINREICH aus den Gesteinsresten der wirklichen Kurfürstlichen Jagdbude gewonnen.

1748 scheint die erste alte Jagdbude, die wahrscheinlich von Herzog ALBRECHT erbaut wurde, bereits nicht mehr gestanden zu haben, denn LUCANUS führte damals über die „Romittische Jagdbude in der Heyde

Dorf Jagdbude in der Oberförsterei Warnen, aufgenommen in den dreißiger Jahren

an der Romitte" folgendes aus: „Dieses mit dicken Plancken umbgebene und mit einer umblaufenden Gallerie auf einem Hügel auffgeführte Jagdhaus ist kurtz vor oder bey Anfang der Regierung Churfürst Friedrich Wilhelms des Grossen unweit dem Ambte Kiauten errichtet, von ihm darauf erneuert und ausgebessert, auch einem Förster zur Wohnung angewiesen worden. Im alten Jagdhause, so darneben von fast gleicher Form, nun aber verfallen ist, hat sich Churfürst Johann Sigismund 1612 im Julio, einige Tage auffgehalten. Unten am Berge wohnen die Warten oder Waldschützen, wobey ehemals ein langer Pferdestall angebauet gewesen ..."

Wir haben es demnach mit zwei Kurfürstlichen Jagdbuden zu tun, nämlich mit einer älteren, die zur Zeit des Großen Kurfürsten nicht mehr bestanden haben dürfte, und mit einer neueren, eben der von LUCANUS 1748 beschriebenen, die „darneben" stand. Leider ist keine Zeichnung vorhanden, welche die alten Jagdbuden zeigt. Die Grundmauern waren massiv aus behauenen Findlingsblöcken errichtet, wie heute noch zu erkennen ist. FREVERT (1957) vermutet, daß ihre herrschende Lage auf einer Anhöhe hoch über dem Romintetal darauf hindeutet, daß es sich um ein repräsentatives Gebäude gehandelt haben muß. Der Regent GEORG FRIEDRICH ließ bei den Jagdbuden, von denen in den landesherrlichen Wildbahnen einige bestanden, sogar Eisgruben anlegen, „dieweil wir umb eines kühlen Truncks wegen uff unsern Heusern den Sommer über gefroren frisch Eyss haben wöllen ...", und gab in seinem Befehl vom 2. März 1583 auch genaue Anweisungen über die Art der Ausführung (MAGER, 1941).

Über die Einrichtung der Jagdbuden macht LUCANUS (1748) nachstehende Anmerkungen: „ ... Solche Jagd-Buden oder Lusthäuser sind öfter mit abgeschilderten wilden Thieren von außerordentlicher Größe, Zeichnung und Schönheit ausgezieret. In vielen trifft man sonderbar gewachsene Hirsch-Geweyhe, Elend-Schaufeln, Auer- und Büffel-Hörner, Bärenklauen, auch allerhand Häute und Felle an. Bey manchen Jagd-Häusern befinden sich die Wohnungen der Forst- und Jagd-Bedienten und Warthen, die auf die Wildbahnen und Stellstätten genaue Acht haben und samt den Förstern im Herbst und Winter die nöthigen Jagden anstellen müssen." (MAGER, 1941).

Wie die Verfasser 1991 feststellten, ist die Siedlung Jagdbude von den Russen dem Erdboden gleichgemacht worden.

Die Rominte bei Jagdbude

Das Kaiserliche Jagdhaus in Rominten

Im Herbst 1890, als Kaiser Wilhelm II. das erste Mal die Rominter Heide zur Jagd auf den Brunfthirsch aufsuchte, gestalteten sich die Möglichkeiten zur Unterbringung des hohen Jägers im Rominter Wald noch sehr bescheiden. Der Kaiser quartierte sich in Theerbude im dortigen neuen Gasthaus ein, dem späteren „Kaiserhotel Jagdschloss Rominten", dann Hotel „Zum Hirschen". Nachdem die Eindrücke in dem neuen Jagdrevier für den Monarchen in jeder Beziehung gut waren (sechs kapitale Hirsche), reifte in ihm der Gedanke, sich in Theerbude ein Jagdhaus zu schaffen. Ein Königsberger Arzt, Professor NAUNYN, der soeben einem Ruf an die Universität Straßburg gefolgt war, besaß in Theerbude ein Sommerhaus, das samt umliegendem Gelände vom Kaiser erworben werden konnte. Der Holzbau im „Schweizer Stil" wurde abgetragen und, etwa 100 m versetzt, als Jagdhausaufseherwohnung wieder aufgerichtet. Dort, wo er gestanden hatte, unmittelbar über dem Steilhang der Rominte, wurde 1890/91 das Kaiserliche Jagdhaus Rominten errichtet.

Auf seinen Nordlandfahrten lernte der Kaiser den dortigen traditionellen Blockhausstil kennen und gab nun den norwegischen Architekten MUNTHE, SWERRE und OLSEN den Auftrag, ihm ein entsprechendes repräsentatives Jagdhaus zu schaffen. Das Gebäude wurde in Norwegen vollständig abgebunden, zu Schiff

Kaiserliches Jagdhaus Rominten, Einfahrtseite. Rechts das eigentliche Jagdhaus, in der Mitte der Verbindungsgang, links der Bau der Kaiserin Auguste Viktoria

nach Königsberg und von da mit der Bahn nach Trakehnen befördert. Von dort gelangte es per Achse zur Baustelle. Diese lag auf dem linken Ufer der Rominte auf einer Anhöhe westlich von Theerbude. Der ursprüngliche Bau, später „Kaiserflügel"genannt, war in einen einstöckigen Mittelbau und zwei zweistöckige Flügel gegliedert. Er ruhte auf einem 25 m langen, 20 m breiten und 3 1/2 m hohen, massiv aus Blöcken errichteten Unterbau, der etwa 1/2 bis 2 m über den Erdboden herausragte und die Wirtschaftsräume sowie Wohnräume für das Küchenpersonal enthielt. Im Mittelbau war der Speisesaal untergebracht, der Nordflügel enthielt die Räume des Kaisers, im Südflügel war die nächste Umgebung des Kaisers untergebracht. Das Gebäude wurde an Ort und Stelle von norwegischen Handwerkern zusammengefügt. Die Wände wie fast der gesamte Bau bestanden aus ineinander verzapften Kiefernrundhölzern. Außen war das Haus dunkelrot lackiert, was im Winter mit dem dunklen Fichtengrün der umgebenden Wälder eine gute Wirkung ergab. Im Inneren hatten die Balken keinerlei Überzug, nur in den wichtigeren Räumen bestand bis zur Höhe von 1,5 m eine Täfelung. Die Räume wurden von Kachelöfen beheizt, als Beleuchtung dienten Öllampen. 1904 wurde auf der Vorfahrtseite des Schlosses ein zweiter Flügel für die Kaiserin errichtet, der durch einen Gang auf Masten mit dem Haupthaus verbunden war. Hierzu fanden nur Rominter Kiefern Verwendung.

Hubertuskapelle im Park des Kaiserlichen Jagdhauses Rominten

Das Kaiserliche Jagdhaus Rominten war zweifellos aus der Sicht der damaligen Zeit einfach und schlicht. Bis zum Zweiten Weltkrieg bildete es eine beliebte Sehenswürdigkeit für Besucher aus der ganzen Provinz und auch aus dem Reich. Förster FRANZ führte die Besuchergruppen durch Jagdhaus und Kapelle. Der Kaiser liebte übrigens die Bezeichnung „Jagdschloß" nicht, es sollte nur ein Jagdhaus sein.

Mit dem Bau des Jagdhauses, das bereits in der Brunft 1891 zur Benutzung bereitstand, wurde der Ort Theerbude zu „Kaiserlich Rominten". Der Monarch kaufte nach und nach große Teile des Ortes und gab ihm sein Gesicht. Die Oberförsterei Goldap-Rominten und allmählich alle übrigen Gebäude des Dorfes wurden im „Jagdhausstil" errichtet, die alten Holzbuden verschwanden, so daß zuletzt einzig das Hotel „Zum Hirschen" nicht im norwegischen Stil dastand. Auch zahlreiche Waldarbeiterhäuser und die Schule in Jagdbude, ja, selbst das Johanniterkrankenhaus in Szittkehmen wurden in diesem Stil erbaut – ein unmittelbares Werk des Kaisers, der sich auch sozial stark für die Bewohner der Heide und ihrer Umgebung einsetzte (Bau von Kleinkinderschulen, Volksbibliothek und anderes).

Im Jahr 1893 wurde südöstlich des Jagdhauses die Hubertuskapelle nach Art der norwegischen Stabkirchen errichtet. Mit ihren spitzen Dachausformungen paßte sie ausgezeichnet zu dem von der Fichte bestimmten Charakter des Rominter Waldes. Das Innere war schmucklos und weckte in seiner Schlichtheit eine andachtsvolle Stimmung. Die Umgebung von Jagdhaus und Kapelle war parkartig mit zahlreichen nieder- und spitzgeschorenen Fichtenhecken ausgestaltet. Der weitläufige Park mit allen Anlagen (Kapelle, Glockenturm, Försterei usw.) reichte bis zur Oberförsterei und bis ans Dorf und endete bei der Hirschbrücke. Mittendurch floß die Rominte.

Die größte Sehenswürdigkeit im Kaiserlichen Jagdhaus waren die vom Kaiser in der Zeit von 1890 bis 1913 in der Rominter Heide erbeuteten Kapitalgeweihe, deren vollendete Nachbildungen man hier bewundern konnte. Diese Trophäensammlung eines einzigen Jägers dürfte, sowohl an Güte wie Reichhaltigkeit, einzig dastehen. Einen nicht minderen Reiz übten aber die Gemälde FRIESES aus, der alljährlich seinen kaiserlichen Gönner hierher begleitete, um die von ihm gestreckten Hirsche im Bild festzuhalten. Die Geweihe der erlegten Kapitalhirsche wurden zunächst in Gips nachgebildet und danach in Holz. Die echten verblieben nicht in Rominten, sondern nur die Holznachbildungen, während die Gipsgeweihe den Oberförstern geschenkt wurden, in deren Revier die Hirsche jeweils erbeutet worden waren (RÖHRIG, 1989, schr. Mitt.).

Die Hirschbrücke über die Rominte in Jagdhaus Rominten (1920)

Nach dem Betreten des Hauses fiel der Blick zuerst nach rechts in das Zimmer des Fürsten zu DOHNA-SCHLOBITTEN, der den obersten Jagdherrn stets nach Rominten begleitete. Dort hing auch das Bild dieses Hofjägermeisters. Im zweiten Raum war der Leibarzt und im folgenden der diensttuende Flügeladjutant untergebracht. Die Flügeladjutanten wurden übrigens heimlich von den Förstern nur „das Geflügel" genannt. Vom Flur gelangte man ins Speisezimmer, das die ganze Länge des Mittelbaus einnahm und in dem sich der größte Teil der Geweihsammlung befand. Auf dem Dach des Doppelkamins stand der Hauptschmuck eines 1909 erbeuteten Hirsches. Es war der beste, den der Kaiser in Rominten erlegte. Dieser hochkapitale gerade 16-Ender wurde von FRIESE modelliert und stand als Bronzeplastik von etwa anderthalbfacher Lebensgröße im Park vor der Hubertuskapelle. Die Russen brachten nach dem Zusammenbruch den Hirsch nach Smolensk, wo er jetzt auf einem Kinderspielplatz Dienst tut.

Rechts neben dem Fenster hing das Geweih des bekannten Kaiserhirsches „Pascha", einem 22-Ender, der 1910 erlegt wurde und nach dem auch eine Wiese in der Heide ihren Namen trug. Über der Anrichte zogen die Trophäen des 28- und des 44-Enders die Blicke auf sich. Letzterer erregte seinerzeit großes Aufsehen. Es ist nach dem berühmten, in der Mark erbeuteten 66-Ender des Kurfürsten FRIEDRICH III. VON BRANDENBURG, heute im Schloß Moritzburg bei Dresden, der endenreichste bisher bekanntgewordene Hauptschmuck eines Hirsches. Von der Decke hingen zwei Kronleuchter aus starken Elchschaufeln herab. Ferner befand sich zu beiden Seiten der Anrichte ebenfalls eine solche Schaufel, die für Beleuchtungszwecke hergerichtet war. Im Gebälk der Decke waren zahlreiche, in Balzstellung präparierte Auerhähne zu sehen, die aber aus dem Harz stammten.

Aus dem Eßraum gelangte man in das Versammlungszimmer, wo Gäste vor den Mahlzeiten auf den kaiserlichen Hausherrn warteten. Links vom Fenster hing eine Arbeit von FRIESE, mit der er den Kaiser zum 30. Waidmannsjubiläum beglückwünschte. Sie zeigte sämtliche Wildgattungen, die der oberste Jagdherr zur Strecke gebracht hatte. Rechts vom Fenster gewahrte man ein Bild mit einem Eisbären. Es war der Glückwunsch FRIESES zur Erlegung des 44-Enders. Rechts neben der Tür, durch die man eintrat, war ein Hubertushirsch vom selben Meister zu sehen. Dieses Werk entstand zum 25. Regierungsjubiläum.

Beim Betreten des nächsten Zimmers fiel der Blick geradeaus auf das Ölgemälde eines hangabwärts ziehenden 20-Enders (erlegt am 5. Oktober 1903), dessen Standbild auch auf dem Großen Stern im Berliner Tiergarten zu sehen war. Rechts von der eben durchschrittenen Tür hing der in Öl wiedergegebene 28-Ender, dessen Trophäe zusammen mit der des 44-Enders über der Anrichte hängt. Über der Tür sah man einen sich im Schnee fortäsenden Hirsch. Diese Werke FRIESES sind oft reproduziert worden. Rechts neben dem Ofen war ein hübsches Aquarell plaziert, mit dem der Künstler seinem Herrscherpaar zur Silberhochzeit gratulierte.

An der Treppe, die zum Arbeits- und Schlafzimmer des Kaisers sowie zum Verbindungsgang nach dem

Haus der Kaiserin führte, hingen die Köpfe zweier in der Heide erlegter Wölfe. Darunter stand ein Gewehrständer, der aus Elchschaufeln, Damhirschstangen und -läufen hergestellt war. Auf dem ersten Treppenabsatz sah man das Bild eines schreienden Hirsches und auf dem zweiten rechts eine Darstellung des „Pascha" beim Plätzen. Zu beiden Seiten hing je ein vom Kaiser erlegter Keiler. Gegenüber erblickte man einen vom Schweißhund gestellten kranken Hirsch („Waldmann stellt den 22-Ender"). Auch diese drei Ölgemälde Frieses waren, wie alle seine Werke, unmittelbar der Natur abgelauscht und daher äußerst packend in ihrer Lebendigkeit. An der Decke waren hier die Geweihe zweier 1913 in der Försterei Jagdbude verkämpft aufgefundener Hirsche angebracht.

Vom Treppenflur kam man in das Vorzimmer des Monarchen. Hier hingen die Bilder von Kaiser und Kaiserin Friedrich, ferner ein Ölgemälde von Friese, flüchtende Elche darstellend, links davon zwei eingerahmte Eichenbrüche. Im Arbeitszimmer des Kaisers, links neben dem Kamin, wieder ein Ölgemälde von Friese. Ganz wundervoll waren hier vertraut ziehende Elche dargestellt. An der Tür zum Schlafgemach hingen gerahmte Sinnsprüche des Kaisers, darunter ein Bild der Kaiserin Auguste Viktoria. Am Fenster stand der Schreibtisch, links davon hingen Bilder des ehemaligen Militärgouverneurs des Monarchen, Generalleutnant v. Gottberg, und Admirals v. Hollmann. Daneben flüchtende Sauen, ein Ölgemälde von Christian Kröner; darunter ein Glückwunsch Frieses zum Neujahr 1894.

Im Schlafgemach links stand das Bett des Kaisers, das von den Russen bei ihrem Rückzug im Herbst 1914 fortgeschleppt wurde. Vom Balkon aus hatte man einen herrlichen Blick über den Park mit der Hubertuskapelle auf das Romintetal.

Im Verbindungsgang zum Haus der Kaiserin fand man wieder verschiedene Jagdtrophäen des Kaisers, ferner einen in der Oberförsterei Szittkehmen von einem Beamten erlegten Wolf.

In der Diele fiel der Blick sofort auf ein prachtvolles Gemälde von Friese: Ein Platzhirsch treibt sein Kahlwild zusammen. Links vom Eingang zum Wohnzimmer der Kaiserin hingen zwei Aquarelle desselben Meisters, die starke Hirsche in der Brunft wiedergaben. Auch sie offenbarten dem Beschauer den ganz eigenartigen Reiz der Rominter Heide. Vom Flur gelangte man in das Zimmer der Hofdame der Kaiserin, Gräfin Rantzau. Nebenan lag das Gemach, das Großadmiral v. Tirpitz sowie Admiral v. Müller bewohnten. Ferner befanden sich dort auch die Räume, in denen die kaiserlichen Prinzen und andere hohe Gäste abstiegen.

Diese Schilderung eines Rundgangs durch das Kaiserliche Jagdhaus, die sich im wesentlichen auf die Darstellung von Rabetge stützt, mag ein anschauliches Bild von der Stätte geben, in der der letzte Hohenzollernfürst, der in der Rominter Heide waidwerkte, gelebt hat.

In dem Vertrag vom 6. Oktober 1926 zwischen dem preußischen Staat und dem vormals regierenden Königshaus wurde festgelegt, daß das Jagdhaus in Rominten als Teil des früheren Kron-Fideikommisses als freies Eigentum dem Haus Hohenzollern verbleiben sollte (Friedrich Wilhelm Prinz von Preußen, 1985). Kaiser Wilhelm weigerte sich später, sein Jagdhaus Göring zur Verfügung zu stellen. Dies geht aus dem Brunftbericht 1934 des Nassawer Revierverwalters Wallmann hervor: „Unterkunft bei Adomat. S.M. hatte das Jagdhaus doch nicht vermieten wollen. Gefolge teils Erholungsheim, teils Hotel." Nach dem Tod des Kaisers im Jahr 1941 wurde das Jagdhaus Rominten an den preußischen Staat verkauft (Rode, 1990). Noch im Jahr 1944 wurde das Jagdhaus innen neu ausgebaut und vom Stab Hermann Görings bezogen (Micke, 1960). Wie ist es heute um das Kaiserliche Jagdhaus bestellt? Darüber zunächst ein Bericht, der im Goldaper Heimatbrief vom 20. Juni 1987 veröffentlicht wurde. Der unbekannte deutsche Verfasser war im Sommer 1948 acht Wochen als Gefangener bei einem Arbeitskommando in der Rominter Heide eingesetzt, um Gebäude in Stand zu setzen. Er kannte die Gegend aus der Zeit vor dem Zusammenbruch und wußte zu berichten, daß mehrere Gebäude im Ort Jagdhaus Rominten abgebrannt seien. Das Hotel „Zum Hirschen" diente 1948 den Grenzsoldaten als Unterkunft. Die russische Kommandantur war damals im ehemaligen Posterholungsheim untergebracht. Alle anderen übriggebliebenen Gebäude wurden von Offizieren und Unteroffizieren mit ihren Familien als Unterkunft benutzt. Das Kaiserliche Jagdhaus war damals schon abgebrochen, die Bronzehirsche auf der Hirschbrücke fehlten. Tempora mutantur...

Heute eine Diskothek: Wiederaufgebauter Teil des kaiserlichen Jagdhauses Rominten (Vorfahrtseite des Kaiserflügels) in Königsberg nahe der Luisenkirche

In der Tat hatte nach Kriegsende ein russischer General den Kaiserflügel des Jagdhauses abmontieren und in Königsberg neben der Luisenkirche in vereinfachter Form (ohne Anbauten und Verzierungen) wieder aufbauen lassen. Dieses Gebäude dient heute als Diskothek! Es ist der Form nach sofort zu erkennen. Der Befehl des Kommandeurs des Begleitregiments „Hermann Göring" vom 1. August 1944, der bis in alle Einzelheiten die Vorkehrungen zu Vernichtung bei Feindbedrohung anordnete und im ersten Absatz lautete: „Die Anlage Jagdschloß und Reichsjägerhof mit Nebengebäuden dürfen dem Feind nicht unversehrt in die Hände fallen. Sie werden bei unmittelbarer Bedrohung durch Feuer vernichtet", ist hier also nicht oder nur unvollständig ausgeführt worden.

Grenzzaun und Spürstreifen ziehen sich heute gleich südlich von Jagdhaus Rominten entlang. Die Truppen des russischen Grenzschutzes bewohnen eine große Kaserne, die – wie übrigens auch der dortige Wachtturm – von Szabojeden her sichtbar ist. An der stark umzäunten und bewachten Kaserne hängt ein großer roter Schriftzug, der etwa die Worte wiedergibt: „Der Schutz der Grenzen des sozialistischen Vaterlandes liegt in unserer Hand!" Eine weitere solche Kaserne, die wiederum etwa dreißig Mann Unterkunft bietet, gibt es in Pellkawen.

Wo einst das Jagdschloß stand, sind heute nur noch die dicht überwachsenen Fundamente der Anlage zu sehen. Dichter Fichtenanflug und verwachsene, uralte Parkbäume stocken bei den Ruinen. Es stehen keinerlei deutsche Gebäude mehr. In Göritten, südlich von Stallupönen, existieren als letzter Rest der alten Bausubstanz zwei alte Holzhäuser aus Rominten, die wie der Kaiserflügel des Jagdhauses abmontiert und wieder aufgebaut wurden. Das hübsche Geländer der Hirschbrücke ist noch teilweise erhalten geblieben. Auch der kleine Waldfriedhof ist verwüstet, die Gräber wurden geöffnet. Der große Denkstein für Prinz FRIEDRICH KARL liegt moosbedeckt danieder, längst ist auch hier die ganze Umgebung zu Wald geworden. Neben der Hubertuskapelle stößt man auf den großen weißen Granitblock, den einst die Bronzestatue des stärksten Kaiserhirsches zierte.

Vor Ort blieben nur noch Fundamente der Jagdschloßanlage

Der Reichsjägerhof Rominten

Etwa zwei Kilometer nordwestlich von Jagdhaus Rominten durchfließt die Rominte in vielen Windungen ein flaches Wiesental. Hier, im Jagen 90 des Forstamts Nassawen, schiebt sich ein Geländevorsprung weit ins Romintetal hinaus. Ein 15 m hoher Steilhang erhöht ihn weit über die Ufer des Waldflusses. Diese schöne Stelle, wo früher öfter Picknicks der kaiserlichen Familie stattfanden, hieß „Bellevue". Etwa 30 m dahinter erstreckt sich eine flache Hügelkuppe. Diese – in einem prächtigen alten Kiefern-Fichten-Mischbestand gelegen – bestimmte im September 1935 Reichsjägermeister GÖRING zum Bauplatz für sein geplantes repräsentatives Jagdhaus.

Der Ort war von der Jagdbuder Straße her bequem erreichbar, lag im Mittelpunkt der Rominter Heide und bot, ähnlich wie die frühere Kurfürstliche Jagdbude und das Kaiserliche Jagdhaus, herrlichen Weitblick ins Romintetal und über die ausgedehnte Waldung, war also zweifellos sehr geschickt gewählt.

Der Auftrag zum Bau wurde aufgrund eines Wettbewerbs unter sechs Architekten erteilt, wobei als Bedingung galt, den Haupträumen die Aussicht auf den Wiesenplan zu erschließen, der leider nördlich des Bauplatzes lag, und ferner als Hauptbaustoffe Holz und Ried zu verwenden. Die Arbeiten wurden schließlich Regierungsbaurat FRIEDRICH HETZELT, Berlin, übertragen und im Mai 1936 begonnen. Bereits am 26. September jenes Jahres wurde die erste Strecke im Jägerhof Rominten gelegt.

Die Anordnung der Räume in vier zusammengehörigen Raumgruppen und die Beachtung der Vorgänge beim Legen der Strecke ergab die Idee des an allen vier Seiten eingeschossig umbauten Hofes. Dadurch wurde erreicht, daß der Bau möglichst unaufdringlich in der Landschaft stand und doch in fast bühnenmäßiger Wirkung beim flackernden Schein der Feuer den passendsten Rahmen gab, wenn Jäger und Forstbeamte zum Verblasen zusammentraten.

Blick vom Steilhang der Rominte auf die Wildwiesen am Jägerhof

Vier Gästehirsche, vor dem Jägerhof gestreckt am 24. September 1940. V. l. n. r.: „Schlangenhirsch", erlegt von Prof. Dr. Heck, „Budergrabenhirsch", erlegt von Staatsrat Dr. Herrmann, „Anton", erlegt von Staatssekretär Körner, 16-Ender, erlegt von Generaloberst Udet

Nach dem Wunsch und dem Tagebucheintrag GÖRINGS sollte der Bau „Emmyhall" heißen. Später ist jedoch stets nur vom Jägerhof Rominten die Rede. Die Bezeichnung „Jägerhof" hatte Tradition. So gab es schon im 16. Jahrhundert zu Königsberg einen herzoglichen Jägerhof.

Die Wohnräume des Jagdherrn und die Gemeinschaftsräume bildeten den langgestreckten Hauptbau am Romintehang. Ein säulengestützter Dachüberstand beschirmte die hohen Fenster mit der reizvollen Aussicht. Die Gastzimmer waren zum Westflügel vereinigt, die Wirtschafts- und Angestelltenräume zum Ostflügel. Die Kopfbauten der beiden Flügel begrenzten

Der Lichthof des Reichsjägerhofs Rominten

die Ein- und Ausfahrt des Hofes und nahmen die Wachen auf. Den Hof schlossen an der Frontseite die Räume für die Adjutanten ab. Die Gesamtanlage wurde durch einen Wagenschuppen an der Zufahrtseite und ein kleines Teehaus am Steilhang der Rominte vervollständigt. Außerdem wurde 1938 unweit östlich vom Jägerhof im gleichen Stil das sogenannte Forstmeisterhaus errichtet. Es diente den vier Rominter Revierverwaltern während der Brunft als Wohnsitz, um die Planung der Jagd von einem zentralen Punkt aus leiten zu können.

Form und Baustoffe des Jägerhofs waren bodenständig. Das Sockelmauerwerk zeigte Findlinge, die an Ort und Stelle gewonnen wurden. Das Fichtenholz der Wände stammte aus der Heide, das Ried des Daches aus Masuren und der Elchniederung. Die klare Gliederung des Grundrisses verpflichtete zu geradlinigen und ruhigen Formen, die Rücksicht auf bevorzugte Ausblicke stellenweise zu großen Fenstertüren und die Bedeutung der Aufgabe zu einer repräsentativeren Haltung, als sie ein Blockbau im allgemeinen hergibt. Um das Holz möglichst natürlich wirken zu lassen, wurde vollständig auf deckende Anstriche verzichtet. Die Außenflächen wurden mit Xylamon hell und dunkel gestrichen. Innenwände, Fensterläden und Türen erhielten Öllasuren, nur die Fenster selbst wurden beigefarbig lackiert. An den Türen waren geschmiedete Beschläge angebracht, die Dachfirsten zierten masurische Glückszeichen (HETZELT, 1936).

Das Innere wie das Äußere des Jägerhofs waren schlicht gehalten. Von den Decken der Wohn- und Eßhalle hingen schmiedeeiserne Leuchter. Vereinzelte starke Geweihe unterstrichen den jagdlichen Zweck des Baues. Eine besondere Sehenswürdigkeit bildeten die Hirschgemälde Professor GERHARD LÖBENBERGS in der Wohnhalle. Wie FRIESE verstand er es meisterhaft, das Rotwild in seiner charakteristischen Rominter Waldlandschaft auf Leinwand zu bannen. Die bekanntesten Gemälde – wie etwa dasjenige des Matadors, des Raufbolds, des Einohrs oder des Fürsten – befinden sich heute in der Ostpreußenstiftung in Oberschleißheim. In der Wohnhalle standen große schweinslederne Sessel um einen Kamin herum, an den Wänden daneben geschnitzte Elchköpfe. Am groben Gebälk der Eßhalle waren altgermanische Runen und Hakenkreuze eingeschnitten, dazu Sinnsprüche wie „Es wird werden was wir wollen" und „Den Tod überdauert der Taten Ruhm". An dem mächtigen Balken über dem Haupteingang stand zu lesen: „Im Jahre der Freiheit durch Hermann Göring erbaut".

Im Vergleich zum Waldhof Carinhall, jenem prunkvollen Sitz GÖRINGS in der Schorfheide, war der Reichsjägerhof Rominten von fast spartanischer Einfachheit, was Ausmaße, Möbel und Kunstgegenstände anbelangte, enthielt aber trotzdem allen modernen Komfort.

In ähnlichem Stil wie der Reichsjägerhof waren auch mehrere forstliche Gebäude in der Rominter Heide errichtet worden, zum Beispiel das Bürohaus des Oberforstamts bei Nassawen oder die Försterei Jägersthal, außerdem auch die 1938 angelegten Einfahrtstore an den Durchgängen der Hauptwege durch das Gatter, einige Jagdhütten sowie die Waldarbeitersiedlung Jagdbude.

Kurz bevor die Rote Armee in die Rominter Heide vordrang, wurden die wertvollsten Einrichtungsgegenstände abtransportiert und die Anlage durch das Begleitregiment „Hermann Göring" zur Sprengung und Verbrennung vorbereitet. Die Bereitstellungen zur Brandlegung mußten erstaunlicherweise bereits am 2. August 1944 abgeschlossen sein! Um den 19. Oktober, als der Schlachtenlärm immer näher kam, befanden sich nur noch ein Obergefreiter des Begleitregiments, der zugleich Hausmeister des Jägerhofs war, und ein Angehöriger des Sicherheitsdienstes in der Anlage.

In der äußerst unangenehmen Lage machte sich der SD-Mann aus dem Staub, und der Hausmeister fuhr ins Jagdschloß des Kaisers, um dort weitere Instruktionen zu erhalten. Der Befehl zur Vernichtung (Stichwort „Johannisfeuer") konnte nur vom Kommandeur des Begleitregiments bzw. vom Kommandant Rominten aus gegeben werden. Keiner dieser Herren war jedoch erreichbar oder fühlte sich in der Lage, eine solche Verantwortung auf sich zu nehmen. Auch eine Nachfrage in der Wolfsschanze war ergebnislos, da GÖRING nicht erreichbar war.

So fuhr der Hausmeister mit seinem Motorrad zurück zum Jägerhof und entschloß sich dann, angesichts des zunehmend näher rückenden Gefechtslärms, das Anwesen in eigener Verantwortung anzuzünden. Er überzeugte sich noch eine Weile, bis die Flammen aus dem Dach schlugen, und meldete sich dann bei dem Begleitregiment. Eine Rückfrage beim Reichsmarschall ergab, daß der Obergefreite vor das nächste Standgericht zu stellen und zu erschießen sei. Die andauernden Tieffliegerangriffe verhinderten jedoch die Ausführung. Zudem fiel das Gelände um den Jägerhof bereits in der nächsten Nacht in russische Hand. GÖRING ordnete am nächsten Tag die sofortige Freilassung des Hausmeisters an und gewährte ihm Sonder-

Fundamente des Reichsjägerhofs, aufgenommen im Herbst 1991 (rechts Reste des Kamins)

urlaub. In letzter Stunde wurden auch noch der Grabstein JESCHONNEKS am Goldaper See sowie das Grab Dr. BARCKHAUSENS im Jagen 173 des Warner Reviers unkenntlich gemacht.

Um aber der Ausgewogenheit Genüge zu tun, hier noch das Wort eines Mannes, der im Dritten Reich zu höchsten jagdlichen Würden gelangte und sich trotzdem immer das Herz eines einfachen Jägers bewahrte, ULRICH SCHERPING (1950). Er schreibt über die Mürzforste in Österreich: „Ich habe auch dort einige wenige Tage gelegentlich einer Bereisung verbracht und mit tiefer Erschütterung in dem Jagdhaus des alten Kaisers, der über ein Riesenreich herrschte, geweilt. Er war bekannt als ein guter Jäger, und ich hätte nur gewünscht, daß unsere damaligen Machthaber sich ein Beispiel an dieser Bescheidenheit genommen hätten, mit der das Schlafzimmer des Kaisers in Mürzsteg eingerichtet war. Das paßte besser zur Anspruchslosigkeit, die jedem wahren Jäger eine Selbstverständlichkeit ist, als die neu gegründeten Jägerhöfe mit allen Schikanen einer modernen Einrichtung, die gerade den Zauber eines Aufenthalts in einer einfachen Jagdhütte, fern von allen Errungenschaften der Zivilisation, niemals aufkommen ließen."

Von fast unglaublicher Wirkung auf alle Beteiligten war die Zeremonie des Streckelegens unterhalb des Jägerhofs am Rominte-Talhang. Oberforstmeister FREVERT galt als starker Förderer des jagdlichen Brauchtums. „Über jede Zeitveränderung hinaus", so sagte er, „wollen wir uns das von den Vätern hinterlassene hohe Gut waidgerechter Jagdauffassung bewahren. Je materieller die Welt um uns ist, desto mutiger und freudiger wollen wir das Bekenntnis ablegen, daß wir als Jäger und Heger Idealisten sind und an unseren Traditionen festhalten. Das jagdliche Brauchtum ist uns sichtbarer Ausdruck unserer Auffassung vom Waidwerk und Wild, vom Jagen und Hegen." Hier, im Leibrevier des Reichsjägermeisters und zweiten Mannes im Staat, sollte das jagdliche Brauchtum streng befolgt und besonders beispielgebend zur Geltung gebracht werden.

Der Schein der Pylonen fiel auf die im Eichenlaub gestreckten Hirsche, die schmalen hohen Flügelfenster des Jägerhofs waren festlich erleuchtet, Forstbeamte und Gäste versammelten sich. Über den Kronen der mächtigen Kiefern und Fichten funkelten oft bereits die Sterne, und aus den weiten Talwiesen, durch die sich das Silberband der Rominte schlängelt, erscholl das Röhren des Brunfthirsches.

Einer der Beteiligten schilderte die Stimmung so: „Plötzlich verstummten die lebhaften Gespräche der Versammelten, wie gebannt richteten sich die Blicke hinauf zur Terrasse des Jägerhofs, auf der jetzt Hermann Göring erschien. In einen weiten Umhang gehüllt, schritt er, gefolgt von einigen persönlichen Gästen und den Adjutanten, langsam die breite Treppe herunter zu den gestreckten Hirschen, einen riesigen Eichenbruch am Hut, während die Beamten auf ein Zeichen mit ihren kupfernen Sauerländer Halbmonden Begrüßung bliesen. Tausendfach klang das Echo aus dem Romintetal zurück. Der küselnde Wind trug bisweilen den Rauch der Kienfeuer über die Fläche gegen die Säulenflanke des schönen Jägerhofs, so daß die Zeremonie mit einem unwirklich erscheinenden Zauber getränkt schien.

Nun trat der Oberforstmeister vor und erstattete Göring Meldung. Mit einigen anerkennenden Worten des Dankes und der Genugtuung wandte sich anschliessend der Reichsmarschall an die Forstbeamten der Heide. ‚Hirschtot', ‚Jagd vorbei' und ‚Halali' waren die letzten Zeichen des Dankes und der Besinnung für die erfolgreiche Jagd dieses Tages."

Wenn auch mancher überzeugte und brave Jäger sich der Wirkung dieses Schauspiels vom jagdlich-ästhetischen Standpunkt her nicht entziehen konnte, so hieß dies nicht gleichzeitig, GÖRING als einen Halbgott zu bewundern. Im Gegenteil, gerade hier, bei dem altüberlieferten Zeremoniell des Streckelegens, berührten seine Eitelkeit und sein Jagdneid bisweilen unangenehm und überdeckten nur zu deutlich die zur Schau gestellte Würde.

In den neun Jahren seines Bestehens haben 53 Kapitalhirsche neben sicher der dreifachen Zahl an geringeren jagdbaren Hirschen unter den hohen Kiefern des Jägerhofs zur Strecke gelegen.

Die Verfasser besuchten die Ruine des Jägerhofs in der Hirschbrunft 1991. Dichter Bestand von Fichten, Birken und Aspen wächst auf den Fundamenten. Einsam steht noch der mächtige Kamin mit dem eingemeißelten Emblem der Deutschen Jägerschaft. Nur einige uralte Kiefern und Fichten am Rominthang haben als Überhälter die Zeiten überdauert.

Jagdliche Anlagen

Auf dem letzten deutschen Meßtischblatt der Rominter Heide sind zahlreiche Jagdhütten und Blockhäuser eingetragen. Keine einzige dieser Holzbauten dürfte gegenwärtig noch bestehen.

Da gab es in der Kaiserzeit das sogenannte Borkenhäuschen, das an der Chaussee Szittkehmen-Blindgallen am Kreuzungspunkt mit dem Butterweg lag, eine aus Stämmen in Rinde errichtete Hütte. Verzierungen und Geländer waren aus Astwerk gefertigt. Diese Hütte diente häufig der kaiserlichen Jagdgesellschaft als Frühstücksplatz, wenn in der Gegend der dortigen großen Wiesen, der Serpentine, der Dagutschwiese, der Lasdenitze, der Rückenwiese oder der Wilkanitze auf den Brunfthirsch gepirscht wurde. Hier gab es kühlen Moselwein und in der Glut geröstete Kartoffeln, die mit Butter auf Hirschfängern gereicht wurden.

Aus der Zeit GÖRINGS stammte die Lindenhütte, die in der Revierförsterei Reiff, etwa 3 km entfernt von Jagdhaus Rominten, auf einem Hügel inmitten alter Linden lag. Sie war im gleichen Stil wie der Jägerhof errichtet, das Dach ebenfalls mit Ried gedeckt. Im Inneren hingen kapitale Geweihe geforkelter Rominter Hirsche.

Bereits in der vorkaiserlichen Zeit, 1885, wurde damit begonnen, einzelne Feldmarken, die zu sehr unter dem Wild litten, abzugattern; 1897 wurde dann die Heide vollkommen eingegattert. Damit konnte der Abschuß von Hirschen außerhalb der Heide, der zuweilen sogar noch mit grobem Hagel erfolgte, weitgehend unterbunden werden. Das Gatter verlief in der Regel entlang dem äußeren Waldrand der Rominter Heide, jedoch waren einige Begradigungen vorgenommen worden. Größere Waldteile, beispielsweise bei Kuiken, lagen außerhalb des Gatters (insgesamt 1.000 ha). Das Gatter selbst bestand aus einem 2 m hohen Maschendrahtzaun mit zwei Sprunglatten, der wegen des Schwarzwilds 3/4 m hoch mit Stangen verstärkt war. Alle 200 bis 300 m befand sich ein Einsprung, das heißt auf der Außenseite eine kleine Erhöhung, auf der Innenseite eine steilabfallende Wand. Die öffentlichen Wege waren etwa 50 m durch Zäune eingefaßt.

Jeder Revierbeamte, dessen Bezirk an das Gatter grenzte, hatte seinen Abschnitt wöchentlich einmal zu kontrollieren. Dabei wurde im Rucksack stets etwas Draht mitgeführt, um etwaigen Schaden gleich beheben zu können. Solche Stellen wurden nach Möglichkeit einige Abende überwacht und wiederkehrendes Schwarzwild erlegt (SCHOEPE, 1960).

Rotwildfütterung an der Kaiserinwiese 1927

Im allgemeinen war dieses erste Rominter Gatter ziemlich rotwildsicher, gegen Sauen jedoch zu schwach. Das Rotwild zeigte sich, insbesondere bei fester, hoher Schneelage oder bei Hanglage, ohne weiteres fähig, das Gatter zu überfallen. Auch kam es im Winter vor, daß Gattertore wegen zu starken Schneefalls nicht mehr rechtzeitig geschlossen werden konnten und dadurch Rotwild auswechselte. Am 3. Oktober 1900 erlegte Kaiser WILHELM im Schutzbezirk Jodupp einen 18-Ender, der als Folge eines vor Jahren wohl auf den angrenzenden Bauernjagden erhaltenen Postenschusses einen steifen Hinterlauf aufwies. Diese angrenzenden Bezirke wurden von den Forstbeamten bezeichnenderweise „Sterbenische" genannt.

Nach der Jahrhundertwende wurde das Königsberger Pionierbataillon Fürst Radziwill (Ostpr.) Nr. 1 oft nach Rominten kommandiert, um Gatter, Hochsitze und dergleichen zu errichten. Den Unterhalt der Pirschanlagen und die Fütterungskosten trug zeitweise, ganz oder teilweise, die kaiserliche Schatulle. Diese Kosten, soweit sie aus dem kaiserlichen Etat bestritten wurden, betrugen zwischen 45.000 und 55.000 Mark jährlich. Nach dem Ersten Weltkrieg verminderten sich diese Mittel auf die Hälfte. Solange Forstmeister v. STERNBURG im Amt war, besorgte er die Zuweisung an die vier Oberförstereien.

In den Jahren 1936/37 wurde der gesamte Zaun zum ersten Mal erneuert. Dazu wurde ein sehr widerstandsfähiges Knotengitter aus ovalen Stahldrähten verwendet. Unten war das Gatter 70 cm hoch durch Maschendraht verstärkt, um das Durchkriechen von Jungwild zu verhindern. Dieser Maschendraht war etwa 30 cm in die Erde eingelassen. Füchse, Hasen und sogar Rehwild schlüpften oberhalb des Maschendrahts durch das Knotengitter. Als Pfosten wurde imprägnierte Fichte verwendet. Nach dem Krieg bemächtigten sich die Russen dieses Gatters, um die quer durch die Heide verlaufende Grenze abzudichten. Auch die Bevölkerung benutzte den Draht für die verschiedensten Zwecke. Noch heute sind Reste davon zu sehen. Natürlich haben auch die vier oder fünf stattlichen überdachten Eingangstore mit der geschnitzten Inschrift „Naturschutzgebiet Rominter Heide", die FREVERT 1938 errichten ließ, die Zeiten nicht überdauert.

Die wichtigsten jagdlichen Anlagen der Rominter Heide sind aber zweifellos die Rotwildfütterungen, die dazu beitrugen, daß gut Dreiviertel aller Abwürfe gefunden wurden. In der deutschen Zeit standen im Bereich einer Revierförsterei etwa zwei bis vier Fütterungen, in der ganzen Rominter Heide betrug die Zahl rund 75. Eine Rominter Fütterung bestand

Dieselbe Fütterung im Jahr 1988

Fütterung mit Beobachtungsturm im Revier Goldap

damals aus einem Heuschuppen mit unterständiger Raufe, einem Futterkeller mit darüberliegendem Schuppen, den Krippen und zwei einander gegenüberliegenden Beobachtungsschirmen bzw. -kanzeln.

Die Anlage und den Betrieb der Fütterungen hat Oberforstmeister FREVERT in seinem Standardwerk über die Rominter Heide ausführlich geschildert. Regelmäßigkeit und Pünktlichkeit waren unerläßliche Voraussetzungen dafür, daß man seine Hirsche nicht an den Nachbarn verspielte und daß die beiden jährlichen Wildzählungen verwertbare Ergebnisse lieferten.

Oberirdische Holzbauten aus der alten Zeit dürften kaum noch bestehen. Sie wurden durch neue Raufen ersetzt.

Futterkrippen haben die Verfasser bisher keine gefunden. Ebenso fehlen bei den Fütterungen die Beobachtungseinrichtungen. Im Revier Szittkehmen sind in letzter Zeit auch Futterkeller aus Holz angelegt worden. Die Fütterung von Heu und von Kraft- bzw. Saftfutter wird gegenwärtig nicht überall kombiniert an einer Stelle vorgenommen; es kann vielmehr vorkommen, daß eine einsame Heuraufe irgendwo im Wald steht, vielleicht noch zusammen mit einer Salzlecke. Sicherlich ließe sich gegenwärtig hinsichtlich der Anlage der Fütterungen noch sehr viel verbessern, selbst wenn man berücksichtigt, daß bei der Knappheit des Personals und der Mittel eine Fütterungspraxis wie zu früheren Zeiten völlig ausgeschlossen ist.

Im russischen Teil der Heide gibt es offenbar eine organisierte jagdliche Bewirtschaftung, was aus dem Vorhandensein von Äsungsflächen gefolgert werden kann. Kanzeln oder Hochsitze fehlen jedoch völlig. Das Revier besteht aus fünf Bezirken, die von Jagdgenossenschaften bejagt werden (Verband der Jäger und Angler des Rayons Stallupönen).

Vollendet in ihrer kunstvollen Anlage waren in der Kaiserzeit und auch später unter GÖRING die Pirschanlagen (Pirschpfade und Schirme). FREVERT beschreibt diese Attribute gepflegter Jagdreviere in seinem obengenannten Buch.

Über 100 km Pirschwege waren in der Heide vorhanden! Bei jedem beliebigen Wind konnte ein Schirm am Bestandsrand einer Wiese nahezu unbemerkt aufgesucht werden. An der Dagutschwiese (Jagen 18, Oberförsterei Szittkehmen), die gleich als erste Wiese rechts an der Chaussee Blindgallen-Szittkehmen liegt, stand zur Kaiserzeit ein besonders großer, erhobener Schirm, die sogenannte „Theaterloge", die vom Kaiser und seinem Gefolge während der Hirschbrunft häufig benutzt wurde.

Heute gibt es hüben wie drüben keinerlei derartige Hilfen mehr. Wiederum liegt der Grund in dem begrenzten Jagdetat und dem wenigen Personal in der Jagdwirtschaft, vielleicht auch darin, daß die heutigen Jäger der Ansicht sind, solche Einrichtungen paßten nicht zum Wesen eines „Urwaldes". Hochsitze und Kanzeln hingegen, die in der Zeit GÖRINGS eher verpönt waren, gibt es heute in der Oberförsterei Goldap genug. Die Kanzeln sind mit Dach und Sonnenblende versehen und stehen auf den riesigen Kulturflächen. Förster STEFAN BARWICKI, der für die ganze Jagdwirtschaft in der Oberförsterei zuständig ist (leśniczy od spraw łowiectwa), legt

Alter Pirschgraben im Revier Goldap, Jagen 11

außerdem eine große Zahl origineller Leitern an. Diese werden mit viel Geschick in das Geäst eines Laubbaums „geklebt". Auf den Pirschgängen können diese Leitern vom Weg aus schnell erklommen und wieder verlassen werden. Zu stundenlangem Daueransitz eignen sie sich weniger.

Polnische Beamte, die seit den fünfziger Jahren in der Heide sind, erinnern sich noch an Pirschanlagen, Wildfänge und Kanzeln aus deutscher Zeit. Dr. v. OEPEN wies in seinem Buch bereits darauf hin, daß man ihm den Ort der Erlegung des „Matadors" exakt zeigen konnte (v. OEPEN, 1982). Ein jetzt noch benutzter alter Pirschgraben in der Nähe des Urbatswegs in der Försterei Budweitschen führt zu einer Kanzel, wo bereits zur deutschen Zeit ein Schirm gestanden hat.

Da die Forstbeamten der Heide früher passionierte Raubwildjäger waren, sind in jeder Försterei, meist an Bächen, Lauerhütten eingerichtet worden.

Vor dem Zweiten Weltkrieg wurden gute Erfahrungen mit der Neueinbürgerung von Rotwild – vor allem im Osten – gemacht; zu diesem Zweck mußte in der Heide Rotwild eingefangen werden. Dafür waren fünf spezielle Fangfütterungen angelegt worden, in denen jährlich bis zu 30 Stück gefangen wurden. Die Technik des Fangens, die dazu notwendigen Voraussetzungen und besonderen Umstände sowie die Gefahren sind von FREVERT so ausführlich dargestellt worden, daß sich hier Wiederholungen erübrigen. Jäger STEFAN BARWICKI kann sich noch an eine Fangfütterung erinnern, die sich im Jagen 29 des Forstamts Rominten, südlich der Kaiserinwiese, befand. Noch heute besteht dort eine Fütterung (Reservat „Boczki"). Wie Revierförster ROEGLER festhält, ging auch einmal ein Transport gefangenen Wildes zum Berghof HITLERS.

Links: Gedenkstein an der Marinewiese. Hier streckte Wilhelm II. am 28. September 1912 seinen 2000. Rothirsch. Rechts: Hier erlegte Kaiser Wilhelm II. am 27. September 1898 den berühmten 44-Ender, Rundewischke, Forstamt Nassawen

Links: Andreas Gautschi beim Ausgraben eines Gedenksteines bei Jagdbude, Jagen 123. Rechts: Restaurierter Gedenkstein in der Oberförsterei Szittkehmen, Jagen 37

Die Bejagung des Schwarzwilds wandte sich in der Zeit FREVERTS weg vom Ansitz an den Luderplätzen und den üblichen Treibjagden zu den ausschließlichen Jagden mit der Saumeute. Dadurch wurde die jagdliche Attraktivität der Schwarzwildbejagung erheblich erhöht. Um die Meute an den Sauen einjagen zu können, wurde in der Revierförsterei Jägersthal ein etwa 15 ha großes Hatzgatter erbaut. Der starke Maschendraht war dreiviertel Meter tief ein-

Im Rominter Hatzgatter. Links: Oberforstmeister Frevert, vierter von links: Forstmeister Dr. Barckhausen

gegraben und über der Erde mit dicht aufeinandersitzenden Stangen verstärkt. Die Höhe betrug etwa zwei Meter. Das Abfangen mit der Saufeder veranlaßte Kritiker zu der Bemerkung: „Jetzt fehlt nur noch das umgehängte Bärenfell!"

Die einzigen Zeugen des früheren jagdlichen Glanzes sind die Hirschgedenksteine. Im ganzen Waldgebiet dürften es mindestens deren zwanzig sein. Nicht alle jedoch sind den Verfassern bekannt. Die eingemeißelte Inschrift, vermutlich damals mit Ölfarbe versehen, ist in den meisten Fällen noch lesbar. Teilweise wurden die Steine beim Einmarsch der Rotarmisten mit Maschinenpistolen beschossen und beschädigt.

In den Revieren Warnen und Nassawen sind an diesen Denksteinen Grabungen vorgenommen worden. In der Annahme, es handle sich um Gräber, waren offensichtlich Wertgegenstände vermutet worden. Nach unseren Gesprächen mit der dortigen Jägerschaft, die ein starkes Interesse auf der anderen Seite auslösten, sollen nun diese jagdlichen Gedenkstätten wieder in Ordnung gebracht werden.

Oberforstmeister Frevert beobachtet das Verladen eines gefangenen Stücks Rotwild auf einen Lastwagen

JAGDLICHE ANLAGEN

Die Hirschgedenksteine der Rominter Heide stammen zumeist aus der Kaiserzeit. Sie wurden dort gesetzt, wo besonders herausragende Hirsche erbeutet worden waren. Das sind zumeist Orte abseits der Wege im Bestand an Blößen und Wiesenschlenken. Häufig sind diese Steine im Moorboden halb versunken, verwittert und von Moos und Flechten bedeckt. Nachstehend eine kleine, unvollständige Übersicht:

Tabelle 8: Hirschgedenksteine in der Rominter Heide

Erlegungsdatum	Geweih	Ort	Zustand	Inschrift
Herbst 1884	?	Obf. Nassawen Jagen 118	umgeworfen	„Prinz Friedrich Carl Letzter Hirsch Herbst 1884"
23. Sept. 1890	12-Ender	Obf. Nassawen, Jagen 117	abgesunken	„Hier erlegte Seine Majestät Kaiser und König Wilhelm II. am 23. September 1890 den ersten Hirsch in der Rominter Heide, einen Zwölfender."
27. Sept. 1898	ungerader 44-Ender 8,7 kg	Obf. Nassawen Jagen 105, Rundewischke	gut, umgeben von 2 Eichen	„An dieser Stelle erlegten Seine Majestät Kaiser Wilhelm II. einen Hirsch von ungeraden 44 Enden auf der Abendpürsche am 27. Sept. 1898."
24. Sept. 1900	ungerader 24-Ender 8 kg	Obf. Rominten, Jagen 57, Brastasgestell	restauriert	„S. Majestät Kaiser Wilhelm II. schoss hier am 24.9.1900 einen kapitalen 24-Ender"
30. Sept. 1902	12-Ender und ungerader Zehner	Obf. Nassawen, Jagen 95, Rundewischke	abgesunken	„Von dieser Stelle aus erlegte Seine Majestät der Kaiser und König Wilhelm II. am 30. September 1902 am Tage Allerhöchstseines 30-jährigen Jägerjubiläums auf der Frühpirsche eine Doublette auf zwei starke Hirsche, einen Zwölfender und einen zurückgesetzten ungeraden Zehnender."
Verschiedene	Verschied.	Obf. Warnen, Jagen 123	umgekippt	„Von hier erlegte Seine Majestät Kaiser Wilhelm II. folgende Kapitalhirsche: am 3.10.1903 einen 14-Ender am 3.10.1905 einen 16-Ender am 2.10.1907 einen 16-Ender am 7.10.1908 einen 14-Ender"
5. Okt. 1903	ungerader 20-Ender 9,5 kg	Obf. Rominten, Jagen 52, Upeliswiese	restauriert umgeben von zwei Eichen	„Seine Majestät Kaiser Wilhelm II. schoss hier am 5 ten Oktober 1903 nach zwoelfmaliger Pirsche einen kapitalen Zwanzigender * Der Jäger Unverdrossen Hat manchen Hirsch geschossen"

87

Erlegungsdatum	Geweih	Ort	Zustand	Inschrift
1. Okt. 1904	28-Ender 9 kg	Obf. Rominten, Jagen 37	restauriert	Vorderseite: „Von hier erlegten Seine Majestät Kaiser Wilhelm II. am 1. Oktober 1904 auf der Abendpürsche einen kapitalen Hirsch von 28 Enden und stifteten zur Erinnerung daran am 3. November 1904 die St. Hubertus-Stiftung für die Forstbeamten der Rominter Heide" Rückseite: „Diesen Stein setzten ihrem allerhöchsten Jagdherren Seiner Majestät Kaiser Wilhelm II. mit Waidmannsdank die Forstbeamten der Rominter Heide"
23. Sept. 1908	ungerader 20-Ender 7 kg	Obf. Rominten, Jagen 7, Entenbruch	im Moorboden etwas abgesunken, restauriert	„Hier erlegte Seine Majestät Kaiser Wilhelm II. am 23. September 1908 einen kapitalen 20-Ender"
30. Sept. 1909	ungerader 22-Ender	Obf. Warnen Jagen 166	umgeworfen	„Hier erlegte Seine Majestät Kaiser Wilhelm II. am 30. September 1909 auf der Abendpürsche einen Kapitalhirsch von 22 Enden."
29. Sept. 1910	ungerader 24-Ender 8,5 kg	Obf. Goldap, Jagen 20	restauriert	„Waidmannsheil. Hier erlegte Seine Majestät der Kaiser und König Wilhelm II. den Pascha, einen kapitalen Hirsch von 24 Enden am 29. September 1910"
28. Sept. 1912	ungerader 14-Ender 7,5 kg	Obf. Goldap, Jagen 10 Belauf Budweitschen, Marinewiese	restauriert, umgeben von zwei Eichen am Wegrand	„Waidmannsheil! Von dieser Kanzel erlegten S. M. der Kaiser und König WILHELM II. seinen 2000. Rothirsch, einen kapitalen Hirsch von ungeraden 14 Enden am 28. September 1912."
30. Sept. 1912	ungerader 18-Ender	Obf. Warnen, Jagen 93, Ausgebranntes Bruch	gut	„Hier erlegten Seine Majestät der Kaiser und König Wilhelm II. am 30. September 1912 am Tage allerhöchstseines 40-jährigen Jägerjubiläums das 70846. Stück Wild, einen starken Hirsch von 18 Enden."

Erlegungsdatum	Geweih	Ort	Zustand	Inschrift
Unbekannt	Unbekannt	Obf. Rominten, Jagen 29, Lasdenitze, Lupinenberg	gut, umgeben von drei Eichen	fehlt
Unbekannt	Unbekannt	Obf. Goldap, Jagen 35, 24-Enderwiese	gut	fehlt (vermutlich der Stein für den am 3. Okt. 1909 erlegten besten Hirsch des Kaisers)

Im Sommer 1991 wurden die Inschriften der Denksteine in den Revieren Szittkehmen und Goldap durch A. Gautschi mit Goldfarbe erneuert.

Von anderen Gedenksteinen, die den Verfassern bekannt sind, sind zu erwähnen ein auf der Brücke über dem sogenannten „Roten Flüßchen" sich befindender Granitblock mit der Inschrift „Zeidler-Brücke" zum Andenken an den in der Försterei Theerbude zur Kaiserzeit tätig gewesenen Beamten. Ferner befindet sich bei Jörkischken ein Gedenkstein für den im Jahr 1919 dort von einem Wilddieb ermordeten Hilfsförster Kahnert. In Klein Szittkehmen, Jagen 39, befindet sich noch ein alter Försterfriedhof. Unter den drei erhaltenen Gräbern ist auch dasjenige des Szittkehmer Forstmeisters Hans Pauckstadt.

Südlich der Kaiserinwiese, im Jagen 29 der Oberförsterei Goldap, steht ein kleines Denkmal für einen Schweißhund mit der Aufschrift „Dora, 1913 – 1926".

Grenzanlagen in der Rominter Heide

Revierförster Szkiłądź berichtete den Verfassern, daß im Grenzbereich des sowjetischen Teils der Heide bis etwa zum Jahr 1965 auch zivile Waldarbeiter ansässig waren. Bei Binnenwalde beispielsweise habe sich eine Unterkunft befunden. Danach seien jedoch alle Zivilisten aus diesem Gebiet entfernt worden. Die Unterkunft bei Binnenwalde zerfiel. Von diesem Zeitpunkt an sind ausschließlich Soldaten im Grenzbereich stationiert. Ein gelegentlicher Abstecher über die Grenze war seither völlig ausgeschlossen.

Etwa im Jahr 1968 brannte in der Rominter Heide eine grasige Fläche beiderseits der Grenze von etwa 10 ha Größe. Polnische Arbeiter, die mit der Bekämpfung des Feuers auf ihrer Seite beschäftigt waren, wurden von sowjetischen Soldaten mit der Waffe im Anschlag beobachtet. Hilfe über die Grenze hinweg, die die Polen den Russen anboten, wurde nicht zugelassen. Auf Gespräche gingen die Soldaten nicht ein. Sie sagten lediglich, daß es ihnen bei Gefängnisstrafe untersagt sei, Gespräche zu führen.

Besagter Förster vermutete in der Heide sowjetische Militäreinrichtungen größeren Stils. Wiederholt bemerkte er zum Beispiel riesige Scheinwerferlichtkegel, die blitzschnell am Himmel hin- und herfuhren. Auch sei häufig das ferne Brummen von Artillerie zu hören gewesen.

Im Winter 1990/91 besuchte ein Mitglied der Kreisgemeinschaft Goldap die dortigen Behörden und erfuhr dabei, daß sich nach Angaben einer russischen Delegation aus Gumbinnen in der Nordhälfte des früheren Kreises Goldap Stellungen der Mittelstreckenraketen SS 20 befinden. Des weiteren sollen offenbar die aus Mitteldeutschland abgezogenen Rotarmisten zunächst in Zelten und Baracken im nördlichen Ostpreußen angesiedelt werden. Von diesen Maßnahmen sei auch die Rominter Heide bzw. der nördliche Teil des früheren Kreises Goldap betroffen (Grigat, 1991).

Im Herbst 1991 stellten die Verfasser fest, daß sich zur Zeit wohl kaum noch militärische Einrichtungen in der Heide befinden. Es empfiehlt sich einzig, den russischen Grenzschützern nicht zu nahe zu kommen.

Die Grenze verläuft – wie bereits erwähnt – in Richtung West-Ost, wobei mehr als 30 kleine Richtungsänderungen vorhanden sind. Verfolgen wir nun die Linie, beginnend in der nach dem Krieg neu entstandenen Försterei Kummetschen westlich des Goldaper Sees, die zur Oberförsterei Goldap geschlagen wurde: Südlich des ehemaligen Dorfes Klein Kummetschen trifft die Grenze an das Ufer des Goldaper Sees. Hier macht sie einen rechten Winkel in Richtung Norden, überquert den See und dringt dann nach Osten in die Rominter Heide ein. Sie durchschneidet nun die Jagen 56 bis 41 zum Goldaper Grenzgestell hin. Nördlich von Schillinnen durchquert sie die Wakelinis und geht südlich der Kriegsministerwiese vorbei. Südlich der alten Försterei Jodupp (Klein Jodupp) kommt sie in einem Vorsprung nach Norden dicht an das F-Gestell heran. Weiter führt sie hart nördlich der Kaiserinwiese auf das Goldaper Grenzgestell zu. Nun dreht die Grenze wieder etwas gegen Norden und durchschneidet die alten Szittkehmer Jagen 59 bis 54. Die Bludsze überschreitet sie zwischen der Kaiserbrücke und der Einmündung des Szinkuhner Flußes, also noch bevor die eigentliche Rominte entsteht. Dann überquert sie den Dobawer Fluß (Zytkiejmska struga) und verläuft nun am G-Gestell entlang in die alten Nassawer Jagen 62 bis 60, südlich an der alten Försterei Pellkawen vorbei. Hier verläßt sie die Rominter Heide und führt etwa 1 km nördlich des Dorfes Szittkehmen weiter gegen Osten. Das ehemals freie Feld zwischen der Heide und dem Wystiter See ist auf russischer Seite nunmehr mit dichtem Wald bedeckt.

In der Rominter Heide selbst ist die Grenze mit gewöhnlichen Granit-Marksteinen festgelegt. Entlang der Verbindungslinie dieser Marksteine ist auf jeder Seite etwa 7 m breit aller Baum- und Strauchwuchs entfernt. Gegenüber den Grenzsteinen steht jeweils ein polnischer rot-weiß gestrichener und ein russischer rot-grün gestrichener Grenzpfahl. Diese Pfähle aus Beton sind durchgehend numeriert. Der polnische Pfahl trägt ein rotes Metallschild mit dem weißen Adler und der Aufschrift „Polska", der russische Pfahl zur Zeit noch ein Kupferschild mit dem sowjetischen Staatswappen. Auf der polnischen Seite stehen auf Wegen und Gestellen gelbe Warnschilder mit der Aufschrift „Staatsgrenze. Überschreiten verboten". Hinter der Grenze im russischen Bereich liegt eine breite Waldzone, in der offenbar absolute Ruhe herrscht und in der kaum forstliche Maßnahmen durchgeführt werden.

Kein Mensch setzt dort jemals seinen Fuß hin, es sei denn bei der jährlich erfolgenden Kontrolle der Grenzzeichen und beim Entfernen des jungen Baumbewuchses auf der Grenzschneise. Diese Zone wird nördlich von einem ungefähr ein Meter hohen Stacheldrahtverhau begrenzt, hinter dem sich ein etwa fünf Meter breiter geglätteter Sandspürstreifen befindet. Er wird von jeglichem Bewuchs freigehalten. Unmittelbar darauf folgt ein Weg, auf dem die sowjetischen Grenzsoldaten jeweils zu zweit den Spürstreifen kontrollieren. Diesem Weg folgt eine etwa zehn Meter breite Grasnarbe, die frei von Baumbewuchs ist, darauf ein etwa drei Meter hoher Zaun aus enggespanntem Stacheldraht. Alle Drähte sollen unter Strom stehen und eine Alarmvorrichtung aufweisen. Die dicken Pfähle sind oben mit einem querliegenden Eisenstück versehen, das ebenfalls mit Stacheldraht bespannt ist, so daß eine Überwindung dieses Hindernisses unmöglich wird. Im Jahr 1990 wurde dieser Zaun neu errichtet, nachdem der alte durchlässig geworden war.

Diese Sicherungszone, die den trockenen Bodenverhältnissen folgend in unterschiedlicher Entfernung zur eigentlichen Grenze angelegt ist, wird durch eine Telefonleitung ergänzt, die wohl von gewissen Punkten aus benutzt werden kann. In der Rominter Heide befinden sich außerdem sehr hohe Beobachtungstürme, die ein grün gestrichenes Häuschen mit Balkon und rotem Dach tragen. Solche Türme stehen beispielsweise bei Jagdhaus Rominten (Kaiserbrücke), bei Pellkawen und nördlich von Szittkehmen.

Rominten, altes Hohenzollernsches Jagdrevier
Geschichte der Wildbahn

Die altpreußische Wildnis besaß ursprünglich eine hervorragende Eignung als Lebensraum für die verschiedensten wildlebenden Tierarten. Der vormals große Reichtum an starken Eichen spendete reichlich Mast. Auf den vorhandenen natürlichen Blößen – Biberwiesen und Brandflächen – fand das Wild in Form von Kräutern und Gräsern auch genug eiweißreiche Äsung. Im Inneren des Rominter Waldes, selbst an den dunkelsten Stellen, wächst noch heute und wuchs selbstverständlich auch damals eine üppige Pflanzendecke. Bei der Verjüngungsfreudigkeit der Böden war dem Wild außerdem überall der Tisch mit Anflug und Aufschlag gedeckt.

Andererseits enthielten die Waldungen zur Genüge Dickungen, Partien mit dichtem Unterholz und Gestrüpp, um dem Wild Schutz vor Witterungsunbill und Raubwild zu gewähren, wenn auch hervorgehoben werden muß, daß im vom Menschen noch wenig begangenen Wald die Deckung natürlich noch nicht eine so wichtige Bedeutung für das Wild erlangt hatte wie heute. Ein weiterer für die Wildbahn nicht unwichtiger Zug des Wildnischarakters war die große Menge Fallholz, das sich stellenweise mehrere Meter hoch aufgehäuft hatte und von Weichholz aller Art dicht durchzogen war. Diese mit zahlreichen Hohlräumen versehenen, so gut wie undurchdringlichen Hindernisse gewährten dem Raubwild, vorab Bären und Luchsen, vorzüglichen Unterschlupf, während der Wolf sich sein Lager gern in den ungestörten Mooren suchte.

Wie schon die geographische Lage Altpreußens einerseits den Waldcharakter entscheidend beeinflußt, so trifft dies andererseits auch auf den Wildbestand zu. Viele nordische Arten haben hier ihre südliche Verbreitungsgrenze, so der Schneehase und das Moorschneehuhn. Die Klimaerwärmung zusammen mit Kultivierungen bewirken jedoch einen unaufhaltsamen Rückgang dieser seltenen Arten. Der insgesamt rauhere Klimacharakter bedingt bei allen Wildarten nach der Bergmannschen Regel eine durchschnittlich etwas höhere Gewichtsentwicklung als in Westeuropa. Die scharfen Winter lassen alles kränkliche und schwächliche Wild verenden; dazu kommt bis in unsere Tage der Ausleseeinfluß des Wolfes.

Seit der Ordenszeit begann in Altpreußen gleichzeitig mit der Ausdehnung der Siedlungen und der Zurückdrängung des Waldes ein unaufhaltsamer Niedergang der Wildbestände. Erst etwa 1850 begann eine langsame, aber anhaltende Erholung. Die Vernichtung des Wildes betraf naturgemäß zunächst den dichter besiedelten Westen der Provinz, so daß sich im Gebiet der Großen Wildnis bis ins 17. und 18. Jahrhundert hinein nicht nur die größten Waldungen, sondern auch die besten, freilich im Lauf der Jahrhunderte gleichfalls nach Umfang und Güte nachlassenden Hochjagdgebiete befanden.

Die Amtsrechnungen des 17. Jahrhunderts verzeichnen in den Wäldern des westlichen Teiles von Ostpreußen nahezu einmütig als einziges Wild „Wölffe, Haassen und Füchsse". Die abseits liegende Rominter Heide beherbergte aber, wie wir noch sehen werden, seit alten Zeiten einen vergleichsweise überdurchschnittlichen Wildbestand.

Die häufigen schweren Kriegs- und Pestzeiten, die das Preußenland im Lauf der Jahrhunderte zu ertragen hatte, haben auch den Charakter der Wildbahnen in nicht geringem Maß beeinflußt. Ein kurzer Krieg bzw. ein plötzliches Dahinraffen der Bevölkerung (Pest) wirkte sich auf die Wildbestände eher günstig aus. Ein Krieg jedoch wie etwa der Siebenjährige, der nach kurzen Kampfhandlungen zu einer mehrjährigen feindlichen Besetzung des Landes führte, mußte natürlich eine schwere Schädigung des Wildbestands zur Folge haben. Die Russen betrieben damals die Jagd in Ostpreußen in rücksichtsloser Weise und räumten gründlich unter dem Wild der Provinz auf. Die Ausrottung des Bibers wird zum großen Teil auf die jagdliche Betätigung der Russen zurückgeführt, und das Elchwild wurde von ihnen derart gelichtet, daß der König bald nach dem Krieg, am 13. Juli 1764, eine längere Schonzeit anordnen mußte, um dieses Wild vor dem Aussterben zu bewahren (MAGER, 1941). Die Pestzeiten brachten weniger eine Vernichtung des Schalenwilds als eine massenhafte Vermehrung des Raubwilds mit sich, vor allem der

Wölfe. Nach der großen Pest gab es in Ostpreußen, wie sich König Friedrich Wilhelm I. einmal äußerte, „mehr Wölfe als Schafe".

Ferner brachte der Betrieb der Waldweide und des Budenwerks eine starke Beunruhigung des Waldesinneren mit sich. Das Budenwerk vernichtete nicht nur die Mastbäume und Einstände des Wildes, sondern brachte auch allerhand zwielichtige Gestalten mitten in die Hochjagdgebiete hinein, die sich dort am Wild schadlos hielten. Der Vieheintrieb verursachte durch die weiterum zu vernehmenden Glocken und die umherstreifenden großen Hütehunde beträchtliche Störungen.

Eine Plage schlimmster Art war vormals das Wildererunwesen, von dessen Umfang und Dreistigkeit man sich heute kaum eine Vorstellung machen kann, wenn man nicht einen tieferen Einblick in die alten Jagdakten nimmt (Mager, 1941). Beispielsweise besagte das kurfürstliche Mandat vom 28. Juli 1642 folgendes: Dem Kurfürsten ist berichtet worden „und weisen solches die täglichen Exempel auss, dass ... sich nicht allein ausslendische frembde Wildschützen aus dem Königlichen Theil Preussen, Samaiten, Littauen, Masau (Masowien) und sonsten vielen andern benachbarten Örtern, sondern auch etliche Unsere eigene ungetreue ... Unterthanen in Städten, Dörffern und Flecken, welche an Unsern Wildfuhren gelegen, vielfeltig unterstehen, einstheils heimblich bey der Nacht, einstheils auch rottenweise fast ungescheuet in Unsern Geheegen, Wildnüssen, Wildbahnen, Heiden, Wälden und Höltzern ... allerley Wildpret zu schiessen und sonst uff mancherley Art zu fahen und zu fellen, auch die jungen Wildkälber, Auer, Elend, Rehe, Schweine, Füchs, Haasen, Hünner und anderes ... niederzuschlagen, hinwegzuschleiffen, dass auch zumehrmalen arme unschuldige Wandersleute und Unsere getreuen Unterthanen, welche ihren Weg durch die Wälde, Wildnüssen, Heyden und Höltzer nehmen müssen und uff solche Wildpretsbeschädiger stossen ..., von denselbigen vorwegelagert, beraubt und jämmerlich ermordet werden, darunter dann Unsere eigenen getreuen Unterthanen und Diener, die uff solche ihre ... Unthaten Achtung zu geben bestellet sein oder ihnen ja sonst darinnen nicht Vorschube und Förderung thun, noch sie hausen und heegen wollen, nicht verschonet bleiben, sondern von denselbigen Dieben zum hefftigsten angefeindet, befehdet, bey Nächtlicherweil überfallen, beschädiget und schändlich und bösslich ermordet werden, wie Uns dann in kurtzem etliche Unsere Wildnussbereuter und Unterthanen in Unsern Embtern in den Wildnüssen uff den Höltzern vorwegelagert und jemmerlich erschossen und erstochen worden ..." (Mager, 1941).

Wie es noch um 1800 stand, zeigt das zu Königsberg am 7. Oktober 1800 erlassene „Publicandum", in welchem es heißt: „Die Wilddiebereyen in den Ostpreußischen Forsten haben seit einiger Zeit so überhand genommen, daß solche die ernstlichsten Maßregeln nöthig machen. Da sich in mehreren Gegenden die Wilddiebe zusammenrotten, so erfor-dert es umso mehr die Sorge der Landespolizey, diesem Frevel Einhalt zu thun, als hierbey auch ohne Rücksicht auf den Ruin der Wildbahnen die Sicherheit des Publicums Gefahr läuft, indem dergleichen Raubgesindel ... die Landstraßen unsicher macht und die größten Excesse begehet ..." (Mager, 1941).

Einen traurigen Höhepunkt erreichte die Wilddieberei in der Rominter Heide im Jahr 1867 mit der Ermordung des ersten bedeutenden Hegers der Rominter Heide, des Nassawer Revierverwalters Reiff. Ludwig Passarge (1878) weiß hierüber zu berichten: „Die Wildschützen bilden hier eine gefürchtete Verbindung. Ihnen fiel vor einigen Jahren der Oberförster Reiff zum Opfer. In Folge dessen besteht zwischen ihnen und den Forstbeamten unauslöschliche Feindschaft. Hier waltet nur noch das Naturrecht. Vor nicht langer Zeit stößt ein junger Förster plötzlich auf zwei Wilddiebe, darunter den muthmaßlichen Mörder Reiffs, beide auf dem Anstande. Er ruft ihnen zu, die Gewehre an die Erde zu legen. Sei es nun, daß die Wilddiebe zaudern, oder, wie der

Gedenkstein für Oberförster Reiff

Förster behauptet, die Gewehre gegen ihn erheben, er schießt – und die Kugel geht durch Brust und Rücken des einen und verwundet noch den andern. Die Wilddiebe behaupten, sie seien geflohen und so getroffen worden.

Die Sache ist unaufgeklärt geblieben; aber beide Verwundete sind mit dem Leben davon gekommen, und der erste, dem die Kugel durch Brust und Rücken gegangen, ist mit der größten Sorgfalt und vielen Kosten geheilt und verpflegt worden. Denn man hoffte, er werde jetzt ein Geständnis in Betreff des Mörders des Oberförsters Reiff ablegen; aber selbst dem Pfarrer gegenüber hat er doch nur die Erklärung abgegeben, daß er zwar den Mörder kenne, ihn aber niemals nennen werde, weil er durch einen Schwur gebunden sei. Uns wurde in Jagdbude (der Ort wird von etwa vierzig Menschen bewohnt) das Haus dieses Mannes gezeigt, in welchem noch seine alte Mutter lebt..."

Sämtliche in und um die Heide ansässigen Bauern waren natürlicherweise erbitterte Feinde des Wildes. Dieser Umstand wurde noch dadurch begünstigt, daß das Wild seit alten Zeiten in den Rodungsinseln der Großen Wildnis die Entwicklung der Landwirtschaft bedeutend hemmte. Durch das zahllose Gestrüpp und kleinere Wäldchen auf den Feldmarken gedeckt, konnten sich bisweilen Bären und Wölfe bis in die nächste Umgebung der Gehöfte vorpirschen und über das Vieh herfallen. In der Nähe der fürstlichen Leibreviere, wie Rominten, war es außerdem die starke Heimsuchung der kargen Saaten durch das Rot- und Schwarzwild, die den Bauern das Leben zur Plage werden ließ. Nicht selten konnten sich Siedler des Wildes wegen auf ihren Stellen nicht halten.

Das alte Aktenmaterial enthält hierfür reichlich Belege (MAGER, 1941). So heißt es in der „Untersuchung deß Missischen Schultzen-Ambts im Ambte Insterburg" vom Jahr 1699 beispielsweise über die Lage in einigen Ortschaften in der Nähe der Rominter Heide: Riebenischken: das „Wildt gehet über und thut grossen Schaden ...", Mesedtkehm: „jährlich viel Schaden, wie dann auch nun bereits die Knotten vom Flachss und die Ähren vom Korn abgestreiffet stehen, die Erbssen auch ziemlich durchgangen und abgefressen", Aschelauken: „das Getreydich, so sie noch bauen, frißt das Wild auf".

Gleiches wird aus den Orten Germingkehmen und Kraguttkehmen berichtet. So hatten die Bauern vor allem im 16. und 17. Jahrhundert Grund zu einer feindlichen Einstellung gegen Jagdregal und Wildbestand und mußten nach dem völligen Entzug ihrer jagdlichen Freiheiten auf den Gedanken kommen, zur Selbsthilfe zu schreiten und zum Wilddieb zu werden, um sich für den ständig zugefügten Schaden einen gewissen materiellen Ausgleich zu schaffen. Es kam noch hinzu, daß die Bauern die Wilddieberei als etwas ganz Ehrenhaftes ansahen, um so mehr, als manche Beamte, Edelleute und Offiziere damals vor ihren Augen nach Herzenslust in den landesherrlichen Wildbahnen wilderten.

Noch begabtere Wilddiebe als die deutschen waren aber zweifellos die zahlreichen polnischen und litauischen Kolonisten sowie Eindringlinge. Oberforstmeister v. HALLE gab am 17. März 1683 zu Protokoll, dass „die Holz- und Wilddiebereyen nirgends gemeiner sind als in Littauen." Unter dem 13. September 1755 berichtete die Kammer Gumbinnen an die preußische Regierung: „Aus beygefügtem abschriftlichen Protokoll vom 12. hujus wird E. Kgl. Regierung des mehreren den Excess der Pohlnischen Wild-Diebe in den hiesigen Kgl. Forsten zu ersehen belieben, und daß hierbey sogar ein Unterförster todt geschossen worden, einer von den Wild-Dieben aber, welcher von den unsrigen zwar angeschossen, aber nicht getödtet, in dem Städtchen Philippowa bey einem Juden in der Cur liegen soll". Die Kammer ersuchte die Regierung, die Auslieferung des angeschossenen Wilddiebs zu betreiben und zu veranlassen, daß „auch dergleichen Excesse von Pohlnischer Seite abgestellet werden mögen..."

In dem beigegebenen Protokoll vom 12. September 1755 sagte der vorgesetzte Förster des erschossenen Unterförsters, der zum Forstberitt Warnen gehört hatte, unter anderem auch aus, „daß der Schaden, den die Pohlnischen Wilddiebe daselbst thäten, schon important wäre und nach seiner Rechnung und Spur allein dieses Jahr an 40 Stück roth Wildpret durch dieselben erleget worden wären, wovon sie jedoch nur die Häute und das Geweihe, auch etwas weniges von dem Wildpret, so viel als sie davon zu verzehren gedächten, mitnehmen, das übrige aber in der Heide zurück ließen, so denen Würmern zu theil würde..."

Da die Beamten des Forst- und Jagdschutzes damals mit den in die Waldungen des Kammerbezirks

Gumbinnen einfallenden polnisch-litauischen Wilddiebsbanden aus eigener Kraft nicht fertig zu werden vermochten, sah sich der König genötigt, am 24. November 1755 zu verfügen, daß auch hier Husaren-Kommandos gegen die Banditen eingesetzt werden sollten (MAGER, 1941). Die grenznahe Lage der Rominter Heide wirkte sich natürlich ausgesprochen nachteilig aus.

Einen wesentlichen Grund für die zeitweilige Überhandnahme der Wildererplage bedeutete auch der Umstand, daß die jagdliche Aufsicht über die ausgedehnten Gebiete noch im 17. und 18. Jahrhundert völlig unzureichend war. Die wenigen Beamten, die den Jagdschutz neben ihrer Erwerbstätigkeit betrieben, waren vielfach weder gewandt noch willig genug, eine durchgreifende Wirkung gegen die Wilddieberei zu erzielen. Wenn sie nicht ständig ihr Leben aufs Spiel setzen wollten, waren sie außerdem nicht selten zu stillschweigender Duldung gezwungen. Gelegentlich hatte man auch den Bock zum Gärtner gemacht; jedenfalls enthalten die Akten allerhand Fälle von wilddiebischen Übergriffen einzelner Revierschutzbeamter (MAGER, 1941). Für das beste Mittel der Wilddiebsbekämpfung hielt man seit jeher eine strenge Bestrafung der des Wilderns überführten Leute, doch hat man in der Praxis die ertappten Wilddiebe über die Jahre hinweg sehr ungleichmäßig und unterschiedlich behandelt.

Einen bezeichnenden Einblick in die Verödung der ostpreußischen Wildbahn, die ihr schlimmstes Ausmaß zwischen 1780 und 1850 erreichte, gewähren die 1780 von MORGENLÄNDER verfaßten Forstbeschreibungen der Kammerbezirke Königsberg und Gumbinnen. Danach wiesen nur wenige Beritte einen leidlichen, ihrer Größe angemessenen Wildbestand auf. Der besseren Vergleichsmöglichkeit halber seien hier auch noch drei der Rominter Heide benachbarte Beritte aufgeführt:

Beritt Uszballen bei Gumbinnen: Wildbestand schlecht, nur aus Hasen und wenigen Birkhühnern bestehend.

Beritt Nassawen, die östliche Hälfte der Rominter Heide einnehmend: Wildbestand „mittelmäßig", aus Elchen, Rotwild und Rehen bestehend; die Wilddiebe richten viel Schaden an.

Beritt Warnen, die westliche Hälfte der Rominter Heide einnehmend: Wildbestand schlecht, nur aus einigem Rotwild bestehend.

Beritt Borken, den Westteil der Borker Heide zwischen Lötzen und Goldap umfassend: Wildbestand schlecht, außer „kleinem Wildpret" gibt es nur Birk- und Haselhühner.

Beritt Bodschwingken, den Ostteil der Borker Heide umfassend: Wildbestand schlecht, Hochwild ist hier als Standwild nicht mehr vorhanden.

Von den 36 ostpreußischen Forstberitten wies außer den Rominter Revieren Warnen und Nassawen nur noch der Beritt Johannisburger Heide etwas Rotwild als Standwild auf. Als Wechselwild gab es Rotwild in den Beritten Nikolaiken und Kruttinnen. Also auch in dieser dunkelsten Zeit der ostpreußischen Jagd besaß die Rominter Heide eine Sonderstellung, wenn auch zweifellos der von MORGENLÄNDER als „mittelmäßig" taxierte Nassawer Rotwildbestand nur einen Bruchteil des heutigen Bestandes umfaßt hat, was laut MAGER (1941) aus den Akten eindeutig hervorgeht. Nach diesem Autor führte das Revolutionsjahr 1848 auch in Preußisch Litauen zu einer Verschlimmerung der Wilddiebsplage. Historiker weisen allerdings heute darauf hin, daß die andernorts in diesem Jahr herrschende politische Unruhe gerade in Ostpreußen wenig spürbar war (V. STERNBURG, 1989, mdl. Mitt.). Welches auch die Ursachen gewesen sein mögen, dem Wild wurde um diese Zeit durch Wilderei schwerer Schaden zugefügt.

Nach dem Ersten Weltkrieg konnte das Wildererunwesen hier vergleichsweise gut in Schach gehalten werden. Bis 1920 gelang es dem rücksichtslos durchgreifenden Forstschutzpersonal, die Wilddieberei der Bevölkerung und des Grenzschutzes zu ersticken. Ein tragischer Förstermord ereignete sich dabei im Sommer 1919. Ihm fiel Hilfsförster KAHNERT im Jagen 23 der Oberförsterei Goldap, Belauf Jörkischken, zum Opfer. Er hatte bereits eine große Zahl Wilddiebe ergriffen und angezeigt. Wiederholt hatte man ihn vor der Rache der Wilderer gewarnt, doch der sehr tüchtige und vorsichtige Beamte fürchtete sich nicht.

Am 16. August hatte er zwei Wilddiebe gefaßt und abgeführt. Hierbei müssen sich die beiden heimlich verständigt und den Beamten mit Hilfe einer versteckten Pistole überraschend angegriffen haben. Auch der ihn begleitende sehr scharfe stichelhaarige Vorstehhund wurde erschossen. Dem Beamten war wohl eine

Schadhaftigkeit seiner Büchse zum Verhängnis geworden, denn beim schnellen Repetieren konnte bisweilen das Schloß herausgerissen werden. Diese Hilflosigkeit bemerkten die beiden Wilderer und erschossen KAHNERT, während er versuchte, sein Gewehr in Ordnung zu bringen. Schon drei Tage nach der Tat lieferte der zuständige Gendarmeriebeamte die beiden Mörder dem Amtsgericht Goldap ein (BUSDORF, 1980).

In der Försterei Iszlaudszen wurde ein Wilddieb von dem rührigen Forstbeamten MAURACH unschädlich gemacht (KENNEWEG, 1939). Auch Jagdmaler FRIESE mußte sich im Herbst 1904 vor einem Wilddieb zurückziehen. Er befand sich bei Anbruch der Dämmerung mit seiner Malausrüstung auf dem Weg zu einer Wiese bei Budweitschen, um Wild zu beobachten, als er seitlich im Bestand einen niedergeduckten Kerl gewahrte, der mit dem Gewehr auf ihn in Anschlag ging. Mit heiserer Stimme bedeutete er FRIESE, dieser solle zurückgehen. Und mit dem abscheulichen Gefühl, vielleicht im nächsten Augenblick niedergeknallt zu werden, zog sich FRIESE sogleich zurück (FRIESE, 1930).

Den Wilddieben verdankte der Szittkehmer Oberförster HANS PAUCKSTADT seine Versetzung in die Rominter Heide. Er war in seinem früheren Revier Kurwien unnachsichtig scharf gegen die Raubschützen vorgegangen, die ihm als erste Warnung zum Dank die Scheune angesteckt hatten und weitere Brandstiftungen planten. Als er schon in der Rominter Heide tätig war, stand eines Tages in der Zeitung, daß in einer Schonung der Oberförsterei Kurwien die Skelette zweier unbekannter Männer gefunden worden seien. Auf einer Dienstbesprechung der Revierverwalter des Regierungsbezirks kam Oberförster PAUCKSTADT auf seinen Freund Forstrat KECK zu und sagte zu ihm im schönsten ostpreußischen Tonfall nur die Worte: „Otto, hast ja jelesen?" KECK erwiderte ebenso lakonisch: „Ja, Hanschen, ich habs jelesen." Das war der letzte Nachruf für die beiden erschossenen Wilderer (KECK, undat.)!

In den dreißiger Jahren kam Wilddieberei nur noch sehr vereinzelt vor (WALLMANN, 1931). Eine große Zahl „sehr schöner" Wilderergeschichten aus dem 19. Jahrhundert wußte Frhr. SPECK V. STERNBURG zu erzählen, die aber leider nicht festgehalten worden sind.

Auch heute wird in der Heide des öftern gewildert, mit Kraftfahrzeugen, Schußwaffen, hauptsächlich jedoch mit Schlingen. In der Jägerstube des Försters BARWICKI hängt eine kapitale Rotwildtrophäe, die mit Oberkiefer 9,5 kg wog; er hatte sie bei einem Wilddieb konfisziert, der den Hirsch in der Rominter Heide geschossen hatte.

Die Schlingenstellerei hat in den letzten Jahren stark zugenommen und gefährdet auch den Wolf

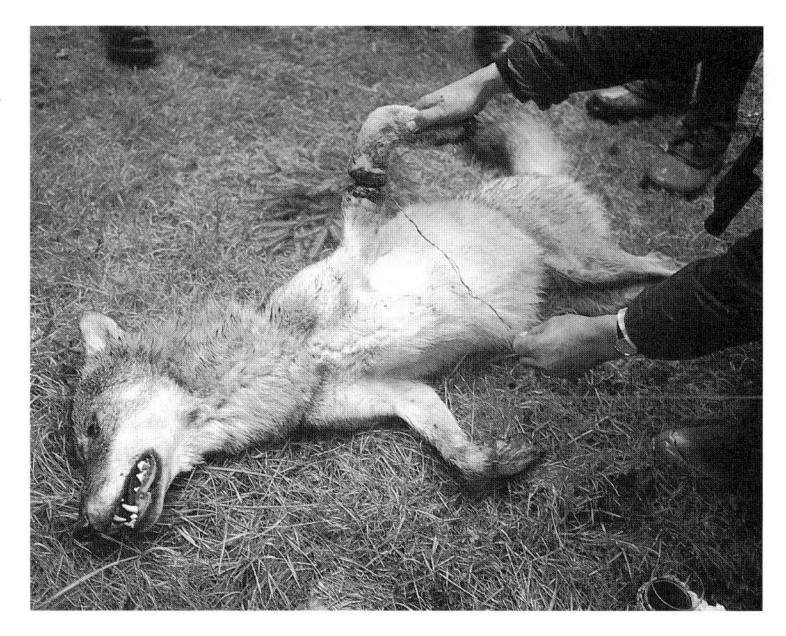

Aus der Entwicklung des Jagdregals und Jagdrechts

Ursprünglich wurde im Ordensstaat die Jagd nicht zu den Regalien gerechnet, die sich der Orden im ganzen Land vorbehielt. In der siedlungsarmen Großen Wildnis hatten die Bewohner gewöhnlich freie Jagd auf alles Wild. Bedingung war einzig die im kulmischen Recht festgesetzte Abgabe des rechten Vorderbugs des erlegten Hochwilds sowie der Verkauf aller Häute und Felle an die Ordensverwaltung zu den festgesetzten mäßigen Preisen. Man kann daraus schließen, daß die Wildbestände der Wildniszone damals noch außerordentlich reich waren.

Im 14. Jahrhundert errichtete der Orden an verkehrswichtigen Punkten die Wildhäuser, die außer ihrer Aufgabe als befestigte Vorpostenstellungen gegen die Litauereinfälle auch als Annahmestellen für die eingebrachten Wildnisprodukte dienten. Der Hochmeister und die von ihm mit einer Jagdeinladung bedachten höchsten Beamten (die „Gebietiger") jagten wohl damals noch nicht im Gebiet der Wildnis, also auch der Rominter Heide, denn die westlichen Bezirke des Landes boten noch gute Jagdgründe, die bequemer zu erreichen waren. Die Verleihung der freien Jagdbewilligung an die Wildniskolonisten war anfänglich eine Notwendigkeit, da – wie bereits ausgeführt – die Landeskultur durch das Wild zunächst einen sehr schweren Stand hatte. Die Nationalität der Kolonisten spielte bei der Verleihung der Jagdbefugnis keine Rolle, sie wurde Prußen, Litauern, Deutschen und Polen gleichermaßen zuteil. Den sogenannten Handfesten (Dorfsatzungen), die von zahlreichen Ortschaften der Wildniszone überliefert waren, konnte MAGER (1941) die Festpreise für Wildnisprodukte entnehmen, die der Orden dem Einlieferer bezahlte, beispielsweise für die Decke eines Hauptbären 10 Schilling, für die Bälge von Biber, Marder, Luchs, Wolf und Otter je 8 Schilling und für einen Fuchsbalg 6 Schilling.

Etwa seit Ausgang des 15. Jahrhunderts beanspruchte der Orden das Jagdrecht in zunehmendem Maß für sich, da durch die zügellose jagdliche Betätigung und die Zurückdrängung des Waldes die Wildbestände stark im Abnehmen begriffen waren. Viel zu dieser jagdrechtlichen Wandlung trugen die zwei letzten aus fürstlichem Haus stammenden Hochmeister bei, die beide passionierte Jäger waren: der Wettiner FRIEDRICH VON SACHSEN und der Hohenzoller ALBRECHT.

Auch in der Großen Wildnis entzog das Ordensregiment den Dörfern nach und nach die freie Jagd und begann, geeignete wildreiche Teile der Wildnis als landesherrliche Leibreviere von der übrigen Wildbahn abzutrennen. In diese Zeit des 16. Jahrhunderts fällt auch die Einrichtung der Rominter Heide als bevorzugtes Jagdrevier der Landesherrn, das zur Hege des Hochwilds offenbar besonders prädestiniert schien.

Am 21. Dezember 1616 behielt sich die Obrigkeit in einer herzoglichen Generalverschreibung die Hohe Jagd auf dem südlich der heutigen Rominter Heide gelegenen Gut Gehlweiden und den dazugehörenden Dörfern vor, die dem preußischen Jägermeister REINHARD V. HALLE gehörten. Seit dem 16. Jahrhundert wurden auch der Bär und das Schwarzwild zum nicht geringen Ärger der Untertanen allmählich zur Hohen Jagd einbezogen, und der Regent behielt sich häufig ihren Abschuß selbst vor. Zum Schutz der Leibreviere wurden Maßnahmen ergriffen, die gelegentlich so weit gingen, daß ganze Dörfer abgebrochen und verlegt werden mußten. Besonders rücksichtslos war in dieser Beziehung der wirtschaftlich sonst sehr tüchtige Markgraf GEORG FRIEDRICH, sobald es sich um die Interessen der landesherrlichen Wildbahn handelte.

Auch die forstlichen Belange wurden bisweilen den jagdlichen untergeordnet. So bestimmte beispielsweise die kurfürstliche Holzordnung für das Amt Oletzko 1623, „dass das Holz zwischen Michaelis undt Ostern aussgeführet undt die Wildtnus von Ostern bis Michaelis ganz geschlossen werde und bleibe, damit das Wildt desto besser seinen Standt und Gangk haben und nicht verschichert werden möge ..." (MAGER, 1941).

Es ist zwar richtig, daß die kolonisatorische Entwicklung des Herzogtums Preußen bei der Jagdleidenschaft der meisten seiner Regenten mitunter gehemmt worden ist, wir verdanken es aber diesen Maßnahmen, daß gerade ein so ausgedehntes, schönes Waldgebiet und Wildreservat wie das alte Leibrevier Rominten bis in die jüngste Zeit hinein erhalten geblieben ist.

Während König FRIEDRICH WILHELM I. als begeisterter Waidmann das Jagdregal noch im wesentlichen beibehielt, duldete sein Nachfolger FRIEDRICH DER GROSSE nicht mehr, daß die Belange der wirtschaftlichen

Entfaltung des Landes durch die Jagd beeinträchtigt wurden. Er machte in der Forstordnung von 1775 das Jagdregal zu einer Einnahmequelle des Staates, in dem die Jagd in den königlichen Forsten den zuständigen Beamten zur Verwaltung und Vornahme des Abschußes übertragen wurde. Das erlegte Wild mußte zugunsten des Staates nach einer bestimmten Taxe verkauft werden. Diese Form der „administrierten" Jagd in den Staatsforsten hat sich bis heute erhalten.

Die vormaligen Jagdmethoden in Rominten

Ein erheblicher Teil des von den Amtsjägern, Wildnern, ansässigen Berufsjägern, Bauern und Beutnern erlegten Wildes wurde durch Fallen der verschiedensten Art auf eine nach heutigen Begriffen wenig waidmännische Art zur Strecke gebracht. Bevorzugt wurde dabei offenbar die Anlage von Fanggruben. Nach der Erfindung des Schießpulvers und der Feuerwaffen begann man, dem Hochwild durch das Legen von Selbstschüssen nachzustellen. Die Herrenjäger übten in der Ordenszeit und auch später zwar gelegentlich die Pirschjagd aus, auch das Lancieren mit dem Leithund, doch spielte dies im Vergleich zu anderen Jagdarten nur eine unbedeutende Rolle. Man jagte lieber in Gesellschaft, ließ sich das Wild zutreiben, stöberte es mit Hunden auf oder hetzte es zu Pferd. Über die in den preußischen Wäldern durchgeführten Jagdarten äußert sich Lucanus 1748 (zit. nach Mager, 1941) wie folgt: „... Ein Bestätigungsjagen nennet man, wann ein großes Revier mit Zeugen (= Jagdnetzen) und Tüchern umbstellet, an dem Ende ein Lauf oder freyer Platz geräumet und darauf ein Schirm in gewisser Höhe von der Erde erbauet wird... Ein Lauf- oder Rennjagen oder die parforce Jagd besteht darin, wann ein Hirsch, Elend etc. durch Jäger und Hunde solange auf der Erde verfolget wird, bis er ermüdet sich niederthut und nicht weiterlaufen kann, da man ihn dann durch einen Fang mit dem Hirschfänger erleget..."

Die Jagden der Hochmeister wurden zumeist unter Verwendung des Jagdzeugs und einer großen Treiberwehr durchgeführt. Gern betrieben sie das Waidwerk auch in der Brunftzeit („Prunst-Jagt"). Durch Treiber wurde das Wild von allen Seiten auf einen geeigneten Waldteil zusammengedrängt, eingelappt und mit „Garnen" (den Jagdnetzen) umstellt. Die Außenseite der Netzwände wurden mit Knechten und Scharwerksbauern besetzt, die einen Durchbruch abzuwehren und das in die Netze geprellte Wild mit der blanken Waffe abzufangen hatten. Der Hauptteil des Wildes wurde mit Hunden und Treibern vor die Schützen getrieben und von diesen, die längs der offenen Auslaufseite auf Kanzeln und hinter Schirmen saßen, erlegt. Die Jagdgarne waren aus Hanf oder Bast geflochten und je nach Zweckbestimmung auch in der Lage, Wisente, Elche und Hirsche zurückzuhalten. Das ganze technische Jagdzubehör war entscheidend für den Erfolg, es mußte aus bestem Material gefertigt sein und wurde auf dem jeweiligen Ordenshaus aufbewahrt. In der herzoglichen Zeit war das Jagdgerät des Hofes einem Jagdzeugmeister unterstellt, der zu den höheren Beamten gehörte.

Wie bereits ausgeführt, unterlagen die Leibreviere, so auch Rominten, nicht so stark der üblichen schrankenlosen forstlichen Raubwirtschaft. Sie unterschieden sich auch von den übrigen Waldungen durch die frühzeitige Anlage und große Zahl der Stellstätten, die die Aufgabe hatten, eine gute Übersicht über den Wildbestand des Reviers und eine leichte Ausübung der Jagd zu ermöglichen. Die Stellstätten wurden später Jagen genannt; sie bildeten gleichzeitig die Grundlage einer rationellen Forstwirtschaft und Forsteinrichtung. Eine Stellstätte war ein langgezogenes, durch breite Schneisen abgegrenztes Waldrechteck. Die Schneisen mußten natürlich ständig geräumt werden, teilweise wurde sogar die Grasnarbe entfernt, um besser abspüren zu können. Zu diesen Arbeiten zog man scharwerkspflichtige Bauern heran.

In Ostpreußen wurde auch in beschränktem Umfang bis ins 19. Jahrhundert hinein die Hetzjagd mit Hunden ausgeübt. Die Forstverwaltung suchte sie wenigstens auf dem staatlichen Grundbesitz zu unterdrücken. So erging am 17. Oktober 1831 von der Regierung Gumbinnen eine Verfügung auch an die Forstberitte Warnen und Nassawen, in der die Jagd mit Bracken in sämtlichen unter der Administration der Kgl.Oberförstereien stehenden Waldungen und Feldmarken untersagt wurde (Mager, 1941).

Die Jagdherren der Rominter Heide

Deutschordensritter und Hohenzollernfürsten

Ein Nachweis, daß die Hochmeister des Deutschen Ordens bereits in der Rominter Heide gejagt hätten, ist nicht erbracht worden. Aus dem vorhergehenden Abschnitt geht vielmehr hervor, daß die Rominter Heide erst zur Zeit der Säkularisation allmählich Hofjagdrevier wurde. Immerhin ist es natürlich denkbar, daß auch hin und wieder das Wildnisgebiet um die Rominter Heide von den Ordensrittern bejagt wurde, denn diese übten das Waidwerk bekanntlich nicht nur vom Schloß Stuhm her aus, wo sich ihr jagdliches Hauptquartier befand, sondern auch von den verschiedenen Ordenshäusern her, die sie auf ihren Visitationsreisen besuchten.

Professor MAGER (1941) stellt fest, daß sich Markgraf ALBRECHT VON HOHENZOLLERN-ANSBACH, der seit 1511 Hochmeister des Deutschen Ordens war und 1525 der erste Herzog in Preußen wurde, mit einiger Sicherheit in Rominten aufgehalten hat. Wie schon ausgeführt, wird die Einrichtung der Rominter Heide als herzogliches Leibrevier und auch der Bau der Jagdbude Rominten auf diesen Fürsten zurückgeführt. Er wird als mutiger Regent beschrieben, dem die 1466 im 2. Thorner Frieden begründete Lehnshoheit der polnischen Krone über das Preußenland sehr mißfiel. Die Huldigung gewährte er dem polnischen König erst, als dieser die Säkularisation des Ordens genehmigte und die Erblichkeit des Herzogtums anerkannte. ALBRECHT hatte damit den Rat LUTHERS verwirklicht, das Ordensgelübde abzutun, in den Ehestand zu treten und das Ordensland in ein weltliches Herzogtum zu verwandeln. 1533 wurde Herzog ALBRECHT vom Kaiser geächtet. Er starb 1568 im Alter von 78 Jahren.

Von seinen Nachfolgern ist zunächst Markgraf GEORG FRIEDRICH zu nennen, der bis 1603 Regent im Herzogtum Preußen war. Er galt als tatkräftiger und auf vielen Gebieten erfolgreich wirkender Fürst, der gerne die Jagd ausübte und auch in der Rominter Heide gejagt hat, so beispielsweise 1583.

Als größter Jäger in der Reihe der preußischen Herzöge und Kurfürsten trat JOHANN SIGISMUND hervor. Als politischer Führer war er eher schwach und wahrscheinlich schon beim Antritt seiner Regierung nicht mehr im Besitz der vollen Gesundheit, obwohl er erst 37 Jahre alt war. Er besaß eine weiche, leicht erregbare, aber wenig energische Natur. Die Kräfte des Gemüts waren bei ihm besser ausgebildet als der politische Sinn und die Fähigkeit, verantwortungsvolle Entschlüsse zu fassen. Er war von tiefer Frömmigkeit, aber zugleich von einer derben Genußfreudigkeit, liebte die Tafel und einen starken Trunk. Zunehmender Leibesumfang verband sich bei ihm mit geistiger Schwerfälligkeit und Unlust zu den Geschäften (HINTZE, 1916). Schon lange vor dem Tod Herzog ALBRECHT FRIEDRICHS bereiste JOHANN SIGISMUND als zukünftiger Erbe Preußen, wo er seiner unbändigen Jagdpassion nachgehen konnte.

Besonders interessant wird dieser Fürst für die Jagdgeschichte Ostpreußens durch sein Schußbuch, das er von seinem Wildwäger GEORG KORN für die Jahre 1612 bis 1619 führen ließ. Bei dem Kapitel über das Rotwild wird weiter auf dieses Streckenbuch eingegangen, das auch die Abschüsse der Kurfürsten in der Rominter Heide angibt. JOHANN SIGISMUND starb schon mit 47 Jahren am 2. Januar 1620 in Berlin.

Nachweislich hat auch der GROSSE KURFÜRST in der Rominter Heide gejagt, heißt es doch in der Beschreibung der preußischen Ämter von 1683, der Kurfürst habe hier die „hohen und besten Jagten" (MAGER, 1941).

Ob sich König FRIEDRICH WILHELM I., der ein passionierter Jäger war, in der Rominter Heide aufgehalten hat, ist aus den Quellen, die den Verfassern zugänglich sind, nicht ersichtlich. Die nachfolgenden preußischen Könige bis zur Gründung des Kaiserreichs haben sich offenbar nicht mehr zur Jagd nach Rominten begeben.

Die Jagdherren des Kaiserreichs

Es ist wohl anzunehmen, daß Prinz FRIEDRICH KARL VON PREUSSEN, ein Neffe Kaiser WILHELMS I., nach 150 Jahren wieder der erste Hohenzoller war, als er 1869 die Rominter Heide zur Jagd auf den Brunfthirsch aufsuchte. Der Prinz war ein geborener Soldat und schon 1866 ein bekannter Heerführer. Er bat den König, in der Rominter Heide die Jagd ausüben zu dürfen. Der Bitte wurde stattgegeben.

Der „rote Prinz", so genannt nach der Uniform der Zietenhusaren, die er mit Vorliebe trug, war von der Schönheit Romintens derart begeistert, daß er alljährlich bis zu seinem Tod 1885 dorthin zurückkehrte. Er wohnte jeweils bei Förster SCHWARZ in Theerbude, wo ihm von der Regierung Gumbinnen zwei Zimmer zur Verfügung gestellt wurden. Aber diese Einfachheit war ihm, echter Waidmann, der er war, gerade recht.

Er liebte besonders die schwierige, einsame Pirsch auf Hochwild, die in den Jahren nach dem großen Nonnenfraß in den dichten Schonungen hohe Anforderungen an den Jäger stellte. Treibjagden waren weniger nach seinem Geschmack. Dem Aufbrechen und Bergen des Wildes ging er nicht aus dem Weg und überließ dies nicht etwa seinem Leibjäger BOECK, sondern erledigte diese Arbeiten gern selbst. Er war auch mit der Schweißhundführung vertraut und interessierte sich allgemein stark für das Forstwesen. Er liebte die Romantik des Waldes und verbrachte manche Nacht auf einem notdürftig zurechtgemachten Mooslager am Feuer. Den Jägern der Rominter Heide ist dieser echte Waidmann lange unvergessen geblieben.

Manch kapitale Trophäe von Rominter Hirschen zierte die prinzlichen Schlösser, namentlich Dreilinden bei Potsdam. Noch lange Zeit später erzählten sich die Rominter Beamten, wie die Oberförster anfänglich aus Furcht, der Prinz könnte zu viel schießen, die kapitalen Hirsche zu vertuschen suchten und nur ungern Meldung erstatteten. Da zog Prinz FRIEDRICH KARL mit dem Förster auf eigene Faust los und holte sich seinen Hirsch – auch ohne Meldung.

Der Prinz war ein geübter Kugelschütze; Aasjägerei konnte ihn in Wut versetzen. Gelegentlich kam es vor, daß er einen schlechten Tag hatte, besonders, wenn er gleich zu Anfang gefehlt hatte und in Eifer geriet. Er konnte dann bisweilen sehr schlechter Laune werden, aber oft kam dies nicht vor (v. BORCKE, 1893).

Kaiser WILHELM II. ließ dem Prinzen an der Stelle, wo die 1907 abgebrochene Försterei Theerbude stand, einen mächtigen Granitfindling aufbauen, der die Inschrift trug: „Dem Andenken des Prinzen Friedrich Carl von Preußen – Hier stand die Försterei Theerbude, in welcher dieser edle Waidmann wohnte, wenn er zur Pürsche in Rominten weilte, 1869 – 1884."

In der Oberförsterei Nassawen wurde zudem ein Gestell nach ihm „Prinz-Friedrich-Karl-Gestell" benannt. Wie erwähnt, befindet sich auch an der Stelle, wo der Prinz seinen letzten Rominter Hirsch streckte, auf einer Wiese im Jagen 118 der Oberförsterei Nassawen, ein Denkstein.

Prinz FRIEDRICH KARL hat unbewußt dafür gesorgt, daß die Rominter Heide, deren Wildbestand unter seinem Schutz erfreulich gediehen war, später unter die persönliche Obhut des Kaisers kam. Anläßlich seiner Jagdaufenthalte bei dem Burggrafen und späteren Fürsten und Hofjägermeister RICHARD ZU DOHNA auf Prökelwitz hat er diesem wohl Rominter Abwurfstangen mitgebracht. Mit ihrer Hilfe gelang es später dem Fürsten DOHNA, die Aufmerksamkeit des Prinzen WILHELM, des späteren Kaisers, auf Rominten zu lenken.

Nach dem Tod FRIEDRICH KARLS standen die Aussichten für das Wild schlecht. Der Prinz hatte es mit größter Schonung behandelt. Aber die kapitalen Geweihe, die er in Rominten erbeutet hatte, erregten viel Aufsehen, und so kam es, daß sich sofort nach seinem Tod Liebhaber einfanden, um sich die Erbschaft zu teilen. Mit ministerieller Abschußgenehmigung versehen, trafen diese Herren pünktlich nach des Prinzen Tod zur Hirschbrunft ein. Einer von jenen Exzellenzen beanspruchte in der Oberförsterei Nassawen „sechs jagdbare Hirsche". Glücklicherweise scheiterte jedoch dieses Ansinnen an der berüchtigten Grobheit des dortigen Oberförsters v. SAINT PAUL.

Um diesem üblen Treiben Einhalt zu gebieten, wandte sich der Szittkehmer Revierverwalter Frhr. v.

NORDENFLYCHT an den Burggrafen DOHNA, der nun – wie bereits erwähnt – mit Hilfe jener alten Abwurfstangen versuchte, Prinz WILHELM zu überzeugen, die Rominter Heide unter seine Obhut zu nehmen. Im Jahr 1888 wurde der Prinz Deutscher Kaiser; er wollte die Rominter Heide sofort aufsuchen, aber von den schießwütigen Ministern wurde ihm abgeraten, da in der Heide doch jagdlich „zu wenig los" sei! Auf erneutes Bitten des Fürsten DOHNA kam der Kaiser schließlich am 23. September 1890 zum ersten Mal nach Rominten. Die Jägerei atmete auf (SPECK V. STERNBURG, 1913)!

Der letzte Deutsche Kaiser, seine Persönlichkeit, seine Verantwortlichkeit im Zeitgeschehen, seine Erfolge und Mißerfolge, Stärken und Schwächen sind Gegenstand umfangreichster historischer Erörterungen geworden. Die Verfasser möchten sich jedes Urteils enthalten, was die politische Tätigkeit WILHELMS II. betrifft. Sie fühlen sich aber verpflichtet, anhand des ihnen zur Verfügung stehenden Schrifttums und der vor allem in Jägerkreisen weitergegebenen mündlichen Berichte darauf hinzuweisen, daß das deutsche Jagd- und Forstwesen dem Kaiser viel verdankte und daß gerade auf jagdlichem Gebiet seine guten menschlichen Eigenschaften ihren besonderen Ausdruck fanden.

Hier soll nun darüber berichtet werden, wie WILHELM II. in Rominten gejagt hat. Es steht fest, daß er bei den Forstbeamten der Heide hohe Verehrung genoß. Bei den großen Strecken an jagdbaren und kapitalen Hirschen, die er in Rominten erzielte, mag in manchem Leser die Vorstellung von Schießertum aufkommen. Ein solcher Vorwurf wurde von den Forstbeamten der Heide, die ihn persönlich kannten und führten, entschieden zurückgewiesen, und zwar auch noch in der Zeit nach der Abdankung des Monarchen. Man darf nicht vergessen, daß jene Zeit, zumal was die Fürstenjagden betraf, noch andere Maßstäbe setzte und daß ferner der Deutsche Kaiser natürlich eine absolut herausragende Gestalt innerhalb der deutschen Bundesfürsten darstellte. Diesem Umstand mußte auch auf jagdlichem Gebiet gebührend Rechnung getragen werden.

Herzogin VIKTORIA LUISE notierte in ihrem Buch „Ein Leben als Tochter des Kaisers" (1965): „Mein Vater war passionierter Jäger, ein ausgezeichneter Schütze, auch im Tontaubenschießen. Aber er war kein Schießer. Daß Erzherzog Franz Ferdinand ein solcher war, hat meinem Vater, der ihm doch sonst sehr zugetan war, stets mißfallen. Die großen Jagden lagen ihm im Grunde gar nicht. Sie wurden veranstaltet, wie man es damit auch heute noch hält, der Gäste wegen."

Forstmeister v. STERNBURG schrieb in der 1925 erschienenen Festschrift zum fünfzigjährigen Bestehen des Allgemeinen Deutschen Jagdschutzvereins über seinen früheren höchsten Jagdherrn: „Dem Kaiser gebührt das Verdienst, den Rominter Wildbestand vor dem Untergange bewahrt und zu neuer, ungeahnter Blüte entwickelt zu haben. Seine Helfer dabei waren die weidgerechten Männer der grünen Farbe, die in ständigem Meinungsaustausch mit ihm und untereinander selbstlos an seinem hohen Ziele mitarbeiteten. Heute ist das anders. Die einheitliche, sachverständige Leitung fehlt. Der Jagdbetrieb verträgt keine republikanische Verfassung. Es darf nur einen Jagdherrn geben, der befiehlt, und dem die Jägerei freudig gehorcht! – Der Kaiser war nie ein Schießer. Er erlegte nie einen starken Hirsch, der nach seinen Abwürfen oder der Ansicht der Jägerei noch eine Zukunft hatte. Wohl aber erlegte er jeden Hirsch mit schlechter Geweihbildung."

Kritisch äußerte sich dagegen der ehemalige Hof-

Kaiser Wilhelm II. auf der Pirsch. Nach einem Gemälde von Ernst v. Stenglin

Links: Strecke Kaiser Wilhelms II. am 30 September 1912. Rechts: Rominter Kapitalhirsch, erlegt von Kaiser Wilhelm II. Rechts im Bild Jagdmaler Prof. Richard Friese

marschall Graf v. ZEDLITZ-TRÜTZSCHLER, der behauptete, der Kaiser habe sich zum Schießer entwickelt und Forstmeister v. STERNBURG habe dazu beigetragen. „Er ist ein sehr tüchtiger Mensch, aber um sich dem Kaiser gegenüber gefällig zu erweisen, hat er das Urwüchsige der Rominter Heide zerstört und die Schwierigkeit, auf die guten Hirsche zu Schuß zu kommen, durch geschickt angelegte Wiesen, die ringsherum von Pürschwegen zu erreichen sind, und durch die erforderlichen Hochsitze zu überwinden gewußt." Und weiter: „Aus der Heide, die einen möglichst hohen Ertrag als Staatsforst liefern sollte, ist ein Jagdrevier des Kaisers geworden, in dem in erster Linie die Jagd berücksichtigt und jede hierfür nur denkbare Ausgabe bewilligt wird."

Derselbe Verfasser zitiert in diesem Zusammenhang auch den preußischen Oberlandforstmeister WESENER: „Eure Majestät, solange ich Oberforstmeister an der Regierung in Gumbinnen war, habe ich es erreicht, daß die dortige Regierung Geldmittel zur Verfügung stellte, soweit sie nur überhaupt von der Rominter Heide gefordert wurden." Diese und weitere direkt und indirekt gegen den Kaiser gerichtete Kritik äußerte Graf v. ZEDLITZ-TRÜTZSCHLER in seinem Buch „Zwölf Jahre am deutschen Kaiserhof", das allerdings erst 1923, also nach dem Ende der Monarchie, erschien.

Die Anwesenheit der höchsten Person in einer so einfachen Waldgegend mußte die ansässige Bevölkerung stark beeindrucken. Nur so ist es zu verstehen, daß einem Forstlehrling in einem Aufsatz folgende kleine Entgleisung unterlief. Er schrieb: „Mein Lehrrevier ist die Oberförsterei Warnen in der Rominter Heide, woselbst die Brunftplätze Seiner Majestät des Kaisers liegen."

Zunächst sei der äußere Rahmen der kaiserlichen Pirschtage in der Rominter Heide wiedergegeben. Durch die gewissenhaften Tagebuchaufzeichnungen des Büchsenspanners ROLLFING, die jeweils in der Jagdpresse abgedruckt wurden, weiß man hierüber genau Bescheid.

Die Ankunft des Monarchen erfolgte gewöhnlich um den 22. September. Bis 1899, bevor die Eisenbahnlinie Stallupönen-Goldap gebaut wurde, mußte der Kaiser seinen Sonderzug bereits auf dem an der Hauptstrecke Königsberg-Eydtkuhnen gelegenen Bahnhof Trakehnen verlassen und den etwa 35 km langen Weg bis zum Jagdhaus Rominten mit dem vom Hauptgestüt Trakehnen gestellten „Viererzug" zurücklegen. Die Fahrt ging in gleichmäßig scharfem Trab, ohne Aufenthalt im Gestüt oder anderswo, somit ohne Umspannung, vor sich und dauerte etwa zwei Stunden. Sie bildete nicht nur für die Pferde eine

Bei der Erlegung des 20-Enders am 5. Oktober 1903.
V. l. n. r.: Hofmarschall Graf v. Zedlitz-Trützschler, Forstbeflissener v. Dressler, Fürst zu Dohna-Schlobitten, Förster Walter, Forstaufseher Krebs, Oberförster Frhr. Speck v. Sternburg, Leibjäger Gantzer, Forstaufseher Franz, der Kaiser, Forstaufseher Gau, Büchsenspanner Rollfing

außerordentliche Leistungsprüfung, sondern stellte auch an den Kutscher, an die Vorreiter und an die Eskorte hohe körperliche und nervliche Anforderungen. Den gleichen Weg nahmen auch die Kaiserin und das gesamte Gefolge. Das Menschen- und das Pferdeaufgebot, welches das Gestüt Trakehnen zu diesem Zweck bereithalten mußte, war recht groß. Da Trakehnen für die Zeit des kaiserlichen Aufenthalts in Rominten neben diesem Angespann noch weitere Wagen und Reitpferde stellte, befand sich dort somit ein richtiger „Marstall", dem ein Gestütbeamter als Leiter vorstand (DOHNKE).

Vom Jahr 1900 an konnte der Monarch im Zug direkt bis zur Station Groß Rominten fahren. Von dort ging es anfänglich mit dem Wagen, später im Auto nach dem Jagdhaus Rominten. Durch Polizeiverordnung hatten jeweils die Landräte der Kreise Stallupönen und Goldap vorher sämtliche Wege innerhalb des Rominter Gatters für den Verkehr sperren lassen, ausgenommen war die Chaussee von Goldap nach Szittkehmen. Ausnahmen waren nur mit Erlaubnisschein gestattet, die von postierten Waldarbeitern an den Hauptwegen kontrolliert wurden. Die kleineren Gattertore waren natürlich verschlossen. Außerdem lagen während des Aufenthalts des Kaisers zwei Kompanien der Regimenter 43 und 44 in der Umgebung, die auch jedes Jahr vom Kaiser inspiziert wurden. Die Arbeiten im Wald ruhten. Der Ort Kaiserlich Rominten war mit Ehrenpforten und Tannengrün geschmückt, vor allen Häusern stiegen die schwarz-weißen preußischen Fahnen am Mast hoch, und in freudiger Stimmung standen die Dorfbewohner zur Begrüßung an der Straße. Am Jagdhaus wurde die Kaiserstandarte gehißt (PADEFFKE).

Bei Ankunft wurde der Kaiser mit seinem Gefolge jeweils vom Fürsten ZU DOHNA-SCHLOBITTEN, der in Rominten während der kaiserlichen Jagdtage als Hofjägermeister (Jagdleiter) wirkte, sowie von den vier Rominter Revierverwaltern empfangen, die ihm über den Stand der Brunft Meldung erstatteten. Forstbeamte bliesen den Fürstengruß. Im Gefolge des Kaisers befanden sich stets mehrere Herren, auch waren regelmäßig persönliche Gäste anwesend.

Bei der großen Jagdpassion des Kaisers ist es gut zu verstehen, daß er nicht selten schon am Ankunftstag ins Revier fuhr, wenn erfolgversprechende Meldungen vorlagen. Die ganze Zeit des Aufenthalts diente vorrangig der Jagd auf den Brunfthirsch. Der Kaiser übte hier ausschließlich die Pirsch und Ansitzjagd aus; selbstverständlich wurde auch mit dem Hirschruf gearbeitet. Nur in Ausnahmefällen, wenn alle anderen Künste versagten, hat man auch mal einen Hirsch in seinem bekannten Einstand eingelappt, um ihn der Büchse des Kaisers zuzudrücken. Aber der ganze Ablauf der Jagd gründete auf der Beobachtung des Wildes durch die zahlreichen Beamten und entsprechenden Meldungen.

Aufschlußreiches erfährt man aus einem Brief des Büchsenspanners JOSEF ROLLFING aus dem Jahr 1920 (ACHLEITNER, 1920): „Ich (Rollfing) kann nur sagen, daß S. M. sich stets bemüht hat, ein weidgerechter, echter deutscher Jäger zu sein. Daß dem Kaiser manchmal zu gewissen Zeiten an unrichtiger Stelle gelobhudelt, und daß dadurch sein sonst scharfer Blick getrübt worden ist, kam ja öfters vor, aber auf Vorhalt von anderer Seite sah er sofort das Richtige dann ein und suchte sich zu verbessern, so daß er manchmal z. B. meine Ansicht zu der seinigen machte, wenn ich ihm auseinander setzte, daß ich Recht gehabt hätte. Überhaupt gab der Kaiser viel auf Ansichten von Fachleuten, z.B. der unteren Forstbeamten im Gegensatz zu den Oberforstbeamten."

Derlei Gegensätze scheint ROLLFING in Ostpreußen häufig wahrgenommen zu haben. Er betont, daß der Kaiser, besonders in Rominten, mehr mit dem Belaufsförster, der die Hirsche ausgemacht hatte, verkehrte, als mit dem Oberförster, der naturgemäß über die meisten bestätigten Hirsche weniger gut unterrichtet sein konnte als die entsprechenden Revierbeamten.

Weiter schreibt Büchsenspanner ROLLFING: „Daß der Kaiser ... öfters mehr als drei Hirsche auf einem Birschgang streckte, konnte nur durch Benutzung von Automobilen und Birschfahrten zu Wagen auf den sehr gut ausgebauten Fahrstraßen in der Heide erreicht werden, ebenso durch die Aufmerksamkeit und den Eifer der betreffenden Beamten und durch die sehr große Kenntnis der einzelnen Wege wie des Geländes und des ganzen Forstes durch den Kaiser selbst. Denn oft kam es vor, daß der Kaiser mit mir allein, ohne irgend einen Beamten, plötzlich in einen entfernten Revierteil fuhr, wo wir dann birschten, ohne einen Beamten zu Gesicht bekommen zu haben. Es machte dann doppelte Freude, wenn solche Birsch mit Erfolg gekrönt wurde und wir allein den bewußten Hirsch zur Strecke brachten. Daß wir uns dabei nicht geschont haben, war selbstverständlich. Mir fiel es dann zu, den führenden Forst- oder Jagdbeamten zu

V. l. n. r.: Büchsenspanner Rollfing, Forstmeister v. Saint Paul, Nassawen, Admiral v. Tirpitz, der Kaiser

vertreten. Durch die vielen Jahre hindurch hatten wir ebensoviel Geländekenntnis wie die Beamten selbst; wir kannten jeden Brunftplatz, Wechsel und Standort des Wildes. Mit der schweren Birschbüchse (10 Pfund) und was alles drum und dran hing, war es allerdings manchmal sehr schwer, Schritt zu halten mit dem weitausholenden Schritt des Kaisers und mitzukommen.

Kam man an Wild, dann wurde die nötige Vorsicht gebraucht, um mit gutem Wind auf den vorzüglichen Birschsteigen heranzukommen. Hierbei behielt ich immer die Büchse in der Hand und übergab erst im letzten Augenblick die schußfertig gemachte Waffe dem Kaiser, der hinter mir gebirscht war und zum Schuße die Büchse auf meiner Schulter auflegte. In späteren Jahren wurde (zum Gewehrauflegen) ein Birschstock und zuletzt eine Art Stativ benutzt, und drehte ich im letzten Augenblick nur den Sicherungsflügel herum, weiter das Zeichnen und sonstige Gebahren des beschossenen Stückes im Auge behaltend. Persönlichen Nachsuchen auf angeschossene Stücke nach Schweiß und Birschzeichen unterzog sich S. M. mit Vorliebe und Sachkenntnis. Daß das Schießen über die Schulter mit den kurzen Büchsenläufen und der starken Ladung nicht angenehm war, muß ich zugeben, doch merkte man den Druck nicht zu sehr, war man doch selbst zu sehr bei der Sache; es hieß vor allen Dingen fest in den Knien und im Kreuz zu stehen und nicht zu wakkeln. Da S. M. zum Schießen nur die rechte Hand gebrauchen konnte, ging es eben nicht anders zu machen."

Mit in das Rominter Programm des Monarchen gehörten die sonntäglichen Kirchgänge in die Hubertuskapelle, dann die auch sonntags stattfindende Besichtigung der jüngsten Abwürfe. Aufgrund der letzten vier Jahrgänge bestimmte der Kaiser selbst, welche Hirsche geschossen werden sollten, und hielt sich auch streng daran. Er nahm auf die Hege in der Rominter Heide unmittelbaren und in Einzelheiten gehenden Einfluß. Dies zeigt auch die folgende Anweisung an die Revierverwalter vom Sommer 1918. Der Kaiser ahnte wohl damals noch nicht, daß er die Rominter Heide nie mehr wiedersehen würde:

```
       Königliche Regierung,                  Gumbinnen, den 6. September 1918
       Abteilung für direkte Steuern,
       Domänen und Forsten.
          III P 935.            Abschrift.
       Geheimes Zivil-Kabinett Se. Majestät
       des Deutschen Kaisers und Königs von
                Preussen.
                                              Grosses Hauptquartier, den 26. Juli 1918

          Seine Majestät der Kaiser und König haben an Wildpflege-
          kosten für Allerhöchst ihr Pürschrevier Rominter Heide im
          laufenden Rechnungsjahr
          17 000 Mark für Rominten,
          12 000   "    "  Goldap,
          15 000   "    "  Nassawen,
          12 000   "    "  Warnen
       zus. 56 000 Mark, in Worten: "Sechsundfünfzigtausend Mark" zu bewilligen
          geruht und ermächtigen die Schatull- und Vermögensverwaltung, den
          Revierverwaltern diese Beträge aus Allerhöchstihrer Schatulle zur
          Verfügung zu stellen.
                                              ──────────
                                                  Unterschrift.

       An die Schatull- und Vermögens.Verwaltung Seiner Majestät des Kaisers
       und Königs, Berlin, C.2.
                                      ──────────
          Abschrift teile ich der Königlichen Regierung auf das gefällige
          Schreiben vom 30. Mai d. Js. III P 665 unter Wiederanschluss der
          4 Kostenschläge mit dem ergebensten Bemerken mit, dass Seine Majestät
          der Kaiser und König die Königliche Regierung ermächtigen, die Re-
          vierverwalter mit entsprechender Nachricht zu versehen.
          Die wiederbeifolgenden 4 Beschusspläne sind von Seiner Majestät mit
          den in Blaustift vermerkten Aenderungen genehmigt worden. Dieselben
          sehen für die Oberförsterei Rominten ein Mehr von 5 Schadhirschen
          und 10 Kälbern, ein weniger von 3 Alttieren, für die Oberförsterei
          Warnen ein Mehr von 8 Schadhirschen und ein weniger von 10 Alttieren,
          1 Schmaltier und 5 Kälbern vor. Zugleich haben Seine Majestät be-
          fohlen, dass der Abschuss der Hirsche sich lediglich auf solche mit
          ausgesprochen schlechter Geweihbildung zu erstrecken hat, und dass
          diese nur nach Anweisung der Revierverwalter abgeschossen werden
          dürfen.
                                  Der geheime Kabinetts-Rat.
                                       Unterschrift.

                                  Wirklicher Geheimer Rat.
                                       Gesehen.

                                  Berlin, den 17. August 1918.
                                  Der Minister für Landwirtschaft,
                                       Domänen und Forsten.
                                              i.A.
                                         Unterschrift.

       An die Königliche Regierung, Abteilung für direkte Steuern,
       Domänen und Forsten zu Gumbinnen.
          Anlagen: 1 Kostenschlag      ──────────
                   1 Beschussplan.          Abschrift zur genauen Beachtung.
       An den Herrn Oberförster
          Nassawen.
```

Der 16-Ender vom 3. Oktober 1909 wird von Waldarbeitern abtransportiert

Gern fuhr Kaiser WILHELM zur Königshöhe im Schutzbezirk Hirschthal und erstieg den dortigen Aussichtsturm. Mit dem Szittkehmer Forstmeister Frhrn. SPECK V. STERNBURG und seiner Familie verband den Kaiser ein besonders gutes Verhältnis, und jährlich kehrte er dort zum Tee ein. Die Fahrt nach Szittkehmen wurde jeweils abgerundet mit einer Besichtigung des Johanniterkrankenhauses, dessen Bau auf Anregung v. STERNBURGS durch den Kaiser angeordnet wurde, und manchmal auch mit einem Besuch der Fischzucht in Bibergraben, die v. STERNBURG dort eingerichtet hatte. Natürlich kam es auch vor, daß der Kaiser mal einen Tag im Jagdhaus verbrachte und mit Regierungsgeschäften befaßt war. Eine eingegangene Meldung über eine erfolgversprechende Pirsch konnte ihn aber ohne weiteres davon weglocken. Wie EMIL LUDWIG in seiner Biographie WILHELMS II. bemerkt, hatte sich Admiral v.TIRPITZ, wenn er in Rominten dem Kaiser vortrug, jede Meldung über bestätigte Hirsche beim Fürsten DOHNA abbestellen lassen. „Das mußte man freilich, wenn man in Rominten Staatsfragen zur Entscheidung bringen, dann den einzigen Zug nach Berlin erreichen, am nächsten Tag im Reichstag sprechen sollte" (LUDWIG, 1926).

Zur laubgeschmückten Abendtafel nach dem Verblasen der Strecke vor dem Jagdhaus waren stets die vier Oberforstbeamten der Heide eingeladen. Drei von ihnen wohnten während der Brunft in einem Forsthaus in Kaiserlich Rominten, nur der Oberförster von Goldap konnte zu Hause bleiben, da seine Wohnung ohnehin beim Jagdhaus des Kaisers lag. Der Oberförster, in dessen Revier der letzte Hirsch erlegt wurde, mußte rechts neben dem Monarchen sitzen. Dem Kaiser wurde ein silberner Pokal gereicht, aus dem er einen Schluck nahm. Dann mußte der betreffende Oberförster ihn leertrinken.

Die Abendtafel begann mit Krebsen und Forellen. Da dem Kaiser wegen seines defekten Armes alles zerlegt serviert wurde, war er schnell fertig, und dann wurde sofort abgeräumt. So blieben die armen Beamten meist hungrig und mußten selbst dafür sorgen, „genossen" gemacht zu werden (RÖHRIG, 1988). Zu den regelmäßigen Besuchern gehörte übrigens der Oberst der russischen Grenzgarnison in Wystiten, dem im Scherz empfohlen wurde, Hirsche und Heide zu schonen, wenn er einmal einrücken sollte (v.TIRPITZ, 1920).

Der Kaiser trug nach erfolgreicher Pirsch jeweils den von Prinz FRIEDRICH KARL gestifteten Jagdorden „St. Huberti zum weißen Hirschen", ein grün gefälteltes Band, auf dem in goldenen Buchstaben stand: „Vive le

Roi et ses Chasseurs". Nach Tisch saß die Gesellschaft im Salon, und es wurden französische und englische Artikel vorgelesen. Auch erzählte der Kaiser viel Interessantes, oft bis nach Mitternacht. Die Oberförster, denen die Müdigkeit tief in den Knochen steckte, denn sie mußten ja morgens Hirsche verhören, verdrückten sich, einander abwechselnd, um ein wenig zu schlafen. Kaiser WILHELM fühlte sich besonders in den ersten Jahren in dem zwanglosen Beisammensein mit wenigen Auserwählten glücklich, und die Abende verliefen in froher und gemütvoller Art, manchmal auch durch Klavierspiel bereichert. Man konnte, so erzählte Professor RICHARD FRIESE, dann zuweilen vergessen, daß man bei seinem Landesherrn zu Gast war.

Kaiser WILHELM II. war eine geistig rege und in vielen Bereichen begabte Persönlichkeit. Zu ruhiger Sammlung und wirklicher ernster Arbeit fehlte ihm aber im Strudel stetiger Beschäftigung oft die Zeit. Er besaß eine schnelle Auffassungsgabe, liebte den Humor und die Abwechslung. Bekannt war seine große Schlagfertigkeit, die aber manchmal ironisch wirken konnte. Admiral v. TIRPITZ schreibt in seinen Erinnerungen (1920): „Es war zur Übung geworden, daß ich alljährlich für die letzten Septembertage zum Vortrag nach Rominten fuhr. Waldluft und verhältnismäßige Ungestörtheit bekamen dem Kaiser gut. Er war dort ruhiger und gesammelter, als es im großen Getriebe der Welt oder auf Reisen für ihn möglich war. In Rominten fand ich beim Kaiser Anhören und Erwägen aller Gründe, kein Ausbrechen in plötzliche nervöse Erregung, wie es sonst wohl vorkam und sich in einer gewissen Unruhe der Augen ankündigte."

Zur Jagd trug der Kaiser die Hofjagduniform, einen graugrünen Rock mit grünem Tuchkragen, bei Kälte einen Pelz. An der Seite hing ein Hirschfänger mit dem Offizierssportepee und einem schweren Patronengürtel, links trug er eine Faustfeuerwaffe und daneben ein Jagdmesser. Die Ausrüstung vervollständigten schwere Jagdstiefel, der Forstuniformhut, rotbraune Handschuhe und das Jagdglas. Etwa bis zum Jahr 1903 benutzte der Kaiser in Rominten ausschließlich eine Mauser-Repetierbüchse vom Kaliber 6 mm mit schwachem Zielfernrohr, danach jeweils eine 7- bzw. 8-mm-Büchse mit einem Glas starker Vergrößerung.

Die Meldungen bestätigter Hirsche gingen von den Oberforstbeamten zunächst an den Fürsten zu DOHNA-SCHLOBITTEN, der über die Weitergabe an den Kaiser entschied. Fürst RICHARD DOHNA, der am 1. Januar 1900 vom Kaiser in den Fürstenstand erhoben worden war, war ein großer beleibter Herr, der immer voller Tatendrang steckte. Als humorvoller Unterhalter, der den schönen Seiten des Lebens nicht abgeneigt war, erfreute er sich überall großer Beliebtheit. Auch der Kaiser schätzte ihn. Regelmäßig war der Monarch auf dem Dohnaschen Gut Prökelwitz zu Gast, um Rehböcke zu jagen. Fürst DOHNA war jedoch dem Kaiser gegenüber keineswegs so unterwürfig, wie ihn Graf v. ZEDLITZ-TRÜTZSCHLER in seinem obengenannten Buch hinstellt. Vielmehr hat der Fürst dem Kaiser bisweilen auch widersprochen, was gelegentlich zu Auseinandersetzungen führte (Fürst zu DOHNA-SCHLOBITTEN, 1989).

Die im Auftrag des Kaisers verfaßten Berichte des Büchsenspanners ROLLFING sind zwar in wohlwollendem und respektvollem Ton gegenüber seinem Herrn gehalten, sie verschweigen aber keineswegs auch die jagdlichen Schwächen. Kaiser WILHELM war ein hervorragender Schütze. Leider ließ er sich in diesem Bewußtsein auch mal zu gewagten Weitschüssen (500 Schritt) verleiten oder machte noch den Finger krumm, wenn es die Lichtverhältnisse nicht mehr gestatteten. So kamen gelegentlich krankgeschossene oder gefehlte Hirsche vor; es waren dies jedoch Ausnahmen. Nach Möglichkeit beteiligte sich der Kaiser gerne selbst an den Nachsuchen. Im Ansprechen der Hirsche war der Monarch durchaus firm und konnte es mit den Forstbeamten der Heide aufnehmen. Wurde ein Hirsch vom Kaiser als zu jung erkannt, so wurde er selbstverständlich geschont.

Trotz der guten Absicht kam es bei der riesigen Strecke, die der Kaiser als Pirschjäger in Rominten erzielte, natürlich häufig vor, daß unausgereifte Stücke auf die Decke gelegt wurden. Bei solcher Gelegenheit äußerte einmal der Kaiser in ostpreußischem Platt: „Ick docht, he wär ut Tapiau, on he es man blos ut Labiau!".

Hatte der Monarch einen Hirsch erlegt, wurde zu dem Verendeten hingegangen und das Geweih begutachtet. Bei Vorliegen neuer Meldungen wurde auch zuweilen ohne längere Verzögerungen weitergepirscht. Die Jagd wurde ihm eben in der kurzen Zeit seines Aufenthalts so erfolgreich und at-

Besichtigung der Abwürfe vor dem Kaiserlichen Jagdhaus am 22. September 1912. Unmittelbar neben dem Kaiser Fürst zu Dohna-Schlobitten und Oberförster Frhr. Speck v. Sternburg

traktiv wie möglich gestaltet, das war der Ehrgeiz der Forstbeamten und bestimmt auch des Kaisers Wille.

Da blieb wenig Zeit für besinnliche Augenblicke oder gar Stunden am gestreckten König der Wälder. Die Gefahren, die solches Waidwerk für den Charakter des Jägers mit sich bringt, war gewiß allen Beteiligten damals klar. Aber der Kaiser war auch empfänglich für die Schönheit der Waldnatur. Mit besonderem Nachdruck trat er dafür ein, daß alle seltenen Bäume geschont wurden. Frhr. Speck v. Sternburg schreibt: „Wir wandeln noch im heimlichen Dämmerlicht, aber wenn wir auf jener kleinen Lichtung, die der Wintersturm hier vor Jahren in den Bestand gerissen hat, den Blick erheben, dann schimmern bereits die Wipfel der düsteren Fichten in den Strahlen der Morgensonne und die Laubbäume, auf deren Herbstkleid sie trifft, erstrahlen wie glänzendes, feuriges Gold. – Wirklich, in diesem Augenblick ist der Zweck dieses Morgenganges vergessen. ‚Wie schön ist es hier', flüstert leise der kaiserliche Jäger. Und die Weidmänner, deren scharfe Augen soeben noch unablässig spähend das Dämmerlicht des Waldgrundes zu durchdringen suchten, sind nun geblendet von dieser Herrlichkeit des erwachenden Tages. – Tiefe, feierliche Stille ringsum; nur ab und zu in der Ferne der Schrei eines Hirsches und um uns das leise Säuseln der fallenden Blätter. Sinnend steht der Kaiser. Was mögen seine und seiner Begleiter Gedanken jetzt sein? Ich denke, es ist ein stummes Anbeten der Natur, das Ahnen und Fühlen des göttlichen Schöpfers hier um uns, was ihr Innerstes jetzt bewegt. Wer kann es in Worten wiedergeben?"

Sehr gern pirschte der Kaiser mit dem alten Förster S., den er nur mit seinem Spitznamen „Kasuar" nannte. Eines Morgens hatte er wieder mit ihm gepirscht, es wollte aber kein Hirsch schreien, da warme Witterung eingetreten war. Wie es in solchen Fällen bei der Hirschbrunft zu sein pflegt, blieben sowohl der Kaiser als auch Förster S. alle Augenblicke stehen und glaubten, einen Hirsch gehört zu haben. Aber einmal war es eine Kuh auf der nahe gelegenen Försterei, dann wieder ein verspätet fliegender Mistkäfer mit seinem Gebrumm. Plötzlich hielt der Kaiser wieder an und bemerkte zu S.: „Kasuar, eben habe ich aber ganz gewiß einen Hirsch gehört!" S. meinte dagegen, er habe nichts gehört. Dasselbe wiederholte sich noch zweimal, bis sich schließlich der alte S. entschloß, seinem Kaiser über das vermeintliche Schreien eines Hirsches reinen Wein einzuschenken, indem er bekannte: „Es hat kein Hirsch geschrien, Euer Majestät, das war mein Bauch!" (POGGE, 1931).

Der Kaiser hat übrigens nur sehr selten einem persönlichen Gast, etwa Admiral v. TIRPITZ oder dem Fürsten DOHNA, einen Hirsch freigegeben. Am 30. September 1905 benutzte er statt dessen die Herren seines Gefolges zunächst als „Lappstatt", um auf einen bestätigten Elchschaufler im Belauf Jagdbude zu Schuß zu kommen, dann sogar als Treiber, die die recht nassen Dickungen dieses Jagens durchzudrücken hatten. Als die prominente Treiberwehr vor dem Kaiser auf die Romintewiesen austrat, rief ihr jener sehr kategorisch zu : „Nun durch, durch die Rominte!" Unmittelbar danach fuhr man, natürlich total durchnäßt, ohne daß der Elchhirsch zur Strecke gekommen wäre, ins Jagdhaus. „Die Herren sollen sofort ohne Umziehen zu Tisch kommen", bestimmte der Kaiser. Nur der Flügeladjutant v. NEUMANN nahm den Befehl wörtlich, saß in nassen Stiefeln an der Tafel und holte sich eine tüchtige Erkältung (v. ZEDLITZ-TRÜTZSCHLER, 1923).

Jährlich fanden gegen Ende der Rominter „Kaisertage" Verleihungen von Orden und Auszeichnungen an verdiente Beamte statt. Auch aus der großen Zahl von überlieferten Anekdoten und väterlichen Worten, die der Kaiser für seine Beamten und Waldarbeiter fand und die jene ihr Leben lang nicht vergaßen, geht hervor, mit welcher Verehrung ihm diese Menschen begegnet sind. Sicher hat hierzu auch die soziale und kulturelle Hebung, die der Kaiser teilweise selbst unmittelbar veranlaßte bzw. die durch seine regelmäßige Anwesenheit in der Rominter Gegend bewirkt wurde, nicht unerheblich beigetragen. Wesentlich war aber wohl, daß die in den abgelegenen Gebieten an der ostpreußischen Grenze angestammte Bevölkerung seit jeher in einem besonders engen und treuen Verhältnis zu ihrem König stand.

Jeweils in den ersten Oktobertagen, spätestens am 9. Oktober, verließ der Kaiser Rominten. Sein letzter Aufenthalt zur Jagd in der Heide endete mit dem 2. Oktober 1913. Fast symbolisch für kommendes Unheil möchte man es nennen, daß der Kaiser seinen letzten Hirsch, dem er in der Heide die Kugel antragen wollte, fehlte. ROLLFING schreibt: „... fuhr der Kaiser noch nach einer anderen Wiese im Belauf Dagutschen, wo ebenfalls ein guter Hirsch stehen sollte, an dessen Stelle aber ein fremder Hirsch mit schlechtem Geweih angetroffen wurde, der des schlechten Windes halber beim Eintreffen des Kaisers sofort flüchtig wurde. Ein schnell noch nachgesandter Schuß ging vorbei. Hiermit schlossen für dieses Jahr die Birschfahrten Sr. Majestät in Rominten." Nicht nur für jenes Jahr war die fürstliche Jagd vorbei! Während des Krieges kam WILHELM II. nicht mehr zur Jagd nach Rominten, da er sein Hauptquartier nicht für längere Zeit verlassen wollte.

Stärkster Kaiserhirsch, erlegt in der Oberförsterei Goldap, 24-Enderwiese, am 3. Oktober 1909

Nur 1916 besuchte er mal eine Stangenschau in Rominten, und ein Jahr später, am 1. September 1917, war er in der Kreisstadt Goldap und unternahm dabei auch eine kurze Fahrt von Groß Rominten quer durch die Heide über Kaiserlich Rominten nach Szittkehmen, wo er, wie früher, den Tee bei Forstmeister Baron SPECK v. STERNBURG nahm. Es sollte das letzte Mal sein. 1918 wurde der Kaiser von der Obersten Heeresleitung und der Reichsregierung mit der Begründung, daß nur damit noch weiteres, größeres Unheil für Deutschland verhindert werden könnte, dazu gedrängt, dem Thron zu entsagen. Schließlich gab er diesem Druck nach und ging ins Exil in die Niederlande.

Vierundzwanzig Jahre hatte WILHELM II. Rominten besucht und während dieser Zeit dort 327 zumeist jagdbare, hochjagdbare und kapitale Hirsche erlegt. Für das alte fürstliche Jagdrevier ging eine Zeit unvergleichlichen Glanzes zu Ende.

Als letzter Hohenzoller schoß 1932 der Kronprinz, mit der „gütigen Erlaubnis" seines Vaters, einen Hirsch als persönlicher Gast des Oberförsters WALLMANN in Nassawen. Zu dieser Jagd wünschte ihm der Kaiser in einem Brief vom 17. September 1932: „Zum Hirsch in Rominten Waidmannsheil! Grüß mir mein liebes Rominten und die Förster! Sei vorsichtig, schieß keine Zukunftshirsche und nichts zu Holz." (FRIEDRICH WILHELM Prinz von Preußen, 1985).

Rominter Jagdherren der Weimarer Republik

Nach FREVERT (1957) jagten in Rominten seit 1919 fast alle preußischen Ministerpräsidenten, eine Reihe von Ministern und hohen Staatsbeamten. Einige Forstbeamte, denen der Szenenwechsel zu überraschend gekommen war, machten Witze über die nicht immer ganz astreinen „Waidmänner" und legten ihnen etwa den Ausspruch in den Mund: „Büchsenlicht ist so lange. wie ich das Schwarze unter meinen Fingernägeln sehe" (Herzogin VIKTORIA LUISE, 1974). Aber natürlich gehörten nicht alle zu dieser Kategorie.

Beispielsweise war der sozialdemokratische Ministerpräsident Dr. h.c. OTTO BRAUN, ein gebürtiger Königsberger, ein passionierter und waidgerechter Jäger. Er war einer derjenigen, die lieber einen alten Abschußhirsch erlegten, als einen viel stärkeren Hirsch, der vielleicht den Höhepunkt seiner Entwicklung noch nicht ganz erreicht hatte. Auch gelang es Dr. BRAUN, der erst im Alter von etwa fünfzig Jahren Zeit und Gelegenheit fand, sich dem Waidwerk zuzuwenden, durchaus, sich einen Schuß zu versagen, wenn er nach eingehendem Ansprechen sich dazu entschlossen hatte (HECK, 1968).

Der Anregung des ersten Elchjägermeisters, Forstmeister ORLOWSKI, folgend, ließ Dr. BRAUN trotz bürokratischer Widerstände Eindeichungen im Memeldelta durchführen, die auch die Lebensverhältnisse des Elchwilds verbesserten. Seine preußischen Tier- und Pflanzenschutzverordnungen von 1929 waren mit ihren grundlegend neuen hegerischen Gedanken eine der Voraussetzungen für das später ergangene und allseits als mustergültig anerkannte Reichsjagdgesetz. Sie brachten erweiterte Schon- und Schutzzeiten für einige Wildarten sowie das Verbot des rauhen Schußes auf Schalenwild (SCHERPING, 1950). Für seinen Einsatz für das Elchwild wurde Dr. BRAUN mit dem Ehrenschild des ADJV ausgezeichnet.

Ein wohlwollender Freund der Rominter Heide war auch der preußische Landwirtschaftsminister STEIGER.

Das Dritte Reich – Hermann Göring

Er war ein typischer brutaler Freibeuter,
besaß aber gewisse anziehende Eigenschaften,
und ich muß offen gestehen,
daß ich ein ehrliches persönliches Faible für ihn hatte.
Sir Nevile Henderson

Als Hermann Göring 1933 preußischer Ministerpräsident wurde, behielt er sich sofort die Jagd in der Rominter Heide vor. Er folgte damit in der Tradition seinen Vorgängern der Weimarer Republik. Als Reichsjägermeister und Mitglied des engsten Kreises um den jagdfeindlich gesinnten Hitler war er zugleich der oberste Jagdherr Deutschlands. Der alte Glanz Kaiserlich Romintens sollte daher nicht nur erreicht, sondern übertroffen werden.

Der Hang zur Repräsentation war nicht nur ein besonderes Merkmal des Nationalsozialismus, mit dem die Massen betört werden sollten, sondern ein nicht unwesentlicher Charakterzug Görings. An der Machtergreifung der Nationalsozialisten hatte er bekanntlich entscheidenden Anteil. Er verstand es, überzeugend zu argumentieren und zu taktieren, wobei allerdings der Zweck seine Mittel heiligte. Als Verbindungsmann Hitlers zum Adel und zur Großindustrie besaß er in diesen Kreisen und auch im Ausland Sympathien. Aber auch beim einfachen Volk, nicht jedoch bei der Partei, konnte er auf Beliebtheit zählen. Es muß gesagt werden, daß dieser führende Nationalsozialist, dem ein hohes Maß an Verantwor-

Hermann Göring mit den von ihm am 23. September 1940 erlegten Kapitalhirschen „Assessor" (links) und „Jägersthaler" (rechts) am Romintehang vor dem Reichsjägerhof

tung für das Unrechtsregime des Dritten Reichs zukommt, sich im Rahmen seiner Möglichkeiten gegen den Krieg und seine immer weitere Ausdehnung gewandt hat. Als es jedoch zu den folgenschweren Ereignissen kam, war er an den Willen HITLERS gebunden, dem er mit selten zu beobachtender Treue bis zuletzt diente. Etwas anderes wäre für ihn nicht denkbar gewesen, hatte er sich doch bereits 1922 HITLER angeschlossen: „Ich sagte ihm, daß er über meine Person in vollem Umfange und über das, was ich bin und habe, verfügen könne ..." (Nürnberger Gerichtshof).

Auch die sich immer stärker offenbarenden Meinungsverschiedenheiten mit HITLER vermochten GÖRING nicht vom Weg der Loyalität abzubringen. Jeder andere Standpunkt hätte den Verlust seiner Stellung und damit – was für ihn auch nicht ganz unwesentlich war – seines Lebensstils zur Folge gehabt. Mit den zunehmenden Schwierigkeiten der Luftwaffe, die er einst engagiert konzipiert hatte, mit deren weiterem Aufbau, deren Entwicklung und Einsatz er jedoch wenig Fleiß und eine unglückliche Hand bewies, erlosch zusehends sein Einfluß bei HITLER.

Aus der Art, wie Hermann GÖRING im Jägerhof Rominten lebte, können wohl gewisse Schlüsse gezogen werden. GÖRINGS Fotograf LANGE schreibt in seinem Buch „Der Reichsmarschall im Kriege" (1950): „Göring lebte auch hier" (in Rominten) „wie in Karinhall und in seinem Sonderzug völlig als Privatmann. Wenn wir alle nicht genau gewußt hätten, daß Krieg war, bitterer, unbarmherziger Krieg, hätten wir uns ohne Mühe einbilden können, wir lebten im tiefsten Frieden. Daß jeden Morgen der Generalstabschef um elf Uhr zu einer Besprechung kam, erschien dem Oberbefehlshaber schon etwas lästig. Alles andere, was der Dienst von ihm, einem Feldherrn sozusagen, erforderte, machte er sich äußerst bequem. Alle Besprechungen, die sonst in Berlin abgehalten wurden und seines Vorsitzes bedurften, oder seines entscheidenden Wortes, wurden kurzerhand nach Rominten in Ostpreußen verlegt. Und sämtliche Leute, für die Berlin ein normal zu erreichender Konferenzort gewesen wäre, mußten die lange und umständliche Reise nach Ostpreußen antreten." – „Im Reichsjägerhof hatte er nicht alle Orden bei sich. Meldete sich jedoch ein ausländischer Gast an, von dessen Staat er einen Orden besaß, flog eine Sondermaschine nach Berlin oder Karinhall und schaffte den zuständigen Orden nach Rominten." – „Das Tagewerk des Oberbefehlshabers bestand wie früher aus Jagd, langen Spazierfahrten oder kurzen Spaziergängen durch die Rominter Wälder und Empfängen, Angelegenheiten, die ihn keineswegs anstrengten. In diesem Stil ging es weiter, vom Kriegsausbruch mit Rußland angefangen, vier Monate lang bis zum November. Während dieser Zeit besuchte der Oberbefehlshaber nicht ein einziges Mal seine schwer kämpfende Truppe." Man vergleiche hierzu einen Abschnitt aus dem Urteil des Nürnberger Gerichtshofs: „.... Göring war oft, ja fast immer, die treibende Kraft und stand nur seinem Führer nach. Diese Schuld ist einmalig in ihrer Ungeheuerlichkeit. Für diesen Mann läßt sich in dem gesamten Material keine Entschuldigung finden."

Oft belächelt wurde GÖRINGS Eitelkeit. In Rominten trug er meist ein langes grünes Lederwams, ein seidenes Hemd und hohe Stiefel. An der Seite war ein Waidblatt angeschnallt, an der Brust die Nadel der Deutschen Jägerschaft. Auf der Pirsch diente ihm eine Lodenjacke, bei Kälte ein Pelzmantel „bis zu den Stiefelspitzen", zuweilen aus Opossum oder Zobel. Ein Besucher beschrieb den Aufzug GÖRINGS lakonisch mit „Freischütz, 2. Akt". Ständige jagdliche Begleiter waren Oberjägermeister MENTHE und der Forstamtmann und spätere Oberforstmeister SCHADE. Letzterer wurde bei den Beamten der Heide mit Zurückhaltung aufgenommen.

GÖRING hat ansonsten mit der Schaffung des preußischen und des Reichsjagdgesetzes zweifellos ein positives Verdienst um die Jagd in Deutschland. Ohne sein hohes politisches Gewicht in den frühen Jahren wäre es nicht möglich gewesen, das Gesetz durchzusetzen (SCHERPING, 1950).

Hermann Göring im Jägerhof Rominten

Was den Charakter GÖRINGS als Jäger betrifft, hält man sich mit Vorteil an das Zeugnis Oberstjägermeister SCHERPINGS, das jener seinem früheren höchsten Vorgesetzten in seinem Buch „Waidwerk zwischen den Zeiten" (1950) gibt. SCHERPING, der Vorgesetzte FREVERTS im Reichsjagdamt, schreibt: „Göring fehlte die Grundschule. Er war ein großer Naturfreund, in den wenigen besinnlichen Stunden bereit, mehr vom edlen Waidwerk zu lernen, anfangs stark gefährdet, öder Schießer und Trophäengeier zu werden, besessen von dem Gedanken an den stärksten Hirsch Europas und in dieser Beziehung ein richtiges Kind seiner Zeit. Aber er war, was die Jagd anbelangt, durchaus ruhig und bestimmt vorgetragenen Beeinflußungen zum Guten zugänglich. Er, der alte Jagdflieger, war einer der besten Büchsenschützen, die ich kennen gelernt habe ..."

„Als Göring zum allerersten Mal nach Rominten kam, schoß er gleich als Debut einen falschen Hirsch von zwei kämpfenden Hirschen, und Oberforstmeister Wallmann, Jäger alter Schule, war reichlich entsetzt, wie locker ihm der Schuß saß, noch entsetzter freilich über die Tatsache, daß Göring stets nach flüchtiger Besichtigung des Gestreckten fragte: ‚Wo steht der nächste Hirsch?' Das ging dem alten Waidmann allzusehr gegen Strich und Faden. Ein Jahr später brachten Fm. Barckhausen und ich Göring an einen besonders starken, alten Hirsch heran, den er auch unter schwierigen Umständen schoß. Wir hielten ihm gemeinsam die Totenwacht, und bei dieser Gelegenheit sagte ich zu Göring: ‚Wenn man einen so starken Hirsch geschossen hat, tut man gut, mindestens 24 Stunden die Büchse in den Schrank zu stellen. Das ist ein alter, guter und sinnvoller Jägerbrauch, um der Übersättigung vorzubeugen.' ‚Sie haben recht, und ich will es so halten.' Und hielt es so. Mag sein, daß damals schon der erste Hunger des Jungjägers gestillt war, nicht jung an Jahren, aber jung an Erfahrung und Trophäen."

„Es war leider nicht möglich, Göring von dem quälenden Jagdneid frei zu machen." Der ungarische Ministerpräsident GÖMBÖS hatte in Rominten einen Hirsch geschossen, der über die Gästeklasse weit hinausgewachsen war. SCHERPING berichtet: „Solchen Hirsch hatte er (Göring) damals noch nicht geschossen, und er hatte nicht umsonst den Spitznamen ‚Bubi-auch-haben'. So entlud sich denn über meinem Haupt und dem des Forstmeisters ein fürchterliches Gewitter. ‚Mir hat man in Ungarn einen jämmerlichen Spießbock angeboten mit bleistiftstarken Stangen! Ich habe das Gehörn gleich in die Donau geworfen. Und Sie sorgen dafür, daß der Ungar mit dem stärksten Geweih der Heide heimwärts fährt, und ich habe das Nachsehen! Dafür sind nun in der Heide die besten Hirschkenner und Jäger!' Sprachs und zog sich dumpf grollend in seine Gemächer zurück ... Göring war am nächsten Tag liebenswürdig, wie er es sehr wohl sein konnte, und die Wolken hatten sich gänzlich verzogen, als Gombös mit herzlichen Worten des Dankes nach Ungarn zurückflog."

Auch die Erlegung des „Eggenhirsches" durch Generalfeldmarschall v. BRAUCHITSCH führte zu Schwierigkeiten, die Revierförster ROEGLER wie folgt schildert: „Nach ein paar Tagen war ich wieder mal zum Verblasen befohlen. Als ich mich mit den Kollegen am Hang hinter dem Jägerhof einfand, ging es

Der ungarische Ministerpräsident Gömbös vor seinem in der Brunft 1934 erlegten „Theerbuder Becherhirsch". V. l. n. r.: Generalforstmeister v. Keudell, Ministerpräsident Gömbös, Göring, Revierförster Schade

auch gleich los, Frevert meldete, Göring trug eine grüne Pelerine und leichte Hausschuhe, er dankte kaum und sein Mund war wie ein Strich. Nun, wir bliesen und standen dann wie stets regungslos, mit gegrätschten Beinen konnte man das schon eine Weile aushalten.

Immerhin, es knisterte, es herrschte Hochspannung. Göring stand, flankiert von Scherping und Frevert und zischelte eigentlich nur, mal nach rechts und mal nach links, verteilte offenbar starke Zigarren, die von den Beschenkten mit steinerner Miene entgegengenommen wurden. Schließlich explodierte er doch: ‚Gegen diesen Hirsch ist der Marschall ein Blumenkohl und der Starangolis ein Strunk!' Nachdem er noch nach dem Revierförster Zietlow gefragt hatte, der führte, jetzt aber nicht da war, verschwand er."

Rominter Kapitalhirsche im alten Ostpreußischen Jagdmuseum. V. l. n. r.: „Eggenhirsch", „Theoderich", „Lasdehnkalnis"

„Es wäre wohl auch besser um Göring bestellt gewesen," meint Scherping, „wenn sich nicht immer wieder Leute gefunden hätten, die ihm ins Ohr flüsterten: ‚Aufgepaßt, die besten Hirsche schießen die Forstmeister!' Wie oft habe ich gegen diese üblen Machenschaften angekämpft, aber niemals ist es mir gelungen, den Stachel des Mißtrauens ganz aus dem Herzen zu ziehen, was freilich bei jedem Menschen zu den schwersten Aufgaben gehört. So blieb es ein dunkles Kapitel für alle, die jagdlich mit Göring zu tun hatten, daß sein ewiges Mißtrauen, sein dadurch genährter Jagdneid und seine Sucht, den stärksten Hirsch Europas zu schießen, jeglichen wahren Genuß dessen, was wir Waidwerk nennen, unmöglich machte." – Aber „es machte, bei allem Jagdneid, Göring doch Freude, den wohlwollenden Jagdherrn zu spielen, und so lange sich die Hirsche qualitativ im vorgesehenen Rahmen hielten, konnte er sich durchaus herzlich über die Erfolge seiner Gäste freuen." – „Ich habe noch ganz andere Dinge erlebt, mit weniger prominenten, aber viel unanständigeren Jagdherren." Soweit die aufschlußreichen Worte Ulrich Scherpings.

Walter Frevert schildert in einem unveröffentlichten Manuskript aus der Zeit vor dem Zusammenbruch manche Episode, die er mit Göring erlebt hat. Der Leser mag sich selbst seine Gedanken darüber machen: „Ich übertrage Ihnen das beste Rotwildrevier nicht Deutschlands, auch nicht Europas, sondern man kann sagen der ganzen Welt... Mit diesen Worten empfing mich der Reichsjägermeister, Generaloberst Göring in der Hirschbrunft 1936 in dem neu erbauten Jägerhof Rominten. Ich hatte gerade eine Reserveoffiziersübung beim Artillerie-Reg. 68 in Wiesbaden gemacht und wurde von dort telefonisch nach Rominten gerufen, um als Nachfolger des Oberforstmeisters Wallmann das Jagdforstamt Nassawen zu übernehmen und Hermann Göring vorgestellt zu werden...

Der Ministerpräsident gab in Rominten eingehende Anweisungen über den dortigen Jagdbetrieb und über seine Wünsche bezüglich des Abschußes. Er erklärte folgendes: ‚Rominten ist mir ganz besonders als Jagdrevier ans Herz gewachsen. Ich betrachte dieses Revier fast wie mein Eigentum, und ich glaube berechtigt zu sein, hier kapitale Hirsche zu schießen als gewissen Dank dafür, was ich für die deutsche Jagd geleistet habe. Selbstverständlich sollen auch Sie und die Forstbeamten gute Hirsche schießen, die kapitalen Hirsche jedoch behalte ich mir und meinen Gästen vor. Sie haben die Aufgabe, den Rotwildbestand zu betreuen und zu hegen und dafür zu sorgen, daß der Weltruf, den Rominten als Rotwildrevier genießt, nicht nur erhalten bleibt, sondern noch vermehrt wird'."

Verblasen zweier Kapitalhirsche (links „Einohr") in Rominten am 29. September 1934. V. l. n. r.: Oberforstmeister Wallmann, Göring, Reichsstatthalter Landesjägermeister v. Epp

In einem weiteren Abschnitt berichtet FREVERT über die Vorbereitungen für einen Winteraufenthalt des Reichsjägermeisters im Januar 1937: „Am 1. Dezember übernahm ich endgültig das Jagdforstamt Nassawen. Anfang Januar telefonierte der Hilfsförster, der in dem Jägerhof Rominten wohnte, um dort nach dem Rechten zu sehen und den Schutz auszuüben, mich an und meldete mir, daß Frl. Cilly, die Köchin des Ministerpräsidenten aus Berlin im Jägerhof angerufen hätte und mitgeteilt hätte, daß am nächsten Nachmittag der Reichsjägermeister mit Gemahlin für 8 Tage zur Jagd nach Rominten kommen würde. Ich rief sofort in Berlin die Adjudantur an, von wo mir die Nachricht bestätigt wurde.

Die folgende Nacht kamen wir nicht ins Bett. Ich habe wohl über 80 Telefongespräche geführt, um bis zum nächsten Nachmittag alles zu organisieren. Zunächst mußte die Gendarmerie alarmiert werden, dann galt es, den ganzen Jägerhof sauber zu machen, wozu 1/2 Dz. Putzfrauen aufgeboten wurden. Die Forstbeamten, die zum Empfang blasen sollten, mußten bestellt werden. Zwischendurch wurde dauernd von Berlin angerufen und die Anzahl der Personen, die mit dem Reichsjägermeister kamen, mitgeteilt. Gott sei Dank, war es nicht so kalt, so daß wir das Haus warm bekamen. Der im Blockhausbau ganz aus Holz erbaute Jägerhof war im Winter sehr schwer warm zu bekommen, und ich erklärte dem Adjudanten, Hauptmann Schumann, daß ich keine Verantwortung dafür übernehmen könnte, daß das Haus warm sein würde. Der Ministerpräsident hatte auf die diesbezügliche Meldung hin aber erklärt, dann würde er eben im Pelz schlafen, aber bei der Reise nach Rominten solle es verbleiben.

Am folgenden Nachmittag standen die vier Forstmeister der Rominter Heide empfangsbereit vor dem Hauptportal des Jägerhofes. Gegenüber waren 6 Forstbeamte mit Jagdhörnern angetreten und an der Seite stand die gesamte Gendarmerie mit geschultertem Karabiner. Vorn an der Tordurchfahrt war ein Hilfsförster postiert, der uns ein Zeichen geben sollte, wenn die Autos kamen. Endlich war es so weit. Der silbergraue Wagen des Reichsjägermeisters rollte heran..."

Bei diesem Aufenthalt brachte der ihn begleitende Löwe GÖRING eine Kratzwunde bei: „Zur Vorsicht fuhr Göring sofort in das Johanniterkrankenhaus in Schittkehmen, um sich die Wunde desinfizieren zu lassen. Es war inzwischen 1/2 8 Uhr abends, und als Göring am Forstamt Schittkehmen vorbeikam, wollte er sich das Forstamt ansehen. Es war in Schittkehmen Tradition, daß man im Winter um 7 Uhr abends grundsätzlich ins Bett ging. Der Forstmeister von Schittkehmen war verstorben, und das Forstamt wurde vorübergehend von einem Forstassessor verwaltet. Dieser Forstassessor, der im Forstamt wohnte, hatte die Angewohnheiten des Hauses sehr bald angenommen und lag ebenfalls abends ab 7 Uhr im Bett.

Der Reichsminister, begleitet von seinem Adjudanten Menthe, erschien nun auf dem völlig stockdunkeln Hof des Forstamtes, ohne daß sich

Göring mit Löwe „Murcki" 1937 in Rominten

eine Menschenseele zeigte. Zunächst wurde versucht, in das Büro einzudringen, da an der Haustür keinerlei Klingel oder sonstige Alarmvorrichtung zu finden war. Im Büro hatte man mehr Glück, denn, siehe da, das Büro war völlig unverschlossen und man konnte ohne weiteres eindringen. Selbst die Aktenschränke waren sämtlichst offen, so daß jeder ungehindert die alten Akten hätte ausräumen können.

Dieser Zustand der Sorglosigkeit 10 km von der littauischen Grenze entfernt versetzte den Reichsjägermeister in eine begreifliche Wut. Er trommelte mit dem Spazierstock so lange auf den Türen herum, bis der ‚Herr Assessor', von dem wüsten Lärm wachgeworden, in Filzpantoffeln und notdürftig bekleidet erschien, da er glaubte, es seien betrunkene Bauern in das Büro eingebrochen, um zu dieser nachtschlafenden Zeit Holz zu kaufen. Er erstarrte zur Bildsäule, als er sich seinem höchsten Chef gegenübersah. Von dem fürchterlichen Donnerwetter, das sich über ihn ergoß, wußte er nachher nur zu berichten, daß der Reichsjägermeister dauernd geschrien hatte: ‚Wie die Eulen schlafen diese Kerle, abends um 7 Uhr liegen sie wie die Ratze im Bett!' Unglückseligerweise war dem Reichsjägermeister eingefallen, daß der Sohn des verstorbenen Forstmeisters Forstanwärter und auf Urlaub zu Hause war. Auf die Frage, wo der Forstanwärter wäre, wurde ihm mitgeteilt, daß dieser ebenfalls wie eine Eule bereits schlafe. In Wirklichkeit war der Forstanwärter jedoch durch den Radau wach geworden und im Schlafanzug die Treppe hinunter gekommen. Als er hörte, daß Göring unten war und den Assessor abkanzelte, tat er das Klügste, was er machen konnte, er lief schleunigst wieder in sein Bett und schloß die Tür zu.

Am nächsten Morgen mußte sich der Assessor und der Sekretär im Jägerhof melden. Das befürchtete Donnerwetter blieb jedoch aus, und Göring gab nur klare Anweisungen, daß die Büros in Zukunft unter Verschluß zu halten wären und daß an den Haustüren der Forstämter Klingeln angebracht werden sollten. Die Folge war, daß auf allen Geschäftszimmern der Rominter Heide zahlreiche Vorhängeschlösser gekauft wurden, um die Aktenschränke hermetisch verschließen zu können. Außerdem wurden auf den Geschäftszimmern, sobald der Ministerpräsident anwesend war, scharfe Hunde eingesperrt, um eine Wiederholung dieser Vorfälle zu vermeiden."

Anscheinend trug der „Eiserne" die Sache Forstassessor RADEMACHER nicht nach. Dieser jedoch konnte nicht darüber hinwegkommen und lehnte die Übertragung des Forstamts ab. So wurde an seiner Stelle nach einiger Zeit Forstassessor v. OPPEN mit der Verwaltung beauftragt, der jedoch mit GÖRING, aber auch mit SCHERPING und FREVERT nicht recht warm werden konnte (ROEGLER, unveröff.).

Weitere Beschreibungen aus unveröffentlichen Manuskripten von FREVERT: Anläßlich einer Jagd beim polnischen Staatspräsidenten MOŚCICKI in Białowieża: „Es war interessant, die Freude von Göring über dieses seltene Waidmannsheil mitzuerleben. Von allen Seiten nahm er erfreut die Glückwünsche entgegen, zog die Herren seiner Begleitung am Arm herbei, um ihnen die kapitalen Wölfe zu zeigen und freute sich wirklich wie ein Kind zu Weihnachten. Auch später habe ich derartige Freudenausbrüche nach der Erlegung eines kapitalen Hirsches bei Göring erlebt. Es war immer interessant, daß dieser große Mann, der doch mit stärksten Eindrücken aus allen Gebieten des Lebens übersättigt war, eine solch kindliche Freude nach der Erlegung eines starken Stück Wildes empfinden konnte." Diese Freude schildert FREVERT auch in seinem Buch bei der Erlegung des „Lasdehnkalnis" 1943.

Auf der Heimreise aus Białowieża: „Hermann Göring hatte sich in Warschau einen sehr schönen neuen Pelzmantel mit einer dazu passenden Pelzmütze gekauft, übrigens von der einzigen nichtjüdischen Pelzfirma, die es in Warschau gab. Seine Freude über diesen Pelz war rührend. Wir alle mußten den Pelz befühlen, ihn begutachten. Er zog den Mantel an, und wir mußten ihn darin bewundern. Sein ganzes Gefolge wartete auf den Moment der Ankunft in Berlin, und tatsächlich verließ Göring den Sonderzug mit seinem neuen Reisepelz und der Pelzmütze, obschon in Berlin mindestens 15° Wärme waren."

Über Architektur: „Wer den Menschen Göring verstehen will, muß den Jägerhof Rominten und den Waldhof Karinhall besichtigen. In diesen von ihm gestalteten Räumen drückt sich seine Persönlichkeit aus, wuchtig, gewaltig und überdimensional, dabei fest in alter deutscher Art wurzelnd, und doch wieder weich und voll Stimmung und Gemüt."

Beim Aussteigen aus dem Sonderzug: „Der Lokomotivführer wollte etwas ganz Besonderes tun und rief

Göring zu: ‚Viel Glück, Herr Reichsjägermeister!' Dieser wohlgemeinte Wunsch ist nach altem Jägeraberglauben ungefähr das Entsetzlichste, was man einem Jäger überhaupt antun kann. Hermann Göring geriet denn auch in begreiflichen Zorn und brüllte den unglückseligen Lokomotivführer an: ‚Sie Armleuchter, ich lasse Sie in Ihrer Lokomotive rösten!' Der Unglücksmann, der es doch so gut gemeint hatte, wußte gar nicht, wie ihm geschah, aber nun nahm das Verhängnis seinen Lauf. Göring schoß einen guten Hirsch vorbei, was ihm bei seiner hervorragenden Schießfertigkeit äußerst selten passierte."

Über den Jagderfolg: „Es klappte durchaus nicht immer so ... und der Reichsjägermeister hat auch in Rominten eine ganze Menge Fehlpürschen erlebt und manche Stunde vergeblich gepürscht. Es war erstaunlich, was er trotz seines Körpergewichts in dieser Beziehung aushalten konnte. So pürschte er mal im Forstamt Rominten 2 Tage hintereinander von morgens bis abends auf einen Zweiundzwanzigender, den er jedoch nicht bekam. Der ihn führende Revierverwalter erzählte mir, daß sie mindestens an dem einen Tag 30 km, an dem anderen 20 km zu Fuß zurückgelegt hätten. Hierbei spielten die Butterbrote und die Thermosflasche eine große Rolle, die Robert mitnehmen mußte. Es war das Ideal des Reichsjägermeisters, einen ganzen Tag über draußen im Walde zu bleiben und nur von Butterbroten und mitgenommenem Kaffee zu leben. Auch hierin zeigte sich die erdnahe Verbundenheit Görings mit der Natur, mit Wald und Wild."

Bei der Erlegung des „Fürst" am 24. September 1938: „Göring war über den hochkapitalen Hirsch überglücklich und beim Auspunkten des Geweihes stellte sich heraus, daß es der stärkste Hirsch war, den Göring bis dahin in seinem Leben geschossen hatte. Als ich ihm abends im Jägerhof gratulierte, sagte er mir scherzend: ‚Wenn Sie, mein lieber Frevert, mich diesen Hirsch nicht hätten schießen lassen, und der Hirsch wäre etwa geforkelt worden, dann hätte ich Sie erschossen.' Die fröhliche und gemütliche Stimmung, die sich anschließend im Jägerhof verbreitete, wurde nur immer wieder unterbrochen durch ernste Gespräche über die sudetendeutsche Frage. Göring rief ein über das andere Mal aus: ‚Wie herrlich und wie schön ist es hier, und wie liebe ich dieses Haus und die Rominter Heide, wenn nur die verfluchten Tschechen nicht wären', wobei er mit beiden Fäusten auf den Tisch schlug..."

Über sein eisernes Nervenkostüm: „Ich konnte schon verstehen, daß der König von Bulgarien ganz entsetzt zu Göring gesagt hatte: ‚Daß Sie in dieser Zeit, wo in Europa alles auf des Messers Schneide steht, hier in Ostpreußen sind und friedlich auf Jagd gehen und Hirsche schießen, macht mich vollends nervös und unruhig.' Wir alle bewunderten den Feldmarschall in diesen Tagen ob seiner Nervenkraft und seiner stählernen Ruhe. Nicht viele Staatsmänner Europas hätten in solcher Situation eine derartige Überlegenheit und Ruhe bewahrt."

Bei der Besichtigung der Rominter Auerochsen: „Als Göring die Tiere sah, war er hell begeistert, ganz besonders der urige Bulle erregte sein Entzücken. ‚Welch herrliches Tier, welch wundervolles Tier', rief er ein über das andere Mal aus und drückte Lutz Heck beide Hände und sprach ihm Dank und Anerkennung für diese züchterische Großtat aus."

Beim Verblasen der Strecke: „Der Feldmarschall richtete vor der Strecke Worte des Dankes und der Anerkennung an alle angetretenen Forstbeamten der Rominter Heide, und er schloß mit Worten des Ernstes im Blick auf die Zukunft, aber auch mit Worten des Glaubens und der Gewißheit, daß die Jägerschaft der Rominter Heide und das gesamte Deutsche Volk fest und einig hinter dem Führer stehen würde, möge kommen, was da wolle." (FREVERT, undatiert).

Von der Brunft 1936, dem Winteraufenthalt 1937 und der Brunft 1937 sind Tagebuchaufzeichnungen GÖRINGS erhalten geblieben, die mit recht großer Gründlichkeit seine Erlebnisse ebenso wie die seiner Gäste festhalten.

Nachstehend seien die Eintragungen über die Brunft 1937 wiedergegeben:

„1937 Brunft

18. September 1937 Ankunft im Jägerhof. Gäste: Reichsjägermeister, Graf Rosen, Gräfin Rosen, Scherping, Menthe, Schade, Robert, Schwester Christa. Ankunft Rominten Sonderzug 2⁰⁰ nachts. 3⁰⁰ aufgestanden. Fahrt nach Försterei Bludschen, Förster Weinreis. Pirsch auf den Braunen (hochkapitaler

18-Ender). 4⁰⁰ am Stand (Kanzel) beim Fruchtfeld (Wiese). 4.²⁵ Büchsenlicht. Hirsch stand im Rudel, schrie gut bei herrlichem Wetter (später Sonnenaufgang), Blattschuß. Anschließend Fahrt zu Barckhausen (Warnen), Pirsch auf 2 Hirsche. Keiner auf Wiese. Fahrt zurück Jägerhof. Geschlafen bis 1/2 11 Uhr. 11°° Ankunft der Gäste, Besichtigung des Jägerhofes, Stangenparade. 12⁰⁰ wurde 18-Ender von Barckhausen gemeldet. Hirsch saß auf einer Wiese und schrie etwas. Guter Blattschuß! Sehr guter (kapitaler) 18-Ender. Nachmittags Pirsch auf hochkapitalen 18-Ender bei Barckhausen Forstamt. Sehr interessante Pirsch! Große Kahlschlagfläche mit Wiese mit Suhle. Hirsch auf weite Entfernung gesichtet, 2 Stunden Wartezeit, Hirsch trat auf die Wiese, zog zur Suhle, Blattschuß. Graf ROSEN streckte im Forstamt ... sehr guten 16-Ender. Gewaltige Strecke am Abend, Verblasen auf Hang an Rominte, herrlicher Anblick!

2ter Teil der Brunft 1937, 1. - 6. Oktober

Ankunft mit Sonderzug 1.Oktober 10⁰⁰ vormittags. Gäste: Reichsjägermeister, Graf Rosen, Gräfin Rosen, Scherping, Menthe, v. Brauchitsch, Robert, Wanda, Schwester Christa, am 2. Okt. Staatssekr. Körner, am 3. Oktober Botschafter Henderson. Meldung der Beamten. 11⁰⁰ Pirsch auf Hirsch „Fremdling" (18-Ender kapital). Der Hirsch saß hinter einer Fichtengruppe, nur teilweise sichtbar u. schlief. Anröhren half nichts. Assessor Bluth machte Krach, der Hirsch stand auf, bekam uns weg und ging flüchtig ab, Kugel nachgesandt, fehlte. Nachmittags Pirsch auf alten Abschußhirsch (guter 12-Ender) auf Venuswiese bei Barckhausen, 2 gute Blattschüsse mit 6,5. Graf Rosen schoß ‚Favorit' 14-Ender, Brauchitsch Gästeabschußhirsch 12-Ender. Strecke verblasen!

2. Oktober

Ankunft Körner, hatte Geburtstag! Pirsch in Jodupp an den verschiedenen Wiesen. Ausgedehnte Fußpirsch von mehreren Stunden. Hirsche schrien wenig. Prinz Oskar-, Vierundzwanzigender-, Kriegsminister-, Wildwiese. Vor allem sollte auf den Jörkischkener 22-Ender vom vorigen Jahr gepirscht werden. Nichts Besonderes gesehen. Bei Rückfahrt im Auto kapitalen Zukunftshirsch gesehen und auf einer Wiese an Straße alten Abschußhirsch (16-Ender) geschossen. Blattschuß 6,5 geringere Wirkung. Nachmittag 4 Uhr Pirsch auf 18-Ender in Binnenwalde. Hirsch trat erst nach Dunkelheit auf die Wiese, (sehr heimlich und unstet). Körner schoß guten Abschußhirsch, wurde aber nicht mehr gefunden. Nachsuche morgen, Wetter herrlich!

Der britische Botschafter Sir Nevile Henderson mit Göring vor dem Jägerhof

3. Oktober

Ankunft engl. Botschafter Nevile Henderson. Pirsch mit Pferdewagen in den Jagen von Jörkischken auf den 22-Ender. In Nähe 24-Enderwiese schoß ich im Bestand sehr guten 16-Ender, vorher ein Kalb infolge Verwechslung. Mitteilung, daß 18-Ender in Binnenwalde auf der Wiese (1 Uhr). Bei unserer Ankunft wieder hineingezogen. Zurück nach Jodupp; Picknick im Walde. Pirsch auf den Knubel, den Scherping Tag zuvor an dem Kahlschlag bei Jagen 68 F-Gestell gesichtet. Bei der Wöllnerwiese stießen wir (Bluth) wahrscheinlich auf den Knubel, der im Bestand stand und sich lautlos davon machte. Bei Dunkelwerden Nachricht, daß 18-Ender wieder in Binnenwalde auf der Wiese, im schnellsten Tempo hingefahren, aber bereits zu dunkel für den Schuß, konnte Hirsch nicht mehr ins Visier bekommen. Körners Hirsch wurde gefunden (Laufschuß), tadellose Arbeit der Schweißhunde. Henderson schoß einen kapitalen 12-Ender bei Barckhausen (dicke Stangen), Graf Rosen einen Abschußhirsch (12-Ender), v. Brauchitsch auf Pirsch. Strecke verblasen. Wetter herrlich, Hirsche schrien wenig.

4. Oktober

Hochnebel, Sonne teilweise durchgekommen. Vormittag Besprechung mit Henderson. Henderson schoß früh einen guten Abschußhirsch (14-Ender), Körner einen kapitalen 18-Ender. 3⁰⁰ Pirsch allein in Jodupp, Wöllnerwiese. Auf Kahlschlag rechts der Wöllnerwiese Betrieb beobachtet wie in Hochbrunft. Hirsche schrien dort gewaltig, etwa 10 Hirsche. Mehrere Kämpfe. Beobachtete lange einen hoch kapitalen 20 – 22-Ender, der erst 6 Jahre, aber eine gewaltige Zukunft hat. Er hatte ein Rudel und wurde abgeschlagen von einem älteren 14 – 16-Ender. Hochinteressanter Anblick. 5 1/2 Uhr zur Wiese nach Binnenwalde. Schoß 6.¹⁰ bei Dunkelheit den vermeintlichen 18-Ender.

5. Oktober

Wetter abwechselnd. 7⁰⁰ Uhr kam Meldung, daß 18-Ender in Binnenwalde gesund auf einer anderen Wiese steht. Sofort hingefahren, Hirsch war bereits wieder hineingezogen (5. Pirsch). Da ich sicher war, gestern getroffen zu haben, wurde nachgesucht. Guter 12-Ender lag tot noch auf der Wiese. Schuß wie angesagt mitten drauf. Henderson reiste ab. 12⁰⁰ kam Meldung, daß 18-Ender auf derselben Wiese wie am Morgen mit Rudel. Sofort wieder hin! 6te Pirsch auf den Hirsch. Sah zuerst zwei Beihirsche. Bei weiterer Pirsch weiter unten auf Hirsch gestoßen. Zweimal angepirscht. Hirsch lag im Knall. Halsschuß! Hochkapitaler 18Ender mit dicken Stangen u. gewaltiger Krone. Knuffig! Allgemeine Freude nach 6 Pirschen. Mit Rosens nach dem Essen Jagdschloß besichtigt. Herrliche Geweihe aus Rominten. Pirsch in Jörkischken u. Jodupp. Zuerst mit ... (unleserl.) Rosen allein zur Kriegsministerwiese gepirscht, dann mit Bluth durch Jagen 68 zur Wöllnerwiese u. Kahlschlag von gestern. Dort wieder reger Brunftbetrieb, gut geschrien. 14-Ender, etwa 8 Jahre, mit gewaltiger Auslage u. mehrere Hirsche. Es konnte nichts Kapitales ausgemacht werden. Die anderen Herren pirschten allgemein. Scherping schoß sehr guten alten 16-Ender. Strecke verblasen mit großem Halali.

6. Oktober

Vormittag Vorträge Brauchitsch - Scherping. Mittag Einladung Revierverwalter mit Frauen. Pirsch in Jodupp. Alles still auch auf der Kahlschlagfläche. 7⁰⁰ Abreise.

Strecke Brunft 1937: 3 hochkapitale 18-Ender (R. J. M.), 2 kapitale 18-Ender (R. J. M. u. Körner), 2 sehr gute 16-Ender (R. J. M. u. Scherping), 1 kapitaler 12-Ender (Henderson), 1 kapitaler 18-Ender (Herrmann), 1 sehr guter 14-Ender (Rosen), 7 jagdbare Hirsche (2 R. J. M. - Körner - Brauchitsch - Hender-son - Rosen - Reemtsma) = 17 Hirsche = (7 Kapitale)"

Dieses jagdliche Tagebuch GÖRINGS aus Rominten wurde nicht fortgeführt. Es ist nicht bekannt, ob er sich in den späteren Jahren auch noch Notizen gemacht hat. Feldmarschall MILCH bemerkte bei GÖRING auch im engeren dienstlichen Bereich ähnliche Gewohnheiten: „Fortwährend machte er sich Aufzeichnungen, meist in ein anderes Buch, ohne daß man jemals den Zweck dieser Arbeit feststellen konnte ..." (IRVING, 1970).

GÖRINGS englischer Biograph IRVING (1986) schrieb, daß die Kameradschaft zwischen ihm und seinen Förstern einzigartig war. Ihre Verehrung für ihn überdauerte seine spätere Verurteilung. Vermutlich hat er damit weitgehend recht. Einige höhere Beamte scheiterten jedoch an ihrem obersten Vorgesetzten.

Auf Fragen verlangte GÖRING unumwundene, frische und knappe Antworten. Unterwürfigkeit und Kompliziertheit mochte er nicht. Von Politik wollte er in Rominten möglichst verschont bleiben. Als FREVERT in der ersten Zeit seiner Rominter Jahre einmal GÖRING bekannte, er habe wohl sein Parteiabzeichen früher einmal verloren und er könne es sich deshalb nicht an die Uniform heften, winkte GÖRING nur ab, beruhigte FREVERT und meinte, daß er auf so etwas hier überhaupt keinen Wert

Göring „musiziert". V. l. n. r.: H. Göring, Forstmeister Micke (verdeckt), Staatssekretär Körner, Jagdflieger Mölders

lege. Sein Verhalten zu den Forstbeamten war überwiegend korrekt und gerecht. Wenn er aber in Zorn geraten war, konnte das auch anders sein. Sympathien oder Antipathien für bestimmte Menschen waren bei GÖRING ausgeprägt (HEINKE FREVERT, mdl. Mitt.).

Bewundert wurde allgemein die körperliche Ausdauer GÖRINGS. Oberstjägermeister SCHERPING berichtete: „Seine liebste Jagdart ist die Pirsch auf den edlen Hirsch in seiner hohen Zeit, jene Jagdart, bei denen die Chancen gleichstehen für Jäger und Wild. Nicht der Anstand im wohlverborgenen Schirm oder Hochsitz, um dem nichtsahnenden Wild nach stundenlangem Warten die Kugel anzutragen, wenn es zur Äsung zieht, sondern das atemraubende Folgen hinter dem schreienden König der Wälder mit seinem Rudel, von Höhen zu Höhen, durch Sumpf und Bruch, von Baum zu Baum, bis sich endlich die Gelegenheit bietet zu sicherem Schuß. Da kennt der Reichsjägermeister keine Rücksicht auf sich selbst.

Die Pirsch beginnt morgens um vier Uhr und um elf Uhr vormittags ist er immer noch an dem einen, ersehnten Hirsch. Da hält ihm der ostpreußische Forstmeister, dem der Magen knurrt und die Knie zittern, die Uhr vor und meint, daß es nun wohl an der Zeit sei, die ergebnislose Pirsch abzubrechen, da mit einem Erfolg nicht mehr zu rechnen ist. Sie wird aufgegeben. Aber als Göring das Jagdhaus betritt, wird ihm gemeldet, daß ein langerwarteter, bisher noch stets unsichtbarer Hirsch zuverlässig bestätigt ist. Eine Schnitte aus freier Hand und ein erfrischender Trunk während des Wagenwechsels und schon ist der Reichsjägermeister wieder im Revier. Abends, lange nach Einbruch der Dunkelheit, kommt er zurück, ohne den grünen Bruch am Hut und erzählt seinen in- und ausländischen Gästen beim gemeinsamen Abendessen, warum die lange Pirsch zwar erfolglos, aber doch herrlich spannend und schön gewesen ist.

Wenn der Reichsjägermeister sich an einem Hirsch, wie man sagt, festgebissen hat, dann geht es ohne Rast und Ruh, bis der Edle auf der Strecke liegt. Es gibt anscheinend keine körperliche Anstrengung für ihn, es gibt keinen Schlaf, kein Essen, es gibt nur die ungeheure Energie und Leidenschaft, die nur das Ziel sieht und sich über alles hinwegsetzt.

Einer dieser Hirsche, die den Reichsjägermeister annähernd eine Woche lang buchstäblich nicht zur Ruhe kommen ließen, war der ‚Knuff' in der Rominter Heide. Schon im Jahr vorher hatte sich der sehr vorsichtige, zwar endenarme, aber gewaltige knuffige Stangen tragende alte Hirsch allen Nachstellungen gewandt entzogen. Eine Reihe vergeblicher Pirschen standen auf seinem Konto. Jetzt war er wieder gemeldet worden, aber meist zog er bei stockdunkler Nacht auf die Wiese heraus und unter gleichen Bedingungen wieder zu Holz. So blieb nur die Bestandespirsch auf den schreienden Hirsch, die es in Rominten mit seinem stark welligen Gelände in sich hat. Aber her muß der Hirsch, daran gab es keinen Zweifel. Alles wurde versucht, aber der Hirsch schrie wie fast alle alten Hirsche schlecht, was die Bejagung außerordentlich erschwerte. Bei den vielen vergeblichen Pirschen auch dieses Jahr führte der alte, verdiente Forstmeister Pauckstadt, den heute schon der grüne Rasen deckt. Er war in seiner Art ein Original, wie wir sie gerade in Ostpreußen erfreulicherweise noch so oft finden. Seine Hirsche waren nur für den Reichsjägermeister. Pirschte er bei ihm, so setzte er Himmel und Hölle in Bewegung, damit der Erfolg nicht ausblieb. Sein Interesse für andere Gäste, mochten sie noch so prominent sein, war nur sehr bedingt.

Mit dem Forstmeister P. pirschte der Reichsjägermeister nun wieder einmal einen Morgen auf den berühmten Knuff. Die Pirsch hatte kurz nach 4 Uhr früh begonnen, aber Knuff war rechtzeitig im Bestand verschwunden. Nun währte die anstrengende Bestandespirsch schon 5 Stunden, und die Sonne stand hoch am Himmel. Dem alten P. taten alle Knochen weh. Schließlich nahm er seine Uhr, hielt sie dem Reichsjägermeister entgegen und meinte treuherzig, ebenfalls im besten Ostpreußisch, daß es Zeit sei für Frühstück und eine gute Tasse Kaffee. Man möge doch den Knuff Knuff sein lassen. Also Abbruch der Pirsch. Der Reichsjägermeister kam zurück, fast im gleichen Augenblick geht das Telefon. Meldung: ‚Knuff ist mit Rudel auf die Wiese gezogen'. Sofortiger Aufbruch, ohne einen Moment Ruhe und ohne einen Happen Frühstück. Abermalige, leider vergebliche Pirsch bis zum Schluß des Büchsenlichtes. Erst nach weiteren anstrengenden Pirschen fiel Knuff durch einen der in der Rominter Heide bereits sprichwörtlich bekannten Meisterschüsse des Reichsjägermeisters gelegentlich einer Bestandespirsch. Freilich nicht, ohne sich vorher noch einmal unangenehm bemerkbar gemacht zu haben. Bei einer Pirsch fiel zwar der Hirsch, der vom führenden Forstmeister P. als Knuff bezeichnet war, aber – wie das dem besten Jäger passieren kann – es war der falsche; anstatt des Knuff lag ein junger, vorzüglich veranlagter Zukunftshirsch auf der Strecke. Betretenes Schweigen, dann die Stimme des Forstmeisters: ‚K. brechen Sie den Hirsch auf, ich will da nichts mehr mit zu tun haben.' Worauf er Reichsjägermeister und Hirsch tief bekümmert, aber unaufhaltsam den Rücken kehrte.

Der unbedingte Wille, das Ziel zu erreichen, überträgt sich auf den führenden Beamten. Es führte manchmal zu Handlungen, die nur zu verstehen sind, wenn man bedenkt, daß an sich eine Pirsch auf den Brunfthirsch schon eine aufregende Sache ist, die zu einem Leib und Seele erschütternden Erlebnis wird, wenn man mit Hermann Göring pirscht. Nur so ist es verständlich, daß der führende Beamte, als der lange vergeblich ersehnte Hirsch endlich erschien, leider zum Schuß zu weit, mit der Büchse des Reichsjägermeisters vom Hochsitz sprang, dabei dauernd rufend: ‚Der Hirsch, der Hirsch, wir müssen ihn anpirschen.' anstatt vernünftigerweise zu warten, ob der Hirsch nicht näherzog. Erst die Aufforderung, die Büchse wieder nach oben zu bringen, denn ‚einer kommt jetzt zur Strecke, entweder Sie oder der Hirsch', brachte ihn wieder zur Besinnung." (SCHERPING, unveröff.),

Die häufige Anwesenheit des Reichsmarschalls in der Rominter Gegend wirkte sich auch an anderer Stelle aus. So wurden allein im Forstamt Nassawen zwölf Waldarbeitersiedlungen gebaut, in Jagdhaus Rominten ein Altersheim. Verschiedentlich wurde den Waldarbeitern und Bedürftigen der Gegend Wildbret durch den Jagdherrn kostenlos zugeteilt. Als HERMANN GÖRING einmal das Weihnachtsfest dort verbrachte, erhielten sämtliche Waldarbeiter, Angestellte und Beamte der Rominter Heide Weihnachtspakete mit Lebensmitteln, Bekleidung, Spielsachen und anderem. Jede Familie bekam eine fette Gans. GÖRING ließ es sich nicht nehmen, selbst an den Weihnachtsfeiern teilzunehmen (FREVERT, 1943, unveröff.).

Tabelle 9: Aus dem Gästebuch des Jägerhofs (Jagdgäste)

Marschall Balbo (Italien)	Generaloberst Loerzer
König Boris von Bulgarien	Feldmarschall Mannerheim (Finnland)
Generalfeldmarschall v. Brauchitsch	Hauptmann Marseille
Sir Henry Deterding (Ölmagnat)	Generalfeldmarschall Milch
Reichsstatthalter Ritter v. Epp	Oberst Mölders
Generaloberst Fromm	Reichsaußenminister Frhr. v. Neurath
Generalleutnant Galland	Reichskanzler a. D. v. Papen
Prof. Dr. Gohrbrandt	Generaldirektor Pleiger (Hermann-Göring-Werke)
Ministerpräsident Gömbös (Ungarn)	Reemtsma (Großindustrieller)
Prof. Dr. Heck	Generalfeldmarschall v. Reichenau
Botschafter Sir Nevile Henderson (Großbritannien)	Reichsaußenminister v. Ribbentrop
Staatsrat Dr. Herrmann	Generalfeldmarschall Frhr. v. Richthofen
Reichsführer Himmler	Olga Rigele (Schwester Görings)
Graf Kaiserlingk (Rautenburg)	Graf Rosen
Gauleiter Koch	General Student
Staatssekretär Körner	Oberst Trautloft
Reichsminister Lammers	Generaloberst Udet
Botschafter Lipski (Polen)	

Auf dem Romintehang unterhalb des Jägerhofes: Göring am Ziel seiner jagdlichen Vorstellungen mit der Erlegung des „Matador" am 22. September 1942, dem zu der Zeit weltstärksten Hirsch mit 228,4 Nadlerpunkten. Auf dem unteren Bild neben Göring v. l. n. r.: Revierförster Roegler, Forstanwärter Kraft (gefallen), Revierförster Steiner, Revierförster Ewert

Die Rominter Forstbeamten

Wir kommen und gehen, doch ewig rauschen die Wälder!
WALTER FREVERT

Zeitliche Übersicht

Nachstehend eine Übersicht der Revierverwalter der Rominter Heide. Sie sollen stellvertretend genannt sein für die große Zahl der Rominter Forstbeamten.

Tabelle 10: Die Oberforstbeamten der Rominter Heide im 19. und 20. Jahrhundert
(ESCHMENT, 1988, unveröff.; KRAJEWSKI, 1990, mdl. Mitt.)

Revier Nassawen
Reiff 1850-1867, Kaiser 1868-1874, v. Schütz 1875-1878, v. Saint Paul 1879-1906, Wallmann 1907-1936, Frevert 1937-1944, ?, Koloda ab 1985

Revier Szittkehmen
Hausmann 1870, Bolte 1871-1873, Boldt 1874-1876, v. Nordenflycht 1877-1891, Speck v. Sternburg 1892-1923, Pauckstadt 1924-1936, v. Oppen 1937-1944, Pauliński 1950-1951, Ulatowski 1952-1958, Budzyń 1959-1967, Krajewski ab 1968

Revier Goldap
Reichel 1818-?, Voss ?-1850, Uhl 1851-1864, Schimmelpfennig 1865-?, Dodillet ?-1872, Kalkhof 1873-1881, Thadden 1882-1887, Schulz 1888-?, v. Minkwitz um 1890, Wrobel um 1895-1900, Witte 1901-1921, Pauckstadt 1922-1923, Lange 1924-1931, Adomat 1932-1936, Bluth 1936-1939, Micke 1940-1944, Bogdanowicz 1946-1948, Szumski 1949-1953, Kaczmarski 1954, Snieżyński 1954-1955, Rekwirowicz 1956-1957, Suchwałko 1957, Sudnik 1958-1961, Dauksz 1962-1968, Germaniuk 1969-1971, Krajewski ab 1972

Revier Warnen
Reichel 1818-?, Voss ?-1850, Uhl 1851-1864, Schimmelpfennig 1865-?, Jüdtz ?-1896, Ehlers 1897-1911, Meyer 1912-1915, v. Papen 1916-1920, Witte 1921-1932, Barckhausen 1935-1939, Holm 1941-1944, ?, Koloda ab 1985

Über einige Beamte, von denen noch Näheres zu erfahren war, soll in den folgenden Abschnitten berichtet werden. Zuvor aber noch ein Wort über die Situation der Rominter Forstbeamten, ihren Alltag und ihren Dienst. Ernährungsgrundlage bildete früher wie heute für die meisten Forstbeamten die Landwirtschaft. Dadurch waren die Beamten auch nicht von der bäuerlichen Bevölkerung abhängig. Die Verbundenheit mit Wald und Feld und die unbedingte Abhängigkeit von der Natur und dem erfolgreichen Wirtschaften in ihr schafft Empfindungen, die der heutige verstädterte Mensch nicht mehr nachfühlen kann. Man pflegte eine anregende Geselligkeit. Die Gespräche kreisten um Jagd und Wald, um die Landwirtschaft, Pferde und Politik.

Eines Försters Tagewerk im königlichen Dienst begann einst in aller Frühe, denn die Arbeitszeit der Waldarbeiter und Holzfuhrleute reichte von Sonnenauf- bis Sonnenuntergang, sechs volle Tage in der Woche. Die Beamten blieben oft Jahrzehnte auf ihren einsamen Forsthäusern, deren zimmerhohe Kachelöfen einen Winter lang niemals kalt wurden. Langsam kam das Telefon dorthin, wo sich Fuchs und Hase „Gute Nacht" sagten, später der elektrische Strom. „Es blendete sehr", schreibt K. W. LUDEWIG (1975), „die Geweihe kamen aus den Wänden heraus, die man sonst nur im Dämmerschein der Petroleumlampe wie beim letzten Büchsenlicht sah."

Bis 1918 trugen die Beamten den „Kaiserhut", einen sehr schmalen und niemals breitkrempigen Forsthut, dessen linke Seite nur den kreisrunden Rehhaarbart mit der preußischen schwarz-weißen Kokarde und vorne den vergoldeten preußischen Adler aufwies. Der offizielle Dienstanzug war ein zweireihiger, übereinander zu knöpfender schwerer Uniformrock mit grüner Biese, dazu Stiefelhosen. Bei Bereisungen höherer Vorgesetzter und anderen amtlichen Anlässen mußte der Hirschfänger getragen werden. Gummistiefel gab es noch nicht. Man trug maßgefertigte Lederschuhe und hohe, aber leichte und geschmeidige Juchtenlederstiefel. Dachsfett sorgte für Schutz vor Nässe, eine genagelte Sohle für geringe Abnutzung. Zu den Schnürschuhen trugen die Förster kniehohe Gamaschen aus Leder oder Segeltuch, später kamen die Wickelgamaschen auf (LUDEWIG, 1975).

Weiter gehörten zur Ausrüstung im Winter der praktische Jagdmuff, dann ein Rucksack oder eine lederne Jagdtasche. Bevor das Prismenglas aufkam, gab es nur das Galileische Jagdglas mit geringer Vergrößerung, doch genügender Lichtstärke, aber ohne Blendschutz. Zielfernrohre waren anfänglich sehr teuer, die Beamten schossen daher sauber über Kimme und Korn, möglichst nie zu weit und nur bei gutem Büchsenlicht. Man mußte sich also bedeutend näher an das Wild heranpirschen als heute.

Das Tagewerk wurde zur Jagdzeit wesentlich länger. Es gab kein Auto für den Heimweg, und man muß die Tagesmärsche der oft weißbärtigen Hegemeister bestaunen. Ohne Hund gab es übrigens keinen Reviergang, wobei einem oft der freilaufende Hund weit vor seinem Herrn begegnete. Im Dunkeln war eine solche Vorhut eine nicht zu unterschätzende Sicherung gegen jeglichen Hinterhalt.

Abends saß man am Schreibtisch und rauchte die lange Pfeife, der brave „Hirschmann" träumte bereits ausgestreckt auf seiner Sauschwarte. Über den „Papierkrieg" wurde schon damals viel geschimpft, besonders wenn es darum ging, lange Berichte „nach oben" zu schreiben (LUDEWIG, 1975).

Originale, die ja leider mehr und mehr aussterben, gab es unter den alten Forstbeamten der Heide eine ganze Reihe. Einer davon war Forstmeister PAUCKSTADT, Szittkehmen (1874 – 1936), ein tüchtiger Forstmann und hervorragender Jäger, der gern mit seiner wohl nur erfundenen Faulheit renommierte. Bei einer Pür-

Landforstmeister Borggreve und Forstmeister Pauckstadt mit drei gestreckten jagdbaren Hirschen im Hof der Oberförsterei Szittkehmen, 1931

sche mit GÖRING erzählte er: „Als ich auf der Schule war, sagte der Lehrer immer: ‚Pauckstadt! Wo du sitzt, da faulen die Dielen!'" GÖRING soll sich köstlich amüsiert haben (FINCKENSTEIN, 1963). Auch Förster MESCHONAT, Pellkawen, der einen zahmen Dachs hielt, der in alle Türen Löcher fraß, war ein viel bewundertes Original.

Oberförster Reiff, Nassawen

Nicht der Beruf hatte sie geformt, sondern sie waren die Berufenen, das ihnen Anvertraute im Wert zu verbessern.
E. J. MEYER, in „Verdienste um Ostpreußens Wald und Wild"

Der erste bedeutende Heger der Rominter Heide war der 1814 in St. Andreasberg/Harz geborene CARL FRIEDRICH WILHELM REIFF. Als Sohn eines Forstmeisters war ihm dieser Beruf in die Wiege gelegt. 1850 erhielt REIFF die damals etwa 12.000 ha umfassende Oberförsterei Nassawen. Mit beispielhaftem Fleiß begann er, die geringen Reste des Rotwilds zu einem neuen Bestand heranzuhegen. 1857 bat er in einem Immediatgesuch König FRIEDRICH WILHELM IV. um einige Stücke Mutterwild aus dem Potsdamer Wildpark.

Der König soll zu dem etwas merkwürdigen Ansinnen geäußert haben: „Was auch nicht alles von einem König erwartet wird", und REIFF wurde abgewiesen. Er ließ aber nicht locker, und schließlich genehmigte der König die Bitte, um den alten Quälgeist an der russischen Grenze endlich zur Ruhe zu bringen. REIFF bemerkte sinngemäß: „Jetzt wundert man sich über eine solche Bitte, aber die Zeit wird kommen, wenn ich sie auch nicht mehr erleben werde, in der die Hohenzollernkönige nach der Rominter Heide fahren, um hier die stärksten Hirsche zu erlegen!" REIFF verfaßte 1858 einen bemerkenswerten Aufsatz, der in den „Kritischen Blättern für Forst- und Jagdwissenschaft" von Dr. W. PFEIL, 41. Band, 1. Heft, abgedruckt wurde und hier seiner Bedeutung halber in voller Länge zitiert sei:

„Das Rothwild der Romintischen Haide (Ostpreußen).

Die Romintische Haide im Regierungsbezirke Gumbinnen, besteht aus einem arrondirten Waldkomlplexe von circa 90.000 Morgen und ist in zwei Verwaltungsbezirke, die Oberförstereien Warnen und Nassawen eingetheilt. Zur Charakteristik beider Reviere mögen folgende kurze Bemerkungen dienen. Das Nassawer Revier liegt im Allgemeinen höher, als das Warner Revier, und wird fächerförmig von fünf Waldbächen, welche noch verschiedene kleinere Wasserläufe aufnehmen, durchflossen, die nach ihrer Vereinigung, oberhalb des Walddorfes Theerbude, die sogenannte Rominte bilden, welche als solche sich durch das Warner Revier ergießt, auch dort noch verschiedene kleine Waldbäche aufnimmt. An diesen Gewässern liegen zum Theil die schönsten Flußwiesen, welche in beiden Revieren mit den übrigen, anderweitig in den Revieren vertheilten Wiesen jährlich für circa 3.500 bis 4.000 Thlr. meistbietend verpachtet werden.

Die übrigen Theile dieses Waldkörpers bestehen größtentheils aus unzähligen kleinen Anhöhen und Höhenrücken und eben so unzähligen kleinen und größeren Brüchern. Soweit der Boden kräftig erscheint, sind die Anhöhen mit Fichten und hin und wieder mit eingesprengten Ahornen, Aspen, Hainbuchen, Birken und Linden bestanden; den schlechteren Boden nimmt die Kiefer ein. Die Brücher hingegen sind in Folge der noch verhältnismäßig wenig vorgenommenen Entwässerungen und meist torfigen Beschaffenheit mit schlechtwüchsigen Birken, kiefernen und fichtenen Kusseln, Weidengestrüppe und wenigen Erlen versehen. Wenngleich diese Brücher dem Forstmanne kein interessantes Bild darbieten, zumal da die erstgenannten Holzgattungen in denselben wie mit handlangen Flechten überzogen sich darstellen, so ist doch in diesem eigentümlichen Zustande derselben das Gedeihen des Rothwildes zu suchen.

So viel mir darüber bekannt ist, kommt Rothwild nordöstlicher als hier in Europa nirgends mehr vor, denn Rußland hat nur ganz vereinzelt in Parkanlagen Rothwild aufzuweisen, woraus man schließen sollte, dasselbe könnte hier an der Grenze seines Erscheinens auch nur sehr dürftig auftreten, zu welcher

Meinung die strengen Winter um so mehr berechtigen, da Winter mit 3 Fuß hohem Schnee und 20 bis 26° R. Kälte, welche 5 Monate das Schlittenfahren gestatten, nicht zu den großen Seltenheiten gehören, und kaum werden durch solche entsetzliche Winter dem Rothwildstande wenige geringe Schmalthiere geraubt. Aber trotz dieser strengen Winter wird hier vom Rothwilde keine Fichtenpflanze verbissen, keine Fichte, keine Kiefer geschält; es wird im Winter reichlich in den oben beschriebenen Brüchern ernährt, während es im Sommer für ausgestandene Kälte durch die üppigste Äsung entschädigt wird, denn Gras und Himbeerstauden wachsen in den jungen Schlägen 5 bis 6 Fuß hoch.

Obgleich nun an der Grenze seines Vorkommens, wundere man sich nicht, das Rothwild hier in einer Vollkommenheit zu finden, die an Urzustände erinnert. In früheren Jahren wurde mir hinlängliche Gelegenheit, in Deutschland Rothwildstände kennen zu lernen, namentlich in meiner Heimath, im Harze; wenn man jedoch die Fährten, Schläge usw. hiesiger starker Hirsche gewahrt, glaubt man unwillkürlich nach Nordamerika unter Wapitti's versetzt zu sein. Welcher Jäger sah in Deutschland je eine Hirschfährte von 4 1/2 Zoll rhein. Länge und 3 1/2 Zoll Breite? Einen Hirschschlag an 4- bis 5-zölligen Stangen von 7 Fuß 6 Zoll rhein. Höhe? Den Schritt eines Hirsches von mehr als 3 Fuß Länge? Es klingt allerdings fabelhaft, und doch ist hier noch solch' Wunder zu finden.

Vor zwei Jahren lief die Mittheilung durch hiesige Blätter, daß bei Bückeburg, im fürstl. Schaumburg-Lippeschen, ein Hirsch von 14 Enden und 400 Pfd. Schwere, mit Haut und Haaren gewogen, geschossen sei. Schon daraus, daß obige Mittheilung durch die öffentlichen Blätter ging, läßt sich schließen, daß das Gewicht jenes Hirsches ganz ungewöhnlich gewesen sein muß, und dennoch würde jener Held im Vergleiche zu den hiesigen starken Hirschen einem Pygmäengeschlechte angehören. Zum Vergleich werden nachfolgend die Gewichte zweier Hirsche speziell aufgeführt, welche von dem Unterzeichneten selbst erlegt wurden. Im Jahre 1854, ich muß es zu meiner Schande gestehen, erlegte ich am 16. November bei Schnee einen Hirsch von 14 Enden (welcher in der Keule eine kaum verheilte Kugel von einem Wilddiebe mit sich trug), der auch nicht ein Loth Feist bei sich hatte und vollständig heruntergekommen war, derselbe wog: 1) Keule = 29 Pfd., 2) do. = 30 Pfd., 3) Blatt = 29 Pfd., 4) do. = 30 Pfd., 5) Wamme = 21 Pfd., 6) do. = 21 Pfd., 7) Hals = 17 Pfd., 8) do. = 22 Pfd., 9) Vorderzimmer = 24 Pfd., 10) Mittelzimmer 18 Pfd., 11) do. = 25 Pfd., 12) Hinterzimmer 42 Pfd., 13) Morbraten = 4 Pfd.: Summa = 312 Pfd.

Der Hirsch hatte hinter den Blättern 2 Fuß rh. Durchmesser und, wie ein Pferd gemessen, eine Höhe von dem hinteren Theile der Schale bis zum Widerrist von 4 Fuß 9 Zoll rh. Das Gewicht der nicht verkauften Theile wurde leider nicht ermittelt. Das Geweih wog 16 Pfd.

Ein weit geringerer, jedoch sehr alter Hirsch von 12 Enden wurde in der besten Zeit, am 5. September 1856, von mir erlegt, dessen Gewicht nachstehende Resultate ergab: 1) Keule = 36 Pfd., 2) do. = 36 Pfd., 3) Blatt = 33 Pfd., 4) do. = 35 Pfd., 5) Wamme = 32 Pfd., 6) do. = 32 Pfd., 7) Hals = 23 Pfd., 8) do. = 30 Pfd., 9) Vorderzimmer = 18 Pfd., 10) Mittelzimmer 21 Pfd., 11) do. = 9 1/2 Pfd., 12) Hinterzimmer = 37 Pfd., 13) Morbraten = 4 Pfd., 14) Feist = 31 Pfd., 15) Kopf = 15 Pfd.: Verkäuflich in Summa = 402 1/2 Pfd., 16) Geweihe = 15 Pfd., 17) Haut = 26 Pfd.: 443 1/2 Pfd., 18) Gescheide u. Schweiß = 73 1/2 Pfd., 19) Geräusch = 25 Pfd.: Gesammtsumme = 542 Pfd. Durchweg 110 Pfd. pr. Centner. (Der historisch berühmte 66-Ender, welchen König Friedrich I. 1706 bei Fürstenwalde erlegte, wog 535 Pfd.)

Dieser Hirsch hatte hinter dem Blatte einen Durchmesser von 23 Zoll rhein. und nur eine Höhe von 4 Fuß 6 Zoll. Der zuerst bezeichnete würde eben so enorm sein, als der letztere, etwa ein Gesammtgewicht von 650 Pfd. gehabt haben. Der erstere Hirsch schritt im gewöhnlichen Gange 2 Fuß 9 Zoll und schlug 7 Fuß 5 Zoll, der letztere schritt 2 Fuß 7 Zoll und schlug 7 Fuß 3 Zoll, in den Dimensionen waren die Fährten gleich, nämlich 4 1/4 Zoll lang und 3 1/4 Zoll breit. Der stärkste Hirsch des hiesigen Wildstandes hatte im vorigen Jahre, als er zum letzten Male am 22. Juni gesehen wurde, bereits regelmäßige, gerade 20 Enden vereckt, auch gibt derselbe die kolossalen, oben angeführten Fährtendimensionen. Die Geweihe stehen mit dem starken Rumpfe im Verhältnisse, nur tragen die Hirsche verhältnismäßig wenige Enden, obgleich aus dem Spießer gewöhnlich im nächsten Jahre ein 8-Ender und im folgenden Jahre nicht selten ein geringer Zwölfender wird, so übersteigt der Hirsch doch erst nach mehreren Jahren diese Endenzahl.

Der Aufsatz der starken Geweihe und der schnelle Ansatz von Enden sind aber sicherlich nicht allein der guten Äsung zuzuschreiben, sondern auch dem Verhältnisse der Hirsche zu den Thieren, denn schon seit langer Zeit existiren hier fast eben so viele Hirsche, als Thiere, bei welchem Verhältnisse der geringe Hirsch gar nicht zum Brunften gelangt.

Um eine Vorstellung von der Stärke der Geweihe zu gewähren, muß ich anführen, daß die Schwere starker Geweihe zwischen 16 und 26 Pfund variirt und Geweihe mit mehr als 24 Enden sich nicht vorfinden. Dergleichen Exemplare sind jedoch hier fast nur noch in meiner Sammlung zu sehen, denn vor 20 bis 25 Jahren wurden die kostbarsten Geweihe aufgekauft und zu Messerschalen etc. verarbeitet.

Die Brunftzeit ist anfangs September in vollem Gange, ich hörte vor einigen Jahren bei einer sehr kühlen Nacht vom 23. zum 24. August einen Hirsch schreien, der letztgeschossene schrie am 3. September 1856. Der stärkste Hirsch schreiet merkwürdiger Weise fast gar nicht.

Beim Lesen obiger Zeilen wird sich der passionirte Jäger wohlthuend erwärmt haben, als lindernde Abkühlung möge er nun auch die klägliche Mittheilung vernehmen, daß von dem früher so starken und schönen Rothwildstande (vor 40 - 50 Jahren) von Wilddieben etwa 30 Stücke übrig gelassen sind, die letzten im ganzen Regierungsbezirke, welche nun dazu benutzt werden sollen, das Verlorene wieder zu ersetzen; an dem Gelingen ist bei dem jetzt recht guten Schutze der Reviere nicht zu zweifeln, die Zukunft wird darüber Aufschluß geben.

Um schneller zum Ziele zu gelangen, wurden im vorigen Herbste durch die Gnade Seiner Majestät sechs Stück Mutterwild aus dem Wildparke zu Potsdam hierher gesandt, welche bis auf ein Stück, welches beim Transporte kurz vor dem Ziele verunglückte, hier glücklich Ende September angelangten und sogleich in Freiheit gesetzt wurden. Der überaus günstige Herbst mit seiner guten Äsung wirkte so wohlthätig auf die Ankömmlinge, daß dieselben sich noch mit unseren Hirschen befreundeten und vier von ihnen in nächster Setzeit die Früchte ihres Freundschaftsbündnisses zu Tage fördern werden.

Das Wild wurde während des allerdings gelinden Winters (denn nur auf einige Tage trat eine Kälte von 22° R. ein) grundsätzlich nicht gefüttert, und kam gut aus dem Winter. Wenngleich nun das hierher gesandte Wild so sehr auffallend geringer ist, als das hier einheimische, – denn die Fährte eines starken einheimischen Thieres ist mehr als zweimal größer, als die der Fremdlinge –, so wird die Nachkommenschaft bei der vorzüglichsten Äsung doch schon bedeutend stärker werden und steht zu erwarten, daß bei einer richtigen Behandlung des späteren Wildstandes und zwar durch den Abschuß des geringeren Wildes (jedoch nicht des jüngeren, welches noch im Wachstume begriffen ist) durch die Mischung dieser Wildracen die Stärke nicht beeinträchtigt werden wird.

Diese hier überaus starke Rothwildrace soll in den Karpathen und Serbien wieder auftreten; es drängt sich bei dieser Erscheinung die Frage auf, ob dies wirklich eine besondere Rotwildrace sei, oder ob dieselbe sich durch die eigenthümlichen Verhältnisse so stark ausgebildet habe. Die Äsung wird überall da, wo sie erscheint, ausgezeichnet sein; aber es gibt noch mehr Gegenden, welche dem Wilde vorzügliche Äsung bieten und wo dennoch das Wild keine besondere Stärke erreicht; ist der Schlüssel zu dieser Erscheinung nicht vielleicht in der Behandlung der Wildstände zu suchen? Kann es geleugnet werden, daß fast überall planmäßig das stärkste Wild, welches zur Nachzucht erhalten werden sollte, den Weg zur Wildpretskammer antreten muß? Und seit wie langer Zeit hat man dieses Verfahren schon festgehalten! Ist es da zu verwundern, wenn eine Wildrace vollständig heruntergebracht wird? Man versuche es mit der Viehzucht bei größter Race, entnehme einem Stalle immer das schönste und stärkste und reservire die winzigsten Stücke zur Nachzucht, wohin wird man nach 20 Jahren gelangen? Diese Frage wird gewiß jeder Viehhalter richtig beantworten.

Unter hiesigen Verhältnissen ist erweislich nie mit Auswahl geschossen, man hat erlegt was gerade zu Schuß gekommen ist, ohne sich viele Mühe zu geben, wobei das ältere, stärkere und erfahrenere Wild am besten weggekommen, woraus die Stärke der geringen Überbleibsel zu erklären ist, welches aber überhaupt auch die ursprüngliche Stärke des europäischen Rothlwildes unter günstigen Verhältnissen gewesen sein mag.

Sollte bei sonst recht günstigen Verhältnissen daran gelegen sein, eine heruntergekommene Rothwildrace wieder zu heben, so möge man dem zu großen Gelüste, starke Hirsche zu schießen, Zügel anlegen, den Abschuß derselben am allerwenigsten unerfahrenen Pürschjägern überlassen, und auf die Erziehung starker Hirsche überhaupt mehr Bedacht nehmen, auch den Abschuß ausgezeichnet starken Mutterwildes, so lange es Kälber setzt, gänzlich untersagen, dann würde mit der Zeit der Jäger sich wieder an dem Anblicke recht starker Hirsche ergötzen können. Dabei ist wohl zu beachten, daß der Hirsch mindestens 12 Jahre zunimmt und bis dahin immer noch nicht vollständig ausgewachsen ist; das Geweihe kann bis etwa 16 Jahre zunehmen, später werden keine Enden mehr zugelegt werden.

Sollten meine Zeilen einiges Interesse erregen und dem Wildzüchter beachtenswerthe Fingerzeige gegeben haben, so ist der Zweck derselben erfüllt. Nassawen, im April 1858.
Der Königl. Oberförster Reiff"

Bekannt war die umfangreiche Sammlung starker Geweihe, die REIFF aus der Rominter Gegend aufgekauft hatte. Seine in ärmlichen Verhältnissen lebende Witwe veräußerte die Sammlung an den Fürsten ZU DOHNA. Auf Schloß Schlobitten gingen sämtliche Geweihe der Sammlung 1945 verloren, als das Schloß niederbrannte.

REIFF gelang es mit unermüdlichem Eifer, den Wildbestand zu erhalten und zu vermehren. Selbst Tag und Nacht im Wald nach Wilddieben fahndend, spornte er auch seine Beamten an, und mancher Wilddieb verschwand damals im Dunkel des Rominter Waldes, bis REIFF selbst ein Opfer seines Berufs, seiner Pflicht und seiner Liebe zum Wild wurde: Am 19. Juli 1867 wurde er auf einem Pirschgang meuchlings von einem Wilddieb erschossen. An dieser Stelle, an der Grenze zum Warner Revier, Jagen 127, später der Mordweg genannt, setzte man ihm einen Gedenkstein, der folgende Inschrift trägt: „Hier wurde der Königl. Preuß. Oberförster CARL FRIED. REIFF am 19. Juli 1867 von Wildererhand erschossen."

REIFF ruht auf dem Oberförsterfriedhof Nassawen. Bis 1944 war die Mordstelle gepflegt, und auch 1991 war der Stein noch erhalten. Ihm zu Ehren erhielten auch ein Gestell, die sogenannte „Reiffbahn", und eine Revierförsterei den Namen „Reiff".

Oberförster v. Saint Paul, Nassawen

Eine prachtvolle Jägergestalt und zugleich ein einzigartiges Original war einer von REIFFS Nachfolgern, FRIEDRICH CASAFRANCA V. SAINT PAUL. Sein Großvater war aus Frankreich nach Preußen eingewandert. 1879 übernahm v. SAINT PAUL die Oberförsterei Nassawen, wo er auch 1907 verstarb. Allgemein nur der „Heilige Paul" genannt, besaß er einen legendären Ruf. Als knorriger Junggeselle lebte er nur für seine Hirsche. Ihm konnte wohl ein starker Hirsch, aber niemals ein Mensch Eindruck machen. Unzählige Geschichten umranken das Waidmannsleben dieses bescheidenen und bedürfnislosen Waldmenschen.

Sehr geheimnisvoll waren die Fuchsjagden, die der Heilige Paul im Winter veranstaltete und auf denen angeblich eine Unmenge von Füchsen geschossen wurde. Niemand wußte Genaues darüber, da er sie ganz allein mit seinem Bruder, einem alten Forstschutzgehilfen und wenigen verschwiegenen Waldarbeitern machte. Ein Augenzeuge berichtet: „Nach einem ausgiebigen Frühstück fuhren wir gegen 5 Uhr in den Wald, ohne daß ich wußte, was nun eigentlich geschehen sollte. Es war eine herrliche, klare Winternacht, der Schnee lag hoch. Wir fuhren durch ältere Bestände der Nordostecke des Reviers, hinter der große Dickungen lagen, und hielten vor zwei vorbereiteten Ständen, hinter denen man

Oberförster v. Saint Paul (links) mit Kaiser Wilhelm II.

Lappen wehen sah. Erst da wurde mir klar, daß ich das unglaubliche Glück hatte, an einer seiner geheimnisvollen und berühmten Fuchsjagden teilnehmen zu können ..."

Bei dieser Jagd erlegte v. SAINT PAUL zwei und der Berichterstatter sieben Füchse. „Der Heilige Paul kam zu meinem Stand und war sichtlich erfreut über die gute Strecke. Da streckte er plötzlich die Hand aus, zeigte auf eine Fuchsspur, die bis nahe an meinen Stand und wieder zurück führte, und fragte mit strenger Miene und rollenden Augen: ‚Was ist das?' Ich sah ein, daß ich einen Fuchs verpaßt hatte und fürchtete, daß ich nun den Unwillen des alten Herrn erregt hätte. Da wir und die Treiber aber keinen Fuchs hatten zurückgehen sehen, kamen wir zu dem Schluß, daß es einer der von uns später erlegten sein müsse, und so zog das Unwetter vorüber" (POGGE, 1931).

Daß v. SAINT PAUL in jagdlicher Hinsicht keinen Spaß verstand und jagdliche Verstöße ohne Ansehen der Person mit erfrischender Deutlichkeit behandelte, mußte auch einmal sein Bruder, der damalige Gendarmeriemajor v. SAINT PAUL, erfahren. Dieser durfte jährlich einen geringen, schlecht veranlagten Hirsch erlegen. Einmal hatte er einen Hirsch anscheinend kurz weidwund geschossen und war unvorsichtigerweise zu früh nachgegangen. Der Hirsch wurde aus dem Wundbett hoch und ward nie wieder gesehen. Auf die Bitte seines Bruders, einen anderen Hirsch schießen zu dürfen, schlug der Heilige Paul dies rundweg mit den Worten ab: „Du kannst im nächsten Jahr wiederkommen und nachsehen, ob dein angeschweißter Hirsch wieder gesund geworden ist" (POGGE, 1931).

Der Forstmeister besaß übrigens einen rauhaarigen russischen Schweißhund von eisgrauer Farbe, „Saul" genannt, von dem er manche Heldentat zu berichten wußte. Dieser muß wohl ausgezeichnet zu seinem Herrn gepaßt haben. Zum genauen Ansprechen der Hirsche benutzte v. SAINT PAUL ein dickes, über 1 m langes Fernrohr.

Sehr ungern sah es Forstmeister v. SAINT PAUL, als 1892 ein neues Betriebswerk über seine Oberförsterei erstellt werden sollte. Der damit beschäftigte Assessor berichtet: „Er sagte mir von vornherein, daß er mit der Sache nichts zu tun haben wollte; das Thema durfte nicht berührt werden. Auf einem Pürschgang kam der Kaiser mit dem Heiligen Paul, wohl nicht ganz von ungefähr, an einer Dickung vorbei. Dort fiel ihm ein frisch aufgeworfener Hügel mit einem Pfahl auf. Auf seine Frage nach der Bedeutung des Hügels sagte der Heilige Paul achselzuckend: 'Von hier soll nach der Bestimmung der neuen Taxe ein neuer Weg mitten durch die Dickung gelegt werden. Natürlich wird da später kein Hirsch mehr drin stehen.' Sehr bald große Bereisung durch einen Ministerialforstbeamten mit der Wirkung, daß die Taxe nur in einfachster Form, ohne neue Wege und unter Beibehaltung der alten Quadratjagen von 50 ha Größe durchgeführt wurde. Der Heilige Paul hatte die Gefahr für seine Hirschdickungen noch einmal abgebogen. Zehn Jahre später hat er dann allerdings doch daran glauben müssen" (WALCKHOFF, 1931).

Derselbe Alptraum wiederholte sich nämlich für den Forstmeister im Jahr 1903, als erneut taxiert werden sollte. Es war eine Qual für den Heiligen Paul, auf all die Fachsimpeleien seiner Vorgesetzten eingehen zu müssen, und mit Todesverachtung kämpfte er um die Erhaltung der alten Bestände, von denen er sich nicht trennen mochte. Anläßlich der Bereisung lud der Oberforstmeister aus Gumbinnen zu einer Flasche Rotwein ein, erhob sein Glas und sagte würdevoll: „Meine Herren, es lebe der König und die Taxe!" Damit wurde aber dem Heiligen Paul die verflixte Taxe wieder in Erinnerung gebracht, er zog sein Gesicht in grimmige Falten und entgegnete: „Ja! Auf den König, da trinke ich immer und gerne, die Taxe aber" – vielsagende Handbewegung – „die hol' der Deubel." (POGGE, 1931).

Der Kaiser schätzte Forstmeister v. SAINT PAUL als fähigen Beamten, der jederzeit offen seine Meinung vertrat. Auch wußte er seine originellen Äußerungen richtig zu beurteilen. Bei einer Pirsch wollte der Monarch seine Verhaltensweise entschuldigen, indem er zum Heiligen Paul sagte: „Ich wollte doch nicht in Ihre Dispositionen eingreifen." Da erwiderte der getreue Beamte: „Im entscheidenden Augenblick muß der Jäger selbst wissen, was er zu tun hat, da habe ich keine Disposition!" Diese wenig hofmäßige Ausdrucksweise nahm ihm aber der Kaiser nicht übel, er äußerte nur später: „Der hat mich heute früh schon gehörig angepfiffen. Mit dem ist heute nichts zu machen."

Prinz FRIEDRICH KARL pirschte mit Vorliebe mit dem Heiligen Paul. Obwohl der Prinz den Revierverwaltern der Rominter Heide nur sehr geringe Beschränkungen im Hirschabschuß auferlegte, hat v. SAINT PAUL doch jährlich nie mehr als einen Hirsch geschossen. „Der konnte sich allerdings sehen lassen, und wer zum ersten Mal sein Wohnzimmer betrat, dem blieb beim Anblick so vieler Kapitalgeweihe, wie man zu sagen pflegt, die Spucke weg." (WALCKHOFF, 1931).

Forstmeister Freiherr Speck v. Sternburg, Szittkehmen

*Wenn auch verwittert die Gestalt,
ein königstreues Waidmannsherz wird niemals alt!*
GENERAL V. ARNIM

Die Lebensgeschichte des Forstmeisters JOSEPH Frhr. SPECK V. STERNBURG (1863 – 1942) ist unlösbar mit der Rominter Heide verbunden, obwohl er selbst kein Sohn Ostpreußens war.

Nach dem Abitur und Dienst als Feldjäger bei den Naumburger Jägern studierte er Rechtswissenschaft an den Universitäten Leipzig und Berlin sowie Forstwissenschaften an der Forstakademie Eberswalde. Seine Referendarzeit führte ihn im Mai 1890 in die Oberförsterei Rominten (Szittkehmen) zu Frhrn. v. NORDENFLYCHT. In einem späteren Artikel schildert v. STERNBURG in humorvoller Art die Umstände, die ihn damals in die Rominter Heide führten: „Ich wollte möglichst weit nach dem Osten, den ich noch nicht kannte". Er zog den bekannten „Hagen-Donner" (Die forstlichen Verhältnisse Preußens, Auflage 1883) zu Rate. „Unter Regierungsbezirk Gumbinnen, Nr. 17-20, waren die Oberförstereien Goldap, Rominten, Nassawen, Warnen aufgeführt. Die Spalten I: Betriebsarten, II: Holzpreise, interessierten weniger. Was halfen mir als flottem Referendar die Holzpreise, wo ich doch nichts von habe, wie der Ostpreuße sagt. Spalte III: Jagdverhältnisse. ‚Rotwild, Standwild': Goldap 33, Rominten 60, Nassawen 143, Warnen 42, zusammen also 278 Stück. Das paßt! Da gehen wir hin. Vielleicht fällt was ab."

Forstmeister a. D. Frhr. Speck v. Sternburg am 6. April 1933, seinem 70. Geburtstag,

In diese Zeit fiel auch der große Brand, der das Oberförstereigebäude in Szittkehmen völlig einäscherte. Bereits 1892 übernahm der damalige Forstassessor v. STERNBURG das Revier von seinem Vorgänger v. NORDENFLYCHT, der in die Oberförsterei Lödderitz an der Elbe wechselte.

Bei einer ersten Begegnung mit Kaiser Wilhelm im Herbst 1890 spielte sich übrigens eine kleine Episode ab, die etwa wie folgt verlief: v. STERNBURG bemerkte als Begleiter im Gefolge des Monarchen anläßlich einer Pirschfahrt einen im Wasser der Rominte stehenden Hecht und bat einen Hofbeamten, den Kaiser darauf aufmerksam zu machen. Nachdem der Kaiser auf den Hecht geschossen hatte, wandte er sich mit den Worten: „Na, Sternburg, holen Sie ihn doch raus!" an den jungen Referendar, der daraufhin ins Wasser watete und den Fisch an Land holte. Diese Begebenheit sprach sich herum und wurde schließlich zur „Grünen Anekdote aus Rominten", die von Jahr zu Jahr mehr „Patina" ansetzte, sich aber bis heute erhalten hat. Unter anderem wurde berichtet, der wild um sich schnappende Hecht habe v. STERNBURG einen Finger abgebissen. Tatsächlich hat sich v. STERNBURG den Finger später beim Sprung über einen vereisten Graben selbst abgeschossen. Bei guter Laune pflegte der Forstmeister seinen Gästen eine mit Spiritus gefüllte Flasche zu zeigen, in der der abgeschossene Finger konserviert war.

Kurz nach dieser „Hecht-Episode" wurde Frhr. SPECK V. STERNBURG vom Kaiser telegrafisch in die Karpaten beordert, um dort dem österreichischen Kaiser Franz Joseph, bei dem der deutsche Kaiser im Anschluß an den Aufenthalt in Rominten - weilte, Abwurfstangen vorzuführen. Das bedeutete für den jungen Forstmann eine hohe Ehre.

Die frühzeitige Ernennung zum Verwalter des bekannten Reviers verdankte v. Sternburg seinen Fähigkeiten, die auch dem Kaiser nicht verborgen geblieben waren. Dieser schreibt in „Ereignisse und Gestalten 1878 – 1918" (1922): „Auf dem Gebiete des Forstwesens habe ich von den Forstmeistern Freiherrn v. Hövel (Joachimsthal, Schorfheide) und Freiherrn Speck v. Sternburg (Szittkehmen, Rominten) auf meinen Pürschfahrten mit diesen vorzüglichen Pürschjägern und Administratoren viel gelernt." Frhr. Speck v. Sternburg hat das in ihn gesetzte Vertrauen durch die mustergültige, 31 Jahre währende Verwaltung seines Reviers vollauf gerechtfertigt. Jagdlich sehr passioniert, gelang ihm der weitere Aufbau und die qualitative Verbesserung des Rotwildbestands (siehe auch Grafik 2, Seite 159). In richtiger Erkenntnis der Zweckmäßigkeit einer einheitlichen Bejagung hatte ihm der Kaiser auch die jagdliche Leitung über die gesamte Heide übertragen. So erreichten damals die Hirsche wieder eine Geweihstärke, wie seit langer Zeit nicht mehr. Auch die umfangreiche Anlage von Pirschpfaden, Schirmen und Kanzeln, die den immer weiter vervollkommneten Wahlabschuß erst ermöglichten, geht weitgehend auf die Initiative und Anordnung v. Sternburgs zurück.

Als Waldbauer war v. Sternburg ein strikter Gegner von Kahlschlägen und setzte sich für die natürliche Verjüngung der Bestände ein. Auch die Zahl der Förstereien wurde auf seine Veranlassung vermehrt. Seinen Beamten war er ein guter und gerechter Vorgesetzter, der auch um ihr persönliches Wohl besorgt war. Er konnte auch Widerspruch ertragen, man mußte aber stets bei der Wahrheit bleiben!

Speck v. Sternburg begründete um 1908 die Fischzuchtanlage in Bibergraben und schuf zahlreiche Stauteiche, in denen die durch künstliche Befruchtung gewonnenen Fische ausgesetzt wurden. Auf dem Gebiet der Fischzucht in Waldgewässern wurde er ein bekannter Fachmann. Nicht zuletzt besaß er auch sehr gründliche Kenntnisse in der Ornithologie (Steinfatt, 1938). Er veröffentlichte zahlreiche jagdliche Beiträge, aus denen bisweilen sein Humor sprach.

Im übrigen scheute er sich nicht, von seinen Vorgesetzten empfohlene jagdliche Maßnahmen, die er für nachteilig hielt, abzulehnen, so beispielsweise die Einkreuzung von Wapitis. In jagdlichen Fragen sowie auch bei der baulichen und parkartigen Ausgestaltung des Dorfes Rominten blieb v. Sternburg der bewährte Ratgeber des Kaisers. Auch auf sozialem Gebiet entfaltete er in der Rominter Umgebung ein segensreiches Wirken. Er unterstützte aus eigener Tasche viele Bedürftige.

Forstmeister v. Sternburg übernahm bereitwillig öffentliche Aufgaben, lehnte aber jede weitere Ehre und Beförderung ab, die ihn gezwungen hätte, seinen geliebten Wald zu verlassen. Als man ihm den Posten eines Hofjägermeisters anbot, soll er sinngemäß erwidert haben: „Ich bin ein preußischer Beamter, ich bin keine Hofschranze; ich will meine Freiheit behalten!" Er blieb in seiner freien, offenen Gesinnung innerlich unabhängig.

Es sollte nicht unerwähnt bleiben, daß auch v. Sternburgs junge Frau Anna geb. v. Dressler (Schreitlaugken) eine passionierte Jägerin war und am Beruf ihres Mannes regen Anteil nahm. So stellte sie am Vormittag des 1. Oktober 1909 einen auf der Lasdenitze sitzenden starken Hirsch fest und meldete dies telefonisch nach Rominten in der Annahme, ihr Mann werde sich weiter um die Sache kümmern. Dieser war jedoch nicht erreichbar, und der Kaiser ließ ihr über den Fürsten Dohna bestellen, sie selbst solle ihn auf den Hirsch führen!

Als der Kaiser dann mit dem Auto aus Rominten eintraf und sich, von Frau v. Sternburg geführt, zur Kanzel an der Lasdenitze begab, saß der Hirsch tatsächlich noch immer dort, und der Kaiser kam zu Schuß. Es war ein kapitaler 14-Ender. Der Kaiser war höchst erfreut und auch amüsiert über diese schnelle und erfolgreiche Pirsch: „Es sei ja schon erstaunlich – da bemühten sich der Forstmeister und die anderen Beamten oft tagelang um gute Hirsche, und nun melde sich die Baronin, mache einen Knicks" (den damals bei Damen üblichen Hofknicks), „führe ihn an die Wiese und er schieße einen guten Hirsch. Das sei doch viel eleganter als mit ihrem Mann verlaufen!"

Forstmeister Frhr. Speck v. Sternburg, Szittkehmen, mit Tochter Anna-Josepha, die 69 Jahre später wesentlich zum Gelingen dieses Buches beitrug

Im Ersten Weltkrieg, den er im Osten als Major und Kommandeur des Landsturmbataillons Goldap mitmachte, zog sich v. STERNBURG erheblichen Schaden an seiner Gesundheit zu, von dem er sich nie wieder richtig erholen sollte. Nach seiner Rückkehr 1918 begannen schwere Jahre für ihn. Das Kriegsende und das damit verbundene Ende der Monarchie hatten ihn wie viele andere hart getroffen. Obwohl in politischen Einzelfragen nicht unkritisch, fühlte er sich in seiner konservativen Gesinnung dem Kaiser als Beamter und auch persönlich zu tiefem Dank verpflichtet. Lange Jahre jagdlichen Erlebens verbanden ihn mit seinem obersten Jagdherrn, und er machte aus seiner Gesinnung kein Hehl.

Nachdem er den Kaiser 1923 in Doorn besucht hatte, traten die Gegensätze noch deutlicher zutage. Als er nach dreißigjähriger Dienstzeit in die Nähe Berlins versetzt werden sollte, zog er eine vorzeitige Pensionierung vor, zumal es auch wegen forstlicher Maßnahmen wiederholt zu Reibereien mit seinen Vorgesetzten gekommen war. Auch hier zeigte es sich, daß seine eigenwillige Natur bei Dingen, die ihm am Herzen lagen und von deren Richtigkeit er überzeugt war, keinen Widerspruch duldete. Aber auch jetzt, nach seiner Pensionierung, mochte er sich nicht von der Rominter Heide trennen. Ein altes verfallenes Gehöft unweit der Oberförsterei mit ein paar Morgen Land, „Kaputtenthal" genannt, hatte er schon vor Jahren erworben. Jetzt wurde es von ihm renoviert, ausgebaut und zu einem kleinen landwirtschaftlichen Musterbetrieb gestaltet. Zwar konnte er nicht mehr in der Heide jagen, aber fast täglich führten ihn Fahrten und Gänge dorthin. Er bedauerte, daß sein Nachfolger nun vermehrt Kahlschläge ausführte.

Als Vertreter der deutschnationalen Partei gehörte er dem Kreistag und mehreren Ausschüssen an. Er stellte sein juristisches Wissen und seine reiche Lebenserfahrung der Öffentlichkeit, vor allem auch der Kirche, zur Verfügung. Die politische Entwicklung nach 1933 verdüsterte aber merklich seinen Lebensabend. Niemals fand er eine innere oder äußere Bindung zu den nationalsozialistischen Machthabern. Rein äußerlich offenbarte sich dies darin, daß ihm jede öffentliche Tätigkeit in wenig schöner Weise aufgekündigt wurde. Mit besonderer Empörung verurteilte er die Judenverfolgungen, und wiederholt hielt er schützend seine Hand über ihm bekannte Personen.

Es blieb ihm nicht erspart, den Ausbruch des Zweiten Weltkriegs noch zu erleben, dessen Ausgang trotz aller anfänglichen Erfolge ihm nicht zweifelhaft erschien. Seine älteste Tochter berichtet von abendlichen Gesprächen, die er vor Beginn des Rußlandfeldzugs am runden Tisch des gemütlichen, mit Jagdtrophäen und Aquarellen von RICHARD FRIESE geschmückten Wohnzimmers mit den bei ihm einquartierten Offizieren führte: „Ich vermisse Ihre Winterausrüstung, meine Herren", sagte da der alte Forstmeister zu seinen Gästen. „Wo sind denn Ihre Pelze? Wie wollen Sie in Rußland Krieg führen?" Die Antwort lautete: „Aber Herr Baron, da sind wir doch Ende Oktober fertig damit!" – „Meine Herren, Sie kennen Rußland nicht, wissen Sie, wie es Napoleon ergangen ist?" – „Das machen wir besser als Napoleon damals!" – Darauf hatte er nur ein müdes Lächeln, und später meinte er: „Ich kenne Rußland; Rußland kriegen sie nicht so leicht kaputt."

Der gewaltige Aufmarsch, die Kolonnen, die Tag und Nacht an seinem Haus vorbeizogen, erschütterten und deprimierten ihn. Eins aber brauchte er nicht mehr zu erleben, den Verlust Ostpreußens. Am 30. Januar 1942 verstarb Forstmeister v. STERNBURG im Johanniterkrankenhaus Szittkehmen. Er ruht unter den Bäumen des kleinen Waldfriedhofs in Rominten (A. v. Sternburg, 1955). An seinem Grab sprach als einziger der Forstbeamten Revierförster Roegler, Szittkehmen. Die Zurückhaltung anderer Amtsträger war zweifellos in v. Sternburgs kritischer Haltung gegenüber dem Nationalsozialismus begründet.

Sein Haus „Vierlinden", von dem aus man einen herrlichen Blick über das Soldatenbruch hinweg in das Wipfelmeer der Rominter Heide hat, dient heute Familien von Forstangestellten als Wohnung.

Das Jagdtagebuch des Forstmeisters v. Sternburg aus den Jahren 1890 bis 1903 ist erhalten geblieben. Nachfolgend einige Auszüge aus diesem für die Geschichte der Jagd in der Rominter Heide sehr wertvollem Dokument. Der heutige Leser sollte nicht vergessen, daß manche Arten des von v. Sternburg erlegten Wildes damals noch in größerer Zahl vorkamen und nicht geschützt waren:

8.10.1894	Szittkehmen-Blindischken:	1 Fuchs
11.11.1894	Szittkehmen-Szittkehmen:	1 Marder (Eisen)
14.11.1894	Szittkehmen-Szittkehmen:	1 Marder (Eisen)
	Szittkehmen-Bludszen:	1 Spießer (Bludszer Straße nach Blinde-Brücke 192)
	Szittkehmen-Theerbude:	1 Kalb Raudonsthal
	Szittkehmen-Szittkehmen:	1 Kalb Gebirgsweg 103
27.11.1894	Bludszen-Raudonsgestell:	1 Damschmaltier
27.11.1894	Szittkehmen-Krapinnweg:	1 Lepus variabilis!
29.11.1894	Szittkehmen-Szittk.(Jagd):	1 Hase
7.12.1894	Treibjagd-Trakehnen:	33 Hasen
8.12.1894	Treibjagd Trakehnen:	25 Hasen, 1 Hund
10.12.1894	Nassawen-Schwentischken:	3 Hasen
15. 4.1896	Szittkehmen-Szittkehmen:	2 Astur palumbarius
7. 6.1896	Blindischken- ...(unleserl.):	1 Kranich
10. 6.1896	...(unleserl.)-See:	2 Enten
12. 6.1896	Dagutschen-Gollubien:	1 Sperber
6. 7.1896	Blindischken:	1 Bussard, 1 Storch
19. 7.1896	Dobawer See:	3 Möwen, 1 Ente
20. 7.1896	Szittkehmen:	1 Storch
25. 7.1896	Szittkehmen:	1 Storch
28. 7.1896	Szittkehmen-Blindischken:	1 Fuchs, 2 Störche
30. 7.1896	Szittkehmen-Blindischken:	6 Störche
1. 8.1896	Szittkehmen-Szittkehmen:	1 Storch
7. 8.1896	Szittkehmen-Blindischken:	1 Bussard, 1 Storch
7. 9.1896	Szittkehmen-Budergraben:	1 Kormoran
28. 9.1896	Goldap-Hirschthal:	1 Zwanzigender, 1 Schwarzspecht
30. 9.1896	Blindischken-Krapinnwiese:	1 Vierzehnender
13.10.1896	Szittkehmen-Pracherbrücke:	1 Astur palumbarius
15.10.1896	Gollubien-Wakschischke:	1 Schnepfe
18.10.1896	Gollubien- Wakschischke:	2 Schnepfen
20.10.1896	Szittkehmen-Theerbude:	1 Alttier
21.10.1896	Szittkehmen-Bärenbruch:	1 Alttier
29.10.1896	Szittkehmen-Bärenbruch:	1 Alttier
4.11.1896	Szittkehmen-Theerbude:	1 Schmaltier
6.11.1896	Szittkehmen-Theerbude:	1 Damschaufler
29.11.1896	Szittkehmen-Budergrabenhütte:	1 Edelmarder
5.12.1896	Schlobitten-Heide:	8 Hasen

7.12.1896	Proeckelwitz:	14 Hasen, 1 Hund
8.12.1896	Proeckelwitz:	25 Hasen
12.12.1896	Theerbude:	1 Krähe
13.12.1896	Lauerhütte-Bludszen:	2 Frischlinge
13.12.1896	Lauerhütte-Theerbude:	1 Edelmarder
15.12.1896	Lauerhütte-Porinngraben:	1 2-j. Keiler, 1 Frischling
16.12.1896	Lauerhütte-Bludszen:	1 Frischling

Abschließend sei noch eine Geschichte aus der Praxis des Rotwildabschusses wiedergegeben, die sich im Revier v. STERNBURGS abspielte. Erzähler ist Hegemeister WAGNER, Bibergraben, sein Zuhörer Revierförster ROEGLER, Szittkehmen: „Forstmeister v. Sternburg war ein gerechter Vorgesetzter, konnte auch Widerspruch vertragen. Aber wehe, wenn man ihn anschwindelte! Mal wäre es mir beinahe schlecht ergangen, aber ich kam mit einem blauen Auge davon, hatte Schwein ... Ich wohnte noch nicht lange hier, es muß im Winter 1908 gewesen sein, da hatten wir einen Schleuderhirsch hier, Sie wissen, diese Rückenmarkserkrankung, bei der die Hirsche eine Lähmung der Hinterhand erleiden, so daß sie nach dem Hochkommen erst torkeln, auch hinten zusammenbrechen, bis sie dann erst langsam, dann immer schneller flüchtig werden; ist ja unheilbar, tritt glücklicherweise selten auf. Der Hirsch trug noch 10 Enden, nichts Besonderes, Abschußhirsch für einen jungen Forstbeamten. Der Hirsch kam täglich zur Fütterung im Jagen 28, wo der alte Wildfang stand und äste sich im Fang satt. Sternburg hatte ihn sich angesehen, als er dort zwischen den Rüben und Kartoffeln saß und gab ihn mir frei. ‚Schießen Sie ihn tot, wir müssen sowieso Wild fangen und es wird ja immer schlechter mit ihm.'

Na gut! Ich bestellte mir den Haumeister für den nächsten Tag und wir setzten uns, nachdem gegen 3 Uhr nachmittags eingefüttert worden war, auf die Kanzel, von der aus die Falltore mittels Drahtzügen bedient wurden. Mit Einbruch der Dämmerung zog Mutterwild heran und in den Fang hinein, der Hirsch folgte taumelnd. Durch das Tor kam er noch, tat sich aber gleich an dem Kartoffelhaufen nieder und äste sich im Sitzen, es sah toll aus. Ich zog den Hebel, die Tore fielen prompt, dann polterte das Wild gegen die Bretter der Falltore, wie ja stets nach dem Fangen, Sie kennen das ja zur Genüge. – ‚Und der Hirsch?' – Der blieb sitzen. Am nächsten Morgen brachten wir die 3 Stück Wild in die Kästen, der Hirsch war auch auf den Läufen, verhielt sich aber sehr ruhig. Im Wildfang wollte ich ihn nun aber doch nicht schießen, sondern hatte mir was ausgedacht, so als junger Dachs kommt man ja auf alle möglichen Dummheiten. Die Waldarbeiter drückten ihn langsam in die Kammern des Auslaufs und der Haumeister glaubte wohl, es sollten die Stangen oberhalb der Augsprossen abgesägt werden, wie das ja bei Hirschen stets gemacht wird für den Transport. Jedenfalls hatte er ihm schon einen Strick um die Stangen gelegt, der ziemlich lang war.

‚Na', sagte ich, ‚Jekat, passen Sie auf. Ich stelle mich jetzt dort an die große Fichte und dann machen Sie den Schieber auf und lassen den Hirsch raus, ich werde ihn dann im Ziehen schießen. Ihren Strick können Sie ruhig am Geweih laßen.' Ich amüsierte mich über sein verdutztes Gesicht, ging zu meinem Stand und nahm den Drilling von der Schulter. Da kam auch der Hirsch schon taumelnd heraus und ich mußte mich beeilen, kam auch gut ab. Der Hirsch zeichnete so komisch, ich kann's gar nicht richtig beschreiben, und war gleich darauf hinter einem Anflughorst verschwunden. Na, da stimmte doch etwas nicht? Der offene Drilling zeigte es, – Sie raten es schon, ich hatte vergessen auf Kugel zu stellen, hatte mit Schrot geschossen! Auf 50 Schritt! Donnerwetter, was nun? Der Haumeister kam, sah gleich was los war. ‚Na, Herr Förschter, wie krieg ich nun meine Heulein' wieder?'

Ich faßte mich endlich. Es war ja Schnee, den Hirsch kriege ich doch, gehe einfach die Fährte aus, das wäre ja gelacht! So beruhigte ich den grinsenden Haumeister, der mich nun erst mal zum Bahnhof fahren mußte, wo ich die Verladung des gefangenen Wildes überwachte. Als alles fertig war, zeigte die Uhr aber schon 12.30. Das Mittagessen ließ ich stehen, fuhr wieder zum Fang zurück. Dabei begegnete ich auf der Chaussee ausgerechnet dem Chef, dem alten Sternburg und meldete ihm die erfolgte Verladung des Wildes. Vom Hirsch sagte ich nichts, aber natürlich fragte er, ob ich den Schleuderhirsch geschossen hätte.

‚Frechheit siegt' dachte ich und sagte „Jawoll', wollte mir doch keine Blöße geben. ‚Na schön, dann werde ich mir das Geweih demnächst mal ansehen. Waidmannsheil' und weg war er.

Jetzt wurde mir doch etwas bedenklich zu Mute. Aber ich mußte ja den Hirsch bald finden, der nachschleifende Strick mußte doch die Fährte unverkennbar machen. Also los. Ich hing also der Schleifspur nach, das war nicht sehr schwer. Immer wieder glaubte ich den Hirsch dicht vor mir zu haben, doch er war unentwegt weiter gezogen, hatte die tiefe Budergrabenschlucht umgangen, war durch Jagen 27, 26 nach Dagutschen hinein, immer südlich weiter. Diese Schleuderer sind ja unberechenbar. Keine Dickung hatte er angenommen, lag sicher an der Heuleine, die er mitschleppte und die ihn wahrscheinlich sehr ärgerte.

Nun, was soll ich Ihnen sagen, als es dunkel wurde, fand ich mich ohne Hirsch unweit der Revierförsterei Gollubien, die damals ja noch bebaute Hilfsförsterstelle war. Dort wohnte mein Freund Schoepe, den ich nun ins Vertrauen ziehen mußte. Also hin, hungrig und durstig und wütend über mein Pech, zu rauchen hatte ich auch nichts mehr. Morgen kommt sicherlich der Chef, sich das Geweih ansehen, au Backe, das kann nett werden!

Gollubien lag düster, nur in der Küche war Licht, die Haustür verschlossen. Auf mein Klopfen öffnete das Dienstmädchen. ‚Keiner zuhause, der Herr und die Frau sind weggefahren.' Das war ja lieblich, meine Beine wurden gleich noch müder, als sie es so schon waren. Immerhin konnte ich meine Frau anrufen und sie bitten, mir den Schlitten entgegen zu schicken. Das war ein Trost, aber die Zigarre, auf die ich mich schon so gefreut hatte, die hatte der Kollege freundlicherweise eingeschlossen.

Am nächsten Morgen war mein erster Blick aus dem Fenster: Nein, es hatte nicht geschneit. Also auf nach Gollubien, mein Freund Max Schoepe wartete schon da, wo ich gestern abend abbrechen mußte. Wir hatten uns natürlich spät abends noch telefonisch besprochen. Er grinste recht freundschaftlich, als er sagte: ‚Na Karl, die Geschichte ist ja unbezahlbar!' Wir umschlugen nun das nächste Jagen, der Hirsch war durch. Weiter gings und nachdem wir ihn weitere dreimal beim Umschlagen durchfährtet hatten, war uns ziemlich klar, daß die Reise in Richtung ‚Lazarett' ging. Das war eine Dickung mit Stangenholzpartien im Jagen 18, bekannt als Zuflucht kranken Wildes. Hoffentlich steckte er sich dort, es wurde Zeit, wir waren schon wieder seit 3 Stunden hinter ihm her. Wieder umschlagen, ich fährtete ihn nicht heraus. Die Hoffnung stieg. Freund Max war noch nicht zu sehen. Doch dann hörte ich rufen: ‚Karl, komm mal schnell her, hier ist Dein Hirsch!' – ‚Ist er tot?' – ‚Nein, er lebt noch!' Nun fing ich aber an zu schreien: ‚Na, dann schieß ihn doch tot, sonst kommt er noch mal weg, schieß ihn tot, schieß ihn tot' und lief, was ich konnte, auf das Rufen zu.

Sehen Sie, Kollege, und das hätte ich nicht so übereilen sollen, denn natürlich landete ich stolpernd im Schnee und konnte noch von Glück sagen, daß mein Drilling heil blieb. Als ich fluchend wieder stand, sah ich das armselige Häufchen Elend, den angebundenen Zehner. Angebunden im wahrsten Sinne des Wortes, denn die Heuleine hatte sich an einem Kiefernstämmchen verfangen und nun war der Hirsch offenbar solange um den Stamm herumgezogen, bis er nicht mehr weiter konnte und ganz dicht am Stamm in verkrümmter Haltung saß.

Der Fangschuß beendete seine Qual, die Angst in den großen Lichtern erlosch und als ich den Strick löste, fiel das Haupt zur Seite. Es war mein erster Hirsch, aber daß ich an seiner Erlegung keine tolle Freude hatte, werden Sie verstehen.' Ich nickte. ‚Immerhin konnten Sie nun dem Chef das Geweih vorzeigen!' – ‚Ja, das konnte ich glücklicherweise. Er kam spät gegen Abend, aber da stand er schon abgekocht im Wasser.' – ‚Was hat er denn gesagt?' – ‚Ach, er meinte, dieser Hirsch habe mir ja nicht viel Mühe gemacht. Aber ich glaube noch heute, daß er schon Bescheid wußte oder jedenfalls ahnte, doch hat er nie etwas darüber geäußert. Ich werde ihn nun aber doch mal darüber befragen." (ROEGLER, unveröff. Aufzeichnung).

Forstmeister Witte, Goldap und Warnen

Ein selten reiches und begnadetes Jägerleben war Forstmeister PAUL WITTE (1866 – 1958) vergönnt. Wie viele seiner Kameraden war auch er Angehöriger des Königlich Preußischen Reitenden Feldjägerkorps. Einer alten Forstfamilie entstammend, wirkte er zunächst als Assessor in der Oberförsterei Groß Schönebeck des alten Hofjagdreviers Schorfheide, die von seinem Vater geleitet wurde. Auf Wunsch Kaiser WILHELMS II., der in dieser Zeit auf ihn aufmerksam wurde, übertrug man ihm 1901 die Oberförsterei Goldap. Dieses südwestliche Revier der Rominter Heide mit Dienstsitz in Kaiserlich Rominten leitete WITTE bis zum Jahr 1921. Nach dem Tod des Forstmeisters v. PAPEN bewarb er sich um die Oberförsterei Warnen. Vermutlich spielte für seinen Entschluß auch die günstigere Verkehrslage von Warnen eine Rolle, das unweit des Bahnknotenpunkts Tollmingkehmen lag. Dieser Umstand war günstig für die Kinder des Forstmeisters, die die höhere Schule besuchten.

WITTE verwaltete das Forstamt Warnen bis zu seiner Pensionierung im Frühjahr 1932. So war es ihm beschert, über dreißig Jahre in Rominten für Wild und Wald zu arbeiten. Die Hege des berühmten Rotwildbestands war ihm zur Lebensaufgabe geworden. Daher lehnte er auch eine Berufung an die Regierung in Gumbinnen ab. Seine Frau, die einem ostpreußischen Forsthaus entstammte, übte selbst die Jagd aus und begleitete ihren Mann oft. Während des Ersten Weltkriegs wurde sie auf der Oberförsterei eingesetzt, um den Abschuß von Wild zu erledigen.

Seinen Lebensabend verbrachte Forstmeister WITTE in Berlin, wo ein großer Teil seiner Verwandtschaft lebte. Dort besuchten der alte Forstmeister und seine Frau oft den Zoologischen Garten, jagten in der Spandauer Forst und den umliegenden Wäldern und erfreuten sich in der Großstadt an manchem, was ihnen früher in der Abgeschiedenheit Ostpreußens versagt geblieben war. Zweimal reisten sie in jenen Jahren in ihre alte Provinz und die Rominter Heide.

Forstmeister WITTE war ein vorzüglicher Jäger und sicherer Schütze. Er verfügte auch über gute Verbindungen zur Vogelwarte Rossitten, befaßte sich mit der Beringung von Vögeln und der Einsendung von beringten erlegten oder gefundenen Exemplaren.

Jahrelang führte er Kaiser WILHELM auf so manchen Kapitalen. Erwähnt sei nur die Erlegung des berühmten „Pascha". Der Zusammenbruch der Monarchie wurde von Forstmeister WITTE sehr bedauert, wenn er auch später ein loyaler Bürger der Weimarer Republik wurde. Er war sozial gesonnen und besaß einen toleranten Charakter. Dem Nationalsozialismus stand er sehr reserviert gegenüber. Er hat dieser Partei in der Phase des Machtkampfes niemals seine Stimme gegeben. Anläßlich der Einladung zu einer Jagd in Holland besuchte er zusammen mit Oberförster WALLMANN aus Nassawen den Kaiser in seinem Exil. Die Wertschätzung durch den Monarchen geht auch daraus hervor, daß dieser ihn mehrfach als Kurier einsetzte, so beispielsweise im Zusammenhang mit der Beisetzung der Königin VICTORIA in London. „Man kann die damalige Einstellung, die unsere Familie zum Kaiserhaus hatte, heute nicht in Worte kleiden", schreibt eine Tochter Forstmeister WITTES.

Besonders erfreute es den Forstmeister, als ihn anläßlich seines 90. Geburtstags 1956 ein Glückwunschschreiben und Bild mit eigenhändiger Unterschrift von Prinz LOUIS FERDINAND VON PREUSSEN erreichten (KORELL-WITTE, 1989, schr. Mitt.).

Oberförster Witte, Goldap, mit dem von Kaiser Wilhelm II. am 30. September 1911 in der Oberförsterei Goldap, Belauf Hirschthal, erlegten ungeraden 20-Ender (Geweihgewicht 7,5 kg)

Oberforstmeister Wallmann, Nassawen

Als Nachfolger des Forstmeisters v. Saint Paul übernahm Ferdinand Wallmann (1874 – 1953) im Jahr 1907 die Oberförsterei Nassawen. Er entstammte einer alten Forstfamilie, die bereits seit sechs Generationen die grüne Farbe trug. Einer der bekanntesten seiner Vorfahren war der Oberwildmeister im Hannoverschen Jägerhof, Heinrich Wallmann (1794 – 1874), dem das deutsche Waidwerk die Züchtung des Hannoverschen Schweißhunds verdankt. Auch Ferdinand Wallmann führte zeitlebens begeistert den Hannoverschen Schweißhund. Er war Ehrenmitglied des Vereins Hirschmann und auch zeitweilig dessen Vorsitzender. Auf der Hauptprüfung des Vereins im Oktober 1926 in der Rominter Heide errang Wallmann mit seinem Schweißhund „Bredas" den 1. Preis. (Decken, 1926).

In seiner langjährigen Amtszeit in Nassawen, in der er weit über dreihundert Stück Rotwild erlegte, zeichnete sich Wallmann durch Korrektheit und fachliche Autorität aus. Er gehörte zu den besten Kennern des Rotwilds und genoß hohes Ansehen. Nach Roegler (unveröff.) war er auch gewissermaßen der jagdliche Leiter der Rominter Heide.

Oberforstmeister F. Wallmann

Der Beginn des Nationalsozialismus erschwerte seine Tätigkeit in Rominten zusehends. Wallmann war nie Mitglied der NSDAP, und noch im November 1932 verlieh ihm der im Exil weilende Kaiser „in dankbarer Erinnerung an manche Pürsche in der Rominter Heide und in Anerkennung Ihrer treuen Anhänglichkeit an Mich und Mein Haus" eine hohe Auszeichnung.

Bereits 1933 war die Partei hinter Wallmann her. Er selbst sprach von einer Bespitzelung seiner Person. Göring jedoch bezog dessen ungeachtet während der Brunft 1933 seine Unterkunft bei ihm. Die Schwächen des neuen Jagdherrn und seiner Gäste offenbarten sich jedoch dem alten Waidmann sehr bald. Er war erstaunt über Görings Ansprüche an die Zahl der zum Abschuß vorgesehenen Erntehirsche. Damit stand er nicht allein. In einem Brief schreibt Oberlandforstmeisters Dr. Gernlein (1933) an Wallmann: „Ich möchte Dich noch bitten, doch gelegentlich den Ministerpräsidenten darauf hinzuweisen, daß wir für künftig die Güte der Rominter Hirsche bloß halten können, wenn der Abschuß sich in den Grenzen bewegt, die nach Eurer – der Oberförster – und unserer Ansicht richtig sind und daß es nicht schwer ist, zur Zeit eine Anzahl guter Hirsche zu schießen, daß es aber sehr schwer ist, wenn die starken erst einmal verschwunden sind, einen guten Nachwuchs zu erzielen. Du brauchst dabei ja nur auf das Beispiel von Warnen hinzuweisen, wo doch tatsächlich im Herbst 1932 kaum ein wirklich guter Hirsch mehr war."

In seinem Brunftbericht 1934 gab Wallmann zu erkennen, was er von der jagdlichen Auffassung der neuen Herren hielt. Einer der Empfänger dieses Berichts, Forstmeister Knigge aus Reinerz, antwortete Wallmann: „Es könnte einem ja schlecht werden,

Das Forsthaus Nassawen

wenn man liest, was für Leute jetzt auf unsere guten Hirsche losgelassen werden und wie überhaupt der ganze Betrieb droht, affenmäßig zu werden. Sehen Sie zu, daß Sie im Winter noch einen dicken Hirsch mitnehmen und dann verdrücken Sie sich in ein Revier, wo unter Garantie keine solchen Gäste hinkommen. Ich jedenfalls will nichts mehr von dem ganzen Klimbimm wissen ... und warte, bis die Reichswehr die Sache übernimmt."

Indessen wurde erwogen, WALLMANN, der inzwischen zum Oberforstmeister befördert worden war, zu versetzen. Im Sommer 1934 schrieb ihm Generalforstmeister v. KEUDELL, daß der Grund für seine Versetzung „in dem planmäßigen Bestreben der Verwaltung zu erblicken ist, die Aufgaben größerer Jagdgebiete einheitlich jüngeren Kräften zu übertragen". Aber im November desselben Jahres wurde WALLMANN nach Berlin gerufen und ihm durch den Generalforstmeister Hoffnungen gemacht, daß er nun doch in Nassawen verbleiben könne. Zudem wurde WALLMANN zugesagt, daß ihm durch einen offiziellen Erlaß die jagdliche Oberleitung in der Heide übertragen werden sollte. Letzteres drängte sich durchaus auf. Schon Frhr. SPECK V. STERNBURG war, in richtiger Erkenntnis der Grundsätze einer erfolgreichen Hege, mit der jagdlichen Leitung der Rominter Heide betraut worden.

WALLMANN bemerkte dazu: „Noch immer herrscht keine einheitliche Handhabung, jeder Revierverwalter trifft seine Anordnungen für sich, und die Verhältnisse sind so verworren, wie nur je, da ja auch der Herr Landforstmeister in Gumbinnen infolge mündlicher Anordnung des Herrn Reichsforstmeisters sich gehemmt fühlt, in den Jagdbetrieb der Rominter Heide einzugreifen." Die Regelung des Jagdwesens in der Heide hatte sich für die Dauer der Ministerpräsident vorbehalten. Für die Übernahme von verantwortlichen Stellen im Jagdwesen war nicht nur die jagdliche Eignung, sondern ganz besonders die politische zu prüfen. Darauf hatte der Gaujägermeister von Ostpreußen, Graf FINCK V. FINCKENSTEIN, in einem Schreiben an WALLMANN ausdrücklich hingewiesen. Aber zunächst geschah nichts.

Oberforstmeister Wallmann spricht zu den Forstbeamten

Alle Entscheidungen und Zusagen wurden bis zum Herbst 1936 hinausgeschoben. Dann erfolgte zum 1. Dezember die Versetzung „aus dienstlichen Gründen" und „auf Wunsch der Partei" unter Übertragung einer Oberforstmeisterstelle beim Regierungsforstamt Hannover und gleichzeitig der Forstmeisterstelle in Hannover. Außerdem übertrug man ihm im Reichsjagdamt das Referat für Rotwildhege in den Staatsforsten. Zwischen GÖRING und WALLMANN bestand keine auf politischen Gründen beruhende Entfremdung, sondern hier spielten wohl der große Altersunterschied und die mangelnde persönliche Sympathie eine Rolle.

FERDINAND WALLMANN verstarb am 22. November 1953. Einer seiner Mitstreiter im Verein Hirschmann fand am Grab die Worte: „Uns verband als Jäger die Erziehung durch der Väter Auffassung vom Waidwerk, als Menschen das Unwägbare, das in König, Kaiser und Reich seinen Ausdruck findet. So waren wir Freunde und geeint in dem Bestreben, an folgende Generationen die hohe Ethik im Waidwerk weiterzugeben. Wenn einer dafür ein Vorbild war, dann war es Oberforstmeister Ferdinand Wallmann!"

*

Auch Forstmeister RUDOLF ADOMAT, der von 1932 bis 1936 das Forstamt Rominten verwaltete, mußte schließlich die Rominter Heide verlassen. Er wurde wohl Mitglied der NSDAP, ist aber nie aktiv für die

Partei in Erscheinung getreten. Im Lauf der Jahre zog er sich vor allem dadurch Görings Ungnade zu, indem er den ungarischen Ministerpräsidenten Gömbös auf einen so starken Hirsch zu Schuß brachte, daß Görings Jagdneid darüber erwachte und er Adomat schwere Vorwürfe machte, obwohl dessen Verhalten im außenpolitischen Interesse durchaus anzuerkennen war. Adomat leistete weiterhin Göring passiven Widerstand, indem er dessen übersteigerten Abschußwünschen nicht entsprach, sondern ihn während seiner ganzen Amtszeit in Rominten nur auf zwei alte, einwandfrei abschußreife Hirsche führte und ihn vom Abschuß zu junger Hirsche, zum Beispiel des sogenannten Kriegsministers, zurückhielt. Als im folgenden Winter dieser hochkapitale Hirsch außerhalb der Heide unberechtigterweise geschossen wurde, machte Göring Forstmeister Adomat ohne stichhaltigen Grund die heftigsten Vorwürfe und ließ ihn sofort in ein anderes Forstamt versetzen (Wallmann, 1946, unveröff.). Das Beispiel dieser zwei Aufrechten mag etwas von den inneren und äußeren Kämpfen verraten, die in jenen Zeiten manchem Forstbeamten das Leben schwer machten.

Forstamt Rominten, früher Oberförsterei Goldap, in Jagdhaus Rominten. Im Vordergrund Forstmeister Adomat mit Frau

*

Aber es ist auch vorgekommen, daß der Verlust eines Beamten Göring persönlich sehr nahe ging, wie der nachstehende Fall zeigt. Dr. Paul Richard Barckhausen (1902 – 1939) studierte und promovierte in Eberswalde. Die Praxis führte ihn zunächst ins Forstamt Lubiathfließ im Regierungsbezirk Frankfurt/Oder und danach als Revierverwalter ins Forstamt Warnen, wo er seinen Dienst im Februar 1935 aufnahm.

Als Forstmann wie als Jäger war Dr. Barckhausen gleichermaßen begabt und tüchtig. Mit Frevert, seinem späteren Vorgesetzten, verband ihn – über die berufliche Zusammenarbeit hinaus – eine gute Freundschaft. Göring mochte Barckhausen sehr, und als der Reichsjägermeister zur Brunft 1939 nach Rominten kam, erfuhr er mit Betroffenheit, der Warner Forstmeister stände an der Front in Polen. Sofort ordnete er dessen Rückkehr in die Heide an, aber es war bereits zu spät, denn schon am 19. September war Dr. Barckhausen vor Warschau gefallen.

Dieser Tod seines von ihm besonders geschätzten Forstmeisters, mit dem ihn manche Stunde gemeinsamer Pirsch in der Rominter Heide verband, machte Göring zu schaffen. Er kümmerte sich um die Witwe des Forstmeisters, um dessen Überführung in die Rominter Heide und um die Grabstätte im Warner Revier (Heinke Frevert, mdl. Mitt.). Auf die Umbenennung des Forstamts Warnen, die auf Anordnung Görings erfolgte, wurde bereits hingewiesen. Die Verfasser versuchten im Herbst 1991 vergeblich, das

Forstmeister Dr. Barckhausen (rechts) beglückwünscht Staatsrat Dr. Herrmann zum guten Hirsch

Grab von Forstmeister BARCKHAUSEN im Jagen 173 zu finden. Vermutlich wurde es noch unmittelbar vor dem deutschen Rückzug unkenntlich gemacht.

Die Witwe des Forstmeisters Dr. BARCKHAUSEN heiratete später Walter FREVERT. In der Rominter Heide genoß sie eine jagdliche Ausbildung, führte auch selbst prominente Gäste und beschrieb später ihre Erlebnisse in Büchern und vielen jagdlichen Artikeln.

*

Als tragisch muß das Schicksal des Szittkehmer Revierverwalters v. OPPEN bezeichnet werden. CHRISTIAN GÜNTHER V. OPPEN (1906 – 1952) schloß 1932 seine Studien in Eberswalde und Hannoversch Münden mit dem forstlichen Staatsexamen ab. Dann folgten für den jagdlich sehr passionierten Assessor fünf Stationen, die ihn unter anderem nach Gumbinnen führten. Am 1. April 1937 wurde ihm dann die Verwaltung des Forstamts Szittkehmen übertragen, was eine besondere Auszeichnung bedeutete. Am 1. April 1938 erfolgte schließlich seine Ernennung zum Forstmeister.

Nach Ausbruch des Krieges nahm v. OPPEN als Kavallerist an den Feldzügen in Polen und Frankreich teil, später meldete er sich in Rußland zur Ausbildung von russischen Freiwilligen. In der Nähe des Peipussees, wo er einige Schwadronen eines Kosakenregiments führte, erlitt er am 15. Mai 1943 eine schwere Verwundung, die zur Amputation eines Beines führte. Er schwebte monatelang zwischen Leben und Tod. Mit GÖRINGS Hilfe gelang es seiner Frau, in ihrer Schwesterntracht nach Dorpat zu fliegen, um ihren Mann dort zu pflegen.

Durch einen Unfall brach sich v. OPPEN im Februar 1944 das gesunde Bein und – kaum wieder genesen – erfolgte noch im selben Jahr der nächste Schlag: die Räumung des Forstamts. GÖRING mochte in seinem Revier keinen beinamputierten Forstmann um sich haben, das entsprach nicht seinem Weltbild! „Lieber Oppen, das ist hier nichts mehr für Sie", sagte GÖRING zu dem Forstmeister und versetzte ihn am 1. Dezember 1944 auf ein Forstamt in Mecklenburg. Nach dem Krieg verwaltete v. OPPEN das Forstamt Obernkirchen (Schaumburg – Lippe), danach das Forstamt Langeloh (Kr. Harburg). Bei einem durch ein britisches Militärfahrzeug verursachten Unfall starb Forstmeister v. OPPEN im Jahr 1952. Hart und tief hatten Krieg und Nachkriegszeit in das Leben dieses befähigten Forstmanns eingegriffen.

Forstmeister v. Oppen, Szittkehmen, mit Abschußhirsch

Oberforstmeister Frevert, Nassawen

Seine Tätigkeit in der Heide währte nur acht Jahre und war ab 1941 durch häufige Abwesenheit unterbrochen, aber dennoch ist WALTER FREVERT (1897 – 1962) durch mündliche Überlieferung und sein Buch „Rominten" der bekannteste Rominter Forstmann geworden. Dieses Werk aus dem Jahr 1957 hat seither mehrere Auflagen und große Verbreitung erfahren. FREVERT erhielt dafür den Literaturpreis des Deutschen Jagdschutzverbands und hat damit der Rominter Heide ein literarisches Denkmal gesetzt. Wer sich näher für Jagd und Hege in Rominten interessiert, dem sei dieses Standardwerk empfohlen.

FREVERT war ein äußerst kenntnisreicher, hochbegabter und passionierter Jäger. Dazu kam bei ihm eine ungewöhnliche Gabe, andere Menschen zu begeistern, sein Können in Wort und Schrift zu vermitteln. Die Leitung des Staatsjagdreviers Rominten, wo er die Rotwildhege zu den höchsten Erfolgen führte, war die angemessene und ideale berufliche Aufgabe für FREVERT.

Oberforstmeister Frevert, Nassawen

Auf allen Gebieten seines Berufs, vor allem bei der Rotwildhege, verstand er es, sowohl seine Forstamtsleiter und Förster als auch seinen obersten Dienstherrn GÖRING von der Richtigkeit seiner vielfältigen – manchmal unbequemen – Maßnahmen zu überzeugen. So setzte FREVERT als eine seiner ersten Hegemaßnahmen eine Verminderung des Rotwildbestands in der Rominter Heide durch, was ihm anfänglich viel Unverständnis und Kritik seiner Beamten eintrug. Auch im Schalenwildausschuß des Deutschen Jagdschutzverbands, dem er später lange Jahre angehörte, war er einer derjenigen, die aus eigener Erfahrung stets vor jeglicher Überhege warnten. Die Stangenparaden in Rominten, die immer schon interessant gewesen waren, erhielten unter FREVERTS Regie nicht nur einen Zuwachs an weiterem jagdlichem und jagdkundlichem Wert, sondern wurden zu einem großartig aufgezogenen Schauspiel im besten Stil (FINCKENSTEIN, 1963).

In Rominten gab es auch Gelegenheit zur Führung des Hannoverschen Schweißhunds, dem er sich von Jugend an verschrieben hatte. Als einer der wenigen verstand er die Kunst des Lancierens. 1938 veröffentlichte FREVERT eine Nachsuchen-Leistungsübersicht für das Jagdjahr 1937, die er aufgrund von Fragebogen, welche er an alle Führer Hannoverscher Schweißhunde in Deutschland ver-

Frevert zusammen mit Scherping (links) und mit seiner Frau vor dem Forstamt Nassawen (rechts)

Einweisung zur Nachsuche auf den „Adam" am 25. September 1940: V. l. n. r.: Forstassessor Bernhardi, Generalfeldmarschall Milch und Oberforstmeister W. Frevert

schickte, zusammengestellt hatte. Danach hatte FREVERT in jenem Jahr, als er schon in Nassawen war, selbst 27 Stück Schalenwild erfolgreich nachgesucht. Von 1938 bis 1944 war sein überragender Helfer in der Rominter Heide der aus Ungarn stammende Hannoversche Schweißhundrüde „Dula Huszarokelö 1065", genannt „Hirschmann". Im November 1938 erschien die 1. Auflage seines Buches „Die gerechte Führung des Hannoverschen Schweißhundes".

FREVERT verfaßte außerdem ein vorzügliches Werk über „Das jagdliche Brauchtum". Weitere Schriften sind unter anderem das „Wörterbuch der Jägerei" und „Die Fütterung des Rotwildes". Drei Erlebnisbücher, meisterhaft geschrieben, sprühend vor Humor, Frische und Lebensfreude, runden FREVERTS breites jagdschriftstellerisches Werk ab; nicht zu vergessen die Merkverse zu den Jagdsignalen, die zahlreichen Beiträge vor allem in der Jagdzeitschrift „Wild und Hund" und die Herausgabe und Neubearbeitung des RAESFELDschen Jagdklassikers „Das Deutsche Waidwerk".

Oberforstmeister Frevert (rechts mit Schnitthaarbuch) und Revierförster Remanofsky (Mitte) untersuchen einen Anschuß

"Stangenparade" in Rominten 1941. Dieses Ereignis bekam in Rominten unter der Regie von Walter Frevert einen besonderen Stellenwert. Links die Abwürfe des „Marschalls" vom 6. Kopf

Als WALTER FREVERT ein Forstamt der Rominter Heide angeboten wurde, merkte er sofort, hier konnte und durfte er nicht nein sagen: „Die Aussicht, mit Hermann Göring und sonstigen Gästen des Dritten Reiches zu tun zu haben, reizte mich nicht sehr, aber als Jäger konnte ich dieses Angebot nicht ausschlagen, für Rominten hätte ich mich dem leibhaftigen Teufel verschrieben! – Die einmalige jagdliche Stellung, die ich bekleidete, und die Möglichkeit, eine Rotwildhege treiben zu können wie sonst nirgends auf der Welt, waren so bestechend und verlockend, daß ich das Unangenehme mit in Kauf nahm. Wer mich deshalb tadeln will, mag es tun, aber er soll bedenken, daß es heute nach den Erlebnissen und Erkenntnissen der letzten Jahre leichter ist, Steine zu werfen, als damals zu verzichten!

Ich habe alle meine Forstbeamten – es waren 55 an der Zahl – stets wissen lassen, daß der, der die Situation für sich ausnutzt, also die gute Stimmung Görings oder eines anderen offiziellen Gastes dazu benutzt, irgendwelche privaten Vorteile herauszuholen, die Heide verlassen muß! Ich muß gestehen, daß eine ausgezeichnete Kameradschaft unter den Forstbeamten aller Dienstgrade bis zum bitteren Ende geherrscht hat, nicht einer ist abtrünnig geworden, auch nicht nach Beendigung des Krieges. In einer Zeit, in der man sonst so viel Erbärmlichkeit, so viel Gemeinheit, so viel Denunziation erlebt hat, erfüllt es mich mit Freude und Glauben an den guten Kern des Menschen, wenn ich ehrlichen Herzens dieses gute Urteil über meine Rominter Forstbeamten niederschreiben kann."

FREVERT hat sich übrigens nicht gescheut, seine Beamten bei ungerechtfertigten Vorwürfen von Jagdgästen in Schutz zu nehmen. Er war auch besonders darum besorgt, Baugelder locker zu machen, um seinen Beamten als Ausgleich für ihre oft abgelegenen Dienststellen schöne Forsthäuser zu verschaffen. Er wußte, daß eine gern und gut mitziehende Gefolgschaft den Erfolg seiner Hegebemühungen schon halb verbürgte. Deshalb sorgte er in großzügiger Weise für die Beamten (ROEGLER, unveröff.).

FREVERTS Kenntnisse, insbesondere seine Erfolge in der Rotwildhege, waren ausschlaggebend für sein gutes Verhältnis zu GÖRING. Andererseits erkannte FREVERT GÖRINGS große Jagdpassion und respektierte ihn als guten Schützen. Auch empfand er die Belehrsamkeit von GÖRING auf jagdlichem Gebiet als wohltuend (HEINKE FREVERT, schr. Mitt.).

Auch als Forstmann hat FREVERT gute Arbeit geleistet. In Rominten drang er auf vermehrten Anbau von Laubholz, wozu die neuentstandenen großen Nonnenfraßflächen gute Bedingungen boten. Mit Respekt gedenken wir des Lebenswerks WALTER FREVERTS. Sein Name wird noch von späteren Jägergenerationen mit Anerkennung genannt werden. Nach dem Krieg verwaltete FREVERT das traditionsreiche badische Revier Kaltenbronn im nördlichen Schwarzwald, wo er 1962 bei einem Jagdunfall verstarb.

Oberförster Krajewski, Szittkehmen und Goldap

Am 20. Oktober 1968 übernahm der damals 24jährige ANDRZEJ KRAJEWSKI die Oberförsterei Szittkehmen. Er stammt aus Biała Podlaska und wuchs bei Rastenburg auf. Sein forstliches Studium absolvierte er in Posen. Bereits seit mehr als zwanzig Jahren leitet nun KRAJEWSKI mit jugendlichem Schwung die Oberförsterei, die seit 1972 mit dem Revier Goldap zusammengeschlossen ist. Nach den Beobachtungen der Verfasser, die den Oberförster schon seit langen Jahren gut kennen, zeichnet sich seine Amtsführung durch hohe Verwaltungserfahrung, Unbestechlichkeit und gewiefte Taktik aus. Die Stellung KRAJEWSKIS macht ihn gegenüber seinen Untergebenen zu einer Autorität, die jedoch durch das natürliche und heitere Wesen nicht unangenehm wirkt. Mit seinen Vorgesetzten in Białystok pflegt der Oberförster ein gutes Verhältnis.

Seine humanistische Bildung ist umfassend, sein Blick weitgespannt, die Freiheit bedeutet ihm viel, ein Sohn des weiten Landes und zudem von praktischer Begabung auf allen Gebieten. ANDRZEJ KRAJEWSKI vertraute den Verfassern einmal an, daß er nicht zuletzt darum den Forstberuf ergriffen habe, weil dieser viel Gelegenheit zum Reiten biete, denn Pferde seien seine große Passion. Die Bürostunden liebt der Oberförster denn auch wenig, sie werden mit eleganter Leichtigkeit erledigt.

Oberförster Andrzej Krajewski

Als Jäger schießt ANDRZEJ KRAJEWSKI eine saubere Kugel und besitzt ein gründliches Fachwissen. Für die Geschichte des von ihm verwalteten Reviers zeigt er Interesse. Persönlich widmet er sich jedoch lieber dem Schwarzwild als dem Rotwild, und er macht kein Hehl daraus, daß der Wald niemals über Gebühr vom Schalenwild beansprucht werden darf. Bei der Erlegung starker Hirsche ist Oberförster KRAJEWSKI außerordentlich zurückhaltend, und es mag den Fremden merkwürdig berühren, daß dieser begabte Waidmann, der nun schon so lange in der Heide jagt, nicht wenigstens einige sehr starke Geweihe an der Wand hängen hat. Doch muß man wissen, daß bei Oberförster KRAJEWSKI die Freude am unmittelbaren jagdlichen Erleben mit den verschiedensten Wildarten unvergleichlich viel größer ist als die spätere Freude an einer Trophäe. Und an solchem Erleben mangelt es in der Rominter Heide nicht!

Diese gesunde Einstellung des Oberförsters, die er in allen Lebensbereichen zeigt, bekam vor langen Jahren – es war noch in der GIEREK-Zeit – auch das örtliche Parteikomitee in Goldap zu spüren. Von dort nämlich kam eines Tages ein Auftrag an die Oberförsterei, in der Heide mit der Zucht von Hausschweinen (!) in großen Waldgattern zu beginnen. Oberförster KRAJEWSKI erklärte belustigt, doch mit gestrenger Miene, daß er in seinem Dienstbezirk bereits die Zucht des wilden Schweines betreibe und daß sich dieses außerordentlich gut bewährt habe – aber alle Vorstellungen halfen nichts, es sollte bei dem intelligenten Vorhaben des Komitees bleiben und ein Projekt durch den Oberförster ausgearbeitet und eingereicht werden. Er tat aber gar nichts. Da meldete sich nach einiger Zeit erneut das Parteikomitee und setzte ihm eine Frist, worauf KRAJEWSKI kurz vor deren Ablauf respektvoll, aber unmißverständlich mitteilte, er wolle weder Hausschweine in der Rominter Heide züchten noch darüber ein Projekt ausarbeiten. Damit war die Sache abgetan.

Jagdmalerei in Rominten

Der Meister vermalt...
Kommentar über Jagdmaler FRIESE
bei der Hirschstrecke vor dem
Jagdhaus des Kaisers in Rominten

Die kapitalen Rominter Geweihe und die Tiefe der Jagderlebnisse ließen bei den jeweiligen Jagdherren verständlicherweise den Wunsch nach künstlerischem Festhalten der Hirsche in ihrer natürlichen Umgebung aufkommen. Die eigentümliche Wald- und Moorlandschaft der Rominter Heide mit dem besonders zur Zeit der Hirschbrunft in unendlich vielen Schattierungen auftretenden Farbenspiel aus Nebelschwaden, durchbrechender Sonne, Reif und buntem Laub der Bäume erzeugt bei allen für Schönheit empfänglichen Menschen – und das trifft auf Jäger in besonderem Maße zu – Stimmungen, die schwer in Worte zu fassen sind. Vielleicht ist es ein ganz kurzer Augenblick der Erkenntnis oder auch nur eine Ahnung vom Glück, die schnell wieder vergeht. Darum war die Rominter Heide ein besonderer Anziehungspunkt für bedeutende Jagdmaler wie die Professoren RICHARD FRIESE und GERHARD LÖBENBERG.

RICHARD FRIESE wurde 1854 in Gumbinnen geboren. Schon früh entwickelte er ein besonderes Zeichentalent. Der damalige Prinz WILHELM wurde auf ihn aufmerksam und lud ihn später ab 1890 als persönlichen Gast während der Tage der Brunft nach Rominten ein. In all den Jahren, in denen der Kaiser in Rominten jagte, zeichnete FRIESE unzählige Geweihskizzen der besten Hirsche, schuf Aquarelle, Farbzeichnungen und Ölgemälde. Er zeigte darin eine geniale Meisterschaft, wobei es ihm gelang, nicht nur das Rotwild in vollendeter Proportion und Bewegung darzustellen, sondern auch das Besondere und Charakteristische des Rominter Waldes.

Ein Teil der Arbeiten FRIESES befindet sich im Rijksmuseum Twenthe in Enschede, Niederlande. Ein herrliches Gemälde „Frühmorgen in der Rominter Heide" hängt aber im Ostpreußischen Landesmuseum

Abendsonne im Winterwald. Nach einem Gemälde von Prof. Richard Friese, im Besitz der Verfasser. Dieses Werk hing früher im Kaiserlichen Jagdhaus Rominten

„Pascha", erlegt von Kaiser Wilhelm II. am 29. September 1910 in der Oberförsterei Goldap, Jagen 20, Belauf Budweitschen. Geweihgewicht 8,5 kg. Nach einem Gemälde von Prof. Richard Friese im Rijksmuseum Twenthe, Niederlande

zu Lüneburg. Es vermag ein anschauliches Beispiel vom Genie dieses Malers zu geben, der schon 1918 starb. Er blieb als Rominter Jagdmaler unübertroffen.

Sein Nachfolger als Rominter Hirschmaler wurde GERHARD LÖBENBERG (1891 – 1967), der schon vor 1920 die Rominter Heide aufsuchte. Er war in einem Harzer Forsthaus aufgewachsen und, wie FRIESE, selbst Jäger. Fünf seiner bekannten, großen Ölgemälde der besten Hirsche GÖRINGS, die im Jägerhof hingen, befinden sich heute in der Obhut der Bayerischen Regierung in Oberschleißheim und sind für ein neu entstehendes Museum vorgesehen. Von LÖBENBERGS Meisterschaft zeugen auch seine Gemälde auf Holz einiger Rominter Kapitalgeweihe. In Rominten erreichte GERHARD LÖBENBERG den Höhepunkt seines Schaffens. Besonders gut gelang es ihm, den mürrischen Gesichtsausdruck des alten Rominter Kapitalen festzuhalten.

Oben: Brunftmorgen in der Rominter Heide. Nach einem Gemälde von Prof. Richard Friese im Ostpr. Landesmuseum zu Lüneburg. Abbildung unten: In der Brunftzeit. Nach einem Gemälde von Prof. Gerhard Löbenberg, im Besitz der Verfasser

Oben: „Eggenhirsch", erlegt von Generalfeldmarschall v. Brauchitsch am 28. September 1941 im Forstamt Rominten, Revierförsterei Schwarzbach (Klein Jodupp). Geschätztes Alter 10 Jahre, Geweihgewicht 10,0 kg, 211,1 Nadlerpunkte. Unten: „Raufbold", erlegt von Göring am 9. Februar 1936 im Forstamt Rominten, 195,4 Nadlerpunkte. Nach Gemälden von Prof. Gerhard Löbenberg

Der „Großmächtige von Schuiken", erlegt von Göring am 27. September 1936 im Forstamt Rominten, 202 Nadlerpunkte. Untere Abbildung: „Falscher Odin", erlegt von Göring am 15. September 1943 im Forstamt Wehrkirchen, 208,5 Nadlerpunkte. Nach Gemälden von Prof. G. Löbenberg

Das Rominter Rotwild

Wo wäre eine solche Strecke von kapitalen und kapitalsten Hirschen sonst noch möglich?
Göring, Tagebucheintrag am 1. Oktober 1936

Da bereits FREVERT aus eigenem Erleben ausführlich über das Rotwild der Rominter Heide berichtet hat und seine Arbeit bis heute jedem Jäger zugänglich ist, soll hier nur noch einmal das Wichtigste in groben Zügen aus heutiger Sicht aufgeführt werden.

Herkunft, Geweihform und besondere Merkmale des Rominter Hirsches

Das Rotwild ist in Mitteleuropa eine autochthone Wildart. Zahlreiche Moorfunde beweisen dies auch für Ostpreußen und die Rominter Heide. Das in FREVERTS Buch abgebildete, 1924 aus dem Wystiter See gefischte Geweih wurde auf 2.000 bis 3.000 Jahre geschätzt. Es lag übrigens genau an der Stelle, wo die Eisdecke des Sees alljährlich zuerst eine große Spalte bekam (ROEGLER, unveröff.).

Auch in Ostpreußen können zwei „Typen" unterschieden werden: Der mehr nach Südosten weisende „Maral"-Typ oder kontinentale Hirsch mit großem Gebäude, mehr gräulicher Färbung, geringer Mähne und langen Stangen mit meist aufgelöster oder schlechter Krone und der nordwestliche (atlantische) oder mitteleuropäische Typ, der etwas schwächer, aber gedrungener ist, eher von rötlicher Farbe, mit starker Mähne und kürzerem, etwas enger gestelltem, aber endenreicherem Geweih und guter, edler Kronenbildung. Die Kulmination der Geweihentwicklung scheint beim roten Typ früher erreicht zu sein.

Natürlich gibt es zahlreiche Übergänge. Der „klassische Rominter Typ", wie er bis zum Jahr 1944 existierte, weist bedeutend mehr Elemente des roten Typs auf. Diese Form wurde, wenn sie ausgeprägt war, von FREVERT treffend als „barock" bezeichnet; sie war für Rominten besonders typisch und erreichte hier, am nordöstlichen Rand des Verbreitungsgebiets dieses genetischen Typs, unter den bestmöglichen Umweltverhältnissen ihre höchste Stärke und Ausnutzung der genetischen Potenz. Durch langjährige Hege waren in der Rominter Heide die Anlagen zur Endenfreudigkeit und edlen Krone besonders gefördert worden, so daß das edle, ästhetisch besonders ansprechende Kronengeweih wohl in keiner anderen europäischen Wildbahn zu einem solch hohen Prozentsatz vorkam.

Von den im FREVERTschen Hirschlagerbuch verzeichneten Geweihen weisen etwa 40 % Schaufel-, Hand- bzw. Becherkronen auf, ca. 30 % gehören dem Übergangs-

„Einohr", erlegt von Göring am 29. September 1934 im Forstamt Nassawen. Geweihgewicht 8,3 kg, 199,4 Nadlerpunkte

„Augustus", erlegt am 24. Januar 1943 im Forstamt Rominten, 11 kg, 210,3 Nadlerpunkte

Abwurfstangenschau in Rominten im Juni 1935. Starke Schaufelbildung

typus an und ungefähr 30 % haben eher auseinandergezogene Kronen. Bei allen diesen Kronenformen ist jedoch die genetisch fixierte „Grundarchitektur", nämlich die prinzipielle Gliederung in ein Kronenvorderstück und ein Kronenhinterstück (wie bei der Stange des Eissprossenzehners) dieselbe, die Unterschiede bestehen einzig in einer unterschiedlich stark ausgeprägten Neigung zur Spaltung dieser beiden Kronenteile sowie in dem unterschiedlich tief angesetzten Kronenvorderstück. Forstmeister Dr. JOACHIM BENINDE, der bereits in den ersten Tagen des Polenfeldzuges in Ostoberschlesien fiel, hat in seinen beiden 1940 posthum erschienenen Arbeiten die Fragen der Rassenbildung beim Rotwild tiefschürfend behandelt. Diese beiden richtungweisenden Veröffentlichungen sind dem Rotwildjäger sehr zu empfehlen.

Der Rominter Rotwildbestand war dermaßen durchgehegt, daß das Ausfindigmachen eines Abschußhirsches schon eine schwierige Sache war, und selbst das, was als Abschußhirsch bezeichnet wurde, wäre andernorts wahrscheinlich als Auslese streng geschont worden. Aber selbstverständlich war auch in Rominten nicht jeder alte Hirsch ein Kapitaler.

BLEY schrieb 1923: „Der alte Rominter entsprach dem Urtyp des ostpreußischen Hirsches, wie wir ihn bis kurz vor dem Kriege am besten in der Oberförsterei Commusin in Masuren vor uns hatten." Auch die – heute verlorenen – Kapitalhirsche der REIFFschen Sammlung bestätigten, daß die Anlage zu kapitaler Stärke und edler Form seit Urzeiten dem Rominter Hirsch eigen war.

FREVERT war sich im klaren darüber, daß die „Maral-Eigenschaften" – Langstangigkeit und Auslage – in den Rominter Hirsch der Zukunft, in den Rekord, den es heranzuhegen galt, vermehrt einfließen mußten. Er, wie auch JOACHIM BENINDE, SCHERPING und die gesamte Elite der Rotwildfachleute Deutschlands vertraten die Auffassung, die noch heute Gültigkeit hat, nämlich das örtlich Mögliche aus einem Wildbestand herauszuholen. An den Geweihen ist die Güte des Bestands meßbar. Sie sind das Ergebnis der Lebensraumbedingungen und der jagdwirtschaftlichen Maßnahmen.

Umso merkwürdiger berührt es, wenn Graf IVAN DRASKOVICH (1951), ein Verfechter der Fremdbluteinkreuzung, feststellt: „Daß schließlich sogar Benindes einstmaliger Gönner Göring und das Berliner Reichsjagdamt von seinen Fehlschlüssen abgerückt sind, beweist die Tatsache, daß sich letzteres im Jahre 1942 mit dem schriftlichen Ersuchen an mich gewandt hat, ihm den Bezug von 60 bis 80 Stück lebenden Rotwildes meiner ungarischen Reviere zur Aufartung des Wildstandes der Romintner Heide ... zu ermöglichen. Die einschlägige Korrespondenz befindet sich in meinem Besitz."

Wahrscheinlich geht dieses Ansinnen auf eine direkte Weisung GÖRINGS zurück. Anders läßt es sich nicht erklären, denn FREVERT nimmt in seinem Buch ausdrücklich gegen die Theorie des Grafen DRASKOVICH Stellung. Daß es nicht zur Einfuhr ungarischen Wildes kam, dürfte SCHERPING zu verdanken sein. Er schreibt nämlich (1950): „Leider hatte die Benindesche Arbeit an der Stelle, auf die es mir ankam, nicht den gewünschten Erfolg. Man war dort wissenschaftlichen Erkenntnissen auf diesem Gebiet abhold und hörte mehr auf die Einflüsterungen geschäftstüchtiger Wildzüchter. So blieb denn nichts anderes übrig, als zu einer Verschleppungstaktik seine Zuflucht zu nehmen, und ich bin heute noch froh, auf diese Weise den Herren ... das Geschäft vermasselt zu haben."

Nach einer schriftlichen Mitteilung von ORTHWEIN (1991) wurden im Jahre 1907 auf Anordnung Kaiser WILHELMS II. zwei Ungarhirsche in Nassawen ausgesetzt. Diese Maßnahme scheint bisher wenig Beachtung gefunden zu haben, einzig im Hauptmerk-

Kapitalhirsch, erlegt von Landesjägermeister Ritter v. Epp am 29. September 1934 auf der Dagutschwiese, Forstamt Szittkehmen. Kommentar von H. Göring: „Den hätte ich auch gern geschossen!"

buch der Oberförsterei Borken soll sich ein entsprechender Eintrag befinden. Der eine Hirsch wurde bereits in der ersten Brunft geforkelt, der zweite kurz danach außerhalb der Heide geschossen, so daß also diese beiden Hirsche keinerlei Spuren in der Heide hinterließen.

Die große Zahl der in der Rominter Heide erbeuteten kurzstangigen und endenreichen („knuffigen") Kronengeweihe, bei denen oftmals die ganzen Stangen schaufelartig verbreitert sind („Schwimmhäute"), sollte jedoch nicht dazu verleiten, von einer besonderen Standortrasse zu sprechen. Die Erbanlage des roten Typs ist dort nur besonders gut kultiviert worden und dank Jahrzehnte währender Hege mit der Büchse überdurchschnittlich in Erscheinung getreten. Als sicher gilt es auch, daß sich die Eigenschaften des roten Typs unter den Rominter Standortbedingungen besonders gut entfalten konnten. Wir finden jedoch dieselben Anlagen in anderen Gebieten Europas. Dafür geben die den Romintern in ihrer Stärke nicht nachstehenden und in der Endenfreudigkeit und Kronenbildung verblüffend ähnlichen Plesser Hirsche aus Oberschlesien (BENZEL, 1967) ein überzeugendes Beispiel, aber auch die Hirsche aus dem alten Hofjagdrevier Spała sowie zahlreiche starke Hirsche aus Mittel- und Westdeutschland, ja sogar aus England.

Der Sinn einer Auslese nach Geweihmerkmalen wird von einigen heutigen Wildbiologen bezweifelt, wobei als Begründung angegeben wird, die ausschließliche Selektion nach einem vom Menschen subjektiv herangezogenen Merkmal führe zu einer Einengung der genetischen Vielfalt und somit langfristig zu Einbußen in der Widerstandsfähigkeit der Rasse. Dies mag unter den unnatürlichen Bedingungen einer engen Gatterwirtschaft, aber auch in der Kulturlandschaft des 20. Jahrhunderts ganz allgemein ein Punkt sein, den es zu überdenken gilt. In der Rominter Heide waren jedoch und sind besonders auch heute wieder außer der Büchse des Jägers noch andere Auslesefaktoren (strenges Klima, Einfluß des Wolfes) stark wirksam, die das Wild auf lange Sicht widerstandsfähig erhalten.

Typisches Rominter Geweih, erbeutet von Forstmeister Lange 1928, hier gehalten vom Sohn des Nassawer Revierverwalters, Henning Wallmann

Das Aussetzen einiger Stücke Potsdamer Wildes durch REIFF hat aus den angeführten Gründen die Erbanlage des Rominter Wildes nicht verändert.

Die 1963 aus Schlesien (Gegend Kattowitz) in die Rominter Heide eingeführten 30 Stück Rotwild, trafen jedoch auf einen autochthonen Bestand, der nur etwa die Hälfte der Zahl des Einbürgerungswildes betrug. Die herrlichen alten Rominter Geweihanlagen mit dem berühmten „Wald von Enden" gingen so in der Masse des eingeführten Wildes, das sich durch geringe Endenfreudigkeit und enggestellte Geweihformen auszeichnet, fast unter. Die Herkunft des Kattowitzer Wildes ist nicht genau bekannt, das berühmte Pless (Pszczyna) liegt zwar nicht weit, aber die mindere Qualität des gelieferten Wildes läßt kaum eine Verbindung zu diesem Standort vermuten. Wie man weiß, ist in Europa seinerzeit leider sehr viel mit Fremdbluteinkreuzung experimentiert worden.

Gelegentlich gibt es aber auch heute noch den berühmten Rominter Kapitalhirsch mit der herrlichen Schaufel- oder Becherkrone, bei dem das autochthone Blut zum Vorschein kommt. Erwähnt werden muß hierbei in erster Linie ein Kapitalhirsch, der 1988 im russischen Teil der Heide von dem sowjetischen Jäger BOBROW, Tallinn, erlegt wurde. Er hatte ein Geweihgewicht von weit über 10 kg und erzielte 243,5 Internationale Punkte.

Am 18. September 1991 erlegte Forstoberinspektor DIETER BIELICKI bei Kuiken, Revier Nassawen, einen hochkapitalen Hirsch von 22 Enden, der ein Geweihgewicht von 10,4 kg (mit Oberkiefer) aufwies.

Des weiteren sind als überragende Vertreter dieser Gruppe aufzuführen der in der Brunft 1974 im Hegebezirk Szittkehmen erlegte ungerade 18-Ender von 10,09 kg Geweihgewicht (mit Oberkiefer) sowie

Links: Ein Nachkomme des Fackelhirsches? 22-Ender, erlegt am 18. September 1991 im Revier Nassawen, 10,4 kg Geweihgewicht. Oben: 16-Ender, erlegt am 27. September 1991 im Revier Szittkehmen, 9,5 kg Geweihgewicht, 1,11 m Stangenlänge

ein in der Brunft 1984 im Jagdgebiet Goldap erbeuteter ungerader 18-Ender von 9,7 kg Geweihgewicht (mit Oberkiefer). Einen kapitalen Hirsch mit sehr edler Krone, der mit den genannten zu den besten nach dem Krieg in Rominten gestreckten Hirschen gehört, erlegte B. WINSMANN-STEINS am 27. September 1991 bei Matznorkehmen, Hegebezirk Szittkehmen. Das Geweih dieses 16-Enders weist ein Gewicht (mit Oberkiefer) von 9,5 kg auf und erzielt 212 CIC-Punkte. Zu der Gruppe der Spitzengeweihe gehören auch der in der Brunft 1983 im Hegebezirk Goldap von einem Sohn WALTER FREVERTS, Oberforstrat KORD HUBERTUS FREVERT, erlegte ungerade 16-Ender mit sehr edler Schaufelkrone und einem Geweihgewicht von 8,15 kg (mit Oberkiefer), ferner ein ungerader 20-Ender mit kurzen Stangen und einem Geweihgewicht von 6,5 kg, der in der Brunft 1975 gestreckt wurde. Dr. v. OEPEN, Autor von „Jagen in Rominten", schoß am 27. September 1987 bei Mittel Jodupp einen alten guten 14-Ender mit sehr edler Becherkrone.

Am 5. Oktober 1988 wurde auf einer Wildäsungsfläche der Försterei Bludszen ein alter Zwölfender geschossen (Geweihgewicht 6,75 kg), der beidseitig eine Schaufelkrone aufwies. Ein starker Hirsch mit einseitiger endenreicher und flächig verbreiterter Kronenbildung kam außerdem in der Brunft 1981 im Hegebezirk Goldap zur Strecke, ein anderer guter Hirsch mit typischen Rominter Schaufelkronen im Herbst 1991 bei Kuiken im Revier Nassawen.

Ein bedeutender Teil der in Rominten heute gestreckten Erntehirsche hat leider mit dem, was man früher als typischen Rominter bezeichnete, nicht mehr viel gemeinsam. Wie uns SITSCHOW (1991, mdl. Mitt.) berichtete, sind auch in Warnen und Nassawen die typischen Rominter in der deutlichen Minderheit. Die Masse der Geweihe ist allerdings geblieben. Ein sehr alter, zurückgesetzter ungerader 16-Ender, der von A. GAUTSCHI in der Brunft 1984 geschossen wurde, wies ein Geweihgewicht von 9,4 kg (mit Ober-

Oberforstrat Frevert mit dem Geweih des von ihm am 24. September 1983 im Hegebezirk Goldap erlegten ungeraden 16-Enders. Geweihgewicht 8,1 kg, 203,8 CIC-Punkte

kiefer) auf. Revierförster KOWALSKI, Bludszen, besaß ein Abwurfstangenpaar von 9,5 kg. Dieser Hirsch wurde von Dr. v. OEPEN mit etwa 210 CIC-Punkten bewertet.

Die Mehrzahl der jagdbaren Hirsche liegt in einem Bereich des Geweihgewichts um 7 kg. Es ist dies jener Wert, der etwa von den standörtlichen Gegebenheiten diktiert wird, wenn Fütterung und Ausleseabschuß nicht wesentlich wirksam werden. Im Zeitraum von 1980 bis 1991 sind in der Oberförsterei Goldap 14 Hirsche mit über 190 Punkten geschossen worden, davon erreichten acht Hirsche über 200 Punkte, und sechs Hirsche wiesen eine sehr edle Kronenbildung auf. Auch hinsichtlich der Rominter Heide beachtenswert ist eine Untersuchung der polnischen Jagdkundler DUBAS und JEZIERSKI (1989), wonach sich Geweih- und Wildbretgewicht der in den Jahren 1975 bis 1980 in Masuren erlegten Hirsche zwar geringfügig, doch ständig verschlechtert haben. Entsprechend dem Anwachsen der Bestände erhöhte sich die Strecke. Ungefähr 23 % der erlegten Hirsche waren Zukunftshirsche.

Wie viel sinnvoller wäre es gewesen, hätte man von der verhängnisvollen Einfuhr des Kattowitzer Blutes abgesehen! Dann wäre wohl der Bestand etwas langsamer angewachsen, aber dafür hätte man das autochthone Rominter Erbgut unverfälscht erhalten! Über diesen unverzeihlichen Fehler ärgern sich heute am meisten die polnischen Beamten.

Die in der Rominter Heide geleistete Hegearbeit, vor allem der konsequente Wahlabschuß, der seit den Zeiten des alten REIFF bis zum Zweiten Weltkrieg ohne Unterbrechung ausgeführt wurde, darf zu Recht als einmalige Höchstleistung waidmännischen Könnens angesprochen werden. Alle Schattenseiten eines perfektionierten Jagdbetriebs und einer auf höchste Trophäenleistung ausgerichteten Hege können niemals das hohe Verdienst der hirschgerechten Rominter Forstbeamten schmälern. Es leitete sie hoher Idealismus. Ihre selbstgestellte Aufgabe, das Edle und Schöne in der Waldnatur zu fördern, fand und findet ihren Ausdruck nicht nur im Schutz seltener Bäume, in der Pflege der Bestände, in der Anlage von Waldreservaten oder im Schutz seltener Vogelarten, sondern eben auch im Heranhegen starker und endenreicher Geweihe.

Infolge der jahrzehntelangen Ausmerzung aller schlecht und mäßig veranlagten Stücke konnten in Rominten die Anforderungen an einen Zukunftshirsch immer höher geschraubt werden. Ein gutveranlagter Hirsch mußte vom dritten Kopf mindestens zehn, möglichst zwölf Enden tragen, auch 14-Ender waren nicht selten. Mittelalte Hirsche, deren Krone aus einer doppelten Gabel bestand, die also 14-Ender

Ist dies der „Marschall"? Ein verblüffend ähnlicher Gatterhirsch aus Schleswig-Holstein

waren, wurden aus dem Bestand genommen, da man von einem gutveranlagten Rominter Hirsch in diesem Alter bereits edle Kronenform mit fünf, sechs oder noch mehr Enden erwartete.

Auch die Zunahme an Geweihstärke von einem Jahr zum anderen lag hoch und konnte bei besonders gutveranlagten Hirschen bis zu 2 kg ausmachen. Entsprechend früh erreichte der Rominter Hirsch den Höhepunkt seiner Geweihentwicklung, nämlich annähernd bereits als Hirsch vom 7. bis 8. Kopf. Beim 9. Kopf blieb er oft schon stehen, um bereits mit dem 11. Kopf zurückzusetzen. Das Zurücksetzen erfolgte oft sehr plötzlich, wie das zum Beispiel die beiden Hirsche „Patriarch" und „Karkliener" zeigten (FREVERT, 1937).

Die Frühreife des Rominter Hirsches hatte ihre Ursache außer in den günstigen natürlichen Äsungsverhältnissen in der starken Winterfütterung. Oberforstmeister WALLMANN befürwortete nur bescheidene Wintergaben, die sich auf das Notwendigste beschränkten und vor allem auch der Beobachtung des Wildes und dem Finden der Abwürfe dienten, etwa so, wie es in der Kaiserzeit betrieben wurde. Die unter dem Einfluß von Görings Rekordstreben eingeführte Fütterungspraxis bezeichnete er als „Gewaltfütterung" (Wallmann, 1937, unveröff.). Dementsprechend gab Wallmann auch den Höhepunkt der Geweihentwicklung mit zehn bis zwölf Jahren an, also etwas später als Frevert, der seine Erfahrungen bereits unter den neuen Fütterungsbedingungen sammelte. Beachtenswert ist in diesem Zusammenhang auch die Annahme Reiffs, der noch von einer wesentlich langsameren Entwicklung ausging.

Zusammenfassend kann man sagen, daß der frühere Rominter Hirsch eine durch besonders geeignete Standortfaktoren begünstigte und durch langjährigen Wahlabschuß vervollkommnete optimale Lokalform des mitteleuropäisch-atlantischen Hirsches darstellte.

Bestandsentwicklung

Wie Tabelle 11 (auf Seite 155) verdeutlicht, war selbst mit dem Rotwildbestand der Rominter Heide zu Beginn des 18. Jahrhunderts nicht mehr viel Staat zu machen. Die rücksichtslose Ausplünderung, die seit dem späten Mittelalter die ostpreußischen Wildbestände heimsuchte, machte sich auch in Rominten bemerkbar. Die Quellen sind dürftig genug; sie beschränken sich auf einige „Brunftregister" und wenige Akten, die durch zahlreiche Kriege, besonders den Russeneinfall 1914, immer wieder gelichtet wurden. Aber dennoch erkennt man, daß sich der gesamte Rotwildbestand der Rominter Heide bis zur Zeit des Oberförsters Reiff um einen Mittelwert von etwa 100 Stück bewegt hat.

Als Reiff die Oberförsterei Nassawen übernahm, waren im Winter 1850/51 von den Wilddieben gerade noch etwa 13 Stück in der ganzen Heide übriggelassen worden; der Bestand war also nahezu am Erlöschen. Reiffs Schaffenskraft sowie dem Umstand, daß nunmehr politische Ruhe eintrat, ist es zu verdanken, daß sich der Bestand in den folgenden Jahren schnell erholte. Als sich Kaiser Wilhelm entschloß, jährlich nach Rominten zu kommen, mußte das Rotwild weiter vermehrt und die Höhe erreicht werden, die für ein kaiserliches Pirschgehege erforderlich war. 1912 wurde der höchste Bestand erreicht. Während und nach dem Ersten Weltkrieg sank das Vorkommen auf etwa die Hälfte zusammen, erholte sich bis in die dreißiger Jahre aber wieder. Bewußt wurde nun ein zu starkes Anwachsen verhindert. Frevert führte zu Beginn seiner Amtszeit 1937 sofort einen Reduktionsabschuß in der Höhe von 210 % desjenigen von 1936 durch, so daß das Ziel, einen Frühjahrsbestand von nicht mehr als 1.000 Stück zu haben, erstmals 1940 erreicht wurde (Grafik 1, Seite 156).

Dazu sei hier eine kurze Episode eingeflochten, die zeigt, welche Skrupel die Beamten bei der Durchführung des Verminderungsabschusses zu überwinden hatten. Revierförster Roegler, Szittkehmen, berichtet wie folgt: „So hatte Kollege Revierförster Titel in Szeldkehmen auch 3 Mittelhirsche – 16-Ender –, vorläufig neutrale Hirsche, von denen man noch nichts über ihre Zukunft sagen konnte, erlegt und zeigte sie bei der Stangenschau vor. Oberstjägermeister Scherping sah sie sich stillschweigend an und sicherlich kämpften in ihm zwei jagdliche Welten. Einmal wußte er von dem notwendigen Verminderungsabschuß und begriff, daß Titel so oder ähnlich hatte schießen müssen, zum anderen aber ging ihm die Erlegung dieser jungen Hirsche trotz allem doch so gegen die innerste Überzeugung und die Jägerehre, daß er sich die Geweihe noch einmal rückblickend ansah und dann die lapidaren Worte an Titel richtete: ‚Was haben Ihnen diese Hirsche getan?' Und das ist dann ein ‚geflügeltes Wort' geworden!"

Die große Verminderung des Rotwildbestands und der starke Abschuß im Krieg, als nur noch wenige Beamte da waren, stellten große Anforderungen. Beispielsweise mußten 1943/44 im Forstamt Szittkehmen die Revierförster Heym, Rodenwald und Roegler rund 150 Stück Schalenwild schießen.

Zur Zeit Kaiser Wilhelms II. war ein Aprilbestand von etwa 1.300 Stück angestrebt worden. Das Geschlechterverhältnis lag in der Rominter Heide anfänglich bei 1 : 2; erst in den neunziger Jahren erkannte man, wie ungünstig sich die ausschließliche Bejagung von Hirschen auswirkte (Kenneweg, 1939). Von diesem Zeitpunkt an erreichte man ein Verhältnis von 1 : 1, in der letzten Zeit unter Frevert überwogen sogar leicht die Hirsche. Daß der Bestand zur Kaiserzeit an sich übersetzt war, zeigen auch die Angaben ROLLFINGS (1907). Danach fielen dem strengen Winter 1906/07 ungefähr 300 Stück Kahlwild, auch Hirsche sowie fast sämtliche Kälber zum Opfer. Riesige Rudel drängten sich an den Fütterungen, wobei

Tabelle 11: Der Rotwildbestand der Rominter Heide

Jahr	Nassawen	Szittkehmen	Goldap	Warnen	ganze Heide	Quelle
1727		29	?	?	56	Wallmann, Mager
1728		33	?	?	?	Wallmann
1763		98	?	?	?	Wallmann
1764		67	?	?	?	Wallmann
1765		88	?	?	200	Mager
1789, 1.8.	?	?	14		?	Mager
1798	?	?	100		?	Mager
1803	?	?	58		?	Mager
1807	?	?	?	?	13	Kenneweg
1815		16	?	?	?	Wallmann
1819		18	?	?	?	Wallmann
1821		18	?	?	?	Wallmann
1822		18	?	?	?	Wallmann
1834		10	?	?	25	Wallm., Kenneweg
1836		3	?	?	?	Wallmann
1851	?	?	?	?	13	Wallmann
1873, 1.4.	?	?	?	?	126	Wallmann
1875	?	?	?	?	142	Wallmann
1877	?	?	?	?	234	Wallmann
1878	?	?	?	?	268	Wallmann
1880	?	?	?	?	436	Wallmann
1885	?	?	?	?	645	Wallmann
1894, 1.4.	?	?	?	?	1.157	Mager
1909	?	?	?	?	1.526	Mager
1912, 1.8.	?	?	?	?	1.638	Mager
1919	?	?	?	?	800	Mager
1933, 1.8.	347	424	335	339	1.445	Oberforstamt
1934, 1.8.	341	457	356	311	1.465	Oberforstamt
1935, 1.8.	343	476	386	408	1.613	Oberforstamt
1936, 1.8.	349	517	425	382	1.673	Oberforstamt
1937, 1.8.	388	539	419	347	1.693	Oberforstamt
1938, 1.8.	362	404	462	332	1.560	Oberforstamt
1939, 1.8.	311	429	461	302	1.503	Oberforstamt
1940, 1.8.	274	339	333	306	1.252	Oberforstamt
1941, 1.8.	307	367	346	326	1.346	Oberforstamt
1942, 1.8.	332	333	397	353	1.415	Oberforstamt
1943, 1.8.	277	297	331	361	1.266	Oberforstamt
1944, 1.8.	220	264	402	307	1.193	Oberforstamt
etwa ab 1980	150-250	um 150-250	100-150		400-650	Krajewski

schwächere Stücke und Kälber rücksichtslos abgeschlagen wurden und eingingen. Nach der Eroberung der Heide durch die sowjetischen Truppen erreichte der Bestand wieder etwa die Höhe, die vor hundert Jahren zu Beginn der Tätigkeit Reiffs geherrscht hatte.

Die Vernichtung des autochthonen Rotwildbestands geht sicher auf das Konto der Russen, wenn auch Görings Fotograf Lange (1950) schreibt: „Die Offiziere des Hauptquartiers durchschwärmten die (Rominter) Wälder und schossen willkürlich alles ab, was ihnen vor die Büchse kam. Es herrschte die stillschweigende Devise: Die Russen sollen, wenn sie hierher kommen, möglichst wenig an Wild vorfinden. Diese wilde Jagd dauerte den ganzen September und Oktober durch. Die Förster des riesigen Jagdgebietes arbeiteten am Tag und die halben Nächte, um die vielen Geweihe zu kochen, die als Trophäen mitgenommen werden sollten." Es ist kaum anzunehmen, daß Göring, der bis in die letzten Tage in der Heide weilte, so etwas in der geschilderten Form zugelassen hätte.

Ein gewisser Teil des Rominter Wildes soll nach der Zerstörung des Rominter Gatters im Herbst 1944 in die Borker Heide hinübergewechselt sein. Heute beträgt die Schätzung des Rotwildbestands für die gesamte Heide wieder um 400 bis 650 Stück. Im polnischen sowie im russischen Teil der Heide liegen die jährlichen Abschüsse bei je etwa 40 bis 50 Stück.

Einer schnellen Vermehrung des Rotwilds in alter Zeit und selbst heute wieder scheint der Wolf im Weg gestanden zu haben. So untersagte Oberforstmeister v. Wangenheim am 5. Oktober 1789 dem Beritt Warnen den Fang oder Abschuß eines Rotkalbs ohne ausdrückliche Anweisung. Wie berechtigt diese Schonung war, zeigt das Warner Brunftregister vom 15. Oktober des Jahres, wo es heißt: „Die Kälber müssen von denen Wölffen gerissen seyn, da keine gesehen oder gespürt worden" (Mager, 1941). Noch 100 Jahre später war die Wolfsplage sehr lästig, schrieb doch Oberförster v. Saint Paul am 18. Oktober 1881: „Die Wölfe haben im Laufe dieses Sommers und Herbstes hier in furchtbarer Weise gehaust, so daß der Rehstand in der hiesigen Oberförsterei ganz ungemein dezimiert ist. Auch der Rotwildstand, insbesondere,

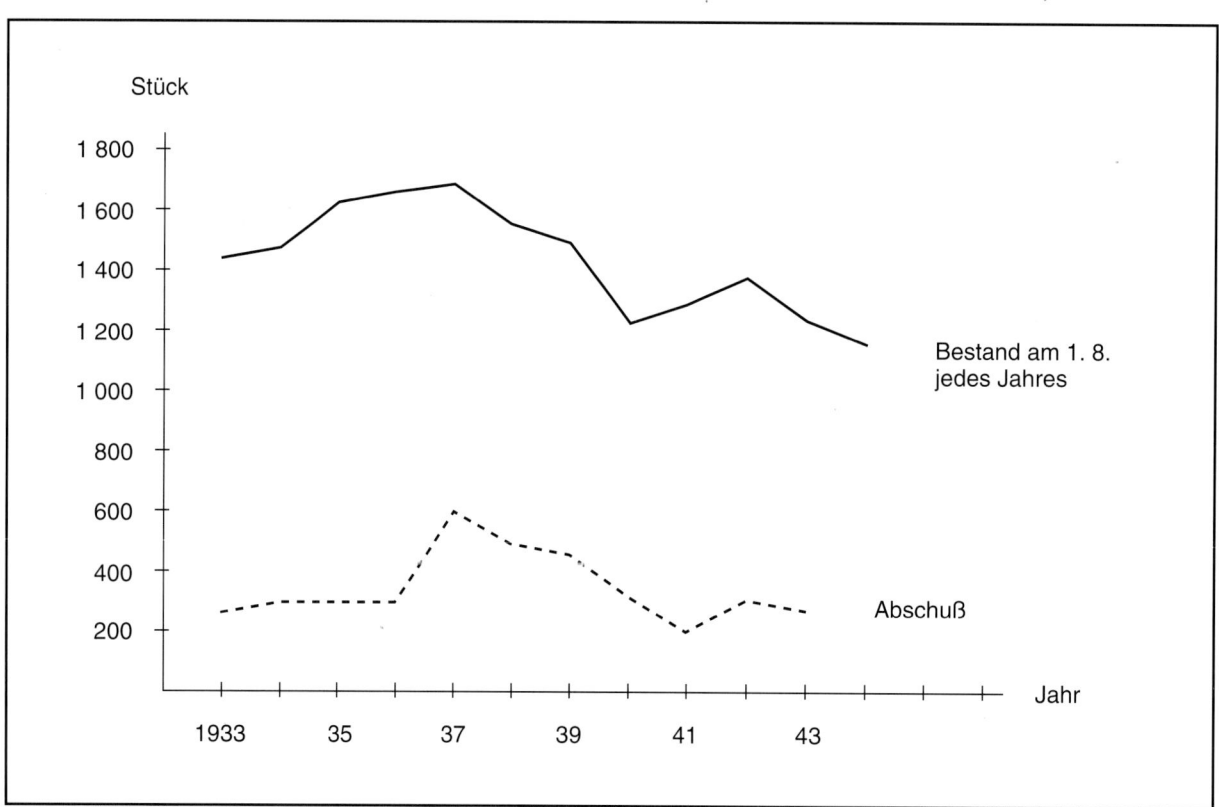

Grafik 1: Rotwildbestand und -abschuß in der Rominter Heide (Akten Oberforstamt Rominter Heide)

was Kälber und Schmaltiere anbetrifft, hat sehr gelitten, und wenn es uns nicht gelingt, diese Bestien im Laufe dieses Winters vollständig auszurotten, so bleibt ... von Rehen wenig übrig" (MAGER, 1941).

Erwähnt sei hier noch, daß das südwestliche Forstamt der Heide immer am meisten Wild und auch die meisten Hirsche hatte. Dort lag auch das berühmte Jagen 20, wo Kaiser WILHELM II. den Pascha erlegte, und später GÖRING den Assessor. Außerdem lag im Jagen 77 dieses Reviers die große Suhle, an welcher sich die Hirsche „in Scharen" versammelten.

Wildbret- und Geweihgewichte sowie Endenzahl des Rominter Hirsches

Es ist leider eine Tatsache, daß das Rotwild auch in Rominten in den letzten vier Jahrhunderten mit zunehmender Einschränkung durch den Verlust weiter waldreicher Landstriche bedeutend schwächer geworden ist. Wie durch zahlreiche Belege erhärtet ist, hat der heutige Rominter Hirsch gegenüber seinen Ahnen zu Anfang des 17. Jahrhunderts etwa 100 kg (30 %) seines Körpergewichts eingebüßt (Tabelle 12, Seite 158). Von großer Bedeutung ist die genaue Statistik der von Kaiser WILHELM II. in Rominten von 1890 bis 1912 erlegten 321 Hirsche, die Frhr. SPECK V. STERNBURG aufgestellt hat (Tabelle 13, Seite 158 und Grafik 2, Seite 159).

Daraus wird ersichtlich, daß die Hirschgewichte noch in der Kaiserzeit weiter zurückgingen, obschon Geweihgewicht und Endenzahl verbessert werden konnten. Einschränkend stellte Baron V. STERNBURG zu seiner Statistik fest, daß der Anteil der abgebrunfteten Hirsche an der Strecke gegen Ende der Zeitspanne größer war als am Anfang, da der Kaiser seinen Jagdaufenthalt später immer mehr ausdehnte. Die Verbesserung der Geweihbildung darf auf die Hege mit der Büchse zurückgeführt werden. In Rominten wurde zu jener Zeit nur eine Erhaltungsfütterung durchgeführt. Beim Wahlabschuß war man von anfänglich falschen Abschußkriterien, durch die ein großer Teil der ganz jungen, aber gut veranlagten Zukunftshirsche der Kugel verfielen, zu einer modernen Anwendung der Selektion gekommen (V. STERNBURG, 1913).

Ungerader 44-Ender, erlegt von Kaiser Wilhelm II. am 27. September 1898 in der Oberförsterei Nassawen, Belauf Nassawen, Rundewischke. Nach einem Gemälde von Prof. Richard Friese im Rijksmuseum Twenthe, Niederlande

Seit dem Ersten Weltkrieg scheint sich der anhaltende Rückgang der Wildbretgewichte fortgesetzt zu haben (JAERISCH, nach MAGER, 1941). Der im Wildbret stärkste Hirsch der Strecke 1937 wog aufgebrochen nur 157 kg (Gesamtgewicht also etwa 190 kg). Matador, der im Geweih stärkste nachweislich in der Rominter Heide geschossene Hirsch, besaß ein Wildbretgewicht von 156 kg, aufgebrochen ohne Haupt. Nach FREVERT (1957) wog ein jagdbarer Hirsch in der Brunft zwischen 140 und 150 kg, wobei Gewichte bis 160 kg vorkamen. BENINDE (1937) gibt das durchschnittliche Wildbretgewicht der Jahre 1933 bis 1935, das er den Jagdrechnungen aller vier Forstämter entnahm, mit 123 kg für den jagdbaren Hirsch und 75 kg für das Alttier an. Diese Gewichte liegen ganz erheblich unter denjenigen des einheimischen ostpreußischen Wildes der freien Wildbahn, obwohl die Geweihbildung in Rominten an der Spitze stand. Der Rominter Hirsch war eben gerade auf das Merkmal „Geweih" konsequent selektiert worden.

In den nordostpreußischen Lehmrevieren erreichte beispielsweise ein jagdbarer Hirsch des grauen Schlages aufgebrochen ohne Haupt 185 kg, ein jagdbarer Hirsch des roten Schlages 170 kg, ein Alttier 100 kg, also etwa ein Viertel bis ein Drittel mehr als in Rominten. Rominter Rotwild, 1925/26 in der Ober-

Tabelle 12: Gewichte einiger jagdbarer Rominter Hirsche aus früherer Zeit

Jahr	Erleger	Geweih	Wildbretgewicht gesamt	aufgebrochen (-21%)	Quelle
1583 wahrscheinl. Feistzeit	Markgraf Georg Friedrich	12-Ender 12-Ender 10-Ender	448 kg 433 kg 340 kg	354 kg mit Geweih 342 kg mit Geweih 269 kg mit Geweih	Mager (n. Jaerisch)
1617 Feistzeit	Kurfürst Johann Sigismund	16-Ender 18-Ender 16-Ender 14-Ender 14-Ender 10-Ender 10-Ender 20-Ender 14-Ender 12-Ender 12-Ender 16-Ender 12-Ender	360 kg 332 kg 337 kg 337 kg 332 kg 262 kg 257 kg 309 kg 314 kg 295 kg 257 kg 309 kg 365 kg	284 kg mit Geweih 262 kg mit Geweih 266 kg mit Geweih 266 kg mit Geweih 262 kg mit Geweih 207 kg mit Geweih 203 kg mit Geweih 244 kg mit Geweih 248 kg mit Geweih 233 kg mit Geweih 203 kg mit Geweih 244 kg mit Geweih 288 kg mit Geweih	Mager (n. Korn)
1856 Feistzeit	Oberförster Reiff	12-Ender	254 kg	201 kg ohne Geweih	Reiff
1877 Brunft (22.9.)	unbekannt	8-Ender	240 kg	190 kg mit Geweih	Mager
1878 bis 1884 Brunft	Prinz Friedrich Karl	Kapitalh. Kapitalh. 8 Kapital-hirsche	233 kg 234 kg 220 kg	192 kg mit Geweih 184 kg mit Geweih 177 kg mit Geweih	Mager (n. Jaerisch)

försterei Mehlauken und 1926/27 in der Oberförsterei Klein Nau-jock ausgesetzt, übertraf innerhalb kurzer Zeit seine frühere Stärke (KRAMER, 1963). Vergleichsweise sehr bemerkenswert erscheint es auch, daß in Pless die Durchschnittsgewichte der jagdbaren Hirsche von 1873 bis 1913 von 136 kg auf 169 kg stetig anstiegen. Pless war denn auch zur Zeit der Berliner Geweihausstellungen jahrelang Rominten als Rotwildrevier überlegen (BENZEL, 1967).

Tabelle 13: Durchschnittsgewichte der von Kaiser Wilhelm II. erlegten 321 Rominter Hirsche

Periode	Anzahl Hirsche	durschnittl. Gesamtgewicht	Gewicht aufgebrochen mit Haupt
1890 – 1898	69	187,5 kg	152,0 kg
1899 – 1906	135	181,0 kg	144,5 kg
1907 – 1912	117	178,0 kg	141,0 kg
23 Jahre	321	182,6 kg	146,2 kg

Eine Gewichtsstatistik der jagdbaren Hirsche aus GÖRINGS Zeit fehlt. Statt dessen wurde seit 1933 das Durchschnittsgewicht der erlegten Hirsch- und Wildkälber statistisch erfaßt. Diese Gewichte lassen sich erheblich besser vergleichen als diejenigen der jagdbaren Hirsche, da hier die Unsicherheit in bezug auf den Wildbretzustand (Feisthirsch bzw. abgebrunfteter Hirsch) wegfällt und außerdem das Gewicht stets „mit Haupt" verstanden wird. Wahrscheinlich reagieren die Kälbergewichte auch sehr viel schneller auf alle Faktoren, die die Güte eines Rotwildbestands bestimmen, und sind deshalb besonders gut geeignet, die Auswirkungen der Hege zu verdeutlichen (Grafik 3, Seite 160).

Man sieht gleich, daß die Kälbergewichte mit dem Einsetzen des Verringerungsabschusses sofort sprunghaft anstiegen und daß sich dieser Anstieg auch fortsetzte, als die Fütterung mit Sesamkuchen eingestellt wurde. Die Wirkung der Wilddichte auf das Wildbretgewicht ist überhaupt ausgeprägt: In der

Grafik 2: Entwicklung von Geweihgewicht, Endenzahl und Wildbretgewicht der von Kaiser Wilhelm II. in Rominten von 1890 bis 1912 erlegten Hirsche (nach v. STERNBURG, 1913)

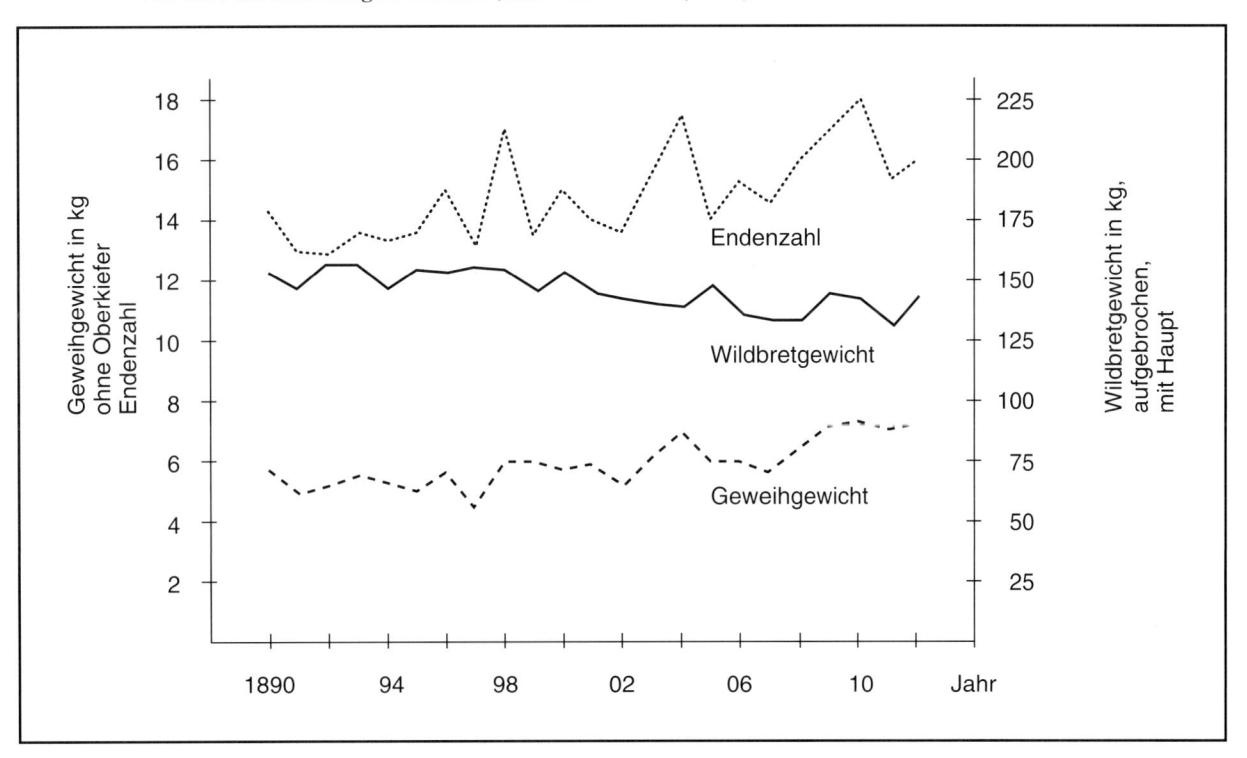

Borker Heide wurde 1908 mit sieben Stück aus Rominten ein neuer Rotwildbestand begründet. Nach der Jagdrechnung des Forstamts Rothebude 1928 bis 1933 wogen die jagdbaren Hirsche dort 160 kg, die Alttiere 80 kg. Der Wildbestand war allerdings zahlenmäßig nur halb so stark wie der Rominter (BENINDE, 1937).

Damit übereinstimmend, liegen vermutlich die gegenwärtigen Wildbretgewichte in der Rominter Heide deutlich über den Vorkriegswerten. Genaue Angaben fehlen uns aber. Der bereits erwähnte, vom erstgenannten Verfasser am 19. September 1984 erlegte alte ungerade 16-Ender, dessen Geweih ohne Oberkiefer heute noch 8,6 kg wiegt, wies aufgebrochen und ohne Haupt ein Wildbretgewicht von 175 kg auf. Jäger BARWICKI gibt das Gewicht der Kälber mit 35 bis 60 kg (aufgebrochen, mit Haupt) an, desjenige der Tiere mit 60 bis 110 kg (aufgebrochen, mit Haupt) und schließlich das Gewicht der Hirsche (aufgebrochen, ohne Haupt) mit 70 bis 210 kg (BARWICKI, 1989, mdl. Mitt.).

Nun zu den Geweihgewichten: Aus dem 17. Jahrhundert gelang MAGER (1941) nur ein Nachweis eines Geweihgewichts, das sicher wegen seiner besonderen Stärke festgehalten worden ist. Unter den von JOHANN SIGISMUND 1617 geschossenen Hirschen befand sich auch ein 24-Ender aus der Insterburger Gegend, dessen Geweih 18,72 kg wog. Dieser Hirsch besaß ein Totalgewicht von 370 kg. Der Endenreichtum damaliger Hirsche unterschied sich nicht von demjenigen des 20. Jahrhunderts, jedenfalls was die Kapitalhirsche angeht. Geweihe der bekannten Sammlung von REIFF zeigten alle weite Auslage und volle Becher- und Schaufelkronen. Nach der Nadlerformel kam das stärkste Geweih auf 213 Punkte, das zweite auf 212 Punkte, dann 204, 189, 188 und 184 Punkte. Die SAINT PAULSchen Geweihe waren weit schwächer, der stärkste zählte 180 Punkte, die übrigen 160 bis 180 Punkte. Zu jener Zeit wurden allerdings die kapitalsten Hirsche von Prinz FRIEDRICH KARL und nach ihm vom Kaiser geschossen (WALLMANN, undat.).

Unter den vom Kaiser in den Jahren 1890 bis 1912 erlegten 321 Hirschen befanden sich nach MAGER und JAERISCH (1941) je ein Hirsch von 44 und 28 Enden, vier von 24 Enden, sieben von 22 Enden und siebzehn von 20 Enden. Die schwersten Geweihe wogen 11 kg, 10 kg und 9,75 kg, vier je 9,5 kg, sechs je 9 kg, eins 8,8 kg, vier je 8,75 kg und zehn je 8,5 kg.

Von ungünstigem Einfluß auf die Güte des Rotwildbestands war die Einführung der Jagdnutzungsvorschrift 1921. Der Revierverwalter war zwar noch verantwortlich für den Wildbestand seiner Oberförsterei, das Recht zur Erlegung eines Hirsches stand aber auch seinen Vorgesetzten und Betriebsbeamten in

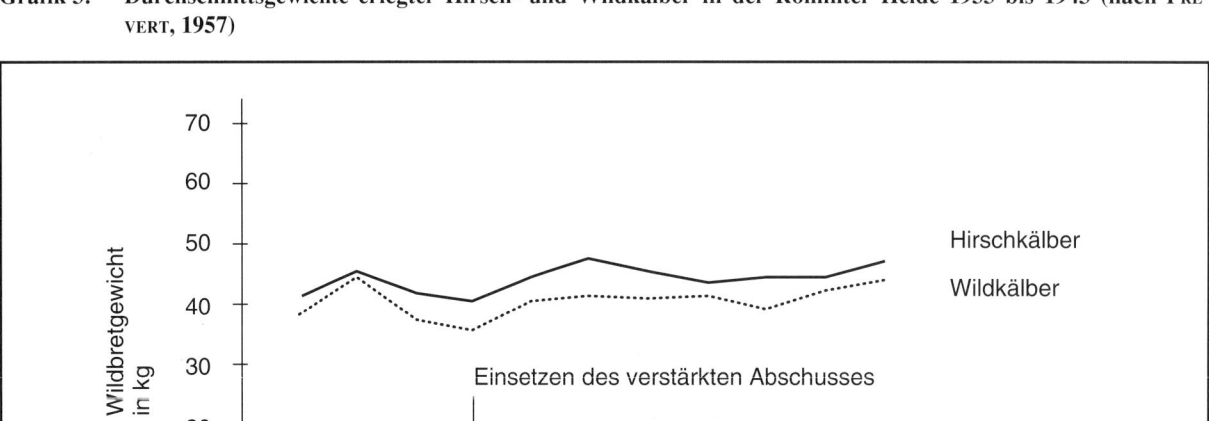

Grafik 3: Durchschnittsgewichte erlegter Hirsch- und Wildkälber in der Rominter Heide 1933 bis 1943 (nach FREVERT, 1957)

Links: „Matador", stärkster Hirsch der Rominter Heide, erlegt von Göring am 22. September 1942 im Forstamt Wehrkirchen (Szittkehmen), Revierförsterei Kausch (Bludszen). Geschätztes Alter 9 Jahre, Geweihgewicht 11,6 kg, 228,4 Nadlerpunkte. Rechts: 24-Ender, erlegt von Forstreferendar H. Wallmann am 30. September 1932 in der Feldmark Nassawen. Geweihgewicht 10,0 kg, 206,0 Nadlerpunkte

gleicher Weise zu. Die Wirkungen daraus lassen sich aus folgenden Zahlen des Oberförsters WALLMANN, die er für Nassawen angibt, erkennen: Während 1910 unter 130 Hirschen 60 jagdbare und 1919 nach Überwindung der Russenschäden unter 116 Hirschen 49 jagdbare gezählt wurden, waren 1923 nur noch 25 von 117 Hirschen jagdbar. Glücklicherweise führte die Regierung zu Gumbinnen für die Rominter Heide bald Sonderbestimmungen ein, nach denen kein starker Hirsch ohne Zustimmung des Revierverwalters geschossen werden durfte. Außerdem durften Hirsche von achtzehn Enden und mehr nur noch dann erlegt werden, wenn sie dem verantwortlichen Revierverwalter bekannt waren. Ferner mußten nachweislich vier starke Abwürfe von dem Hirsch vorhanden sein, aufgrund deren Besichtigung der Oberforstmeister aus Gumbinnen den Hirsch zum Abschuß freigab (SILVA-TAROUCA, 1927). Der Erfolg blieb nicht aus. Zu Anfang des Jahres 1934 sind bei einem Bestand von 160 Hirschen, immer einschließlich der Spießer, 51 jagdbare gezählt worden.

In den Jahren nach dem Ersten Weltkrieg ist auch wegen Futter- und Düngermangel die Erlegung eines wirklichen Kapitalhirsches etwas Seltenes geworden, obschon, wie eben ausgeführt, der Anteil der jagdbaren am gesamten Hirschbestand zwischen 20 und 30 % betrug.

Wie FREVERT schreibt, tauschte damals mancher Beamte den Abschuß seines Deputathirsches bei einem befreundeten Bauern gegen Futtermittel ein, auch sei es bisweilen üblich gewesen, „schwarz" Brennholz einzuschlagen und gegen Futtermittel abzugeben (LIEBENEINER, 1987). Das stärkste Geweih aus dieser Zeit ist das eines 24-Enders, der 1932 von Forstassessor HENNING WALLMANN außerhalb des Gatters bei Nassawen geschossen wurde. Die Angelegenheit war natürlich höchst fatal für seinen Vater, im stillen aber freuten sich alle. Denn man gönnte dieses Waidmannsheil dem Sohn des Forstmeisters mehr als irgendeiner anonymen Größe aus Berlin (LEHNDORFF, 1983). Das Geweih ist noch heute im Besitz der Familie.

Die größte Zahl und zugleich die kapitalsten Hirsche wurden in Rominten, wie bekannt ist, nach 1933 erbeutet. Außer den bisher auf den Rotwildbestand wirkenden, sehr günstigen Umwelt- und Hegefaktoren sind diese Ergebnisse auf folgende Maßnahmen zurückzuführen:
1. Einheitliche Leitung der Hege und des Jagdbetriebs
2. Bestandsverminderung
3. Starke Fütterung, reichliche Geldmittel
4. Verbesserte Äsungsverhältnisse durch gezielte Maßnahmen, große Nonnenfraßflächen und die fortschreitende Durchforstung der Fichtengeneration von 1860
5. Gegenüber der Kaiserzeit der Vorteil weiterer vorangegangener Jahrzehnte scharfer Auslese mit der Büchse.

Der Appetit des Jagdherrn und seiner Gäste auf starke Hirsche führte zu einem beachtlichen Druck auf die Klasse der jagdbaren Hirsche. Grafik 4 unterstreicht deutlich, daß der Anteil der geringen Hirsche am Hirschbestand zwischen 1933 und 1938 stark angestiegen, der Anteil der jagdbaren Hirsche (ab 7 kg Geweihmasse) dementsprechend gesunken ist. Von diesem Zeitpunkt an konnte die fatale Entwicklung aufgefangen und wieder leicht zum Besseren gewendet werden. Man vergleiche hierzu auch die Grafik 5 (Seite 163). Dennoch lag der Anteil an jagdbaren Hirschen im Zeitraum 1938 bis 1943 bei nur knapp 9 %, einem Wert, der in der Kaiserzeit das Fünffache betrug!

Der Abschuß jagdbarer Hirsche ist zwischen 1933 und 1943 ganz beträchtlich angestiegen, und man darf wohl behaupten, daß an die äußerste Grenze dessen gegangen wurde, was der Bestand noch unbeschadet hergab. Unter diesem Aspekt sollte noch einmal die starke Winterfütterung erwähnt werden, die von älteren bzw. früheren Forstbeamten wie Frhr. SPECK V. STERNBURG abgelehnt wurde und die offenbar auch dazu dienen sollte, immer stärkere Geweihe in kürzerer „Umtriebszeit" zu erzeugen. Es kamen jedes Jahr

Grafik 4: Prozentualer Anteil der jagdbaren und geringen Hirsche am Gesamtbestand der Hirsche in der Rominter Heide 1933 bis 1943 sowie Abschuß der jagdbaren Hirsche in Stück (Akten Oberforstamt Rominter Heide)

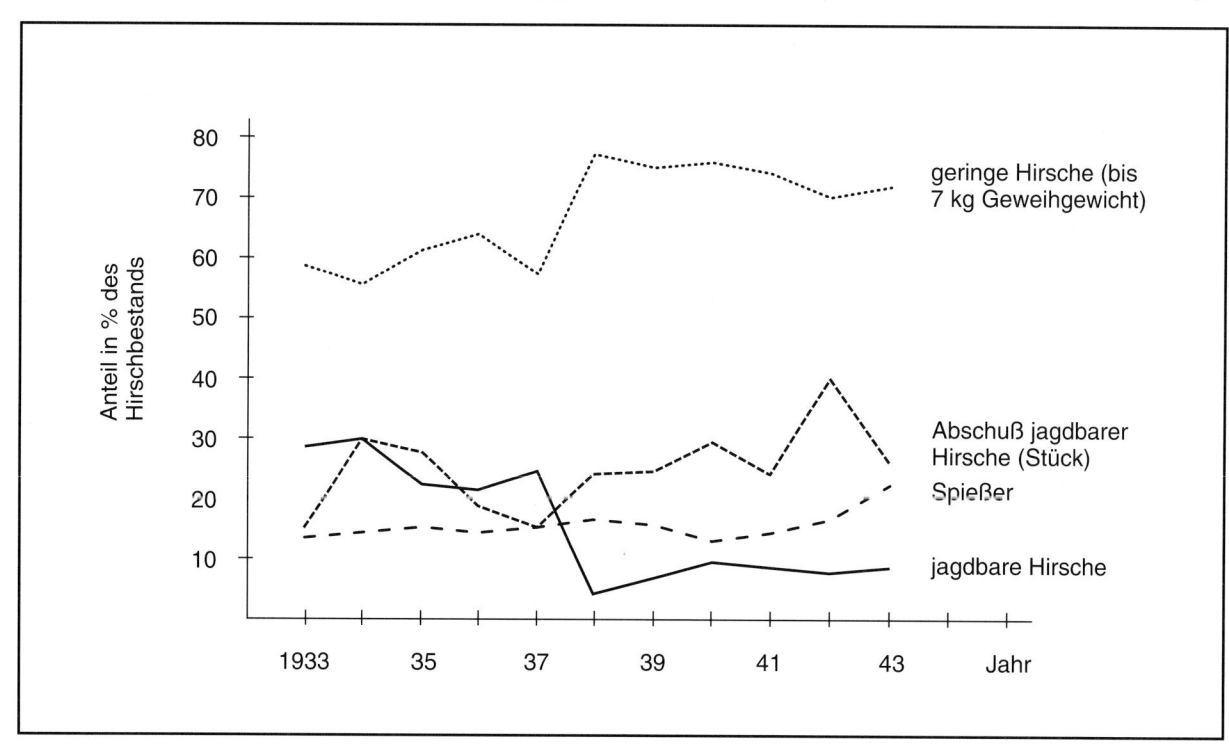

mehr Gäste in den Reichsjägerhof, die alle zu Schuß gebracht werden sollten, wobei das erbeutete Geweih in seiner Stärke im richtigen Verhältnis zur Prominenz des Gastes stehen mußte, der - öfter als genug - hohe Ansprüche stellte.

Die große Zahl der kapitalen und hochkapitalen Hirsche, die von 1926 bis 1944 in der Rominter Heide erbeutet wurden, geht aus der Darstellung FREVERTS (1957) hervor. Danach wurden in diesem Zeitraum, hauptsächlich natürlich ab 1933, etwas mehr als 32 Hirsche von 190 bis 199 Nadlerpunkten geschossen, die ein mittleres Geweihgewicht von 8,2 kg aufwiesen. An Hirschen von 200 bis 209 Nadlerpunkten wurden deren 26 gestreckt. Diese wiesen ein durchschnittliches Trophäengewicht von 9,2 kg auf. Schließlich kommt noch eine Gruppe von sechs hochkapitalen Hirschen mit über 209 Nadlerpunkten dazu, die ein mittleres Geweihgewicht von 10,7 kg besitzen. Besonders „ertragreich" waren die letzten Jahre.

Den stärksten Hirsch der Heide, „Matador", erlegte GÖRING am 22. September 1942 unter Führung von Oberförster RODENWALD dicht westlich der Revierförsterei Bludszen. Der zuständige

Forstanwärter Diekert mit den Abwürfen des „Lasdehnitz", erlegt am 25. September 1940, 197 Nadlerpunkte

Revierförster WEINREIS war als Hauptmann in Bialowies eingesetzt, deshalb konnte er nicht selbst führen. Am gestreckten Hirsch ernannte GÖRING RODENWALD zum Forstamtmann. Als der „Matador" auf der Strecke lag, mußte die Ufa, die seit dem Winter 1941/42 einen Kulturfilm über Rominten drehte, das Verblasen filmen (ROEGLER, unveröff.). RODENWALD, der auch den Titel eines Wildmeisters führte, war einer der besten Jäger der ganzen Heide und hatte deshalb bei GÖRING einen „Stein im Brett". Sein Verhältnis zu FREVERT war hingegen eher gespannt. Bei einem Luftangriff der Russen auf Heilsberg im Januar 1945 soll RODENWALD gefallen sein.

Die Hege in den Staatsjagdrevieren sollte beispielgebend wirken, denn sie waren ja – außer ihrer Bedeutung als Leibreviere GÖRINGS – als Lehr- und Musterreviere ersten Ranges gedacht. Was die Rominter

Grafik 5: Anzahl gefundener Abwürfe geringer und jagdbarer Hirsche 1937 bis 1944 (Akten Oberforstamt Rominter Heide)

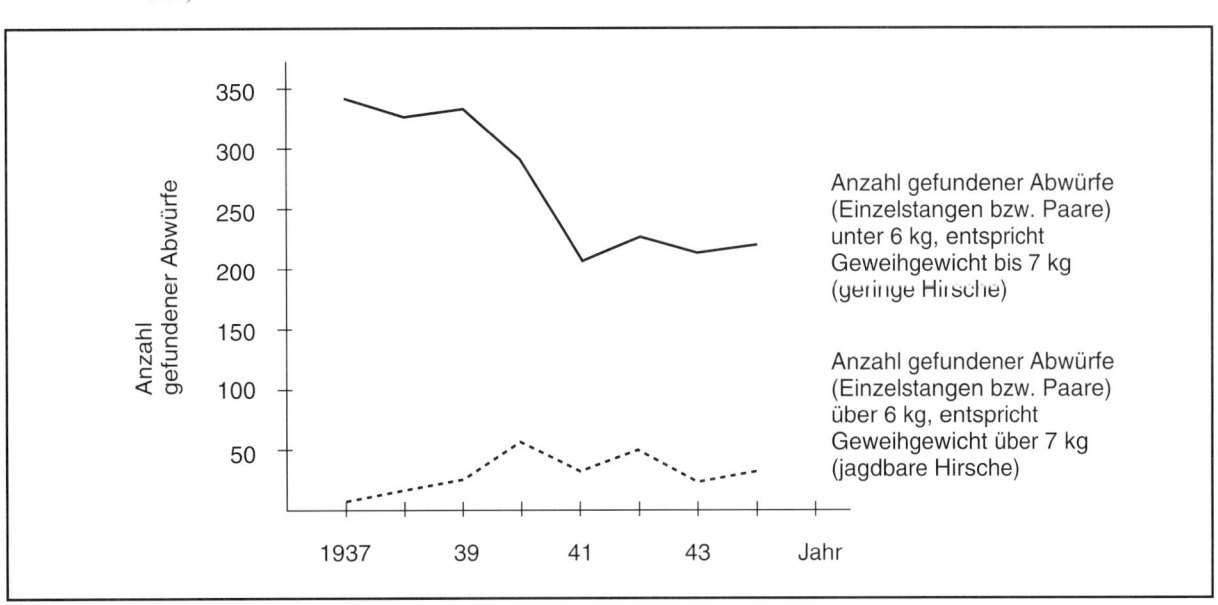

Rotwildfütterung in der Revierfösterei Gollubien im Winter 1932/33

Heide betrifft, wäre wohl dieser Anspruch eher gerechtfertigt gewesen, wenn auf die offensichtlich übertriebene Verabreichung von Kraftfutter, die ohnehin in einem durchschnittlichen Rotwildrevier undurchführbar ist, verzichtet worden wäre. So mag doch allzuleicht der Verdacht aufkommen, daß jedes Mittel recht war, um möglichst „dicke" Geweihe zu erzielen. Das leuchtende Beispiel der in der Heide getroffenen umfangreichen und sinnvollen Hegemaßnahmen wurde zweifellos durch den großen Umfang der Hafer- und Sesamkuchenfütterung mit einem Makel behaftet.

„Die Überbewertung der Trophäe", schreibt SCHERPING (1950), „mit dem bis ins Lächerliche übersteigerten Formelkram schuf häufig ein Zerrbild dessen, was wir Waidwerk nennen. Aber dieser fraglos berechtigte Vorwurf konnte niemals die mit der Betreuung der Heide beauftragten Beamten treffen, die mit Recht stolz auf das waren, was sie und ihre Vorgänger geleistet hatten. Rominten mit seinen Hirschen ist Tradition, und Tradition ist beim Waidwerk viel, wenn nicht alles."

Die Jagd auf den Brunfthirsch

*Was dem Frommen vielleicht der Traum ist, dereinst direkt
neben dem lieben Gott auf seinem Himmelssofa zu sitzen,
das ist dem hirschgerechten Waidmann der Wunsch,
einmal im berühmtesten aller Hirschreviere, in Rominten,
auf einen „Edlen" pirschen zu dürfen.*

Adalbert Meckel

Das Aufstellen des Beschußplans und die Handhabung des ganzen Jagdbetriebs waren in Rominten weitgehend vervollkommnet. Grundlage der Planung waren die Beobachtung und Zählung des Wildes an den Fütterungen und die einzelne Begutachtung jedes starken Hirsches anhand seiner gesammelten mehrjährigen Abwurfreihe. Aber auch die ausgeklügelten Pirschanlagen und die ab 1937 zusammengefaßte Leitung mit technischen Hilfsmitteln, auch der Einsatz von Geländewagen, trugen zu einem reibungslosen Ablauf der Jagd auf den Brunfthirsch bei, die aber trotzdem für die Verantwortlichen bisweilen zu einer nervenaufreibenden Angelegenheit wurde. Von der Kleiderordnung der Forstbeamten bei der Pirsch und beim Verblasen der Strecke bis zur Anrede des Reichsmarschalls und seiner Gäste gab es natürlich genaueste Instruktionen.

Schon zur Kaiserzeit waren während der Anwesenheit des Monarchen alle verfügbaren Beamten zu Rad, zu Wagen, zu Pferd und zu Fuß unterwegs, um jederzeit Meldung machen zu können. Auch zuverlässige Waldarbeiter wurden zur Überwachung der Bewegungen des Wildes eingesetzt. Bereits damals waren alle Forsthäuser mit dem Jagdhaus des Kaisers und untereinander telefonisch verbunden.

Oberstjägermeister Scherping beschrieb die Brunftzeit in Rominten:

„Wenn ich an die Jagdlager in Rominten und die hohe Zeit der Hirsche und der Rominter Forstbeamten zurückdenke, so erinnert mich diese Zeit an die Strapazen eines Bewegungskrieges. Die Hirsche nahmen in jeder Brunft erheblich ab, das ist bekannt, die Forstbeamten relativ nicht weniger. Schlaf wurde ganz klein geschrieben.

Der Tag begann um 4.30 Uhr, im Osten wird es früher hell als im goldenen Westen. Und da die Herren Hirsche in dieser gesegneten Wildbahn die Angewohnheit hatten, bis weit in den hellen Tag hinein zu schreien, blieb man oft genug bis um Mittag draußen. Denn jeder Beamte hatte den Ehrgeiz, in seinem Revier etwaige starke ältere und alte Hirsche, die für die Erlegung reif waren, möglichst genau anzusprechen und sicher zu bestätigen. Verhältnismäßig früh, so gegen 15 Uhr, ging es wieder ins Revier. Na ja, dann blieb ja noch der lange Abend zum Ausschlafen. Denkste! Denn war der Tag erfolgreich gewesen, fand am Abend noch beim Schein der Pylonen Streckelegen und Verblasen statt, meist erst gegen 22 Uhr, von dem damaligen, durch Selbstmord geendeten, sympathischen Chef des Generalstabes der Luftwaffe Jeschonnek respektlos ‚Leichenverbrennung' genannt. Dann saß man noch zusammen, es gab ja immer viel zu erzählen, jeder Tag in Rominten brachte eine Fülle von Erlebnissen, die das Jägerherz bewegten, und nach wenigen Stunden Schlaf rasselte der Wecker.

Ich habe in Rominten wenig geschossen und viel gesehen. Wenig geschossen, weil immer Jagdgäste da waren, die umgekehrt viel schießen und auf guten Anblick weniger gesteigerten Wert legten. Die meisten Herren hatten es sehr eilig, erfolgreich zu Schuß zu kommen. Die Weltkrankheit, Zeitmangel, setzte auch damals schon ein. Vom Zeitpunkt des Lernens, wir lernen ja nie aus, waren diese Pirschen ohne Mordabsichten fraglos außerordentlich erfolgreiche Lektionen. Vor allem das Ansprechen auf Endenzahl – in Rominten ein besonderes Kapitel – auf Stangenstärke, Alter usw. gelingt einem besser, wenn einem der Druckfinger nicht juckt. Und gerade in dieser Beziehung wurde von den Beamten außerordentlich viel verlangt. So war es verständlich, daß mancher Beamte, wenn am Ende der Brunft nur noch hier und da ein müder Schrei aus einer Dickung über die schwermütige Landschaft der Rominter Heide schallte, schwankend vor Müdigkeit den heimischen Penaten zustrebte, Huberto sei Dank, die Brunft ist zu Ende. Eigentlich schade drum. Es war doch eine Zeit, angefüllt mit vielen und schönen Erlebnissen. Und Huberto sei Dank.

Abendliche Strecke vor dem Jägerhof am 5. Oktober 1937

Im nächsten Herbst schreien die Hirsche wieder. So ist nun einmal der Mensch und erst recht der Jäger, der ewig Suchende. Jede Arbeit ist ihres Lohnes wert. Saure Wochen, frohe Feste!

Ostpreußen, dieses unvergeßlich schöne Land der edlen Pferde, der starken Hirsche und einer braven, anspruchslosen Grenzbevölkerung, die in den Kriegen Kummer gewohnt war, es war auch das Land des ‚Bärenfanges', des Grogs, Rum muß sein, Zucker kann sein, Wasser braucht nicht zu sein. Und wenn die Heide, die tagelang vom Schrei der edlen Hirsche gedröhnt hatte, wieder still geworden war, dann versammelte sich die erschöpfte grüne Farbe bei der Witwe Sz. im Hirschen im Ort Rominten zu fröhlichem, wohlverdientem Umtrunk. Es wurde scharf gebechert, was der Ostpreuße macht, das macht er gründlich. Mag sein, daß im Morgengrauen nach solchem Abschlußfest mancher nach Hause schwankte, weil er des Guten zuviel getan hatte. Ich jedenfalls erinnere mich mit Freude und - wie sollte es anders sein - Wehmut an diese prächtigen, aufrichtigen Forstbeamten und hervorragenden Jäger, das waren sie alle, in der Rominter Heide."

Welche Künste von den führenden Beamten in Rominten zuweilen verlangt wurden, zeigt sich am Beispiel des „Theerbuder Becherhirsches", der nach langem Hin und Her für den ungarischen Ministerpräsidenten GÖMBÖS bestimmt wurde. GÖRING verlangte, daß GÖMBÖS vorher noch einige Fehlpürschen zu absolvieren habe, aber immer so, daß es beinahe gelangt hätte! Das war ein scheußlicher Auftrag, dem nur ein Meister der Jagd und erfahrener Menschenkenner gewachsen war, wie Oberforstmeister WALLMANN. Er löste die Aufgabe so, daß der brave GÖMBÖS einen gewaltigen Appetit bekam (SCHERPING, 1950). Welche Auswirkungen später die Erlegung dieses Hirsches, der allgemein unterschätzt wurde, wie das dem besten Rotwildkenner passieren kann, für den führenden Beamten hatte, ist zuvor schon beschrieben worden.

Zur Kaiserzeit hatte man derartige Sorgen noch nicht, da der Monarch seine Gäste in aller Regel nicht am Abschuß beteiligte. Nachstehend sei die Erlegung des bekannten 28-Enders im Jahr 1904 geschildert. Es handelt sich um einen Bericht des kaiserlichen Büchsenspanners ROLLFING für „Wild und Hund":

„Se. Majestät fuhr abends nach 8 Uhr von Pait ab und traf nach zweistündiger Wagenfahrt gegen 1/2 11 Uhr in Gr. Brittanien seinen dort haltenden Sonderzug. Von hier ging es um 12 Uhr nachts langsam weiter nach Station Gr. Rominten, wo der Zug am 21. September früh 3.40 Uhr eintraf.

Nach Meldung des hier wartenden Oberförsters Ehlers ging es um 1/4 5 Uhr mit Birschwagen in dessen Revier, wo im Belauf Jagdbude auf der Jubiläumswiese ein guter ungerader 16-Ender seinen Stand genommen hatte. Hier herangekommen, hörte man schon seinen tiefen Orgelton, welcher doch ganz anders klang, als das jammervolle ‚Geknöre' seines entfernt verwandten Elchvetters. Der Hirsch, recht hellrot von Farbe, hatte sein zahlreiches Rudel in einer Ecke der Wiese zusammengetrieben und verhinderte es am Einziehen.

Ein brunftiges Tier hatte sich aber doch abgetan, und als er, dieses herantreibend, näher an dem Schirm Sr. Majestät wieder auf die Wiese heraustrat und nach seinem weiterhin stehenden Rudel ziehen wollte, wurde er angerufen, und als er stutzte, traf ihn die Kugel Sr. Majestät (6 mm) auf 170 Schritt, links hochlauf den Knochen zerschmetternd. Der Hirsch machte eine hohe Flucht und blieb längere Zeit schwerkrank stehen, wollte aber dann doch ins nahe Holz ziehen. Da bekam er die zweite Kugel etwas höher, die ihm den rechten Vorderlauf hoch im Blatt abschlug. Der Hirsch brach vorn zusammen und rutschte in den Schutz der überhängenden Randfichten, wo er noch den Fangschuß auf den Hals erhielt. Der Hirsch hatte ein ganz gutes Geweih. Rechts acht, links sieben Enden, ohne Eissprossen. Unter der Krone hatte er auf jeder Seite noch eine Stange geschoben, die rechts drei, links zwei Enden trug. Das Geweih war 99 cm lang und hatte 88 cm Auslage. Rosen 23 cm. Gewicht, weil noch nicht abgebrunftet, 409/335 Pfd. Die Brunft beginnt jetzt hier in der Heide, und stellen sich die Hirsche fest zu ihren Rudeln, doch schreien sie noch nicht anhaltend genug.

Da am Nachmittag 3. 10 Ihre Majestät die Kaiserin und die Prinzess Viktoria Luise mit Sonderzug auf Station Gr. Rominten eintrafen, um ebenfalls im Jagdhause Wohnung zu nehmen, fuhr der Kaiser zum Empfang derselben dorthin und begleitete seine hohe Gemahlin nach dem Jagdhause. Hier war zunächst Besichtigung des neuangebauten Flügels, wo künftighin Ihre Majestät nebst Gefolge wohnen soll. Um 5 1/4 Uhr ging's wieder zur Birsch in die Oberförsterei Rominten, Belauf Theerbude, wo einige Tage vorher der schon bekannte, sehr starke 26-Ender verschiedentlich gesehen und angesprochen worden war. Doch nichts war von dem Kapitalen zu sehen und zu hören. Es zeigten sich nur verschiedene noch junge 14-Ender mit Mutterwild. Es wurde nun im Dunkeln vorsichtig aus der Gegend des Standes des 26-Enders zurückgeschlichen, um ihn ja nicht zu vergrämen. Er hat nämlich die Angewohnheit, nicht auf Wiesen auszuziehen, sondern

Ungerader 28-Ender, erlegt von Kaiser Wilhelm II. am 1. Oktober 1904 in der Oberförsterei Szittkehmen, Jagen 37, Belauf Bludszen. Geweihgewicht 9,0 kg, 205,1 Nadlerpunkte

mit nur wenig Stücken Mutterwild im Bestande zu bleiben und höchstens auf kleine darin befindliche Blößen zu treten. Abends gemeinschaftliche Tafel.

In der Frühe des 22. Septembers wird nun auf den 26-Ender gepaßt. Se. Majestät bleibt zu Hause und erwartet Meldung, wo er sich evtl. zeigen würde, um dann schnell hinfahren zu können. Da weiter keine Meldung über Stand und Austritt des 26-Enders eingelaufen war, auch im allgemeinen die Hirsche schlecht schrien, versuchte Se. Majestät gegen Abend sein Weidmannsheil noch einmal und besuchte der Ecke gegenüber, wo der Kapitale vermutlichen Austritt hatte, auf kurze Zeit eine hohe Kanzel. Doch zogen nur geringe Hirsche mit Mutterwild und später ein guter 14-Ender mit weitaus liegendem Geweih und enorm tiefem Hals aus. Um keine unnötige Zeit mit Warten zu verlieren, ließ Se. Majestät einen seiner

Kavaliere hier auf der Kanzel, um den Austritt auf dieser großen Wiese (der Smadelka) weiter zu beobachten, er selbst birschte verschiedene Wiesen und Schlänken, die sich hier am Radonsflusse und der Rominte hinziehen, ab und fand alles tot und leer, kein Ton war zu hören. Nur am Ende der sogenannten Oblatiswiese standen mehrere Tiere, aber ohne Hirsch.

Auf dem Wege nach dem Wagen hörte man endlich in dessen Nähe einen Hirsch auf der Wiese schreien, birschte ihn auch an, es zeigte sich aber, daß er noch nicht schußreif war. Das herumstehende Wild bekam auch schließlich Wind und ging ab, den Hirsch mitnehmend.

Auf der Smadelka war auch weiter nichts los gewesen, nur hatte sich noch ein recht braver 14-Ender mit engstehendem, oben beinah zusammenstoßendem Geweih mit recht langen Kronenenden gezeigt, war aber bald wieder zu Holze gezogen. In den anderen Revieren hatten die Hirsche merkwürdigerweise gut geschrien. Doch, von allen Seiten eingestellt und beobachtet, hatte niemand etwas vom 26-Ender gesehen noch gehört, nur der Beobachtungsposten auf der Kanzel hatte, als es schon dunkelte, in einer Ecke der Smadelka beobachtet, daß dort ein starker Hirsch bis an die Lisière trat, ab und zu mit tiefem Halse schrie, aber nicht auszog, auch kein Mutterwild bei sich hatte, und vermutete man, daß dies wohl der ersehnte Hirsch gewesen sein könnte.

Es wurde nun von Sr. Majestät beschlossen, sich am Nachmittag des 23. an dieser Stelle anzusetzen und zu warten, ob der Kapitale wirklich dort sich zeige, doch kam zuerst nur ein Tier mit Kalb auf knapp 30 Schritt vorbei auf die Wiese gezogen, hinterher ein Zehner, welcher aber nicht auf die Wiese dem Wildbret nachzog, sondern einen Bogen um Se. Majestät herum machte und verschwand. Dann kam vom Süden der Wiese aus dem hohen Holz ein Hirsch mit tiefer Stimme herangezogen, und diesen erkannte Se. Majestät als den 14-Ender mit dem engstehenden Geweih und den langen Kronenenden, der gestern von der Kanzel aus gesehen worden war. Dieser Hirsch bekam Wind und zog wieder ein.

Da knackte es aus der Ecke, woher der Ersehnte kommen sollte, und ein sehr tiefer Bass ließ sich vernehmen. Hier und da hörte man einen dürren Ast vom Geweih eines heranziehenden Hirsches brechen und anstreichen, und endlich erschien direkt auf Se. Majestät zuziehend ein Hirsch mit gutem Rumpf und ausliegendem Geweih in den Stangen und Unterholz. Mit der Büchse fertig erwartete Se. Majestät den Heranziehenden. Schon leuchteten die weißen Enden, und endlich zog der Hirsch aufs „Keilergestell" und verhoffte hier auf knapp 25 Schritt völlig freistehend.

Doch voll Enttäuschung ließ der Kaiser die Büchse sinken, denn der 26-Ender war es wieder nicht, sondern nur der ungerade 14-Ender, der gestern abend zuerst auf die Wiese gezogen war und jetzt durch seinen tiefen Hals diese Aufregung herbeigeführt hatte. Einen Hirsch mit solch

20-Ender, erlegt von Kaiser Wilhelm II. am 5. Oktober 1903 in der Oberförsterei Szittkehmen, Jagen 52, Belauf Blindischken, Upeliswiese. Geweihgewicht 9,5 kg, 196,8 Nadlerpunkte. Nach einer Zeichnung von Prof. Richard Friese im Rijksmuseum Twenthe, Niederlande

guten, dicken und breitstehenden Stangen und dieser Endenzahl würden die meisten Jäger mit Handkuß auf die Decke gelegt haben, aber Se. Majestät verschonte ihn doch mit Rücksicht auf weiteres, besseres Weidmannsheil.

Der Hirsch zog, vollständig einen Kreis beschreibend, um Se. Majestät herum auf die Wiese, suchte hier sein schon wieder eingezogenes Wild, schrie sich mit noch einem anderen Hirsche an, welcher dicht bei der Kanzel stand, und kam dann wieder zu Sr. Majestät, doch diesmal von der anderen Seite, zurückgewechselt, bis er endlich Wind bekam und ins Holz abging. Der Stoßseufzer Sr. Majestät war: Ach wärst du doch der 26-Ender! Dann hätte er den Spaziergang auf die Wiese nicht mehr gemacht. – Unverrichteter Sache mußte dann nach Hause gezogen werden. Die Hirsche hatten gegen Abend hier und überall ganz gut geschrien.

Am 24. früh wurde wieder von mehreren Revierbeamten der 26-Ender auf seine Anwesenheit beobachtet, doch konnte sein Stand nicht festgestellt werden. Se. Majestät selbst war um 4 Uhr früh nach der Oberförsterei Goldap gefahren auf einen guten, dort gemeldeten Hirsch, war aber doch zu spät an die Wiese herangekommen, denn derselbe zog noch vor Büchsenlicht im Nebel zu Holze. Um 1/2 7 war Se. Majestät wieder zu Hause. Der Morgen war recht frisch, das Thermometer stand 0 Grad.

Um 1/2 10 Uhr kam die Meldung aus der Oberförsterei Rominten, daß die Gattin des Oberförsters Speck v. Sternburg, die in der Brunftzeit auch Hirsche verhören geht, einen Elchhirsch, welcher schon seit einiger Zeit in der Rominter Heide gefährtet und auch gesehen worden war, diesen Morgen dicht hinter der Oberförsterei gespürt und ihn auch auf der frischen Fährte in einem kleinen Bruche deutlich gehört hätte. Sofort bestieg Se. Majestät den Wagen, um dorthin zu fahren, während inzwischen Treiber mit Lappen telephonisch an einen nahe liegenden Punkt bestellt wurden. Bei der Ankunft erwies sich die Meldung als richtig, und stand die Fährte ganz frisch ins Bruch hinein. Doch auch der Belaufsförster hatte im Nachbarjagen ebenfalls ziemlich frisch den Elch gefährtet, und wurde daher zuerst dieser Teil, welcher inzwischen schon eingelappt war, durch nur wenige Treiber durchgedrückt. Aber der Elch kam nicht zum Vorschein, obwohl alles mit Augenverbindung abgestellt war.

Rominter Hirsch. Nach einer Zeichnung von Prof. Friese im Ostpreußischen Landesmuseum zu Lüneburg

Das kleine Bruch war inzwischen auch vorsichtig mit Lappen umstellt worden, und Se. Majestät ging gerade auf seinen Stand, welcher da sein sollte, wo die Fährte ins Treiben stand, als der Oberförster v. Sternburg und der Büchsenspanner Sr. Majestät, welche knapp 50 Schritt vorausgingen, um abzuspüren, plötzlich den Elch, doch schon außerhalb der Lappen, auf ca. 40 Schritt im lichten Stangenholze wegbrechen sahen. Der Elch, ein geringer Hirsch, hatte also doch in dem kleinen Bruche gestanden. Durch irgend ein Geräusch wohl rege gemacht, hatte er die Lappen nicht gehalten, sondern auf seiner Hinfährte, unter den Lappen durchkriechend, den Rückwechsel genommen. Ein Vorgreifen und Treiben hatte keinen

Zweck, denn der Elch spürte sich flüchtig über mehrere Gestelle und Wege weiterhin in die Reviere der Oberförsterei Rominten. Mittlerweile war es gegen 2 Uhr geworden, und mußte schnell nach dem Jagdhause gefahren werden, um die Nachmittagsbirsch nicht zu verderben.

Um 1/2 5 Uhr fuhr Se. Majestät in Begleitung der Kaiserin in die Oberförsterei Goldap und zwar auf denselben Hirsch, der vor Sr. Majestät am Morgen von der Wiese zu früh zu Holze gezogen war. Mit gutem Winde in den Schirm gekommen, sah man nur Rehe, darunter drei Böcke, auf der ziemlich großen Wiese im Jagen 42. Die Hirsche schrien heute abend recht brav, doch wollte keiner auf die Wiese austreten. Endlich, Nebelschwaden zogen schon in die Höhe und ballten sich an den Randfichten dicht zusammen, traten an einer Ecke links vom Schirm zwei Tiere aus. Dichtbei schrien vier gute Hälse, aber austrat von dem dem Schirm gegenüberliegenden Rande nur ein Schneider, welcher noch zwei Stücke Mutterwild mitbrachte.

Da erschien um 3/4 6 Uhr endlich rechts von der Kanzel der erwartete gute Hirsch, laut aber mit schlechtem Halse schreiend, allein am Rande und zog mitten im Nebel nach den in der Mitte der Wiese stehenden Tieren zu. Fünf Minuten vor 6 Uhr kam er, noch immer undeutlich im Nebel, auf 80 Schritt an der Kanzel vorbei, und setzte ihm Se. Majestät mit der 6 mm-Fernrohrbüchse die erste Kugel auf die Leber. Krank blieb er einen Augenblick stehen, nahm dann

Ungerader 20-Ender, erlegt von Kaiser Wilhelm II. am 29. September 1899 in der Oberförsterei Warnen. Geweihgewicht 7 kg, 179,2 Nadlerpunkte. Nach einer Zeichnung von Prof. Richard Friese

seine ganze Kraft zusammen und überfiel noch den Wiesengraben, um wieder nach seinem Rückwechsel zu gelangen, doch schoß ihn Se. Majestät mit Blattschuß zusammen, worauf er rasch verendete. Die Kugel hatte das Herz getroffen.

Schnell ging es nun zu dem Gestreckten, und war die Freude beider Majestäten groß, als sich der Hirsch als ein kapitaler ungerader 22-Ender präsentierte mit einem sehr guten Geweih. Die rechte Stange hatte 11, die linke 10 Enden. Die Mittelsprossen sind geteilt und ist die linke 52, die rechte 43 cm lang, also bis in die Kronen ragend. Rosenumfang 24 und 25 cm. Die Stangen sind 98 cm lang und haben 89 cm Auslage. Eissprossen. Es war ein recht kurzer, nur 2,05 m langer Hirsch mit 1,30 m Höhe. Gewicht des Hirsches 390/300 Pfd. Geweihgewicht 19 Pfd. Da die Wiese noch keinen Namen hatte, taufte sie Seine Majestät der Kaiserin zur Ehrung: Kaiserinwiese. Im Triumph ging es nun nach dem Jagdhaus, denn seit dem Ankunftstage hatte Se. Majestät erst den zweiten Hirsch erlegt. Die Hirsche schreien jetzt gut, und es kommen von allen Revieren Meldungen über starke Hirsche, es scheint die Brunft erst ordentlich in Gang zu kommen.

Sonntag, den 25. September früh war recht starker Nebel, der bis in die Vormittagsstunden hinein anhielt. Allgemeiner Kirchgang in die Hubertuskapelle; nachher fand, wie alljährlich, eine Ausstellung der Abwurfstangen statt, die dieses Jahr in den vier Oberförstereien gefunden sind, und waren diesmal recht viele und gute Stangen zur Stelle. Namentlich acht Paar kapitale Paßstangen von noch lebenden Hirschen aus verschiedenen Revieren zeigten, daß noch mancher recht gute Hirsch in der Rominter Heide steht, von denen hoffentlich Se. Majestät noch diesen oder jenen in dieser Zeit erlegen dürfte. Die Abwurfstangen zeigen deutlich, daß die Ansicht vieler, daß die Rominter Hirsche, nachdem sie ganz im Gatter stehen, an Stärke abnehmen, eine total falsche ist, denn vor der Eingatterung hatte man nie gleichzeitig so viele und so kapitale Hirsche hier gehabt wie jetzt.

Nach der Mittagstafel fand eine allgemeine Ausfahrt nach der Königshöhe, einem in der Oberförsterei Goldap gelegenen, sehr hohen Aussichtsturm, von dem man weit über die Heide bis ins nahe Rußland sehen kann, und eine kleine Tour ins Revier statt. Bei der Rückfahrt wurde im Dorfe noch die neuerbaute Schule besichtigt. Eine Birsch fand heute nicht statt.

In der Nacht vom 25. zum 26. ging der Wind nach Süden herum, und herrschte auch in der Nacht ganz warmes Wetter mit Sturm. Die Frühbirsche war darum ohne Erfolg, weil das Wild nicht mehr auf den Wiesen stand. Auch ein Abbirschen der Bestände brachte keinen Hirsch mehr zu Gesicht. Die Hirsche hatten gestern abend, die Nacht und den Morgen fast gar nicht geschrien. Sie hatten das stürmische Wetter im Kopf. Ebensowenig war am Abend Wild ausgetreten. Trotzdem fuhr Se. Majestät auf einen starken Hirsch, welcher in der Oberförsterei Warnen auf dem sog. ‚Ausgebrannten Bruch' austrat. Doch nichts ließ sich weder sehen noch hören, ebenso auf den andern Wiesen im Jagen 95. Se. Majestät kehrte infolgedessen wieder auf die alte Stelle zurück und wollte eben nach Hause fahren, als der Förster des benachbarten Jagens eilig gelaufen kam und meldete, daß der starke Hirsch dicht nebenbei in seinem Revier in einem Eschenbruche mit nur wenig Mutterwild stehe.

Eilig ging es an Ort und Stelle und mit halbem Wind in den dortigen Schirm. Zwar konnte man noch den Hirsch mit seinen Tieren im Bruch herumziehen sehen, aber zum Schießen war es doch zu dunkel geworden. Nach dem Grenzgestell zurück, meldete der dort zurückgebliebene Oberförster, daß der Hirsch hier soeben auf seinem alten Wechsel übers Gestell nach dem ‚Ausgebrannten Bruch' gezogen sei und dort wahrscheinlich austreten werde. Es mußte also unverrichteter Sache wieder nach Hause gefahren werden, um am anderen Morgen frühzeitig auf diesem Wechsel anzustehen.

Bei der Ankunft dort, gegen 5 Uhr, war der Hirsch aber schon wieder ins Eschenbruch eingezogen, und birschte Se. Majestät vorsichtig dorthin. Der Hirsch zog auch, ab und zu knörend, immer hin und her nach Wild suchend, und schoß der Kaiser, als er ihn einmal frei auf einer Lücke hatte, auf den Unsteten. Im Knalle machte er eine hohe Flucht, und weg war er in die Dickung hinein. Weder Schweiß noch Schnitthaar wurden gefunden.

Nach ungefähr einer halben Stunde war der Hirsch aber auf dem Grenzgestell, langsam dasselbe querend, von den Beamten gesehen worden. Se. Majestät stellte sich vor, und die Schweißhunde wurden nach einiger Zeit zur Fährte gelegt, doch war der Hirsch schon durchgewesen. Man fuhr nach Hause, während der Oberförster mit den Beamten noch einmal genau

Ungerader 20-Ender, erlegt von Kaiser Wilhelm II. am 28. September 1896 in der Oberförsterei Goldap. Geweihgewicht 7,0 kg, 200,1 Nadlerpunke. Nach einer Zeichnung von Prof. Richard Friese im Archiv der Landsmannschaft Ostpreußen

den Anschuß nachsah und feststellen konnte, daß der Hirsch unterschossen sei. Am Abend war er wieder auf seiner alten Stelle. Er war also durch den Schuß nicht gestört worden und hatte die hohe Flucht nur im Schreck gemacht.

Nachmittags um 3 Uhr Fahrt nach der Oberförsterei Rominten, Belauf Bludszen. Es wurden die tiefen Brücher und Schlänken abgebirscht und hierbei auf einer solchen ein ungerader 16-Ender erlegt. Ein an einem Schirm stehender Hirsch, auf einer andern Wiese, trat erst nach Büchsenlicht aus, als er nicht mehr geschossen werden konnte.

Die Hirsche hatten von 3 – 5 Uhr recht gut und anhaltend gemeldet und von da an wie abgeschnitten verschwiegen, und es schrie nur noch der Hirsch, auf den Se. Majestät gegangen war. Mittwoch früh 5 Uhr stand Se. Majestät schon wieder am ‚Ausgebrannten Bruch', wo der Hirsch gestern gemeldet hatte, wo er aber nicht getroffen wurde. Es wurde also vorsichtig ins Eschenbruch gebirscht, und richtig stieß der Hirsch einmal dort an. Nach einigem Warten zog er endlich an derselben Stelle, wo er gestern vorbeigeschossen worden war, mit einem Tier auf 60 Schritt gegen den Wind an, und schoß ihm Se. Majestät die Kugel schräg von vorn auf den Stich. Hochauf flog der Hirsch, kam in rasender Flucht auf den Schirm eingestürmt, verhoffte hier auf ca. 30 Schritt, geriet ins Taumeln und brach prasselnd im Geknäck zusammen. Endlich hatte Se. Majestät doch den Schleicher überlistet.

Der Gestreckte war ein ganz kapitaler ungerader 22-Ender mit starken, oben aushaltenden Stangen und sehr guten Kronen mit langen und weißgefegten Enden. Gewicht des Hirsches: 379/290 Pfd., Länge 2,24, Höhe 1,32 m. Länge der Stangen rechts 1,02 und links 0,96, Auslage 1,07 m. Rosen 23 und 24 cm. Die 6 mm-Kugel hatte das rechte Blatt, Herz und Lunge durchschlagen und saß auf der andern Seite auf den Federn. Ausschuß war nicht vorhanden. Es ging sofort nach Hause, wo der Hirsch gestreckt und verblasen wurde.

Nachmittags Fahrt nach Oberförsterei Rominten, Belauf Blindischken. Auf der Devalwiese erlegte der Kaiser einen ungeraden 18-Ender, als er sein Wild auf die Wiese getrieben hatte, mit Blattschuß. Das Geweih war ein gutes, starkes, ebenfalls oben ‚dick' bleibendes, mit guter Perlung, aber nur kurz. Bei der Nachhausefahrt wurden noch verschiedene Wiesen abgesehen, aber kein Hirsch darauf stehend getroffen.

Donnerstag, den 29., waren vormittags Vorträge, und mußte Se. Majestät zu Hause bleiben. Es waren aber auch am Abend vorher und morgens gar keine Meldungen von den verschiedenen Revieren eingelaufen, die eine Frühbirsch notwendig gemacht hätten. Nur kam um 1/2 10 Uhr die Meldung aus der Oberförsterei Warnen, daß sich dort bei Jagdbude ein sehr guter Hirsch mit sehr starkem Geweih und vielen Enden neu gezeigt hätte, ins Holz zurückgezogen sei und wahrscheinlich in einer der vielen Suhlen sitze und ab und zu einmal anstoße. Sofort unterbrach der Kaiser die Vorträge und fuhr an diese Stelle. Ein vorsichtiges mehrstündiges Abbirschen dieses ganzen Revierteils brachte den Gemeldeten nicht zu Gesicht, nur geringe Hirsche und ein guter 14-Ender kamen schußgerecht, den aber Se. Majestät nicht schießen wollte. Um 3/4 1 Uhr kam Se. Majestät wieder nach Hause.

Am Freitag vormittag erledigte Se. Majestät Regierungsgeschäfte und fuhr nachmittags in Begleitung der Kaiserin in die Oberförsterei Nassawen, Belauf Pellkawen. Der gemeldete 18-Ender stand schon bei Ankunft Sr. Majestät auf der Wiese. Er war soeben aus der Suhle gekommen und stellte sich auf 60 – 80 Schritt breit wie eine Scheibe in die helle Sonne. Mit gutem Blattschuß ging der Hirsch, aus dem Einschuß stark schweißend, noch bis ins nahe Holz und brach hier in einem Windwurfe zusammen. Es war ein kurzer und auch nicht hoher Hirsch mit langen, aber dünnen Stangen und guter, 1,20 m betragender Auslage. Von hier ging es noch nach einem zweiten, 16-Enderhirsch, der aber in der vergangenen Nacht im Kampfe mit einem Rivalen eine Stange, kurz über der Augsprosse abgebrochen, eingebüßt hatte, daher von der Kugel Sr. Majestät verschont blieb. Auf der Nachhausefahrt, dicht bei der Kaiserbrücke, stand auf den Romintewiesen noch ein recht guter Hirsch im Nebel auf 200 – 230 Schritt, und schoß Se. Majestät auf ihn. Doch konnte man die Wirkung der Schüsse nicht mehr genau sehen. Auch ein flüchtiges Nachsuchen auf der Wiese war erfolglos. Die Nachsuche am Morgen wird noch näheres feststellen.

Die Nachsuche am Morgen des 1. Oktober ergab nichts, woraus auf einen Treffer geschlossen werden konnte, und mußte wohl Se. Majestät im Nebel vorbeigeschossen haben. Noch kurz vor Tisch unternahm Se. Majestät eine kleine Birsch im Belauf Theerbude, die aber zu nichts führte, denn die Hirsche schrien nicht, saßen fest in ihren Dickungen und antworteten auch auf Anrufen nicht. Um 3 Uhr ging es nochmals in dieselbe Gegend. Die Kaiserin begleitete Se.Majestät, doch auch jetzt noch schrie kein Hirsch; es wurde die Richtung auf Szittkehmen zu, von wo Meldungen über neuzugewechselte Hirsche eingelaufen waren, eingeschlagen.

An der sog. Pracher Brücke, wo man den Oberförster Speck von Sternburg erwarten sollte, kam dieser auf dem Wagen des Fürsten zu Dohna-Schlobitten, welcher ihn unterwegs aufgenommen hatte, im sausenden Galopp, was die Pferde laufen konnten, von der Oberförsterei Rominten herangefahren und meldete, daß der Fürst, welcher zufällig auf der Oberförsterei war, als soeben die telephonische Meldung von der Försterei Bludszen kam, welche lautete, daß der so viel und so oft vergebens gesuchte 26-Ender wieder dort eingetroffen und vom Forstaufseher Schmidt bestätigt sei, unterwegs zu Sr. Majestät gewesen sei, um ihm diesen Vorfall zu melden.

Da gerade noch Zeit war, wurden die Pferde sofort herum geworfen und, was sie laufen konnten, durch das ganze bisher durchfahrene Revier wieder zurückgefahren. Bei der Försterei Bludszen wurden die dort schon harrenden Revierförster Lehmann und Forstaufseher Schmidt aufgenommen und weiter galoppiert. Die Pferde waren schon dermaßen ausgepumpt, daß es so nicht länger hätte weitergehen dürfen, als man endlich in der Nähe der Schlänke, wo der Hirsch schrie, hielt.

Ungerader 14-Ender, erlegt von Kaiser Wilhelm II. am 27. September 1900 in der Oberförsterei Goldap, Belauf Hirschthal. Geweihgewicht 5,0 kg, 165,7 Nadlerpunkte. Nach einer Zeichnung von Prof. Richard Friese im Archiv der Landsmannschaft Ostpreußen

Vorsichtig und doch schnell, mit nur halbem Winde, ging es Schritt vor Schritt nach dem Schirm, welcher an der Schlänke stand. Rechts und links brach öfters Wild im Stangenholze fort, aber der Hirsch schrie – Huberto Dank! – weiter. In Sicht der Schlänke und des Schirmes sah man soeben den Hirsch dicht dort vorbeiziehen, und birschte Se. Majestät ihn, als er mit kurzen Pausen schrie, an, wie man einen Auerhahn beim Schleifen anspringt. Endlich war Se. Majestät glücklich im Schirm, und vorsichtig die Mündung der Büchse auf den Rand auflegend, schob der Kaiser den Lauf langsam vorwärts nach, sich dabei höher und höher aus seiner gebückten Lage aufrichtend.

Als er gerade über den Schirm sehen konnte und den Kolben an der Backe hatte, äugten sich beide ‚Könige' direkt in die Lichter, denn der Hirsch hatte aufgeworfen und sicherte auf etwa 40 Schritt, völlig breitstehend, nach dem Schirm. Aber schon krachte der Schuß, und hochblatt durchschossen brach der König der deutschen Wälder im Feuer zusammen. Schnell sprang der Oberförster mit der zweiten Büchse hinzu und gab dem noch um sich schlagenden den Fangschuß. Jetzt erst wich die Spannung, und dann kündeten laute Horridos der voll Erwartung im Wagen zurückgebliebenen Kaiserin, daß endlich die viele Mühe, die auf den Herumbummler verwendet war, von Erfolg gekrönt worden sei.

Ungerader 16-Ender, erlegt von Kaiser Wilhelm II. am 28. September 1900 in der Oberförsterei Warnen, Belauf Fuchsweg, Venuswiese. Geweihgewicht 5,2 kg, 175,7 Nadlerpunkte. Nach einer Zeichnung von Prof. Richard Friese im Archiv der Landsmannschaft Ostpreußen

Nun erst wurde der Kapitale genau besehen und die Enden gezählt, wobei es sich herausstellte, daß er dieses Jahr gewaltig zugenommen und nicht 26, sondern 28 klare Enden trug. Solch einen Hirsch hatte Se. Majestät in der Rominter Heide noch nicht erlegt, mit so prächtigem Geweih und massiger Krone. Er wog 374/303 Pfd. Jede Stange hat 14 Enden. Stangenlänge je 90 cm. Die dünnste Stelle zwischen Aug- und Eissprosse mißt rechts 22 cm, links 22 cm. Die dünnste Stelle zwischen Eis- und Mittelsprosse mißt rechts 18 cm, links 18 cm. Die dünnste Stelle zwischen Mittel- und Kronensprossen mißt rechts 18 cm, links 19 cm. Die rechte Krone ist 40 cm breit und 40 cm lang, die linke 40 bezw. 47 cm. Rosenumfang je 26 cm. Die Auslage beträgt 1,19 m.

Ihre Majestät, welche inzwischen auch herangekommen war, beglückwünschte ihren hohen Gemahl ob dieses Weidmannsheils, und wurde der Hirsch mit deutschem Wein totgetrunken. Auf dem herbeigeholten Wildwagen wurde nun der Hirsch verladen, und langsam ging es nach dem Jagdhause, um die angestrengten Pferde zu schonen. Hatte man doch jetzt keine Eile mehr. Vor dem Jagdhause wurde der Hirsch gestreckt und verblasen, und noch lange standen beide Majestäten mit dem Gefolge um denselben herum, nochmals das Erlebte durchsprechend und die inzwischen herbeigeholten letzten zwei Paar Abwürfe mit dem Geweih vergleichend. Voll Huld entließ endlich auch Se. Majestät die beiden Forstleute, die mit hierher gefahren waren; mit der Hand immer ab und zu heimlich nach der Brusttasche fühlend, traten diese, hocherfreut und beglückt, mit Atzung versehen ihren Heimweg an. Der Hirsch wurde am Sonntag morgen noch einmal vor dem Jagdhause gestreckt, damit auch andere bei Tageslicht ihre Freude daran haben könnten, und um ihn zu photographieren und somit der Jägerwelt sein Bild zu bringen. Se. Majestät machte aus Anlaß dieses besonderen Weidmannsheils zum Besten bedürftiger Witwen und Waisen von Forstbeamten der Rominter Heide eine Stiftung von 28000 M. (pro Ende 1000 M.).

Sonntag: Kirchgang. Nachmittags ging es nicht ins Revier. Montag, den 3. Oktober: Morgens 1/2 5 Uhr zur Birsch in die guten Gelegenheiten der Beläufe Teerbude und Bludszen. Doch nur geringen und Zukunftshirschen kam man an. Die stärkeren verschwiegen. Nachmittags in Begleitung Ihrer Majestät nach der Oberförsterei Goldap, Belauf Jörkischken, auf die Auguste-Victoria-Wiese. Hier trat seit gestern ein 18-Ender auf seinem Durchwechsel aus, denn er hatte hier noch ein brunftiges Tier gefunden und war daher heute noch dort, als Se. Majestät in den Schirm kam. Doch stand er nicht mehr auf der Wiese, sondern hatte soeben einen Beihirsch auf die Läufe gebracht, man hörte aber seinen Schrei immer näher und näher an die große Wiese herandröhnen. Endlich um 1/4 6 Uhr trat er mit einem Tier und Kalb aus, verhoffte aber immer an der vom Schirm 250 Schritt abliegenden Lisière, seinen Kampfschrei nach dem wieder näher heranziehenden Beihirsch, welcher auch einen guten Bass hatte, schmetternd.

Endlich zog er soweit von der Lisière ab, daß wenigstens etwas Grünes einen halbwegs guten Hintergrund für den Hirsch abgab, worauf ihm Se. Majestät einen heißen Gruß entgegenschickte. Leber hinein und rechte Keule heraus saß der Schuß, und ging der Hirsch noch ziemlich flüchtig seinem Mutterwilde nach. Doch rasch erfolgte der zweite Schuß, kurz ehe er in der Waldlisière verschwand. Im Schusse wurde er bedenklich kürzer, doch entschwand er den Augen Sr. Majestät. Schnell ging es um einen Eichenkamp herum, um ihm den Wechsel ins hohe Holz abzuschneiden, doch dort angekommen, war nichts zu sehen und zu hören. Der hohe Bestand wurde mit Augenverbindung abgesucht, denn weit konnte er auf drei Läufen doch nicht gekommen sein. Aber nichts war zu entdecken.

Schon entschloß man sich, dem Hirsche Ruhe zu gönnen und die Suche auf den anderen Tag zu verschieben, und wollte nur noch die Stelle verbrechen, wo er ins Holz gewechselt war, als Sr. Majestät ein intensiver Brunftgeruch, den er schon vorher beim Nachgehen bemerkt hatte, wieder aufstieß. Da auch frische Eingriffe hier vorhanden waren (von dem Tier und Kalb herrührend), wurde Schritt vor Schritt die Fahrt mit dem weißen Taschentuch auf Schweiß abgetupft, aber nichts gefunden, als Se. Majestät, welcher dicht am Wiesenrande etwas voraus war, auf einmal so dicht vor dem unmittelbar am Rande im Graben ganz zusammengebrochenen Hirsch stand, daß er beinahe mit dem Fuß an das Geweih des Verendeten stieß. Nur in dieser Lage hatte er den suchenden Augen verborgen bleiben können. Nun kündeten frohe Zurufe Ihrer Majestät die glückliche Auffindung des Hirsches an, und kam sie schnell herbeigeeilt.

Der Erlegte, ein ganz kapitaler ungerader 18-Ender, war ein selten guter und starker Hirsch, welcher dem 28-Ender beinahe nichts nachgab, ja manche Jäger werden dieses Geweih dem Vielender vorziehen.

Er hatte eine Länge von 2,22 m, eine Höhe von 1,31 m. Länge der rechten Stange 1,07 m, links 1,10 m. Auslage 1,10 m. Rosenumfang rechts 23 cm, links 22 cm. Die Stangen halten, nach den Kronen stärker werdend, gut aus, und ist das Geweih ein richtiges Rominter, ein selten gutes. Die Kronenbildung ideal; rechts fehlt die Eissprosse. Der ganz alte Hirsch hatte beinahe keine Zähne im Unterkiefer mehr und die wenigen total abgeschliffen, schwarz und wacklig. Ihre Majestät die Kaiserin hatte also wiederum, auf der nach ihr benannten Wiese, dem Kaiser Weidmannsheil gebracht und gratulierte darob hocherfreut ihrem hohen Gemahl.

Nun wurde mit vereinten Kräften, Se. und Ihre Majestät legten auch kräftig mit Hand an, der alte Recke auf die Wiese geschleift, durch den Graben gezogen und auf den Wildwagen geladen. Dann ging die Heimfahrt nach dem Jagdhaus vonstatten, wo der Hirsch gestreckt und verblasen, auch die anderen erbeuteten Geweihe mit ihm verglichen wurden, doch konnte er diese Probe gut bestehen. Die Entfernung, auf die Se. Majestät geschossen hatte, war vom Schirm aus bis zum Anschuß 220 Schritt. Der Schuß fiel 5 Minuten vor 1/2 6 Uhr.

Dienstag. Um 1/2 10 Uhr früh kam die Nachricht, daß in der Oberförsterei Warnen, Belauf Fuchsweg, ein Kapitaler im dortigen hohen Bestande mit wenig Mutterwild sitze und schlafe! Da der Wagen schon bereit stand, konnte sogleich losgefahren werden. Inzwischen war der Hirsch, wie es ja in der Regel ist, aufgestanden und weitergezogen. Es mußte also

Ungerader 20-Ender, erlegt von Kaiser Wilhelm II. am 27. September 1901 in der Oberförsterei Goldap, Jagen 35/36, Belauf Jörkischken. Geweihgewicht 8,0 kg, 199,7 Nadlerpunkte. Nach einem Aquarell von Prof. Richard Friese im Ostpr. Landesmuseum zu Lüneburg

im lichten Bestande, ohne Birschsteige, aber mit vielen Hügeln, das Wild erst ausgemacht werden. Endlich kam Se. Majestät an den sitzenden Hirsch heran und suchte vorsichtig eine Lücke, um auf ihn schießen zu können.

Doch mußte der Hirsch bei dem sehr stillen Wetter doch etwas vernommen haben, denn er sicherte, stand auf und wandte sich, um abzuziehen. In diesem Augenblick schoß Se. Majestät, und mit dem Kopf fuhr der Hirsch zur Erde und ging flüchtig ab. Schnitthaare und darauf auch Schweiß zeigten, daß der Schnappschuß gelungen war. Die Nachsuche wurde am Nachmittag und am Mittwoch früh und nachmittags fortgesetzt, der Fährte durch mehrere Jagen mit dem Schweißhunde gefolgt, aber niedergetan hatte sich der Kranke nicht und schließlich hörte der Schweiß ganz auf, so daß man annimmt, der Hirsch sei nur ganz kurz gekrellt und nicht tödlich getroffen.

Nachmittags 3 Uhr ging es mit vier Wagen nach der Oberförsterei Rominten, die Kaiserin, Prinzess Viktoria Luise und das ganze Gefolge kamen mit. Auf der Kanzel an der Lasdenitze im Belauf Szittkehmen sahen Ihre Majestät, die Prinzessin und Hofdame zu, wie der Kaiser auf ca. 220 Schritt einen anziehenden ungeraden 14-Ender erlegte. Der Hirsch war alt und hatte mehrere Jahre immer dasselbe Geweih getragen, die anderen Hirsche aber alle vom Mutterwilde abgeschlagen.

Hierauf ging es nach der Waldhütte, die an dem Kreuzungspunkt der Chaussee und des Butterweges steht. Es wurde hier ein Feuer angezündet. Kartoffeln in der Asche gebraten und die mitgenommenen Getränke ausgepackt. Inzwischen birschte Se. Majestät nach der nahen Dagutschwiese und schoß hier einen alten, zurückgesetzten 8-Ender mit Augsprossen und je drei Kronenenden ab. Den Hirsch wird Otto Bock, Berlin, in ganzer Figur ausstopfen für irgend einen Belehrungszweck. Nach längerem Verweilen in der Jagdhütte machten die Majestäten auf der Nachhausefahrt noch einen Abstecher nach der Oberförsterei Rominten, während das Gefolge nach dem Jagdhause weiter fuhr. Abends wurde der 14-Ender gestreckt und am andern Morgen der 8-Ender und verblasen.

Nachmittags erfolgte von Station Gr. Rominten aus die Abreise der Majestäten: Se. Majestät über Königsberg, Marienburg, Danzig nach der Schorfheide, Ihre Majestät von Königsberg nach dem Neuen Palais.

Die Brunft war in diesem Jahre recht abnorm. Die Tiere wurden recht unregelmäßig brunftig, und die Hirsche trieben dieselben dann meistens vom Rudel weg, sich um die anderen nicht kümmernd. Ein Austreten auf die meistens abgefrorenen Wiesen erfolgte sehr wenig, sondern das Wild fand im Bestande und in Brüchern reichliche und gute Äsung. Die starken Hirsche waren sehr heimlich, so daß eigentlich nur der starke 28-Ender ‚programmäßig' zum Abschuß kam, die anderen sieben gemeldeten, wirklich kapitalen Hirsche aber während der Brunft entweder gar nicht oder nur flüchtig gesehen wurden, jedoch nicht Stand hielten. Da in der Rominter Heide ein ganz normaler Sommer gewesen war, also nicht die kolossale, langandauernde Hitze geherrscht hatte, auch reichlich Regen, so kann man sich die Unregelmäßigkeit der Brunft hier nicht erklären.

Die Hauptbrunft war zu Ende, und tauchten jetzt die starken Hirsche wieder auf ihren alten Ständen, meistens von fremden, weiten Brunftplätzen heimkehrend, auf. Se. Majestät hatte mit 6-mm-Fernrohrbüchse, nur einige Male mit 8-mm-Büchse geschossen. Es steht nur ein Hirsch, welcher angeschweißt wurde, noch aus." (ROLLFING, 1904).

Das Geweih des 28-Enders hing später im Schloß zu Schwedt an der Oder, wo es, zusammen mit vielen anderen Geweihen des Kaisers aus Rominten, 1945 vernichtet wurde. Von den später erbeuteten Kapitalgeweihen sind die meisten ebenfalls verloren gegangen. Einige sind jedoch erhalten geblieben (Tabelle 14, Seite 178).

Diese Liste ist natürlich unvollständig, denn es ist mit Sicherheit anzunehmen, daß da und dort noch manches Kapitalgeweih der Vernichtung entgangen ist. So sollen sich in einigen Jagdhäusern um Moskau Geweihe aus Rominten befinden, die nach dem Zweiten Weltkrieg als Beutegut nach Rußland gelangten.

Das von FREVERT 1938 angelegte „Hirschlagerbuch der Rominter Heide", in dem bis auf wenige Ausnahmen sämtliche erlegten und verendet gefundenen Hirsche, deren Geweihe mindestens 185 Nadlerpunkte aufwiesen, mit Aufnahmen und Bewertung archiviert sind, blieb glücklicherweise unbeschädigt. Es enthält die Geweihangaben von 80 Hirschen, die seit 1926 erbeutet wurden. Dieses einmalige Dokument befindet sich in Privatbesitz.

Gibt es unter dem heute lebenden Rotwild noch reinrassiges Rominter Wild? Diese Frage ist schwierig zu beantworten, da seit dem Aussetzen von Rominter Rotwild nun doch schon viele Jahre vergangen sind und sich in den meisten Fällen das Aussetzungswild früher oder später mit einheimischem vermischt hat. Rominter Wild wurde unter anderem im Forstamt Reinerz (Schlesien), in der Colbitz-Letzlinger Heide, im Forstamt Kleve (Niederrhein) und im Forstamt Johanniskreuz (Pfälzer Wald) ausgesetzt. Diese Versuche entsprachen alle nicht den Erwartungen. Hingegen soll Rominter Wild an den Beständen des niederländischen Gatters Het Loo beteiligt sein, wo vielendige Kronenbildung zu beobachten ist. Gute Hirsche erreichen dort um 200 Punkte. Auch an dem in letzter Zeit durch hochkapitale Hirsche (über 13 kg Geweihgewicht) bekanntgewordenen Revier „Duvenstedter Brook" bei Hamburg soll Rominter Blut beteiligt sein. In Ostpreußen erhielt auch der Frisching sowie der Schreitlaugker Wald Rominter Rotwild.

Auf den 1908 begründeten Bestand der 60 km von der Rominter Heide entfernten Borker Heide wurde bereits hingewiesen. Erstaunlicherweise erreichte die Geweihbildung dort aber nicht die Höhe, die nach den sehr starken Wildbretgewichten zu erwarten wäre. Nach LIEBENEINER (1987) erreichte ein sehr starker Hirsch der Borker Heide

Begutachtung des von Staatsrat Dr. Herrmann 1937 im Forstamt Warnen erlegten Hirsches „Falscher Hermann". V. l. n. r.: Forstmeister Dr. Barckhausen (gebückt), Oberforstmeister Frevert, Revierförster Remanofsky und Forstassessor Micke

ein Geweihgewicht von 8,75 kg. Er wurde 1937 vom Forstassessor und späteren Professor WELLENSTEIN erlegt. Einen noch stärkeren Hirsch mit etwa 10 kg Geweihgewicht erlegte in der Brunft 1944 Revierförster KRAUSE (Rogonnen), Forstamt Rothebude. Im allgemeinen erreichten aber die Erntehirsche in der Borker Heide ein Geweihgewicht von 7 bis 7,5 kg (LIEBENEINER, 1989, schr. Mitt.). Einer der Verfasser sah bei einem Borker Förster ein kapitales Geweih mit typischen Rominter Merkmalen, das dort 1950 erbeutet worden sein soll. Auch der alte Förster STACHURSKI in Walisko, Oberförsterei Borken, besitzt starke Geweihe, die sich in nichts von den früheren Romintern unterscheiden. Um 1979 schoß ein westdeutscher Jäger in der Borker Heide einen Hirsch mit etwas über 10 kg Geweihgewicht.

Der Vollständigkeit halber seien hier noch einige der rund dreißig von BENINDE (1940) genannten Reviere angegeben, in die Rominter Wild eingeführt wurde: FA Göhrde, FA Zillbach/Wasungen, FA Königsforst/Köln, FA Saupark/Springe, v. Arnimsches Revier Boitzenburg/Mark Brandenburg, FA Lieben, FA Massin, FA Zienow, FA Lüttenhagen, FA Darss, Wildgarten Danzig, schließlich die ostpreußischen Forstämter Neu Lubönen, Trappönen, Klein Naujock, Mehlaucken und das Privatrevier Sorquitten.

Was aus dem von der deutschen Kriegsforstverwaltung im Augustower Wald im Dezember 1941 ausgesetzten Rominter Rotwild geworden ist, entzieht sich unserer Kenntnis (LIEBENEINER, 1987). Jedenfalls zieht dort heute wieder sehr starkes Rotwild seine Fährte, das das heutige Rominter Rotwild fast über-

Kapitalhirsch aus der Augustów-Heide, Oberförsterei Głęboki Bród. Geweihgewicht 12,0 kg, 235 CIC-Punkte. Der dortige Rotwildbestand wurde von der deutschen Kriegsforstverwaltung im Dezember 1941 aus Rominter Blut gegründet (Liebeneiner, 1987)

trifft. In den fünfziger Jahren wurde Rotwild aus Pommern (Köslin) und Masuren ausgesetzt (ŁAPIŃSKI, 1991, mdl. Mitt.). Es gibt die typischen Rominter Geweihformen, aber sie sind auch dort in der Minderheit. Einen hochkapitalen Hirsch von 24 Enden, der auf dem Höhepunkt der Geweihentwicklung 30 Enden trug, schoß der bekannte Wildfotograf und Oberförster W. ŁAPIŃSKI. Innerhalb Polens stehen die kapitalsten Hirsche gegenwärtig in den Beskiden und im Kieferngebiet bei Białystok.

Nun aber zurück zur Jagd auf den Brunfthirsch. SCHERPING, der Leiter des Reichsjagdamts, hätte gewiß viel Gelegenheit gehabt, starke Hirsche zu schießen, hielt sich aber, wie wir schon gehört haben, zurück. Er schoß, nach unserem Wissen, in Rominten nur zwei wirkliche Kapitalhirsche. Die meisterhaft beschriebene Erlegung eines dieser Hirsche, des „Klumpenbalis", veröffentlicht in der „Pirsch" vom 25. September 1954, soll hier wiedergegeben werden:

„Für diejenigen, die mit den örtlichen Verhältnissen und ihrer Nomenklatur nicht vertraut sind, eine Erklärung zuvor. Was ein Klumpen ist, werden die meisten wissen. In unserem Fall war es ein Stein, ein sehr großer sogar, eben ein Klumpen, und dieser Stein lag auf einer Wiese, und Wiese heißt auf litauisch Balis. Auf dieser Wiese nun wurde der Hirsch zum erstenmal gesehen, dann noch öfter, und da es sich um einen Hirsch handelte, der

Tabelle 14: Liste der noch vorhandenen Kapitalgeweihe aus Rominten aus den dreißiger Jahren bis zum Kriegsende (unvollständig)

Name des Hirsches	Erleger	Jahr der Erlegung	Aufbewahrungsort
Caesar	verendet gefunden	1926	Eberswalde
22-Ender	H. Wallmann	1932	Privatbesitz
Fürst	Göring	1938	Privatbesitz
Unger. 16-Ender	Frevert	1939	Privatbesitz
Ameisenhirsch	Frevert	1940	Privatbesitz
Junker	Student	1940	Lüneburg
Eggenhirsch	v. Brauchitsch	1941	Lüneburg
Unger. 26-Ender	Göring	1942	Lüneburg
Matador	Göring	1942	München
Theoderich	Gohrbandt	1942	Lüneburg
Klumpenbalis	Scherping	1942	Lüneburg
Augustus	Göring	1943	München
Lasdehnkalnis	Göring	1943	Lüneburg
Odin	Göring	1943	München
Falscher Odin	Göring	1943	in Hessen
Vize-Admiral	Göring	1943	Lüneburg
Leutnant	Frevert	1944	München

selbst für die gesegneten Hirschgefilde von Rominten ein auffallender Hirsch war, erhielt er den Namen ‚Klumpenbalis'. Der Name blieb ihm treu durch viele Jahre hindurch, aber er blieb der Wiese, die ihm den Namen gegeben hatte, nicht treu. Der Hirsch wurde unstet, er wurde vorsichtig, denn er hielt nicht viel von den Menschen.

Die Wiese selbst war eigentlich nur ein Wiesenschlund, sich immer mehr verengend, umgeben von hohen, ernsten Fichten, eine Landschaft, wie man sie gerade in Rominten häufig fand. Nicht heiter und auf den ersten Blick ansprechend, eher schon nachdenklich stimmend und für den, der den Osten nicht kannte und liebte, vielleicht sogar niederdrückend. An der Wiese stand ein Schirm, von ihm bis dahin, wo sich der immer mehr verengende Wiesenschlund im Walde verlor, mochten es wohl hundertundfünfzig Meter sein.

Oft habe ich an dieser Stelle gesessen, einerseits des Hirsches wegen, auf den ich drei Jahre hindurch gepirscht bin; nicht alle Tage in der Brunft, dazu ließ mir mein Dienst keine Zeit, aber doch dann und

Der „Klumpenbalis", rechts ein Kaiserhirsch, Aufnahme aus dem alten Ostpreußischen Jagdmuseum in Lüneburg

wann, wenn ich eben Zeit hatte und den Wunsch, mit mir allein zu sein in einer Umgebung, die mir in ihrer ernsten Schönheit zusagte. Wenn dann die Sonne über dem unvergeßlichen Ostpreußen herabsank, die Wipfel der herrlichen Rominter Althölzer noch einmal mit ihrem Schein vergoldend, dann tönte wohl aus der Ferne von den großen Wiesen und Brüchern der Schrei eines Hirsches, aber die Klumpenbalis blieb leer; dann und wann einmal einige Stücke Kahlwild mit einem jüngeren Hirsch, etwas Rehwild oder Schwarzwild, der Herr des Hauses ließ sich nicht sehen.

Nur einmal in diesen drei Jahren sah ich ihn, zu weit zum Schuß, wie er schweren Hauptes im ersten Morgenlicht allein seinem Tageseinstand zu wechselte, allein ohne Wild, wie das alte und starke Hirsche gern tun, wenn die schützende Nacht vergangen ist. Ein gewaltiges, hohes Geweih, mit schwerer Krone, aber merkwürdig leer wirkend, Karpathentyp. Der Hirsch hatte es mir angetan, vor allem deswegen, weil er heimlich war und weil mir dieser Geweihtyp mehr zusagte als der berühmte Wald voller Enden.

Gefährtet und gehört habe ich ihn öfter. Auch hier erwies er sich als ein alter Hirsch, wenn er leise brummend in seinem Einstand saß, wo er sich sicher fühlte und auch sicher fühlen konnte, in diesem Gewirr von mannshohen Nesseln, Schilf, brüchigen Erlen, in dem jeder noch so vorsichtige Schritt dem alten Herrn die nahende Gefahr verriet. Besser gar nicht den Versuch machen, hier konnte nur die größte Tugend des Jägers helfen, die Geduld.

179

Eines Abends glaubte ich mich dem Ziel nahe. Aus jener Richtung, freilich einstweilen noch sehr fern, schrie ein Hirsch mit tiefer Stimme, er könnte es sein, und die Stimme dieses Hirsches, der offensichtlich Wild bei sich hatte, kam näher. Hauptsache, das Licht reichte noch. Es reichte noch, gerade noch. Tier, Kalb, Schmaltier, natürlich dort, wo der Wiesenschlund sich auf mehrere Meter verengte und der Schatten des Waldes ein Ansprechen erschwerte. Die Büchse lag am Kopf, Ansprechen und Schießen mußte hier eins sein. Man kann aber auch recht gut durch das Fernrohr ansprechen.

Dann kam der Hirsch, ein schwerer, massiger Wildkörper, aber kein Geweih mit einem Hirsch, sondern ein Hirsch mit einem Geweih. Das war ein abschußnotwendiger Hirsch, der bei den hohen Ansprüchen an die Rominter Geweihbildung längst weggehört hätte. Schuß, es ging verdammt schnell, kein Zeichnen zu erkennen, die Bühne war leer; ich packte meine Sachen zusammen. Nach Hause. Morgen ist auch noch ein Tag, und der Revierverwalter, Oberforstmeister Frevert, war ein bekannter und passionierter Schweißhundführer mit einem erfahrenen und sicher arbeitenden Hund. Gar nicht erst auf den Anschuß gehen, man schadet mehr, als man nützen kann! War in diesem Fall allzuviel Vorsicht.

Am nächsten Morgen führte der Hund sicher zu dem längst verendeten Hirsch mit guter Kugel, keine hundert Meter vom Anschuß. Aber zuviel Vorsicht ist immer besser als das Nachsehen, wenn man den Hirsch aus dem Wundbett aufgemüdet hat, weil man es nicht abwarten konnte. Ein alter Eissprossenzehner. Unklar, wie er sich bei dem vorzüglich geschulten Forstbeamtenkorps der Heide so lange durchgemogelt hatte. Auch ein Eissprossenzehner minderer Güte macht Freude, es kommt ja immer auf das Wie an und nicht allein auf Geweih und Trophäe. Aber der ‚Klumpenbalis' wäre mir lieber gewesen. Er blieb auch in dieser Brunft unsichtbar. Auf Wiedersehen im nächsten Herbst.

Aber auch diese Brunft verlief einstweilen ohne besondere Ereignisse. Sie näherte sich bedenklich ihrem Ende. In Rominten lagen die besten Tage immer um den 25. 9. herum, dann ging es schnell bergab mit der Brunft. Am 1. 10. hatte noch ein Gast einen starken Hirsch gestreckt, und an diesem Abend hatte der Oberforstmeister Frevert, mit dem Jagdherrn pirschend, den ‚Klumpenbalis' gesehen, nicht dort, wo ich ihn vermutet hatte, sondern draußen in den weiten Wiesen mit ihren dazwischengelagerten unzugänglichen Brüchern. Am Abend noch wurden Pläne für den kommenden Morgen geschmiedet. Vorher mußte aber noch der erlegte Hirsch totgetrunken werden, und das pflegte manchmal sehr ausgiebig zu geschehen.

Als ich mich zeitig zur wohlverdienten Ruhe begab, war das Fest noch in vollem Gange, und als ich am nächsten Morgen gegen 5 Uhr wieder erschien, hatte sich das Bild kaum geändert. Nur die Alkoholika hatten ihre Wirkung getan. So schien es mir allen Regeln der Humanität zu widersprechen, den Oberforstmeister Frevert an die abendlichen Pläne des Vortages zu erinnern. Da kam ich aber schön an. Selbstverständlich würde er mich auf den Hirsch führen, den er allein seinem jetzigen Einstand nach wisse. Da half keine Widerrede, und eine halbe Stunde später standen wir am Rand der ‚Heiligen Fichten' und horchten hinaus in den grauen Oktobermorgen. Totenstille, die Brunft war eben zu Ende.

Dann in weiter Ferne ein Schrei, mehr ein dumpfes Grollen. Dieser Abgesang der Brunft hat mich immer mit Wehmut erfüllt, wieder einmal ging die Hohe Zeit des Jahres zu Ende. Was mochte das nächste Jahr bringen, würde ich noch einmal diese gewaltige Musik hören können! Meinen Begleiter beschäftigten offenbar andere, weniger wehmütige Gedanken. ‚Das ist der Klumpenbalis', behauptete er mit einer geradezu überwältigenden Sicherheit. Mir erschien dieser Schluß etwas voreilig und unbegründet. Und außerdem, dort, wo der Hirsch einmal müde geschrien hatte, dehnten sich die wilden Brücher, weit genug von uns entfernt, und sicher war der Hirsch längst in diese Wirrnis eingezogen, ehe wir überhaupt in seine Nähe gelangt waren.

Aber allen diesen durchaus berechtigten Bedenken gegenüber erwies sich mein Begleiter unter den Nachwehen des anscheinend durch den süßen Wein ausgelösten schrankenlosen Optimismus als völlig unzugänglich. Erst mal näher heran an den Feind, und dann wollen wir doch einmal sehen, wie der alte Herr – er blieb dabei, daß es nur der ‚Klumpenbalis' sein könne – auf den Ruf reagierte. Und nun begann ein vierstündiger Pirschgang, wenn man das so nennen will, hinter dem immer vor uns herziehenden Hirsch. Wer das einige Male versucht hat, der wird mir zugeben, daß besonders im unübersichtlichen

Letzte Fahrt

Gelände die Chancen absolut auf Seiten des Hirsches liegen. Immerhin gelang es, den Hirsch wenigstens dann und wann zu veranlassen, sich zu melden. Mehr war allerdings nicht zu erreichen, vom Zustehen keine Rede.

Vielleicht, daß sich das Tempo des Rudels etwas verringerte, wenn der Alte sich für verpflichtet hielt, dem aufdringlichen Rivalen einmal, wenn auch nur müde, zu antworten. Ohne die meisterhafte Anwendung des Hirschrufes hätten wir in dieser Landschaft und Situation ohnehin längst unsere Sachen zusammenpacken können. Einen trockenen Faden hatte keiner mehr von uns am Leibe, denn das Tempo, das der Hirsch anschlug, war recht anständig, außerdem aber fiel man dann und wann in einen verwachsenen und nicht mehr erkennbaren Abzugsgraben, und so hatten wir auch äußerlich das Aussehen, als wenn wir gerade aus der Suhle gekommen wären.

Längst hatte ich innerlich auch die letzte Chance auf einen Erfolg dieser mörderischen Pirsch aufgegeben, aber mein Begleiter blieb bei seinem Optimismus, und ich beschloß innerlich, mir eine ähnliche Lebenseinstellung mit Hilfe bekömmlicher Alkoholika zuzulegen. Gesehen hatten wir den Hirsch nach vier Stunden immer noch nicht. Irgendwelche Zweifel aber, daß es der ‚Klumpenbalis' sei, ließ mein Begleiter überhaupt nicht aufkommen, auch hier ein Opfer einer durchzechten Nacht. So schien es mir wenigstens. Nun sollte die allerletzte Chance für uns kommen. Das Rudel stand, wenigstens nahmen wir das an, in einem seitlich von uns liegenden Erlenbruch. Es war bisher immer stur gegen den Wind gezogen, und wenn es tatsächlich dort stand, wo wir es annahmen, und wenn es weiter gegen den Wind zog, dann mußte es über einen ganz schmalen Streifen, der seitliche Einsicht gewährte, ziehen, und wenn es dann der richtige Hirsch war, und wenn ich schnell genug war und wenn ich nicht fehlte, dann war der Klumpenbalis mein nach drei langen Jahren, die ich ihm gewidmet hatte. Etwas viel Wenns!

Nun waren wir wieder am Rande des Bruches, 180 Schritt bis zu der schmalen Schluppe, auf der das Rudel nun erscheinen sollte, eben, wenn es nicht schon vorher hinüber war. Dann war nichts mehr zu machen, denn in diesem riesigen Bruch gab es keine Möglichkeiten mehr. Mein Begleiter wollte ansprechen, ich sollte auf das Kommando warten. Da kam das alte Tier, das Drama näherte sich seinem Höhepunkt, dann noch ein Stück, noch eins und dann, schweren Hauptes, schwarz von der Moorerde, der Hirsch, ein langes, merkwürdig leer wirkendes Geweih. In diese Feststellung meinerseits fiel der Ruf ‚Klumpenbalis', ein Siegerruf, und mein Schuß. Mehr Zeit war nicht. Der Hirsch war ohne zu zeichnen in den mannshohen Nesseln verschwunden.

Nun kannte ich meinen Begleiter als einen Mann, der angesichts eines Anschusses – wie die meisten guten Schweißhundführer – die Vorsicht selbst war. Also, das Selbstverständlichste von der Welt, Heimfahrt, Hund holen, dann war die Wartestunde vorbei und die Nachsuche konnte beginnen. Aber nichts von dem. ‚Der Hirsch hat eine gute Kugel, und wir suchen sofort nach!' Alle sonst auf absolutes Verständnis stoßenden Bedenken meinerseits prallten an diesem grenzenlosen Optimismus wirkungslos ab.

Auf dem Anschuß tiefe Eingriffe im weichen Moorboden, das besagte nicht viel, und dann, nach etwa zehn Metern, auf einem Schilfhalm wenig dunkler Schweiß, nur einige Tropfen, mehr nicht. Auch sie besagten nur, daß der Hirsch die Kugel hatte. Im Bruch ein Gewirr von Wechseln, das war offensichtlich ein beliebtes Versammlungslokal für Hirsch und Sau. Kein Schweiß mehr zu finden, und ich riet wieder zum Abbruch dieses nach meiner festen Überzeugung gänzlich aussichtslosen und höchst bedenklichen Unternehmens. Inzwischen war mein Begleiter wieder in einen längst verwachsenen Abzugsgraben gefallen. Wir vereinbarten, zwanzig Schritt nebeneinander frei verlorensuchend, daß wir nur noch bis zum nächsten Abzugsgraben, also etwa 50 Meter weiter suchen wollten, dann sollte der brave Hirschmann geholt werden, wenn der Hirsch bis dahin nicht gefunden war.

Das nächste, was ich von meinem für mich trotz der nahen Entfernung im Dschungel unsichtbaren und nur mühsam vorwärts kommenden Leidensgenossen hörte, war der klassische Ausruf in solchen Situationen: ‚Verfluchte Sch...!' Aha, er war also im nächsten Abzugsgraben gelandet. Und dann der Ruf: ‚Hier liegt der Hirsch!' Frevert war über die eine Stange des Hirsches gefallen. Offenbar hatte Diana sich veranlaßt gesehen, ihn für seinen unerschütterlichen Optimismus zu belohnen..."

Der letzte Kapitalhirsch der Rominter Heide, der noch kurz vor dem Einmarsch der Russen erlegt wurde, war der „Leutnant". Hören wir die Geschichte seiner Erlegung aus den Aufzeichnungen Revierförster ROEGLERS:

„Ich meldete den ‚Leutnant', einen Kapitalhirsch, der seit dem Vorjahr wieder auf der Dagutschwiese und der Serpentine brunftete, aber aus Klein Jodupp stammte, fast 20 km weg. Göring wollte ihn schießen.

Der Kamin im Forstamt Nassawen, erbaut durch Walter Frevert. Hier klangen viele erfolgreiche Jagden aus

Der „Leutnant", erlegt am 9. Oktober 1944 von Walter Frevert, 204 Nadlerpunkte, 10 kg

Er kam abends zur Serpentine, mit zwei Bereitschaftswagen voll Polizei als Bedeckung. Morgens war er schon dagewesen, aber der Hirsch nicht. Doch nun kam er, auf gut 180 m, Hermann schoß, der Hirsch machte eine riesige Flucht und zog dann trollend in den schräg ansteigenden raumen Kiefernbestand. Leider schoß Göring nicht noch einmal, was er leicht hätte tun können. Dann war der Hirsch weg, auch das Herumrennen Hermanns nützte nichts, der den Hirsch anscheinend mit hoher Nase suchen wollte.

Am nächsten Morgen Nachsuche mit Frevert, Lopsien, Schade und Oberst v. Brauchitsch. Wir fanden zwar den Bleikern des Geschosses in der Wiese, aber keinen Hirsch, keinen Schweiß und kein Schnitthaar. Da machte ich den Vorschlag, ein kleines, dicht bestandenes Fichtenbruch zu drücken, in dem zu hoffen war, daß der Hirsch darin säße. Und es gelang mir auch, den Hirsch, den ich durch glücklichen Zufall gut erkennen konnte, vor die Büchse von Frevert zu drücken, der ihm 3 Kugeln verpaßte. Na, er lag, und ein hoch sitzender Schuß wurde mit allgemeinem Augurenlächeln als der vermutliche Treffer von gestern abend bezeichnet. Hochblatt, vermutlich Hohlschuß!

Hochbefriedigt fuhren sie von dannen. Ich brach den Hirsch auf, und da fand ich den gestrigen Streifschuß, vorn am Stich, fingerlang, der Hirsch hatte den heute schon nicht mehr gespürt. Zuhause rief ich Frevert an. Es entspann sich folgender Telefondialog:

‚Hier Roegler.' – ‚Was, Sie leben noch, Herr Roegler?' – ‚Nun, ich denke doch noch lange zu leben, weshalb die Frage, Herr Oberforstmeister?' – ‚Na, ich habe heute morgen an den Herrn Reichsmarschall den Funkspruch durchgegeben: Leutnant Roegler heute morgen verstorben.' Kleine Pause. Ich kombinierte schnell: Jagdliches durfte natürlich nicht an Wolfsschanze gefunkt werden, also hatte Frevert mit v. Brauchitsch diese Tarnung besprochen. Ich also: ‚Na, Herr Oberforstmeister, das betrifft mir nicht, ich bin ja Oberleutnant. Aber nun haben wir den richtigen Schuß gefunden, und ich glaube, daß ich Ihnen das wenigstens melden muß.' – ‚Natürlich, Herr Roegler. Ich danke Ihnen. Aber geändert kann selbstredend nichts mehr werden, das ist Ihnen ja auch klar, nicht wahr.'

So war also der letzte Hirsch, auf den Göring geschossen hatte, zur Strecke gekommen. Es war schade, daß er nicht schon 1943 geschossen werden konnte, als er ungerader 26-Ender war und rechts Aug-, Eis- und Mittelsprosse gegabelt trug. Aber ich kannte den Hirsch damals nicht und wußte nicht, ob er wirklich schon auf der Höhe war. Jetzt, 1944, wog das Geweih zwanzig Pfund und wurde mit 204 Nadlerpunkten vermessen. Der ihn sozusagen aufzog und durch fast 12 Jahre betreute, war der Revierförster Tischendorff.

Das war die letzte Brunft in Rominten. Jetzt füllten sich die stillen Jagen mit Soldaten, Fahrzeugen, Munitionslagern. Die Gattertore blieben offen, der Draht wurde stellenweise zerschnitten, sicherlich ist schon viel Wild herausgeflüchtet. Die Heide wurde wieder ein Wald wie alle anderen Wälder. Nur unsere Gedanken gehen noch zurück in das Rauschen der Baumkronen, in das Schweigen der großen Brücher und der Wiesen im Nebel oder im Glast der Mittagssonne, in dieses herrliche Revier, das uns Heimat und Erfüllung war so lange Jahre. Wir waren im Paradiese und wußten es nicht!"

Wie sieht es mit der Jagd heute aus? Wie viele andere vorzügliche Reviere ist die Oberförsterei Goldap seit langem für die „Devisenjagd" vorgesehen. 1991 gelangten schließlich auch erstmals deutsche Jäger nach Warnen und Nassawen. Anhaltspunkte über die Art des Jagdbetriebs im heute polnischen Teil der Rominter Heide gibt das Buch von Dr. HEINRICH V. OEPEN, „Jagen in Rominten", das 1982 im Parey-Verlag erschienen ist.

Als Abschluß des Kapitels sei eine Schilderung abgedruckt, die A. GAUTSCHI im Septemberheft 1988 der schweizerischen Zeitschrift „Feld, Wald, Wasser" veröffentlicht hat:

„Am 24.September 1987 traf ich nachmittags in der Oberförsterei Goldap ein. Mein Jagdfreund Dr. Heinrich v.Oepen war bereits seit einigen Tagen in dem Revier anwesend. Nach herzlicher Begrüßung galten die ersten Fragen natürlich den Hirschen. H. konnte aber meine Sorge, etwas verpaßt zu haben, beschwichtigen, indem er bemerkte, es habe bis jetzt noch kein nennenswerter Brunftbetrieb stattgefunden. Nach entsprechendem Kriegsrat mit dem Oberförster stellten wir die strategische Planung für die kommenden Tage auf. Ich sollte H. zugeteilt werden, der den am weitesten entfernten westlichen Pirschbezirk erhalten hatte, während die anderen ‚Dewizowcy' die übrige Oberförsterei bejagten.

Mit dem sehr gewieften, tüchtigen Förster Barwicki, einer prachtvoll romantischen Jägergestalt, sollten wir uns um vier in Jörkischken treffen. Mein Kamerad und ich einigten uns darauf, daß Förster Barwicki zusammen mit ihm jagen wird, während ich alleine pirschen sollte. Das war mir umso lieber, als ich meinem Jagdfreund, der schon seit langen Jahren hier jagt, die Erbeutung eines wirklich starken Hirsches, auf den er immer noch spekulierte, von Herzen gönnte.

Der erste Abend in der mir so lieb gewordenen Rominter Heide brachte mir bereits den Anblick eines Vierzehnenders. Er zog mitten auf der Prinz-Oskar-Wiese, die von weiten und mit allerlei Laubholz durchstellten Eichen-Fichtenbeständen umgeben ist, röhrend herum. Der Hirsch war wohl höchstens vom 7. Kopf. Einige Hirsche meldeten gleich hinter der Grenze, darunter waren auch tiefe Baßstimmen von offenbar älteren Semestern. Aber wie will man einen solchen Hirsch vors Rohr zaubern, wenn man in der Anwendung des Hirschrufes ein so hoffnungsloser ‚Nichtraucher' ist wie ich? Das ist in dem sehr deckungsreichen Gelände mit den ausgedehnten jungen Mischbeständen ein Ding völliger Unmöglichkeit. Mehrfach hatte ich zwar das vorzügliche Buch des Grafen zu Münster förmlich inhaliert, fand aber in der Praxis – wie ich gestehen muß – noch nie den Mut, vom Ruf vollen Gebrauch zu machen. Hoffentlich wird sich das bald ändern.

Auch H. war an diesem Tag und auch am folgenden nicht zu Schuß gekommen. Jedoch sah ich zum zweiten Mal in der Rominter Heide einen Wolf. Er lief mich morgens um halb neun unverhofft an. Ich warf mich sofort mitten auf dem Weg platt hin und schoß auf den auf einer Gestellkreuzung Verhoffenden. Im Schuß, der auf sehr weite Entfernung abgegeben wurde, warf sich der Wolf blitzschnell herum – als ob er nach der Kugel schnappen würde – und verschwand, daß Kies und Funken stoben. Auf dem Anschuß waren keinerlei Pirschzeichen zu finden, die bei der sehr starken und schweren Patrone (8 × 68 S, 14,5 g KS) unbedingt hätten vorhanden gewesen sein müssen. Nur die langen Kratzspuren im Sand waren zu sehen, verbunden mit der haarsträubenden Wittrung des Wolfes. Also vorbei!

Isegrim ist in letzter Zeit, wie uns berichtet wurde, recht häufig gesehen worden. Auch auf vielen Elch- und Rotwildwechseln fand ich seine Spur. Wölfe fallen dort hauptsächlich im Sommer unangenehm auf, wenn sie sich damit beschäftigen, die Schafherden der abgelegenen Gehöfte auf Fettgehalt zu revidieren. Dem braven Förster Szkiłądż aus Blindgallen passierte es gar, daß ihm ein Wolf am hellichten Tag vor seinen Augen einen Schafbock von der Weide schleppte. Wegen ihrer sprichwörtlichen Durchtriebenheit werden die Grauhunde nur ganz selten vom Jäger erbeutet. Sie nehmen in diesem Revier auch keine Luderplätze an, sondern halten sich im Winter fast ausschließlich an das Wild. Immerhin war das plötzliche Zusammentreffen mit diesem heimlichen Räuber sehr erfrischend. Während Förster Barwicki, der sich ausschließlich mit der Jagd zu befassen hat, gar nicht gut auf die Wölfe zu sprechen ist, sieht sie sein Chef, Oberförster Krajewski, nicht ungern im Revier.

Am Sonnabend verhörten wir im Revierteil Mittel Jodupp, der ebenfalls sehr nahe an der Grenze liegt. Das Jagen in diesen Wäldern geht anders vor sich, als man es in westlichen, gepflegten Revieren gewohnt sein mag. Vor allem die riesige Ausdehnung deckungsreicher Jungbestände, oftmals nur weiträumig durch Gestelle unterbrochen, führt zu einer außerordentlich schwierigen Jagd. Spätestens morgens um vier wird verhört. Die vielversprechendsten Stimmen müssen örtlich bestimmt werden. Diese Hirsche werden dann anzupirschen versucht oder mit Hilfe des Rufes angegangen. Nachmittags um dieselbe Zeit beginnt das

Verblasen eines ungeraden 14-Enders im Forstamt Nassawen, Revier Kuiken, Geweihgewicht 7,5 kg, 11. Kopf. Erlegt von Günther Helbach am 20. September 1991

Prozedere von neuem, nur sind die Möglichkeiten abends begrenzter, da man infolge des schwindenden Lichtes keine sehr weiten Pirschgänge mehr machen kann.

Die Hirsche sind hier nicht angebunden. ‚Brunnenfiguren' gibt es leider nicht. Sie wechseln ständig ihren Einstand und brunften mit Vorliebe in den dichtesten Beständen. Nur auf der russischen Seite der Grenze scheinen sie berechenbarer zu sein, weil dort die allervollkommenste Ruhe herrscht, die man sich nur denken kann. Jedenfalls ist dort eine unerwartete Störung durch den Zweifüßler nur äußerst selten zu befürchten. Das Jagen ist denn auch leider häufig nicht viel mehr als ein Abgrasen der Grenze entlang. Einzelne starke Hirsche sind nach Erscheinung, Einstand oder gar Abwürfen den Jagdbeamten hier nicht bekannt. ‚Kein Rezept! Probieren!' so pflegt Jäger Barwicki jeweils zutreffend die Aussichten in meist unsicherer Gefechtslage zu kennzeichnen.

In Mittel Jodupp lag unmittelbar an der Grenze eine größere junge Kultur, auf der abends bei völliger Dunkelheit ein Hirsch mit tiefem Hals meldete, umgeben von einigen Schneidern. Das war für die kommende Frühpirsch sehr vielversprechend! Auf den Rat von Förster Barwicki sollte ich morgens auf einem Gestell senkrecht zur Grenze vorstoßen, dann der Grenze entlang gegen den Wind in Richtung des bekannten Schlages pirschen. Fast hätte sich das gelohnt. So zog vor mir einiges Kahlwild über die Grenzschneise, der Hirsch folgte aber wider Erwarten nicht. Er dachte gar nicht daran, seinen Tageseinstand, wo er wahrscheinlich noch niemals in seinem Leben eine menschliche Störung erfahren hatte, zu verlassen. Nur ein müdes Brummen verriet gelegentlich seine unmittelbare Nähe. Auch hier zeigte sich wieder der gar nicht hoch genug zu bewertende Nachteil, der dem Jäger entsteht, wenn er des Reizens mit dem Ruf unkundig ist.

Abends wählte ich mit besonderer Sorgfalt meinen Stand auf dem fraglichen Schlag. Der Gesuchte begann auch bald zu melden, und gegen achtzehn Uhr vernahm ich das Brechen von Ästen, deutlich schon diesseits der Linie mit den rot-grün und rot-weiß gestrichenen Pfählen. Kurz darauf erschienen sechs Stück Kahlwild, dahinter ein älterer Hirsch. Nach kurzem Blick wurde klar, auf einen Hirsch dieses Alters, zudem mit sehr mäßigem Geweih, ohne Kronen, konnte von einem ‚Dewizowiec' wie mir ohne Bedenken Dampf gemacht werden. Der Hirsch brach im Feuer zusammen, die gute Stimme jedoch erschallte weiter aus dem nebligen Moorwald! Also nicht der Gesuchte!

Diese Täuschung ließ ich mir aber beim Betrachten des Geweihs gerne gefallen, denn es war wirklich ein Abschußhirsch, wie er im Buch steht: etwa vom 10. Kopf, linke Stange drei Enden in einer unedlen Krone, rechts nur eine Gabel, eine Eissprosse abgekämpft. Damit konnte ich wirklich zufrieden sein. Nach dem Aufbrechen und dem Verblenden erwartete ich am Weg den Wagen mit H. und Jäger Barwicki.

Eine Rotte Sauen, die neben mir die Wiese umpflügte, leistete mir dabei Gesellschaft. Ein weiter, klarer Sternenhimmel wölbte sich über dem einsamen Wald, und hie und da drang das ferne Rufen ziehender Gänse oder das Trompeten der Kraniche ans Ohr. Ein leiser Wind ließ die Blätter von Birken und Aspen raschelnd auf den Waldboden sinken. Mit ihm schweiften meine Gedanken durch die großen Wälder und nebelverhangenen Moore nach Osten. Hier, an dieser Ecke, lag früher die Försterei Mittel Jodupp, wo zuletzt Förster Tischendorff wohnte. Barwicki hatte mir einmal die Reste eines alten Kellergewölbes gezeigt.

Nicht wenig erstaunt war ich, als plötzlich mein Freund mit einem eichenen Bruch am Hut dastand. Ich hatte doch keinen weiteren Schuß vernommen! Voller Begeisterung schilderte nun H., wie er ein paar Augenblicke nach mir ebenfalls zu Schuß kam, zwei Kilometer in Windrichtung nach Osten entfernt, in der gleichen Jagen-Reihe. Jetzt kannte unsere Freude keine Grenze, und auch Jäger Barwicki war bester Laune über diesen doppelten Erfolg. Leider hatte H.'s Hirsch, der sehr stark war, Vierzehnender mindestens vom 10. Kopf, eine Stange direkt über der Mittelsprosse eingebüßt, wie die beiden erzählten, aber ihre Heiterkeit wurde dadurch nicht geschmälert. So behaupteten sie, den Knall meiner Büchse so gedeutet zu haben, als sei ich einem russischen Posten in die Fänge geraten. ‚Magnitogorsk, Schacht 7', bemerkte H. trocken. Fortan hatte diese Abteilung ihren Spitznamen nach der bedeutenden Bergwerksstadt im südlichen Ural weg. Die aufreibenden Ereignisse ließen mich, ach Gott, Büchse samt Rucksack, welche ich an einem Ahorn abgelegt hatte, im Wald vergessen. Jäger Barwicki amüsierte sich besonders königlich über dieses Mißgeschick. ‚Sakramento!', meinte er.

Die nächsten Tage verbrachte ich teilweise auf gemeinsamen Ansitzen mit H., ohne daß sich dabei etwas Besonderes ereignet hätte. Oft begegneten wir auf unseren Gängen und Fahrten dem ‚Hauswisent' der Oberförsterei. Es war ein herrliches Bild, dieses seltene Wild wenige Meter vor uns durch den in allen Farben prangenden Altbestand von Fichte, Aspe, Esche und Linde ziehen zu sehen! Dieser Wisent wechselte aus der unweit entfernten Borker Heide in die Oberförsterei Goldap ein und hält sich seitdem hier schon mehrere Jahre. Leider hat er verschiedene schlechte Manieren, unter anderem stellt er sich mit der größten Selbstverständlichkeit zu den Kühen auf die Weide und verursacht dadurch einen nicht geringen Anstieg des Blutdrucks bei den Bauern, die in ihrer Bedrängnis das Telefon des Oberförsters Sturm läuten lassen.

Nachdem mein Jagdfreund zu Ende des Monats leider abreisen mußte, hatte ich noch Gelegenheit, eine kurze, aber aufregende Nachsuche mitzumachen. Ein Jäger hatte morgens vom Hochsitz her einen recht starken Elchschaufler beschossen. Wie das bei Elchen oft vorkommt, zeichnete er überhaupt nicht, sondern verschwand nur in einer Dickung aus Birken und unterständigen Eichen. Nachdem einige Stunden vergangen waren, nahm Jäger Barwicki mit Hilfe seines Bayerischen Gebirgsschweißhundes ‚Jaguschka', dem Schützen und mir als Begleiter die Nachsuche auf. Wie es dort üblich ist, suchte der Hund frei, geriet aber bald von der offensichtlichen Krankfährte des Elches ab, die wir aber auch ohne ihn in dem moosigen Grund gut zu halten vermochten.

Nachdem wir zwei Wundbetten gefunden hatten, in denen auch Schweiß lag, vernahmen wir plötzlich vor uns ein Knacken, auf das wir sofort zueilten, und schon standen der glückliche Schütze und ich auf ein paar Schritte vor dem im hohen reifbedeckten Gras ziehenden Elchhirsch! Nach einigen Fangschüssen aufs Blatt, die mit recht zitternden Knien abgegeben wurden, brach der Hirsch zusammen. Es war der beste Schaufler, den ich bisher in freier Wildbahn gesehen hatte, leider noch etwas zu jung. Das Aufbrechen des mehrfach weidwund geschossenen Elchhirsches übernahm der inzwischen auch zu uns vorgestoßene Barwicki. Er hatte allen Grund, zu fluchen. Noch mehr aber tat dies ein zu Hilfe gerufener Jagdwirtschaftsarbeiter, der den Auftrag empfing, mit seinem Pferd den Koloss durch Dickung und Bruch an den nächsten Weg zu ziehen. Das vielendige, starke Geweih verfing sich natürlich ständig, so daß das Pferd durch die fortwährend wechselnden Befehle und sonstigen Kümmernisse langsam verrückt wurde. Der gute Mann klagte immer wieder, daß er eigentlich heute seine Kartoffeln ernten wollte. Zum Schluß halfen aber doch einige Züge aus der Żubrówka-Flasche, den Schmerz dieser Erde ein bißchen zu lindern.

Gegen Ende der Hirschbrunft bot sich die Möglichkeit, mit Förster Barwicki zusammen einige Pirschen zu unternehmen. Vermehrt bemerkten wir jetzt wieder frische Fährten. B. wies immer wieder darauf hin

Stefan Barwicki, ein Meister mit dem Hirschruf

und meinte verheißungsvoll: ‚Hirsche spazieren!' Offenbar hatte sich das Rotwild, da die Brunft abflaute, von den Brunftplätzen auf russischer Seite in unseren Bezirk zurückgezogen. Das war kein Wunder, hatte doch der umsichtige Jäger das ganze Revier mit Salzlecken bepflastert. Zudem waren ein paar gute Gräser tragende Waldwiesen vorhanden.

Am 5. Oktober pirschten wir in der Nähe des Forstorts Schillinnen einen starken, reifen Hirsch an, der mit zwei Stück Mutterwild auf einem mit Birke überwachsenen Schlag brunftete. Da ich es wohl diesmal besonders geschickt anfangen wollte, vergaß ich, die Büchse zu entsichern – ein leises ‚Klick', wie vom Leibhaftigen berührt, drehte der Hirsch ab, und die ganze Gesellschaft wurde flüchtig! Mit diesem

Bravourstück versetzte ich meinen Führer, der wohl bereits die Devisen lustig daherklimpern hörte, nicht gerade in Begeisterung.

Jedoch sollte ich noch am selben Tag die Möglichkeit haben, diese böse Scharte wieder auszuwetzen. Abends im Mondschein einige Stunden unterwegs, vernahmen wir aus der Richtung der Prinz-Oskar-Wiese das Melden einiger Hirsche. Als wir schließlich dort anlangten, schien aber die Bühne wieder leer zu sein. Wir entschlossen uns, hier ein wenig zu verweilen, um die müden Knochen im trockenen Gras etwas zu strecken. Silbern beleuchtete der Mond die Fläche, und ein lebhafter Nachtwind strich durch die Kronen des umgebenden Wäldermeeres.

Wie wir so dalagen, wies Jäger Barwicki plötzlich auf ein längliches Etwas hin, 200 m entfernt auf der Wiese. ‚Vielleicht Hirsch?' bemerkte er geheimnisvoll in polnischer Sprache, und ein Blick durch das Glas widersprach dem nicht. Mein Begleiter röhrte nun, während ich beobachtete – Heiliger Brahma, da saß doch mitten auf der Wiese ein Hirsch! Er antwortete dem Jäger mit sehr tiefer Stimme. Auch war auf einem dicken Träger der kurz wirkende Windfang und Äser zu erkennen – also ein bemoostes Haupt! ‚Schießen!' lautete die eindeutige Aufforderung Barwickis. Auch ich war der Meinung, daß man unter den hiesigen Umständen so etwas riskieren könne, glaubten wir doch, das wichtigste Kriterium, das Alter des Hirsches, hinreichend genau zu kennen. Die Entfernung war aber zu weit, besonders, weil ich sozusagen in den Mond hinein schießen mußte.

Durch die Büsche des Waldrandes ging es nun ein gutes Stück näher. Glücklicherweise verwischte der säuselnde Wind unsere gar nicht mal so leisen Geräusche. An einer Randfichte angestrichen – Schrumm, machte ich Dampf – und der Unbekannte lag im Feuer. Aufs höchste neugierig, eilten wir freudig zum Anschuß. Der sehr seltsame Hirsch, den wir dort vorfanden, erregte aber doch unsere höchste Verwunderung: ein alter, abnormer, ungerader Kronenzehner. Die linke Stange war viel kürzer als die rechte und bestand nur aus einem Spieß und einer langen Augsprosse. Der Hirsch war abgebrunftet wie ein Brett. Wie sich nachher herausstellte, wog das Geweih gleich viel wie das zuerst erbeutete: 6,1 kg (mit Oberkiefer). ‚Sakramento totalne!' meinte befriedigt Jäger Barwicki und strich seinen silbergrauen Schnurrbart zurecht. Herrliches Waidwerk zu allen Zeiten, glückliche Tage!" (A. GAUTSCHI, 1988)

Das Elchwild

Der Elch war vormals auch in der Rominter Heide ein beliebtes Wild der Hochjagd. Am 10. und 11. August 1617 schoß Johann Sigismund zu Rominten einen Elchhirsch von 4 Enden und 8 Zentner 80 Pfund (449,44 kg) Gesamtgewicht sowie ein Tier und ein Kalb, am 17. bei Gehlweiden am Südrand der Heide nochmals 4 Stück, über die aber nähere Angaben fehlen.

Bis gegen Ende des 18. Jahrhunderts war der Elch in der Rominter Heide noch Standwild. Bereits 1795 gab jedoch Oberforstmeister v. Wangenheim an, daß er dort nur noch als Wechselwild aufträte (Mager, 1941).

Das gegenüber Wildfrevel sehr anfällige Hochwild hatte selbstredend keine Aussicht, die dunklen Zeiten anfangs des 19. Jahrhunderts in der Rominter Heide zu überleben. Vereinzelt drangen aber immer wieder Elche bis dorthin vor. So berichtet auch Frevert (1957) von einem Spießer, der 1932 in die Heide einwechselte.

Bekanntlich beherbergte Ostpreußen seit alten Zeiten in den Forstämtern am Kurischen Haff einen Elchbestand. Es gelang, ihn in diesem Jahrhundert zu festigen. Nach dem Ende des Zweiten Weltkriegs ging darüber zunächst der Schleier des Unbekannten nieder.

Aus Polen wurde hingegen bekannt, daß dort das Elchwild unter Naturschutz gestellt worden sei. Das alte Elchgebiet „Czerwone Bagno" bei Rajgród, südlich Lyck, nahe der alten ostpreußischen Grenze gelegen, wurde zum Elchreservat erklärt. Von dort könnte, wie Heydenreich (1958) vermutet, die Wiederbesiedlung Masurens durch den Elch erfolgt sein. Dieser Autor gibt den Bestand an Elchwild im südlichen Ostpreußen 1958 mit 40 Stück an. Natürlich ist es ebensogut denkbar, daß das Elchwild sich in den nordostpreußischen Kerngebieten seines früheren Vorkommens zu einem geringen Teil hat halten können. Der bald darauf erfolgte kahlschlagweise Abtrieb großer Waldteile im nördlichen Ostpreußen bot jedenfalls für die rasante Ausbreitung des Elchwilds dort geradezu ideale Bedingungen.

Förster Szkiładź, Blindgallen, beobachtete das damals aufsehenerregende, erstmalige Auftreten von einigen Stücken Elchwild in der Rominter Heide in den fünfziger Jahren bei Bludszen, Jäger Barwicki 1958 im Reservat „Boczki". Letzterer vermutet, daß die Rominter Elche aus Nordostpreußen eingewechselt sind. Erst später sei dann das Vordringen aus dem Süden erfolgt (Barwicki, 1989, mdl. Mitt.). Seitdem hat das Elchwild sein Verbreitungsgebiet in ganz Nordosteuropa sprunghaft ausgedehnt. Der Bestand wuchs auch in der Rominter Heide derartig an, daß ab 1982 in der Oberförsterei Goldap zur drastischen Verringerung dieser seit 1960 wieder jagdbar gewordenen Schalenwildart geschritten werden mußte.

Die weitgehende Vernässung der Rominter Heide mit den anfänglich wohl hauptsächlich auf russischer Seite entstehenden riesigen Kahlflächen, dazu das durch die Vernichtung des Rotwildbestandes erst ermöglichte massenhafte Aufkommen von Weichlaubhölzern, boten dem Elchwild hier einen vorzüglichen Lebensraum. Die für die Rominter Heide charakteristische kleinflächige Verteilung von Bruchpartien und trockenerem Nadelwald gewährt dem Elch außerdem die Möglichkeit, nicht nur den

Gestreckter Hirsch am Bludszer Fluß, September 1991

Sommeraufenthalt in den Mooren, sondern auch seinen Wintereinstand in der Rominter Heide zu finden.

Der Elch hatte zu Beginn der achziger Jahre in Rominten im Bestand das Rotwild überholt und lag entschieden zu hoch. Schon seit alten Zeiten ist der ganz erhebliche Schaden berüchtigt, den dieses „devastirende Wildprett" den Wäldern antut. So entschloß sich die Forstverwaltung, wachgeworden durch starke Verbiß- und Schälschäden, jeden Elch zu erlegen, dessen sie habhaft werden konnte (mit Ausnahme führender Stücke). Innerhalb kurzer Zeit wurde so der Bestand im Südteil der Heide deutlich reduziert. Er beträgt seit 1986 ungefähr 60 bis 80 Stück in der ganzen Oberförsterei Goldap. Jährlich werden jetzt noch etwa 30 bis 50 Elche erlegt.

Der stärkste Schaufler der Oberförsterei, der bislang einer Kugel verfiel, soll ein Geweihgewicht von 12,5 kg aufgewiesen haben. Er wurde im Jahr 1975 in der Försterei Bludszen erlegt und besaß ein Wildpretgewicht von 340 kg ohne Haupt. Der Jäger STEFAN BARWICKI besitzt ein kapitales Abwurfschaufelpaar, das er in seinem Bezirk gefunden hat. Nach der Auspunktung durch die Verfasser kommt das Geweih auf 277 internationale Punkte und erreicht damit eine Silbermedaille. Einige ältere Elche mit kapitalem Geweih kamen im Lauf der Jahre im russischen Teil der Heide zur Strecke (SITSCHOW, mdl. Mitt.).

Die Wildbretgewichte der Elchhirsche in der Rominter Heide betragen um 180 bis 340 kg (aufgebrochen, ohne Haupt), diejenigen von Elchtieren 160 bis 300 kg (aufgebrochen, mit Haupt) und von Kälbern 80 bis 140 kg (aufgebrochen, mit Haupt). Seit 1986 ging man dazu über, nicht mehr jeden Elchhirsch zu schießen, der einem über den Weg lief. Es dürfen jetzt von den polnischen Jägern, die in der Heide jagen, nur noch Hirsche bis zur Gablerstufe gestreckt werden. Diese sicher zu begrüßende Hegemaßnahme, die das Ziel verfolgt, den Anteil starker Erntehirsche zu vergrößern, gilt jedoch leider nicht für die Devisenjagd. Dort ist es nach wie vor möglich – und auch gebräuchlich – junge, gut veranlagte Zukunftshirsche auf die Decke zu legen.

Die Verfasser möchten an dieser Stelle den dringenden Wunsch aussprechen, daß es gelingen wird, den Altersaufbau des Rominter Elchwildbestands mit der Zeit so umzuformen, daß wieder alte, starke Hirsche, seien es nun Schaufler oder Stangenelche, ihre Fährte ziehen können, wie es dem Kulturauftrag der Jagd und nicht zuletzt dieser edlen Wildart gebührt.

Gestreckte Elche vor der Szittkehmer Wildkammer

Anderes Schalenwild

Das **Schwarzwild** war ursprünglich in allen Wäldern des Preußenlands heimisch. Mit der Zurückdrängung des Waldes und dem rücksichtslosen Aushieb der Eiche verschlechterte sich jedoch seine Lage zusehends. Es war nun vermehrt anfällig gegenüber ausbleibenden Mastjahren und strengen Wintern mit monatelangem Bodenfrost. Damit einher ging ein andauernder Rückgang der Körperstärke der Sauen, der bis in unsere Zeit anhielt.

Nach den Angaben von MAGER (1941) gab es bis zum Winter 1797 in der Rominter Heide einen recht guten Bestand an Sauen. Der Herbst des Jahres 1796 hatte jedoch gar keine Eicheln gebracht, und ihm folgte ein ungemein harter Winter, der das Schwarzwild stark angriff. Allein in der Warner Forst, damals noch die ganze Westhälfte der Heide umfassend, wurden über 60 verendete Wildschweine gefunden. Die Kälte ist bei Schwarzwildverlusten weniger maßgebend als die Höhe der Schneedecke und der Bodenfrost. Zu Anfang des 19.Jahrhunderts sollen sich die Bestände in Ostpreußen wieder vermehrt haben, um aber ab 1850 erneut zurückzugehen. Allgemein haben sich wohl Sturmkatastrophen mit einem großen Anfall an langjährig herumliegendem Kalamitätsholz, das gute Deckung bot, günstig auf die Bestandsentwicklung des Schwarzwilds ausgewirkt.

Inwieweit der Nonnenfraß der 1850er Jahre einen Einfluß auf die Sauen in der Rominter Heide gehabt hat, ist leider nicht bekannt. Die Angaben in Professor MAGERS Buch, wonach die Rominter Heide in jener Zeit als einzige der ostpreußischen Waldungen noch Schwarzwild als Standwild aufwies, widerspricht in gewissem Sinn einer Darstellung Forstrat WALCKHOFFS. Ihm hat seinerzeit Oberförster v. SAINT PAUL erzählt, daß es zur Zeit Prinz FRIEDRICH KARLS kein Schwarzwild mehr in der Rominter Heide gegeben habe. Der Nassawer Oberförster habe gegenüber dem Prinzen den Wunsch geäußert, wieder Sauen in der Rominter Heide zu haben: „Der Prinz hat sehr gelacht, aber ich bekam doch einige Wochen danach mehrere Sauen geschickt, die ich ohne Gewissensbisse aussetzen konnte. Leider haben sie sich nicht so vermehrt, wie ich hoffte. Die Bedingungen für Sauen sind hier in der Heide doch zu ungünstig."

Im Jagdjahr 1885/86 wurde in der ganzen Heide nur ein Stück Schwarzwild geschossen, und zwar in der Oberförsterei Szittkehmen. 1894 wurden in Rominten 24 Stück aus Białowieża stammenden Schwarzwilds ausgesetzt, das Kaiser WILHELM vom russischen Zaren als Geschenk erhalten hatte. Danach scheint sich der Schwarzwildbestand endgültig erholt zu haben. Eine eigentliche Bewirtschaftung konnte aber damals in der Heide noch nicht stattfinden, da das erste Gatter keineswegs schwarzwildsicher war. Man schoß, nach FREVERT (1957), die Sauen, wo man sie finden konnte, hauptsächlich aber im Winter von den Lauerhütten aus. Schon in der Kaiser-

Oberförster Witte mit gutem Keiler vor der Oberförsterei Goldap-Rominten

Links: Anläßlich einer Drückjagd in der Rominter Heide. Links vor dem Auto Oberforstmeister Frevert. Unten: Hermann Göring als fünfter von links mit Jagdglas, rechts mit weißer Wollmütze sein Diener Robert Kropp

zeit kaufte man aus der Umgebung klapprige Pferde, die damals etwa 15.– Mark kosteten. Diese „Saupferde" wurden an Ort und Stelle an der betreffenden Kirrung erschossen. Aus dem Verkauf der Decke konnten etwa 10.– Mark wieder eingebracht werden.

Ein höherer Forstbeamter der Heide soll den sofortigen Abschuß der Tiere oft zu schade gefunden haben, er fuhr sie dann noch etwa ein Jahr mit seinem Jagdwagen. Großer Spaß des Kaisers, wenn er das Gefährt im Wald traf (RÖHRIG, 1989, schr. Mitt.)!

Mit dem neuen Gatter bot sich die Möglichkeit, einen geringen Schwarzwildbestand von etwa 200 Stück (am Ende der Jagdzeit) heranzuhegen. Die Bejagung wurde nun, wie schon ausgeführt, immer mehr mit Hilfe der Saumeute betrieben. Es wurde alles darangesetzt, einen möglichst günstigen Altersklassenaufbau zu erreichen. Nur sehr wenige Frischlinge blieben am Leben. Der kleine Gesamtbestand setzte sich aus überwiegend starken Stücken zusammen. In der Durchsetzung dieser richtigen Hegemaßnahme, deren Notwendigkeit man gar nicht genug betonen kann, liegt ein großes Verdienst Oberforstmeister FREVERTS. Als Beispiel für seinen scharfen Einsatz zugunsten des Schwarzwilds, dem er sich besonders verschrieben hatte, sei hier eine Verfügung wiedergegeben, die FREVERT zum vermehrten Schutz mittlerer Keiler an seine Beamten herausgab:

„An die Herren Forstmeister der Rominter Heide: Meine Verfügung Ro. 1538 VII/2 vom 25. 9. 1939 wird bezüglich des Absatzes 3, betreffend die Erlegung von Schwarzwild, mit sofortiger Wirkung aufgehoben, da die Lockerung in den Abschußbestimmungen für Schwarzwild dazu geführt hat, daß im Forstamt Wehrkirchen zwei starke Keiler, darunter einer mit 224 Pfd. Gewicht und im Forstamt Rominten ein starker Keiler erlegt worden sind. Es dürfen in Zukunft sowohl auf Drückjagden als auch bei Ansitz oder Pürsch nur Frischlinge und Überläufer erlegt werden; jeder andere Abschuß von Schwarzwild ist verboten. Jagdgäste, die sich nicht an diese Richtlinien halten, sind von weiteren Jagdeinladungen auszuschließen. Beamte, die in dieser Hinsicht ihre Befugnisse überschreiten, werden von mir zur Rechenschaft gezogen werden. Der Abschuß von Überläufern und Frischlingen ist dagegen mit aller Energie zur Verminderung des Schwarzwildbestandes zu betreiben. Ich weise schon jetzt darauf hin, dass den Forstämtern, in denen starke Keiler erlegt worden sind, diese auf den nächstjährigen Abschuß angerechnet werden."

In seinem ausführlichen Kapitel über den „Roten August" (Rominten-Monographie 1957), ein besonders sagenumwobenes Hauptschwein, das aber nie zur Strecke kam, schreibt FREVERT: „In der unbedingt durchzuführenden Verminderung des Wildstandes liegt ein großer Teil allen hegerischen Erfolges. Das ist nicht nur beim Schwarzwild so, sondern trifft auch für das übrige Schalenwild zu."

Die Oberförsterei Goldap beherbergt heute einen fast zu großen Schwarzwildbestand, der leider im wesentlichen nur aus jungen und mittelalten Stücken besteht. Neuerdings ist aber auch hier das Steuer herumgeworfen worden, und die Schonung aller mittelalten und älteren Stücke durch die polnischen Jäger ist eine Tatsache. Die ausländischen Jäger sind aber von diesen Bestimmungen, wie beim Elchwild, bedauerlicherweise ausgenommen. Die Sauen werden hauptsächlich bei Pirsch und Ansitz an Kirrungen oder unter Alteichen erlegt. Die jährliche Strecke beträgt um 160 Stück. Der Frühjahrsbestand dürfte sich auf etwa 250 Stück belaufen. Zum Schutz gefährdeter landwirtschaftlicher Kulturen sind entlang dem Waldrand Elektrodrähte angebracht, deren Kontrolle und Unterhalt recht aufwendig ist.

Keiler der Silbermedaillenklasse, erlegt im Oktober 1990 von K. v. Wedemeyer im Hühnerbruch, nachgesucht von Forstamtmann Puchmüller mit seinem Hannoverschen Schweißhund

In Nassawen und Warnen, wo der Anteil der Eiche in den Beständen viel geringer ist, tritt das Schwarzwild nach den Beobachtungen der Verfasser weniger auf. Im südlichen Teil der Heide findet es immer bessere Lebensbedingungen, je mehr die Jungeichenbestände heranwachsen und beginnen, Mast zu tragen. Die meisten der in Rominten vorliegenden Waldstandortstypen (krautreich und gut wasserversorgt) sind für das Schwarzwild außerordentlich geeignet, da sie reichlich Fraß spenden, nicht zu vergessen die großen, nassen und verschilften Wiesen und Brücher. Nach LEBEDEVA (1956) nimmt das Schwarzwild im weißrussischen Teil der Heide von Bialowies 56 % Wurzeln, Knollen und Zwiebeln, 24 % Pflanzengrünteile, 7,5 % Früchte und 12,5 % tierische Kost. In längeren Zeiten eisiger Kälte mit hoher Schneelage und darunter tief durchgefrorenem Boden leidet das Schwarzwild in der Heide auch heute gelegentlich Not, und es kommt dann zu großen Verlusten unter den Frischlingen. Ein solcher Winter herrschte beispielsweise 1985. Eine Bache mit Frischlingen kam regelmäßig nachmittags zum Hof der Oberförsterei Szittkehmen, um sich dort an den bereitgestellten Küchenabfällen zu bedienen. Frischlinge und sonstige schwache Stücke sind vermutlich eine beliebte Beute des Wolfes. Nach FENGEWISCH (1968) bilden im Wald von Bialowies Frischlinge und Überläufer mit etwa 20 % und Rehwild aller Altersklassen mit etwa 15 % die höchsten Anteile an der Nahrung des Wolfes.

Entsprechend der Verbesserung der Lebensbedingungen für das Schwarzwild in der Heide hat die Güte der Keilerwaffen nach 1945 erheblich zugenommen. Auf der Weltjagdausstellung in Budapest 1971 wurden die Waffen eines 1963 im Hegebezirk Goldap erbeuteten Keilers gezeigt, der mit 128,25 Punkten eine Goldmedaille erreichte. Aus dem Hegebezirk Szittkehmen war eine 1971 erbeutete Trophäe der Silbermedaillenklasse mit 117,40 Punkten ausgestellt. 1978 kam wiederum im Goldaper Revier ein Hauptschwein zur Strecke, das mit 133 Punkten auf der Weltjagdausstellung in Plovdiv zur Spitzenklasse zählte. Innerhalb der von Polen dort ausgestellten 339 Keilerwaffen kam dieser Rominter Keiler auf den 8. Rang. Der beste Keiler, den FREVERT in Rominten auspunktete, kam dagegen nur auf 108 Punkte.

Neben den Hochwildarten besitzt auch das **Rehwild** eine gewisse Bedeutung in der Rominter Heide. Es ist in Bestand und Vitalität sehr stark vom Vorkommen des Rotwildes abhängig. Diese Gesetzmäßigkeit

Morgenstimmung am Hühnerbruch

läßt sich anhand der Wildbahngeschichte der Rominter Heide sehr gut nachweisen. Als REIFF 1850 das Nassawer Revier bekam, war der dortige Rehbestand derart gering, daß auf den rund 12.000 ha nur gerade zehn Böcke geschossen werden konnten. Er brachte aber das Rehwild in seiner Oberförsterei schon bis 1859 auf etwa 850 Stück und ein Jahr später auf 1.000 Stück. REIFF schoß dann jährlich etwa 50 Böcke. Damals war freilich der Rotwildbestand noch zu gering, um das Aufkommen des Rehwilds hemmen zu können.

Sehr bald wurde aber dieser Punkt erreicht, und das Rehwild ging in dem Maß zurück, wie sich das Rotwild ausbreitete. Am 1. April 1891 hatte sich der Bestand in der ganzen Heide auf 365 Stück reduziert, woran, wie zuvor erwähnt, auch der Wolf seinen Anteil hatte. In den Folgejahren gelang es, den Bestand wieder auf etwa 600 bis 700 Stück heranzuhegen (MAGER, 1941).

1968, zu Beginn der Amtszeit des Oberförsters KRAJEWSKI, als das Rotwild erst gering in der Heide auftrat, gab es außerordentlich viel Rehwild. Der Bestand ging dann mit der Zunahme des Rotwildes wieder leicht zurück. SUMIŃSKI und FILIPIAK (1977) untersuchten die Wolfslosung nach ihrer Zusammensetzung und fanden in polnischen Revieren einen Anteil von etwa 55 % Rehwild und 20 % Rotwild. Trotzdem hält sich gegenwärtig ein recht guter Rehbestand. Wirken jedoch hohes Wolfsvorkommen, ausgedehnte, harte Winter und Wilddieberei zusammen, kann der Rehwildbestand nahezu ausgelöscht werden. So wies 1780 der Warner Forstberitt überhaupt kein Rehwild mehr auf (MAGER, 1941).

Die Wildbretgewichte betragen in Rominten gegenwärtig für einen jagdbaren Bock, aufgebrochen ohne Haupt, bis 30 kg, für eine Ricke 16 bis 25 kg (aufgebrochen, mit Haupt) und für ein Kitz 9 bis 16 kg (aufgebrochen, mit Haupt). Die Gehörnbildung ist leider vielfach unbefriedigend. Es ist immer wieder erstaunlich, welche geringen Gehörne die in Knochenbau und Wildbret im Verhältnis zu ihren westlichen Artgenossen sehr starken Böcke aufweisen. Dem milden Winter entsprechend war die Gehörnbildung in Rominten in den Jahren 1989 und vor allem 1990 immerhin recht erfreulich. FREVERT (1957) gibt die Wildbretgewichte innerhalb des Gatters mit 36 bis 38 Pfund an, außerhalb des Gatters (Revierförsterei Kuiken) mit bis zu 45 Pfund. DR. V. OEPEN erlegte am 16. Juni 1981 in der Heide einen Bock, der aufgebrochen und ohne Haupt 30 kg wog. Dies war einer der stärksten Rehböcke, die hier nach dem Krieg geschossen wurden (Stangenlänge 28 cm, 132 Punkte).

Abschließend sei hier eine jagdliche Schilderung wiedergegeben, deren erster Teil von B. WINSMANN-STEINS bereits in „Wild und Hund" 17/1991 veröffentlicht wurde:

„Die Hirschbrunft 1988 war verregnet. Hinter der unseligen Grenze, die die Rominter Heide in zwei Teile zerschneidet, schrie ein Hirsch. Mehrere Male war es uns schon in den vergangenen Tagen so ergangen, daß diese nur unscheinbar gekennzeichnete Demarkationslinie für uns Endstation bedeutete. ‚Granicia', lautete dann jedesmal die lapidare Feststellung meines Jagdführers Stefan Barwicki, der mit seinem gezwirbelten Schnauzbart etwas an Wilhelm II. erinnert.

Trotzdem wollten wir uns an einer Grenzwiese, der ‚Kaiserin-Wiese', einer breiten und früher sicher bestens gepflegten Äsungsfläche ansetzen. Leider wächst diese Wildwiese langsam mit Erle und Weide zu, weil die Entwässerungsgräben verstopft sind und vom Forstdienst nur noch ein kleiner Teil vom vordrängenden Baumbewuchs freigehalten wird. Dadurch verliert die Rominter Heide allmählich ihren typischen Charakter, der sie ab Ende des letzten Jahrhunderts bis 1944 so berühmt gemacht hat. In einigen versumpften Jagen dürfte sie wohl unterdessen ihrem Urzustand wieder sehr nahe gekommen sein.

Nicht weit von der Grenze steht hier eine klapprige Kanzel. Als ich die Leiter hochhangelte, gewahrte ich etwa 50 Meter vor uns einen Bock, der gerade in die entgegengesetzte Richtung äugte. Lange betrachtete ich ihn: Er war gut im Wildbret, aber alt schien er mir nicht zu sein. Das Gehörn wies eine starke Krümmung nach hinten auf und endete bereits lauscherhoch. ‚Willst du schießen?', fragte Stefan. Doch ich schüttelte den Kopf. Rehböcke in der Hirschbrunft zu erlegen, das war mir noch nie besonders sympathisch gewesen.

Eine halbe Stunde vor Ende des Büchsenlichtes meldete anhaltend ein Hirsch in den ‚Wilden Jagen', die auch heute noch von der polnischen Forstverwaltung zum Teil als ‚Reservat' behandelt werden. Stefan hielt nichts mehr auf unserem Sitz, und unten angekommen legte er gleich ein höllisches Tempo vor. Ich schaute nach möglichst festen Stellen, um trockenen Fußes auf die andere Wiesenseite zu gelangen, als ich plötzlich stutzte: Tatsächlich, da lag die Stange eines Rehbockes im Gras. Schnell hob ich sie auf und zeigte sie meinem vorauseilenden Führer. Die Stange ähnelte fast der eines Gamsbockes, so stark war sie nach hinten gebogen. Wir waren sicher, die vorjährige Abwurfstange des kurz vorher gesehenen Bockes in der Hand zu halten. Ein wirklich seltener Zufall! Der Hirsch in den ‚Wilden Jagen' zog im Eiltempo Richtung Westen, und das war selbst für die flinken Beine Stefans zu schnell. Auch diese Chance war vertan.

Abends zeigte ich Oberförster A. Krajewski die Abwurfstange. Meine Absicht, diesen Bock im nächsten Jahr zu strecken, nahmen wir beide nicht ganz ernst.

Am letzten Morgen, wir schrieben den 24. September 1988, regnete es in Strömen. Unser Stimmungsbarometer sank auf den Nullpunkt, und in Gedanken war ich schon bei der langen Heimreise. Heute hatte zu Hause ein Freund seinen großen Tag, denn er wollte in den heiligen Stand der Ehe treten. Ich war eingeladen, aber wer in Rominten auf einen Hirsch waidwerken will, der hat zumindest eine gute Ausrede. Außerdem kann ich es nicht verstehen, weshalb man seinen Hochzeitstermin gerade in die Hochbrunft legt!!

Mißgelaunt stapfte ich hinter dem leise fluchenden Stefan durch den verregneten Morgen. Kein Hirsch schrie – nur das Prasseln des Regens erfüllte den Rominter Wald. Am Rande eines Kahlschlages mit dahinter liegender Dickung im Jagen 121 blieben wir stehen. Da trat ein Alttier mit Kalb auf die Fläche. Zehn Minuten genossen wir den Anblick im Regen, dann waren die Stücke hinter einer Bodenwelle verschwunden. Nach einiger Zeit zog mein Begleiter seinen Hirschruf aus der Tasche und röhrte in den grauen Morgen. Stefan ist auf diesem Gebiet ein Meister, aber hier schaute ich ihn doch etwas mitleidig an, denn bei diesem Wetter würde sich wohl kaum ein Hirsch davon provozieren lassen. Doch wir trauten unseren Ohren kaum – da antwortete eine gute Stimme in der Dickung. Wie elektrisiert lauschten wir dieser Musik für jedes Jägerohr.

Mit gutem Wind pürschten wir eilig dem ‚Kontrahenten' entgegen und hatten den Eindruck, als wenn auch dieser näher zog. Zum Glück gehörte die Dickung mit Fichte und Birke nicht zu der Kategorie ‚bürstendicht', und ein Angehen mit dem Ruf konnte ohne weiteres gewagt werden. Stefan schrie mit seinem Eifelruf immer wieder und erhielt meistens sofort Antwort. Äste knackten vor uns, und schon gewahrte ich auf 40 Schritt den oberen Teil einer Stiefelknechtkrone. Durch mein Glas erkannte ich auf der anderen Seite eine große Gabel, doch als der Hirsch sein Haupt zu uns wandte, wurde aus der Gabel eine schlechte Krone. Schwarz erschienen die nassen Stangen im Morgenlicht.

Der Hirsch äugte mißtrauisch in unsere Richtung und zog dann etwas näher. Ganz jung konnte er nicht mehr sein. Das bullige Haupt und der Ansatz zur ‚Wamme' sprachen für sich. Als ich nur etwas vom Blatt frei hatte, peitschte der Schuß. Im Feuer sah ich alle vier Läufe in der Luft. Stefan wollte gerade einen Indianertanz aufführen, da wurde der Hirsch wieder hoch, um dann nach drei Fluchten endgültig zusammenzubrechen. Nun entwich bei meinem Begleiter die Spannung der ganzen verregneten Woche, und er warf sich rückwärts auf den quatschnassen Waldboden und rief die wenig hirschgerechten Worte: ‚Mama mia, sakramento, salto mortale!' Wer weiß, wo er diese Worte aufgeschnappt hat! So hatte die Hirschbrunft 1988 doch noch ein gutes Ende genommen, und zufrieden und dankbar kehrte ich in die Heimat zurück. Die Abwurfstange von der ‚Kaiserin-Wiese' lag nun auf meinem Schreibtisch und erinnerte mich immer wieder an diesen Bock.

Im nächsten Jahr – ich hatte mich schon sehr auf die Blattzeit in Rominten gefreut – kam etwas dazwischen, und ich mußte die Reise absagen. Doch schon im Februar 1990 zog es mich wieder in die Rominter Heide. Endlich wollte ich den vielgepriesenen ostpreußischen Winter erleben. Die Wettervorhersage war weniger ermutigend – und so kam es dann auch: nur Sturm und Regen. Diese Witterung blieb mir in Ostpreußen fast immer treu. Doch auch einem Regentag kann man Schönheiten abgewinnen, und so nutzten wir einen Nachmittag, um die ‚Wilden Jagen' ein wenig genauer zu erforschen.

Wir hatten uns gerade eine alte deutsche Rotwildfütterung und einen Schwarzstorchhorst angesehen, als vor uns ein starkes Reh hoch wurde. Der Bock drehte sein Haupt zur Seite, und ich wußte sofort, wer da vor uns stand. Schließlich waren wir nur 200 Meter von der ‚Kaiserin-Wiese' entfernt! Das lauscherhohe Bastgehörn war wie 1988 stark nach hinten gebogen. Lange schauten wir durch unsere Gläser, bis der Bock mit wippenden Fluchten im urwaldartigen Bestand verschwand.

Im Sommer 1990 sollte das Vorhaben dann endlich in die Tat umgesetzt werden. Zuerst wollte ich mit ‚Staschu' im südlichsten Teil des ehemaligen Forstamtes Wehrkirchen jagen, um es dann später mit Stefan auf den Bock an der ‚Kaiserin-Wiese' zu versuchen. Wenn er nicht Wolf, Luchs oder einer Schlinge zum Opfer gefallen war, mußte er eigentlich noch seine Fährte in der Heide ziehen. In dem landschaftlich sehr schönen Südteil des Forstamtes Wehrkirchen (Szittkehmen), in dem früher die Förstereien Unterfelde (Gollubien), Zapfengrund (Dagutschen) und Schneegrund (Blindgallen) lagen, hatten wir reichlich Anblick. Nicht nur Rot- und Reh-, sondern auch Elchwild, das die Rominter Heide nach Öffnung des Gatters wieder besiedelte, erfreute uns mit unvergeßlichen Bildern.

Auf der ‚Dagutsch-Wiese' die oft in alten Wild-und-Hund-Schilderungen des Büchsenspanners Rollfing erwähnt wurde und auf der Kaiser Wilhelm II. so manchen Hirsch streckte, stand ein guter Bock. Lange waren wir uns über das Alter im unklaren. Staschu drängte zum Schuß, und auch Freund Hubert, der als Forstmann unbedingt Rominten kennenlernen wollte, hielt den Bock für zumindest fünfjährig. Ich war immer noch unschlüssig, aber auf erneutes Drängen schritt ich zur Tat. Mit hoher Flucht quittierte der Bock die Kugel, wurde tiefer und war im hohen Gras verschwunden. Die Entfernung betrug etwa 130 Meter, und wir mußten länger als erwartet suchen, bis wir den Bock in der nassen Wiese verendet fanden. Nach dem Unterkiefer war er fünf- bis sechsjährig und wog gute 23,5 Kilogramm aufgebrochen.

Weitere Pürschen führten uns zur ‚Lasdenitze', einer riesigen Wildwiese, und zum ‚Hühnerbruch', wo früher Drückjagden auf Wölfe abgehalten wurden und wo die heimlichen Grauhunde auch heute noch gern stecken. Spuren und typische Losung fanden wir täglich auf den Sandwegen. Ältere Böcke glänzten allerdings durch Abwesenheit.

Mit Stefan zog es mich nun immer wieder zur ‚Kaiserin-Wiese', die ihren Namen im Jahre 1904 bekam. Die Kaiserin war bei der Erlegung eines 22-Enders zugegen, und da die Wiese bis dahin keinen Namen hatte, taufte sie Wilhelm II. mit diesem Namen. Morgens und abends pürschten wir dort und in der näheren Umgebung, doch außer einem Kolbenhirsch und einigen Ricken blieb die Bühne leer. Viel zu schnell kam der letzte Abend. Noch einmal wollten wir uns auf der alten Kanzel ansetzen. Die Hälfte des sumpfigen Pürschpfades hatten wir hinter uns, als plötzlich von der russischen Grenze her Rotwild austrat.

Guter Bock von der Dagutschwiese (Juni 1990)   *Der „Ziegenbock" von der Kaiserinwiese*

20. September 1991: Der erste Bock, der nach dem Krieg von einem deutschen Jäger im nördlichen Teil der Rominter Heide erlegt wurde. Auf seiner Todesflucht verlor er beide Stangen!

Hinter einer jungen Erle fanden wir leidlich Deckung, denn ein schreckendes Alttier hätte uns sicher den Abend verdorben.

Wie hingezaubert sicherte auf einmal eine Ricke 100 Schritt vor uns. Wahrscheinlich hatte sie im Bett gesessen und fühlte sich durch das Rotwild gestört. Plötzlich wackelte im Hintergrund auch noch eine Erle. ‚Bock, alte Bock!' stammelte Stefan, und wie ein Schlag traf mich die Erkenntnis: Das mußte er sein! Der ‚Ziegenbock' von der ‚Kaiserin-Wiese'. Sofort schüttelte mich unerhörtes Jagdfieber. Da weit und breit keine sichere Auflage vorhanden war, konnte ich nur vom Zielstock schießen. So gut es ging, zwang ich mich zur Ruhe. Der Zielstachel tanzte, wurde dann ruhiger, und als er hinter dem Blatt stand, schoß ich. Der Bock schnellte mit allen vier Läufen hoch und flüchtete Richtung russische Grenze.

Schweiß fanden wir keinen, jedoch die Fluchtfährte im morastigen Boden. Die Grenze rückte immer näher, und nun entdeckten wir auch Lungenschweiß. Zehn Meter vor der Grenzschneise lag der längst verendete Bock. ‚Sakramento!' entfuhr es Stefan, und er freute sich mit mir. Das Gehörn mußte eher als kümmerlich bezeichnet werden, aber im Wildbret war er sehr stark. 26 Kilo zeigte später die Waage.

Als wir im September 1991 im nördlichen Teil der Rominter Heide weilten, hatte ich eigentlich gar nicht vor, dort zu jagen. Am vorletzten Tag – es war der 20. September – überredete man mich aber doch zu einem bewaffneten Pürschgang. In der Nähe der ehemaligen Revierförsterei Kuiken gingen wir im ersten Licht einen Hirsch an, dessen Stimme sich vielversprechend anhörte. Wir hatten uns in einem Erlenbruch schon ziemlich dicht herangepürscht, als sich der Platzhirsch plötzlich in den hohen Brennesseln niedertat. Nach einer Weile gesellte sich auch das Kahlwild zu dem müden Recken. Leider küselte gerade jetzt der Wind, und mit lautem Gepolter verschwand das Brunftrudel hinter einer Anhöhe.

Abends versuchten wir es dann weiter östlich am Dobauer See. Doch nur auf der polnischen Seite schrie ein Hirsch – sonst war es immer umgekehrt... Unser Weg führte uns durch das alte deutsche Dorf Billehnen. Doch wie alle Ansiedlungen in Grenznähe existierten auch hier nur noch die verwitterten Fundamente. Unter einem der verbliebenen Apfelbäumen äste ganz vertraut ein Sechserbock. Nach Schießen war mir gar nicht. Außerdem führte ich die auf Rehwild recht brutale 8 x 68 S. Doch mein russischer Jagdführer Alexander drängte, und die Besonderheit der Situation sprang auf mich über. Also zielte ich kurz, und heraus war der Schuß, den der Bock mit hoher Flucht quittierte, um gleich darauf in den Brennesseln zu verschwinden.

Schon am Anschuß fanden wir blasigen Lungenschweiß. Die Schweißfährte war leicht zu halten. Trotzdem mußten wir uns 70 Schritte gedulden, bis wir am längst verendeten Bock standen. Wir schauten auf das Haupt und erstarrten! Wo noch vor Minuten ein gut vereckted Sechsergehörn geprahlt hatte, leuchtete uns jetzt gähnende Leere entgegen. Das konnte doch nicht wahr sein! Wir brauchten beide eine gewisse Zeit, bis wir die Zusammenhänge kapiert hatten. Der Bock mußte auf seiner Todesflucht die Stangen verloren haben. Über eine Stunde robbten wir fluchend in den Nesseln herum. Die erste Stange fand ich 20 Meter vom Anschuß, die zweite mein Jagdführer nach 50 Metern. So etwas zu diesem Zeitpunkt war wirklich ungewöhnlich. Das Alter des im Wildbret schwachen Stückes taxierten wir auf etwa sechs Jahre.

Dieser Bock weist aber noch eine Besonderheit auf: Es ist der erste Bock, der nach dem Krieg von einem deutschen Jäger im nördlichen Teil der Rominter Heide erlegt wurde." (WINSMANN-STEINS, 1991)

Der **Wisent** bewohnte einst in großem Umfang die feuchten Urwälder Europas. Das fortwährende Schwinden ausgedehnter Waldgebiete, Wilddieberei und eine lange Zeit übertriebener Bejagung führten zu seiner fast vollständigen Ausrottung. In Ostpreußen verschwand der Wisent bereits in der ersten Hälfte des 18. Jahrhunderts. Auch in der Heide von Bialowies, wo der Wisent als herrschaftliches Hauptjagdwild sorgsam durch die Jahrhunderte gehegt worden war, erlosch der Bestand zu Ende des Ersten Weltkriegs, als die letzten Stücke von Raubschützen zusammengeschossen wurden.

In Deutschland überlebten Wisente nur in einigen Tiergärten und beim Grafen VON ARNIM in Boitzenburg, dessen Herde 1926 der Saupark Springe übernahm. Glücklicherweise besaß auch Polen im Gatter des Fürsten PLESS (Pszczyna) in Oberschlesien und im Tierpark von Posen, nunmehr Poznań, noch einige Wisente, deren Zahl sich im Jahr 1925 auf sechs Stück belief. Durch die erfolgreichen Bemühungen namhafter polnischer Zoologen gelang es in den darauffolgenden Jahren, die Zahl der Wisente ständig zu vermehren, bis im Jahr 1959 die Wiedereinbürgerung in deren alter Heimat, dem Urwald von Bialowies, erfolgen konnte. Schnell wurden Ableger der Herde auch in einigen anderen größeren geeigneten Waldkomplexen begründet, so in der Borker Heide (GRACZYK, 1981).

Der sich gegenwärtig in der Rominter Heide aufhaltende männliche Wisent stammt vermutlich von dort. Es ist aber auch nicht auszuschließen, daß er aus dem nördlichen Ostpreußen herüberwechselte, denn das im Staatsjagdrevier Elchwald im Winter 1941/42 aus deutschen Gatterbeständen ausgesetzte Wisentwild scheint ja das unmittelbare Kriegsende überlebt zu haben (KRAMER, 1963). Über das Vorkommen des Wisents im nördlichen Ostpreußen ist den Verfassern kein neueres Schrifttum bekannt geworden. Erwähnt sei in diesem Zusammenhang, daß Polen bis zum Jahr 1974 insgesamt 53 Wisente in die Sowjetunion ausgeführt hat (GRACZYK, 1981).

Der Rominter Wisent hält sich zur Zeit in der Regel in dem 6.000 ha umfassenden Westteil der Oberförsterei Goldap auf. Sein Alter wurde von seinem besten Kenner und Mentor, Jäger BARWICKI, 1991 mit zehn Jahren angegeben. Anfänglich begleiteten ihn noch einige weibliche Stücke, die aber bald wieder den Rückwechsel antraten. 1974 wurde in der Rominter Heide bereits einmal ein Wisent erlegt und für das Allensteiner Museum präpariert. Erstaunlicherweise hielt sich dieses Stück ebenso wie der gegenwärtige Rominter Wisent mit Vorliebe in den Förstereien Ostrówek, Boczki und Budwiecie (mit gelegentlichen Ausschweifungen nach Żyliny und Dubeninki) auf (BARWICKI, 1989, mdl. Mitt.).

Nach den Untersuchungen in Bialowies äsen die dortigen Wisente den Sommer über 67 % Kräuter und 33 % Rinde und Baumtriebe, ganzjährig 62 % Kräuter und 38 % Baumäsung. Gegenüber dem anderen Schalenwild nimmt der Wisent einen viel höheren Anteil an Gras und Kräutern auf. Die Baumäsung ist bei ihm von weit geringerer Bedeutung. Sie besteht weniger aus Trieben als hauptsächlich aus Rinde (BOROWSKI u. a., 1977). Der Wisent schadet der Ökologie des Waldes also weniger als Reh- und Rotwild, da der Verbiß wesentlich geringer ist, hingegen schält er vermehrt, namentlich bei ungenügender Winterfütterung. Wie GRACZYK (1981) schreibt, ist in der Heide von Knyszyn bei Białystok nachgewiesen worden, daß sechs Wisente an ihrem wesentlichen Aufenthaltsort von etwa 630 ha viel geringere Schäden im Wald und auf den benachbarten Feldern verursachen als Rotwild und Rehwild im Durchschnitt.

Man kann wirklich gespannt sein, wie es dem Rominter Einsiedler weiter ergehen wird. Jedenfalls ist es unseres Wissens nicht vorgesehen, auch in der Rominter Heide einen kleinen Wisentbestand zu hegen. Die Entscheidung über die Zukunft des Wisents hängt von dem zuständigen Ministerium in Warschau ab.

Erheblich weniger lange als der Wisent konnte sich der **Auerochse** behaupten. Im Unterschied zu ersterem ist dieses Wild nicht reinerbig erhalten geblieben. Vom damaligen Direktor des Berliner Zoologischen Gartens, Professor Dr. LUTZ HECK, wurde daher der Versuch gemacht, ein Wildrind zu züchten, das dem alten Ur möglichst ähnlich sah. Wie bei FREVERT (1957) nachzulesen ist, wurde von dieser Rückzüchtung 1938 auch in der Rominter Heide ein Stamm eingebürgert, doch ist davon nach dem Krieg nichts übriggeblieben. Es gibt aber in einigen Tierparks des Westens noch Exemplare dieses interessanten Züchtungsversuchs.

Das **Damwild**, 1884 durch Frhrn. v. NORDENFLYCHT ausgesetzt, sei hier nur erwähnt. Geringe Reste haben das Kriegsende um etwa fünf Jahre überlebt, konnten aber auf Dauer nicht bestehen, was gewiß nicht zuletzt dem hohen Wolfsvorkommen in der unmittelbaren Nachkriegszeit zuzuschreiben ist. Der pensionierte polnische Unterförster BRZOST besitzt noch zwei ansehnliche Geweihe, die zu Beginn der fünfziger Jahre in der Gegend der Försterei Boczki erbeutet wurden.

Oberförster Witte, Goldap, mit Frau an zwei erlegten Damschauflern, Försterei Hirschthal, 23. Oktober 1906

Das Raubwild

In sternenklarer Nacht
hört er in der Ferne
schaurigen Nachtgesang ...
FRITZ BLEY

Bär, Wolf, Luchs und Wildkatze

Die Große Wildnis ist seit jeher reich mit Raubwild versehen gewesen, einmal, weil es zur ursprünglichen Tiergemeinschaft dieses Landstrichs gehörte und zum anderen, weil die gewaltige Ausdehnung und wilde Beschaffenheit ihrer Waldungen eine wirksame Verfolgung stark erschwerte, wenn nicht vereitelte. Bis zum heutigen Tag traten, je nach der politischen und kulturellen Entwicklung des Landes, zuweilen periodische Vermehrungen des Raubwilds ein, beispielsweise, wenn durch Kriege, Seuchen und Hungersnöte das Land verwüstet und Bevölkerung und Viehbestand mehr oder weniger aufgerieben waren. Dem Raubwild wurde dann kaum nachgestellt, während sich seine Jagdmöglichkeiten durch das Vordringen von Wald und Gestrüpp bedeutend verbesserten. Ein Übermaß an Fraß in Form von versprengtem und eingegangenem Vieh, erschlagenen Menschen und Pestleichen erhöhten den Zuwachs dieser Wildarten (MAGER, 1941).

Es gibt zahlreiche Belege für jahrelange Raubtierplagen, unter denen die arme Landbevölkerung zu leiden hatte. 1724 wird aus Natangen berichtet, „daß die umbherschweiffenden Bähren und Wölffe in der Gegendt großen Schaden thun." Schlimm stand es nach der Großen Pest. „Das Raubzeug war dreist genug, um des Nachts in die Dörfer und Gehöfte einzudringen und in die Stallungen einzubrechen", schreibt FRIEDRICH MAGER (1941). Auch außerhalb der eigentlichen Waldungen konnte sich allenthalben das Raubwild in Rest- und Feldgehölzen aller Art gut verbergen, um bei sich bietender Gelegenheit über das Vieh der benachbarten Siedlungen herzufallen. Im Vergleich zu anderen deutschen Provinzen war die Lage im Osten noch dadurch sehr erschwert, daß von den umliegenden, noch erheblich wilderen östlichen Nachbargebieten eine dauernde Zuwanderung stattfand.

Die Jagd auf Raubwild war anfänglich völlig frei. In dem 1570 ausgefertigten Privilegium für die neugegründete Stadt Goldap heißt es: „... Nach schedlichen Thieren alß Behren, Wolffen und Fuchsen mögen sie" (die Bürger von Goldap) „auch stellen, doch daß sie die Häutte von denselben uff unser Hauß Insterburg gegen übliche und gewöhnliche Bezahlung wie andere überantworten..." Der Regent GEORG FRIEDRICH verbot jedoch seinen Untertanen 1579 die freie Raubwildjagd, und der Adel folgte diesem Beispiel auf den von ihm abhängigen Dörfern; doch 1713 wurde den Einwohnern dieses Recht unter dem Druck einer neuerlichen Raubwildplage zurückgegeben. Als sich jedoch zeigte, daß die absolute Freigabe zu einem hemmungslosen Wilderertum führte, wie das die Forstverwaltung schon befürchtet hatte, kehrte man zum Regal zurück. Klare Verhältnisse wurden dann erstmals mit der Forstordnung für Ostpreußen vom Jahr 1775 herbeigeführt.

Den **Bären** wurde sowohl mit Pulver und Blei als auch mit Hilfe spezieller Bärenkästen nachgestellt, von denen um 1800 in der Rominter Heide noch welche zu sehen waren. Nach FREVERT (1957) wurde 1734 und 1735 je ein Bär in Nassawen und Warnen erlegt, 1736 ein weiterer im Beritt Warnen. Der letzte Bär der Rominter Heide kam 1788 in demselben Forstberitt zur Strecke. Länger hat der Bär in der Bialowieser Heide, die erheblich größer ist, ausgehalten. Erst um 1875 starb er auch dort aus (KÖRNER, 1973).

Einige 1937/38 von der polnischen Staatsforstverwaltung und während des Krieges vom Reichsjagdamt ausgesetzte Bären konnten sich in Bialowies kurze Zeit halten. 1963 wurden dort letztmals Spuren eines Bären nachgewiesen. Hierbei handelte es sich jedoch um einen Zuwanderer aus Weißrußland, der nach einigen Monaten wieder verschwand. Nach HEPTNER (1974) ist der Bär in diesem Jahrhundert in Weißrußland bis an die nördlichen Teile stark zurückgegangen. Auch in Litauen gibt es keine Bären mehr. Die gegenwärtige Verbreitungsgrenze soll etwa 350 km von Rominten entfernt von Estland über die Ostgrenze Lettlands in südöstlicher Richtung zum Fluß Dniepr verlaufen.

Die frühe Ausrottung des Bären in Ostpreußen dürfte einerseits auf die starke Entwaldung der Provinz zurückzuführen sein, die das geschlossene Verbreitungsgebiet dieses Großraubwilds schon bald auflöste und zu isolierten Bärenvorkommen führte. Andererseits hat zweifellos die übermäßige Nachstellung zum Aussterben des Bären in seinen letzten Refugien geführt. Anders als beispielsweise in Gebirgsgegenden war in den flachen Waldgebieten Ostpreußens mit der schon frühzeitig einsetzenden starken forstlichen Nutzung eine gute Begehung des Waldes und damit eine einfache Bejagung des Bären möglich, der in den übernutzten Wäldern auch nicht mehr so viele und sichere Einstände, Schlupfwinkel und unzugängliche Verstecke vorfand wie in der zuvor unberührten Wildnis.

Der Bär ist bekanntlich die größte, wehrhafteste und langlebigste Art unseres Großraubwildes, die zudem keinerlei natürliche Feinde besitzt. Daher genügt ihm unter natürlichen Bedingungen eine auffällig geringe Vermehrungsrate, um seinen Bestand zu sichern. Sie ist dadurch gekennzeichnet, daß die Geschlechtsreife erst im dritten Lebensjahr erreicht wird und die Bärin nur jedes zweite Jahr durchschnittlich zwei Junge wirft, die etwa anderthalb Jahre bei der Mutter verbleiben. Ein isolierter Bärenbestand, der nur noch aus wenigen Individuen besteht, wird bei anhaltender Verfolgung daher unweigerlich ausgerottet.

Da die Landeskultur im nördlichen Ostpreußen seit 1945 besonders in Grenznähe zu Polen außerordentlich stark abgenommen hat (Rückgang der Bevölkerung um 80 Prozent und Ausdehnung des Rominter Waldes um viele Tausend Hektar), haben sich die potentiellen Lebensbedingungen für den Bären wieder verbessert. Die meisten früheren Walddörfer, die angrenzenden Ortschaften sowie die Revierförstereien und Waldarbeiterhäuser wurden dem Erdboden gleichgemacht. Auf den Siedlungsländereien blieben noch zahlreiche Obstbäume übrig, die immer noch Früchte tragen. Durch den hohen Anteil an Pionierbaumarten gelangt viel Licht auf den Waldboden, so daß die Pflanzendecke durchweg außerordentlich üppig und vielseitig entwickelt ist. Außer Ebereschen und großen Himbeerflächen gibt es in den trockeneren Nadelholzbeständen und in den Mooren auch die kleineren Beerensträucher, die dem Bären in der Herbstzeit als unentbehrliche Nahrungsgrundlage zur Verfügung stehen würden.

Die Hochstauden erreichen Mannshöhe und bieten Äsung und Deckung. Weil sich die Waldwirtschaft zumeist auf sehr zurückhaltende Durchforstungen beschränkt, gibt es in den Beständen viel niedergebrochenes, abgestorbenes Holz, das reiches Insektenleben birgt und Deckung gewährt. Die Große Rote Waldameise ist in der ganzen Rominter Heide gut vertreten. Beeren- und Pilzsammler halten sich in diesem Grenzwald ausschließlich entlang den größeren Wegen auf, ohne tief in das Waldesinnere vorzudringen. Manche der abgelegenen Abteilungen sind für den normalen Waldbesucher kaum zugänglich.

Die Besiedlung eines derartigen Waldgebiets durch den Bären hängt daher hauptsächlich von der Frage ab, ob der Bär im russischen Raum einen genügenden Populationsdruck erzeugen kann, der mehrere Tiere zur Abwanderung über drei- bis vierhundert Kilometer zwingt. Wie wir heute wissen, ist das tatsächlich der Fall: Im Frühsommer 1991 trat in der nördlichen Rominter Heide Bärwild auf. Es handelt sich um ein oder zwei Stücke, die anfänglich von einem Bauern und später von Jägern mehrfach beobachtet wurden. So beschädigte auch ein Bär südlich von Jagdhaus Rominten den Grenzzaun zu Polen. Ein Erstnachweis gelang den Verfassern im September 1991 an einem Apfelbaum bei Kuiken, wo Trittsiegel, Kratzspuren an der Rinde sowie Haare und Losung bestätigt werden konnten (A. GAUTSCHI, 1992). Die Breite der Sohlen betrug etwa 14,5 cm, vermutlich handelte es sich also um einen geringeren Bären.

Die Frage ist noch offen, ob sich der Bär in diesem Wald halten wird. Zur Begründung eines Bestandes wäre zudem eine weitere Zuwanderung auch von weiblichen Bären notwendig.

Spur eines geringen Bären bei Kuiken, September 1991

Grundsätzlich ist vom ökologisch-jagdlichen Standpunkt her das Vorhandensein von Bärwild zu begrüßen. Da diese Art sich hauptsächlich von pflanzlicher Kost ernährt, betragen zudem die Übergriffe auf das Schalenwild nur etwa einen Zehntel der von Wolf und Luchs verursachten Schäden. Verläßt ein Bär vorzeitig sein Winterlager, so fällt ihm oft geschwächtes Schalenwild zum Opfer, also ein günstig zu bewertender selektiver Eingriff. Im Frühjahr bedeutet Fallwild ebenso eine gute Nahrungsquelle für Meister Petz, wie Kitze und Kälber in der Setzzeit. Die Gegenwart eines Bären läßt das Wild gewöhnlich sehr scheu werden. Das plötzliche Auftauchen eines Bären kann beispielsweise auch die Hirschbrunft für einige Tage verderben, wie in der Slowakei festgestellt wurde.

Für den Bären ist es von ausschlaggebender Bedeutung, daß er im Revier Ruhe findet, namentlich im Winterlager. Aus diesem Grund ist auch die Jagd mit Bracken äußerst schädlich. Eine ernsthafte Gefahr droht den Petzen auch durch Wilddiebe, die sich besonders dann noch erhöht, wenn Übergriffe auf Weidevieh stattgefunden haben.

Die russische Jägerschaft indessen, dies ist gewiß, blickt mit Stolz auf den Bären in ihrem Revier. In einem Merkbuch will Oberjäger A. F. SITSCHOW alle bekanntgewordenen Beobachtungen des „Medwed" registrieren. Sollte einmal der Grenzzaun undicht werden, stünden dem Bären in der Oberförsterei Goldap ausgedehnte Eichenbestände mit reichlich Mast zur Verfügung. Die nähere Zukunft wird zeigen, ob Rominten wieder auf Dauer von „General Toptigin" (General Tappfuß) genutzt werden kann.

Im Gegensatz zum Bären hat sich der sehr viel wendigere und gegenüber den Nachstellungen des Menschen weniger empfindliche **Wolf** besser in der Rominter Heide gehalten. Den aufschlußreichen Nachforschungen HORNBERGERS (1963) ist zu entnehmen, daß zwischen 1820 und 1899 in der Rominter Heide noch mindestens 75, vermutlich aber mehr Wölfe zur Strecke gebracht wurden (Tabelle 15, Seite 204). Um 1860 gab es in der Heide noch Wolfsgehecke. Nach der Zeit Prinz FRIEDRICH KARLS ist jedoch das Wolfsvorkommen in der Rominter Heide merklich zurückgegangen. Die Erlegungsdaten aus dieser Zeit sind ebenfalls der Tabelle 15 auf der folgenden Seite zu entnehmen.

Nach MAGER (1941)

Wolfserlegung im Jahr 1917: Erinnerungsfoto mit Familien Schulze und Witte

gab es noch 1891 in der Rominter Heide zwei „Sommerwölfe", die unter dem Wild „fürchterlich aufräumten" und auch Schafe rissen. Nach der Eingatterung verlief ein oft benutzter Einwechsel in die Heide durch das Matznorkehmer Tor. Von 1901 bis 1944 kamen in Rominten etwa zehn Wölfe zur Strecke, die Zahl der sich in der Heide aufhaltenden Wölfe war aber natürlich bedeutend höher, wenn sie nun auch nicht mehr in der Heide ihr Geheck aufzogen.

Seit Anfang der fünfziger Jahre kommt Wolfswild in der Rominter Heide wieder regelmäßig vor, nachdem die Dichte in Polen und der UdSSR stark angestiegen war. 1955 wurde der Wolf in Polen sogar von der Liste des jagdbaren Wildes gestrichen und für frei erklärt, hohe Prämien wurden auf seine Erbeutung ausgesetzt. 1975, nachdem die Bestände zurückgegangen waren, wurde der Wolf wieder als Jagdwild anerkannt und ihm eine Schonzeit vom 1. April bis zum 31. August gewährt (SUMIŃSKI, undat.). Die Strecken waren in der Oberförsterei Goldap immer nur gering. Beispielsweise erlegte Oberförster KRAJEWSKI, seit 1968 in der Rominter Heide, nur einen Wolf, Jäger BARWICKI, Goldap, von 1958 an drei Stück, Jäger NARUSZEWICZ, Bludszen, von 1983 bis 1989 zwei Stück (mit Auto überfahren) und Jäger SOKOŁOWSKI, Szittkehmen, seit den fünfziger Jahren einen Wolf. Die angegebenen Erlegungen der vier Forstbeamten sind größtenteils dem Zufall zuzuschreiben. Im Herbst 1990 wurden bei Drückjagden in der Rominter Heide drei Wölfe erlegt, davon eine einzelne im Treiben steckende Wölfin und eine Doublette aus einem Rudel von sechs Stück. Im russischen Teil Romintens kommen mehr Wölfe zur Strecke, da man dort den Winter über allwöchentlich eine Drückjagd veranstaltet. Im November 1991 erlegte ein russischer Jäger einen Wolf im Romintetal nördlich des Jägerhofes, und im Januar 1992 wurden bei Dobawen aus einem größeren Rudel drei Grauhunde gestreckt.

Tabelle 15: Die Wolfsstrecke in der Rominter Heide 1821 bis 1944 (nach HORNBERGER, 1963)

Datum	Zahl, Geschlecht, Gewicht, Ort (Revier)	Erleger bzw.Berichter
1821-1825	durchschnittlich pro Jahr 11 Wölfe im Forstberitt Nassawen erlegt und vergiftet	Mager, 1941
1850-1865	zusammen 26 Wölfe in der Rominter Heide erlegt	Bley, 1923
um 1860	noch Nestwölfe in der Rominter Heide	Mager, 1941
1871-1891	zusammen 7 Wölfe in Nassawen erlegt, 9 Wölfe in Szittkehmen	Mager, 1941
15.11.1891	1 Wolf in der Lappstadt Jg.51, Szittkehmen, erlegt. Ganzpräparat im Jagdschloß Rominten	Wannert u. Wels
26.5.1899	1 Wolf im Jg.52, Szittkehmen, Belauf Blindischken, erlegt. Kopf im Jagdschloss Rominten	Schmidt
24.11.1901	1 Wolf in Warnen, Jg.160, erlegt. Kopf im Jagdschloß Rominten	Petznick
28.2.1917	1 Wolf in Rominten, Jg.45, Belauf Hirschthal, erlegt	Schulze
23.12.1918	1 Wolfsrüde in Warnen, Jg.149, Belauf Jagdbude, erlegt. Hatte sich am 20.12.1918 in Rominten aus Fuchseisen losgemacht und war rd.8 km nördlich eingelappt, trug Schlingen am Hals und Hinterlauf	Borkowski
20.3.1922	1 Wolfsrüde, 92 Pfd., in Nassawen, Jg.132, erlegt	Neubacher
17.12.1923	1 Wolfsfähe in Nassawen erlegt	Glashagen
23.3.1926	1 Wolfsfähe in Szittkehmen erlegt	Ring
15.11.1927	1 Wolfsfähe in Szittkehmen, Försterei Dagutschen, erlegt	Mahnke
18.11.1927	1 Wolfsrüde in Rominten, Försterei Hirschthal, Jg.77, erlegt	Maker
20.3.1930	1 Wolfsfähe in Warnen, Försterei Fuchsweg, Jg.122, erlegt	Knöfel
Sommer 1943	1 Wolfsrüde in Szittkehmen erlegt	Frevert

Interessant, daß es vor dem Krieg in Rominten fast niemals gelang, Wölfe in einer Lappstadt zu halten, während dies jetzt leidlich möglich ist. Die Oberförsterei besitzt um die 7 km Lappschnur. Der Luchs hält aber niemals Lappen. Kleinere, gut geleitete Lappjagden mit wenigen Schützen dürften erfolgreicher sein als große mit vielen Teilnehmern. Die Bejagung des Wolfes sollte so gehandhabt werden, daß die elterlichen Paare erhalten bleiben, denn das Leben in gewachsenen Rudeln ist eine wichtige Bedingung für sein Wohlbefinden (HELL, 1990). Ist dieses nicht gewährleistet, dürfte auch mit häufigeren Übergriffen auf Vieh zu rechnen sein.

Eine Schätzung des Wolfsvorkommens in der Rominter Heide ist sehr schwierig, Angaben für die Oberförsterei Goldap zu erhalten, ist unmöglich. Die Siedlungsdichte der Wölfe, die ein Revier mit einem Radius von vielen Kilometern bejagen, könnte nur sehr großräumig erhoben werden, wozu mindestens der ganze Komplex der Rominter Heide und die angrenzenden vom Wolf benutzten Landstriche heranzuziehen wären. Das Abspüren der Wolfsudel bringt an und für sich gute Ergebnisse, wenn die Erhebung gleichzeitig über das ganze Waldgebiet vorgenommen wird. SUMIŃSKI (undat.) gibt für das Jahr 1980 den Stand des Wolfes in der Wojewodschaft Suwałki mit 34 Stück an.

Wolfsspur auf einem Sandweg in der Rominter Heide

Die Ruhe- und Heckplätze der Wölfe in der Rominter Heide dürften, der allgemeinen Literatur nach zu urteilen, nicht etwa weitab der menschlichen Siedlungen liegen, dafür aber an ausgesucht ruhigen und sicheren Orten, beispielsweise in von Brüchern umgebenen, dichten Anflughorsten, in großen Dickungen oder verwildertem Buschwerk in Feldnähe. Jäger SOKOŁOWSKI vermutet die Heckplätze der Wölfe hauptsächlich im russischen Teil der Heide (Grenzzone).

Zur Aufzucht des Wurfes benutzt die Wolfsfähe zum Beispiel von Astwerk dicht verdeckte Höhlen, Hohlräume unter Wurzeltellern geworfener Fichten oder erweiterte Dachsbaue. Auch in der Rominter Heide ist bisweilen das chorartige Heulen der Wölfe zu vernehmen, das schon manchem harmlosen Waldbesucher einen kühlen Schauer über den Rücken jagte.

Einer der Verfasser beobachtete am 5. Februar 1985 bei herrlichem Mondschein auf einem verschneiten Kahlschlag im Jagen 41, Szittkehmen, einen starken Wolfsrüden aus nächster Nähe beim Heulen. Der Wolf setzte sich auf die Keulen, hob den schweren Kopf, bis Fang, Stirn und Rücken fast eine gerade Linie bildeten. Dann der langgezogene, wehmütig klingende Ruf, der in dem an den Schlag angrenzenden Fichtenaltholz mächtig widerhallte! Der Atem und die reifbedeckten Haare des starken Fanges waren im Mondlicht deutlich zu sehen. Das sind Anblicke, die ein Jäger nicht mehr vergißt!

Die Rominter Heide gehört zu den westlichsten Ausläufern des riesigen geschlossenen russischen Wolfsvorkommens (BIBIKOW, 1988). Zusammen mit den übrigen großen Waldgebieten Ostpolens bildet sie ein wichtiges Refugium des Wolfes in Polen und zugleich eine Bastion, die, im Gegensatz zu vielen anderen alten Wolfsgebieten Europas, in den letzten 40 Jahren von diesem herrlichen Raubwild gehalten werden konnte.

Die Lebensbedingungen für den Wolf sind im Rominter Gebiet nach wie vor sehr günstig. Die Bevölkerungsdichte ist hier gerade so hoch, daß sie dem Wolf durch ein zusätzliches Beuteangebot an Haustieren und Vieh nur Vorteile verschafft, andererseits ist sie nicht groß genug, um dem Wolf seine sicheren, ruhigen Verstecke zu nehmen. Desweiteren ist die Verteilung von Wald und offenen Landschaften, worunter man hier auch Wiesen und Kahlschläge in der Heide verstehen kann, im Gebiet der Rominter Heide ausgesprochen günstig, und schließlich ist das nicht unbedeutende Nahrungsangebot an verschiedensten Wildarten zu erwähnen, das in der Rominter Heide dem Wolf zur Verfügung steht und das natürlich wesentlich besser ist als beispielsweise in den weiten, gleichförmigen und schalenwildarmen Nadelwäldern im inneren und nördlichen Rußland.

Vermutlich wird der Wolf noch lange Zeit Standwild in der Rominter Heide bleiben. Hinsichtlich seiner Rolle im Waldökosystem setzte jedenfalls in den letzten Jahren ein starkes Umdenken ein. In Polen und im Ausland hat sich um eine richtige Beurteilung und Hege des Wolfes besonders Dr. P. SUMIŃSKI, Warschau, verdient gemacht. Vermutlich könnte nach dem gegenwärtigen Stand der Kenntnisse nur eine sehr starke Bevölkerungsvermehrung mit der damit einhergehenden großen Beunruhigung des Waldes bzw. starker, gezielter Jagddruck dem Wolf in der Rominter Heide wie auch in den übrigen ähnlichen Waldgebieten gefährlich werden. Des Schutzes und der Sympathie des heutigen Jägers und Forstmanns ist er jedenfalls gewiß. Negativ auf die Wolfspopulation wirkt sich die von den Russen im Jahr 1990 erneuerte, quer durch die Heide verlaufende Zaunanlage aus. Bei Alterung dieses Bauwerks dürfte es aber mit der Zeit dem Wolfswild wieder möglich werden, die Zäune zu unterkriechen. Genetisch bedeutet jedoch die gegenwärtige hermetische Abriegelung der Grenze zum Königsberger Gebiet für den Wolf im südlichen Ostpreußen noch keine Gefahr, da das Verbreitungsgebiet der Art mit den Wäldern um Suwalki, Białystok und den dahinter liegenden Wolfsgebieten zusammenhängt.

Wie wirkt sich das Vorkommen des Wolfes in der Rominter Heide auf die Schalenwildbestände aus? Den älteren Berichten ist zu entnehmen, daß das Auftauchen eines Wolfes jedesmal mit einem erheblichen Aderlaß unter dem Wild verbunden war. Ein zuvor schon eingelappter und beschossener Wolf, der aber entkam, riß im November 1901 in der Oberförsterei Nassawen in einer Nacht sieben Stück Wild. Wie mehrere Forstbeamte berichteten, bemerkte man das Vorhandensein des Wolfes sofort am Verhalten des Wildes. Es wurde unstet und heimlich, in den Beständen hörte man häufig flüchtiges Wild. In der Brunft verursachte der Wolf das plötzliche Umstellen von „auf sicher" gemeldeten Hirschen und Kahlwildrudeln.

Die stetige Anwesenheit des Wolfes, wie es jetzt schon lange Jahre in Rominten der Fall ist, führt ohne Zweifel zu einem durchweg sehr viel vorsichtigeren Verhalten des Schalenwildes. In Revieren, in denen sich der Wolf seinen Zehnten holt, wird wohl auch ein schnelles Anwachsen der Rot- und Rehwildbestände kaum möglich sein.

Wahrscheinlich hat sich das Wild aber auch an das unvermittelte Vorbeitraben dieses Räubers so weit gewöhnt, daß es Isegrims Absichten besser abschätzen kann und nicht mehr sofort mit panischer Flucht reagiert, ähnlich dem Verhalten wie z. B. zwischen Hase und Fuchs. Wenn sich ein solcher Gleichgewichtszustand über Jahre hinweg herangebildet hat, wie auch in der Rominter Heide, so ist der Einfluß des Wolfes auf Wald und Wild durchaus günstig zu bewerten. Er trägt dazu bei, daß die natürlichen Anlagen und Fähigkeiten des Wildes auch in der Kulturlandschaft dauernd geprüft und dadurch erhalten bleiben.

In der Rominter Heide ist gegenwärtig die Stabilität der Lebensgemeinschaft Wolf-Beutewild besonders ausgeprägt, da dem Räuber hier eine große Zahl von Arten als Nahrungsgrundlage zur Verfügung steht. Es ist nicht verfehlt, von einem Idealzustand der Wechselbeziehungen zwischen Jäger, Schalenwild und Wolf zu sprechen. Der Wolf trägt zur Kontrolle der Schalenwildbestände und damit zur Verminderung der Wildschäden nicht unwesentlich bei. Die Begrenzung der Schalenwildbestände wirkt sich in jedem Fall auf die körperliche Verfassung und damit letztlich auch auf die Trophäenstärke fördernd aus. Beim Rotwild beispielsweise erfolgt der Eingriff hauptsächlich über das weibliche Wild und die Kälber, auch ein geringer Prozentsatz junger Hirsche ist betroffen. Nicht zuletzt aber ergibt sich aus dem puren Vorhandensein dieser Raubwildart ein beträchtlicher ideeller Wert für die Jagd, den Naturschutz und die Allgemeinheit. Ein Wald, in dem es Wölfe gibt, ist sehr viel geheimnis- und reizvoller.

Wie wirkt der Wolf auf den Bestand anderer Raubwildarten? HEPTNER (1974) schreibt, daß ihm häufig Füchse zum Opfer fallen. Diese nehmen dort gewöhnlich schnell ab, wo es viele Wölfe gibt. Dies kann man auch für die Rominter Heide voll und ganz bestätigen. BIBIKOW (1988) schreibt in seiner Wolfsmonographie: „Man hat den Eindruck, daß der Wolf keine Möglichkeit ausläßt, einen Fuchs aus dem Weg zu räumen, und zweifellos ist der Wolf für den Fuchs ein bestandslimitierender Faktor." FREVERT (1957) erwähnt, daß er kaum ein Jagdgebiet kannte (und er kannte einige), wo es so viele Füchse gab wie in Rominten. Die Jahresstrecke betrug etwa 150 bis 200 Stück. Heute ist davon keine Rede mehr! Schon lange bevor hier 1962 die Tollwut auftauchte, war der Fuchs selten. Es besteht Grund zur Annahme, daß er noch zusätzlich durch den Luchs kurzgehalten wird (MATJUSCHKIN, 1978).

Das Vorhandensein dieser beiden großen Feinde führt dazu, daß sich nur ein ganz geringer Besatz an Füchsen, hauptsächlich am Rand der Heide, halten kann. Vollständigkeitshalber sei hier noch angefügt, daß Reineke auch unter dem Vorkommen des Marderhundes leidet. Letzterer unterliegt zwar auch erheblich der Kontrolle des Wolfes, zeigt aber in der Rominter Heide allenthalben ein sehr starkes, periodisches Auftreten, das jeweils, wohl epidemisch bedingt (Tollwut), bald wieder zusammenbricht. STUBBE (1977) stellte die These auf, daß in geeigneten Lebensräumen der Marderhund auf Kosten des Fuchses einen Besatz bildet. Auch dies dürfte für die Rominter Heide zutreffen. Immerhin ist es beachtenswert, daß Wolf und Luchs als übergeordnete Großraubwildarten offenbar nicht in der Lage waren, eine Massenvermehrung des Marderhundes, wie sie in den Jahren 1984 bis 1986 in der Rominter Heide beobachtet wurde, zu unterbinden.

Eine in vielen Gebieten nachgewiesene Gesetzmäßigkeit besteht darin, daß ein starkes Vorkommen des Wolfes den Luchsbestand schädigt (MATJUSCHKIN, 1978). Auch dieser Antagonismus könnte in der Rominter Heide eine Rolle spielen. Jedenfalls ist die Luchsdichte gegenwärtig bei gutem Wolfsvorkommen schon seit 20 Jahren eher niedrig. Eigenartig sind nach BIBIKOV (1988) die Beziehungen des Wolfes zum Dachs: „Es kann vorkommen, daß sie lange Zeit friedlich im gleichen Gebiet leben, dieselben Pässe benutzen und in der Nähe der Höhlen sogar Kontakt haben. Dennoch wird der Dachs nicht selten ein Opfer des Wolfes."

Um einen Überblick zu geben, wie Wolfsjagden in der Rominter Heide verlaufen, seien hier zwei Berichte wiedergegeben. Der erste stützt sich auf eine Erzählung des Oberförsters v. SAINT PAUL:

„Da war wieder Wolfsjagd, und der alte Hegemeister N. wurde von allen Seiten wegen seines

Oben: Ein Drückjagdwolf – erlegt im Spätherbst 1990 im Südosten der Heide durch H. Frhrn. v. Uslar-Gleichen. Unten: Das imponierende Wolfsgebiß

vorsintflutlichen Schießeisens gehänselt. Der alte Vorderlader hatte ein Loch im Laufe, und es wurde erzählt, N. lege beim Schießen immer einen Finger darauf, um das Entweichen der Pulvergase zu verhindern. Dieses Mal war das Loch verschwunden – er hatte sich vom Dorfschmied ein Eisenband um die kranke Stelle schweißen lassen. Allgemeines Hallo ertönte nach dieser Entdeckung, und N. erhielt beim Anstellen einen ganz ungefährlichen Posten.

Es kommt so manches Mal anders, als man denkt, und so war es auch bei dieser Jagd. Der Wolf war im Treiben und kam gerade auf unsern Hegemeister zugetrabt. Dieser riß sein Schießeisen an die Backe, mit gewaltigem Krach ging der Schuß los, und mit Sausen und Brausen flog zugleich der vordere Teil des

Flintenlaufes in die Lüfte. Es war noch einmal gut abgegangen, und außer dem Schreck hatte der alte Hegemeister keinen Schaden genommen. Der Wolf schlug sich in die Büsche. Wie das Mißgeschick beim Rendezvous bekannt wurde, gab es viel zu lachen und zu hänseln, und verärgert trat der Hegemeister bald den Heimweg an. Die anderen Schützen gingen ins Gasthaus, um sich von den Strapazen der Jagd zu erholen. An den Wolf dachte keiner mehr.

Aber einer dachte doch daran, und das war der alte Forstschutzgehilfe von Nassawen, der schon fünfzig Jahre beim Treiben auf Wölfe mitgewirkt hatte und der auf der Jagd von einer beispiellosen Gewissenhaftigkeit war. Wenn es nun auch als ausgeschlossen angesehen werden mußte, daß der Wolf von dem Schuß des Hegemeisters etwas abbekommen hatte, so wollte er sich wenigstens an Ort und Stelle davon überzeugen, und er ging zum Anschuß, nachdem die Schützen verschwunden waren. Und, o Wunder, da lag deutlich auf dem Schnee Schweiß und Wolle. Der Forstschutzgehilfe verfolgte die Fährte, fand viel Schweiß und auch ein Wundlager – der Wolf mußte also sehr krank sein. Schließlich spürte er ihn in eine Dickung hinein und ließ ihn dort ungestört.

Als er den im Gasthause versammelten Schützen Mitteilung von seinen Feststellungen machte, sollen sie recht dumme Gesichter gemacht haben. Am nächsten Morgen wurde die Dickung umstellt und der Wolf von den Treibern schon verendet gefunden. Der zersprungenen Flinte des alten Hegemeisters war ja nicht mehr zu helfen, sie hatte aber ihre Pflicht bis zuletzt getan und erhielt von ihrem Besitzer bis zu seinem Tode einen Ehrenplatz an der Wand seines Wohnzimmers." (POGGE, 1931)

Die zweite Geschichte stammt von Hegemeister KENNEWEG, Hirschthal. Sie ist besonders aufschlußreich, weil sie genaue Ortsangaben enthält und einen Eindruck der Schwierigkeiten wiedergibt, die mit der Erbeutung eines Wolfes in der Rominter Heide früher wie heute gleichermaßen verbunden sind:

„Nach einer Neuen waren im Jagen 77 der Försterei Hirschthal, Forstamt Rominten, ein starker Wolf und zwei Sauen von mir eingekreist. Wieder die gleiche frohe Jagdstimmung wie alljährlich, wenn der Wolf da war! Die Jäger, 44 an der Zahl, waren um 13 Uhr am Treffpunkt, weit ab vom Wolfsjagen, erschienen. Die Kutscher mußten sämtliche Glöckchen von den Schlittenpferden abnehmen. Zu hören war nur das Rauschen der Kufen im weichen Schnee. Eine Meise zirpte. Sonst nichts! Bei aller Ruhe etwas wie eine heilige Spannung. Der Wind wurde sorgfältig geprüft und die Schützen unter günstigem Wind angestellt. Ich war der letzte in meinem Schlitten. Ein Nicken des anstellenden Forstbeamten bedeutete, daß das mein Stand sei. Schon mehrmals hatte der Wolf unerwartet in diesem Treiben gesteckt. Man nannte es darum das Wolfsjagen. Kam der hungrige Wanderer von Litauen oder Polen herüber, so übten die dicken Fichtenstreifen, die es durchzogen, eine magnetische Anziehungskraft auf ihn aus.

Da erscholl das Jagdsignal ‚Langsam treiben'. Meine Träumerei war vorbei, und krampfhaft umfaßte ich den Kolbenhals. Da fiel schon ein Büchsenschuß, dem bald zwei Postenschüsse folgten. Noch zwei Schüsse hinterher unterbrachen die geheimnisvolle Waldesstille. Mein linker dritter Nebenschütze und dessen Nachbarschütze hatten sich gelöst. Bald darauf hörte ich deutlich das Rufen: ‚Ich habe den Wolf geschossen, er ist mein!' Der Wolf lag wirklich im Feuer, und der glückliche Schütze, Förster Z., lief aufgeregt ins Treiben auf seine vermeintliche Beute los. Aber kaum ist er an den Wolf heran, springt dieser auf und flüchtet entgegengesetzt davon, den Schützen verblüfft zurücklassend, der in seinem Freudentaumel vergessen hat zu laden. Der Wolf war gekrellt, d. h. die Kugel hatte das Rückgrat gestreift, daher nur betäubend gewirkt, und einige Schweißspritzer zurückgelassen. Bald lief der Wolf einen rechten Flankenschützen P. an, der durch das Rufen ‚Der Wolf ist mein!' so verdattert war, daß er nur zwei hastige Fehlschüsse fertigbrachte und dazu mit dem Resultat, daß er sich um seine eigene Achse drehte und selbst auf dem weichen Waldboden zu Fall kam. Der Wolf geriet dadurch natürlich in noch rasendere Fahrt und durchlief an diesem Tage die Jagen 61, 60, 44, 43, 29, 20, 19 und 49. Dann steckte er sich, wie die Umschlagung einiger Jagen ergab, im Jagen 48 des Forstamts Szittkehmen. Die eingetretene Dunkelheit verhinderte die weitere Jagd.

Am zweiten Tage machte ich wieder von Tagesgrauen an mit meiner treuen Lotte am Einspännerschlitten den gleichen Krängel wie tags zuvor. Der Schlitten durchglitt schon leichter die alten Bahnen und Ise-

Bersonderer Augenblick für einheimische Treiber wie ausländische Jäger: Ein auf einer Hochwild-Drückjagd erlegter Wolf wird geborgen

grimms Spuren standen vom Vortage wie gemeißelt im nassen Schnee. Als ich wieder zu Hause anlangte, war schon die telefonische Nachricht da, daß der gestrige Wolf im Jagen 48 der Försterei Theerbude, Forstamt Szittkehmen, eingekreist sei, und die Schützen um 14 Uhr an den Schnittpunkt des Rominter Grenz- und Brastasgestells bestellt seien. Hastig wurde gegessen, das Pferd am Schlitten gewechselt, und flugs ging es zum angegebenen Treffpunkt, wo sich die gleichen Schützen wie am Vortage sammelten. Auch einige Herren der Regierung in Gumbinnen waren erschienen.

Der Förster F. hatte den Wolf in einer etwa 25 Hektar großen hügeligen Fichtenkultur fest gemacht. Lautlos wurden die 38 Schützen angestellt. Ich bekam links neben Hegemeister W. meinen Stand; eine übersichtliche Höhenstellung am Rückwechsel, ohne jede Deckung. Der Wind zwar nur halb von Südwest, aber doch reichlich schlecht. Hier mußte man wie ein Pfahl stehen und durfte nicht mit der Wimper zucken, wenn Diana hold sein sollte. Die Treiber waren noch nicht angestellt, da hallten bereits einige Schüsse durch den Trieb. Der Wolf war beim Anstellen durch ein Rudel Rotwild rege geworden und flüchtete, von mir auf etwa 200 m gesehen, über die freie Kulturfläche, auf den Stand meines rechten Nebenschützen W. zu. Dieser konnte den Wolf – des vor ihm liegenden Berges wegen – erst kurz vor sich sehen, schoß spitz von vorn und einen Schuß hinterher.

Der Wolf ging – wie sich später zeigte mit einem Ballenschuß am rechten Hinterlauf – leicht hinkend davon, Richtung Försterei Hirschthal, von wo er am ersten Tage gekommen war. Er schweißte nur ganz wenig. Nach den Erfahrungen vom Tage vorher gaben wir das Rennen auf und beschlossen, die Jagd erst am nächsten Tage fortzusetzen. Förster Z. und ich wurden jedoch beauftragt, den Wolf weiter zu spüren.

Wir hockten uns zunächst mal auf einen Stamm hin und atmeten ganz, ganz tief auf. Dann stärkten wir uns durch einen kräftigen Zug aus der Flasche und zogen dem scheinbar gepanzerten Wolf langsam nach. Isegrimm war durch Jagen 49, 19, 29 in westlicher, später in nördlicher Richtung durch 42, 58, 74 und weiter über die Warner Grenze getrollt. Am Grenzgestell machten wir erschöpft halt. Kurze Beratung. Ein dreimal verhexter Wolf! Nach einem Labetrunk aus der Flasche Umkehr in die heimatlichen Gefilde. Von Zuhause telefonische Meldung an den Nachbarförster von Försterei Fuchsweg, daß der Wolf von uns zu ihm, Jagen 91, unterhalb westlich des großen Lindenberges eingespürt worden ist. Dann gehts todmüde ins Bett.

Dritter Tag: In meinem Revier war außer einer Rotte Sauen, die heute unberücksichtigt blieb, nichts zu melden. Ein lahmer, nichts versprechender Tag und dementsprechende Stimmung! Und doch: Um 11 Uhr kommt die Meldung, der Wolf sei im Jagen 122a/108 Försterei Fuchsweg, Forstamt Warnen, fest; Schützen um 14 Uhr, Schnittpunkt Chaussee Jagdbude – Jagdhaus Rominten, mit Mordweg! Der alte Haumeister PETRI mit 14 Treibern ist mit Langschlitten aus Jagdbude da. Die Schützen, zum Teil mit ihren Damen, sind aus allen Himmelsrichtungen mit leichteren Schlitten ohne Glöckchen gekommen. Der Wolf, durch die reichen Erfahrungen der Vortage vorsichtig geworden, sitzt wahrscheinlich mit seinen Schrammen und leerem Magen sehr locker in seinem Lager. Der Tauwind außerdem schlecht und schlägig, daher ist unbedingteste Ruhe geboten.

Voran Förster K. der Försterei Fuchsweg, hinter ihm die schwerbewaffnete Schützenreihe, passieren wir die neue Brücke über den Rominteflug, wo der Graue in dem erwähnten Waldteil stecken sollte. Die Praktiker lehren, der Wolf solle nicht ins Wasser gehen. Die Rominte aber war offen. Daher wird als erster Schütze nur der Forstlehrling für alle Fälle an das nördliche Ufer der Rominte hinter eine verwachsene Linde postiert. Die anderen Schützen kommen – heimlich wie die Katzen schleichend – an den Grenzweg, Fuchsweg und Gestell 108/109 in Verlängerung davon 122a/123a. Die Treiber stehen südlich an der Rominte entlang und gehen, sobald die Schützen gestellt, auf ein Zeichen des Otto P. – der stets das rote Halstuch trägt und als dritter Treiber von rechts marschiert –, hustend und nur mit dem Stock klappernd ins Treiben.

Kaum ist angeblasen, da fallen dumpf von der Rominte zwei Doppelschüsse herauf. Darauf folgen noch einige hellere Schüsse, die keiner in der Überspannung der Sinne und Nerven gezählt zu haben scheint. Es ist der Forstlehrling Sch., der den Wolf sieht, als er doch durch das Tal über die Rominte will – viel zu weit – dann eine Strecke stromauf am Wasser entlang kommt, weil er wegen der überschwemmten und wieder teilweise gefrorenen Eiskante nicht hinüber kann. Er trabt dann, ihm näher kommend, immer am Fluß entlang. Mit rasend hämmerndem Herzen hat Sch. angebackt, da überfällt ihn das Fieber, und er gibt mit seiner alten Schrotspritze, mit grobem Hagel geladen, übereilt beide Schüsse ab. Vor dem Wolf spritzt das Wasser hoch. Es macht ihn natürlich nur noch wasserscheuer als er ohnehin ist. Hätte der junge Jäger die Ruhe behalten, so wäre der Graue ihm sicher auf Flußbreite – hier etwa 12 Meter – wie auf dem Scheibenstand gekommen.

Nun schlägt er mit kurzem Ruck rechts um, geht in rasender Flucht hangauf und kommt dem Förster H., der sich zweimal reinigte. Aber der Wolf ist gesunder denn je zuvor. Auch der Inspektor vom Gute Sch. schießt vergeblich auf die Schneewolke, die zwischen den Büschen beim Durchpreschen des Wolfes hochwirbelt. Es ist zum Heulen! Da sehe ich den Wolf auch, rechts nach dem Fuchsweg zu wendend und, vorne ganz niedrigwerdend, gelbgrau, die Rute hängend, auch Kopf tief, spitz auf mich zukommen. Ich backe schon meinen Drilling an, da ‚Peng!', mit hellem Kugelschlag kommt mir mein rechter Nebenschütze zuvor. Der Wolf knickt hinten ein und rutscht nur noch ein kleines Stück weiter, sich mit fletschenden Zähnen auf die Vorderläufe stützend. Die Kugel hatte beide Keulen durchschlagen. Der glückliche Schütze, Förster K., ladet die Büchsflinte und geht vorsichtig heran. Da zeigt die graue Räuberseele drohend die Fangzähne. Auf zwölf Schritte fällt der erlösende Fangschuß.

Dreiundzwanzig Schüsse waren in diesen drei spannenden Jagdtagen auf den Einwanderer abgegeben worden. Der Ruf zum ‚Sammeln der Schützen' und ein ‚Halali' dringt durch den herrlichen, heimatlichen Wald. Wir haben den gar nicht sonderlich starken Wolf gedreht, die Schüsse immer wieder gesucht. Er hatte außer dem Keulen- und letzten Fangschuß von Förster K. nur ein Prellkorn am Schädel, ferner war die Wolfsklaue vorn links weggerissen und eine Schramme am rechten Hinterlaufballen. Vom Krellschuß des Försters Z. war nichts zu sehen. Die Betäubung muß vom Prellkorn am Schädel hergerührt haben."

Der **Luchs** als dritte der großen Raubwildarten vermochte sich in der Rominter Heide etwas länger zu behaupten als der Bär, aber schlechter als der Wolf. Er dürfte nach FREVERT (1957) als Standwild in der ersten Hälfte des 19. Jahrhunderts verschwunden sein. 1832 wurde eine Luchskätzin in der Oberförsterei Nassawen geschossen, und 1862 fiel der letzte Luchs der Rominter Heide, ebenfalls eine Kätzin, die aber bereits ein Zuwanderer war (MAGER, 1941). Wie FREVERT (1957) schreibt, wurden 1940 und 1941 Luchse im Jagen 20 des Forstamts Rominten ausgesetzt, die vermutlich den Krieg überlebten. Sie stammten als Wildfänge aus Finnland. Ein pensionierter Berufsjäger aus Bialowies berichtete 1959 Dr. LUDWIG ORTHWEIN (1991, schr. Mitt.), daß im Winter 1941/42 „drei Luchse für Hermann Göring in Netzen gefangen und nach Goldap in Ostpreußen versandt wurden", die vermutlich ebenfalls zum Aussetzen in der Rominter Heide bestimmt waren.

Vermutlich hätte der Luchs auch ohne diese Maßnahmen die Rominter Heide wieder erobert. Jedenfalls wurden bereits 1937 in einigen Staatsforsten des Landforstmeisterbezirks Gumbinnen erstmals wieder Jungluchse beobachtet (Jahrbuch der Deutschen Jägerschaft, 1937/38).

Das Vorkommen in den fünfziger Jahren war anfänglich gering, wuchs aber dann gegen Ende der sechziger Jahre sehr schnell an, um 1974 schlagartig an einer Seuche zusammenzubrechen. Es ist leider den Beamten der Oberförsterei Goldap nicht bekannt, um was für eine Krankheit es sich handelte. Eine wissenschaftliche Untersuchung brachte keine Ergebnisse. Während der Zeit der hohen Bestandsdichte wurde der Luchs auch tagsüber beobachtet. Heute kommt er regelmäßig als Standwild vor. Der geringe Bestand weist eine zunehmende Tendenz auf.

Immerhin wurde der Luchs in der Hirschbrunft 1989 dreimal von Jäger BARWICKI beobachtet, und auch in der Brunft 1990 wurden wieder mehrere Beobachtungen gemacht. Im Winter 1988/89 schoß Oberförster KRAJEWSKI in der Nähe von Gollubien einen geringen Luchs, der sich in einer Schlinge gefangen hatte. Der Luchs hat eine Schonzeit vom 1. April bis zum 31. Oktober. Die Schlingenstellerei dürfte in Rominten die wesentlichste menschliche Gefahr für den Luchs darstellen.

Die Zurückdrängung dieser Art ist in Rußland nicht so deutlich in Erscheinung getreten wie in anderen Ländern Europas. In letzter Zeit wurde wieder eine Ausbreitungstendenz beobachtet. Im südlichen Litauen kommt er neuerdings häufig vor. In Weißrußland ist der Luchs außer im nördlichen Seengebiet besonders in Bialowies (russisch Belowesh) zahlreich. Durchschnittlich kommen dort 0,4 Luchse auf 1.000 ha vor, als Höchstwert 1 Luchs auf 1.000 ha. In diesem Waldgebiet beträgt die durchschnittliche vom Luchs in einer Nacht zurückgelegte Wegstrecke 8 bis 10 km (MATJUSCHKIN, 1978). Diese Angaben könnten in etwa auch für die Rominter Heide gelten.

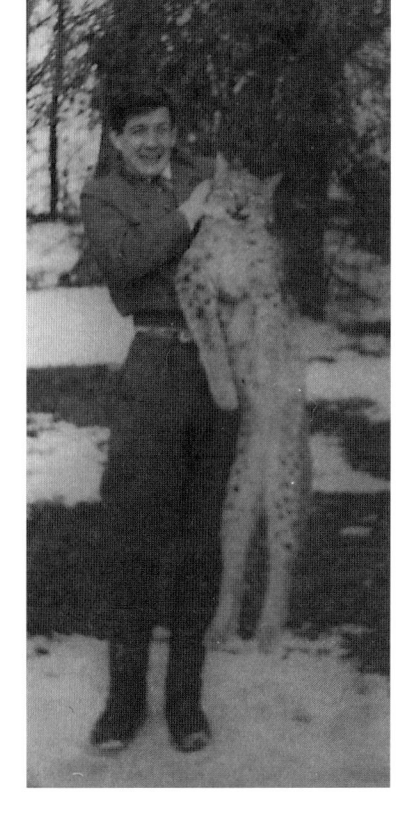

Oberförster Krajewski mit erlegtem Luchs

Ferner ist aus dem weißrussischen Teil der Bialowieser Heide ein aufschlußreicher Befund über die Nutzung des Lebensraums durch den Luchs bekanntgeworden. Er kommt zwar in dieser Heide überall vor, bevorzugt aber deutlich versumpfte Erlen-Eschen-Wälder mit eingestreuten Fichten und viel Bruchholz. Es ist bezeichnend, daß 68 Prozent der Luchse in diesem Biotoptyp erlegt wurden. Altfichten in Bachtälern mit dichtem Unterholz und Windbruch oder Altfichtenhorste in Buschwald und Mooren bieten dem Luchs die besten Unterschlupfmöglichkeiten.

Fichten sind gegen Windwurf besonders anfällig, was dem Luchs sowohl zu geschützten Verstecken in Erdnähe verhilft als auch zu hochgelegenen, sonnigen und sicheren Ruheplätzen, die gute Übersicht gewähren. Für die Jagd sind Lichtungen, Ränder von Mooren, überhaupt abwechslungsreiches Waldgelände besonders geeignet (MATJUSCHKIN, 1978).

Die Standortverhältnisse in der Rominter Heide sind demnach für das Gedeihen dieser Großkatze äußerst günstig. Sie dürfte sich hier, wie in Bialowies, etwa von 32 bis 44 % Feldhasen und 28 bis 38 % kleinem Schalenwild, zur Hauptsache Rehwild, ernähren. Der Hauptgrund für sein frühes Aussterben im 19. Jahrhundert war die zu starke Verfolgung durch den Menschen. Die Nähe von Siedlungen, die forstwirtschaftliche Tätigkeit und der ständige Verkehr in den Wäldern machen dem versteckt lebenden und überaus vorsichtigen Wild nichts aus, wenn die Beunruhigung sich in Grenzen hält und genügend ihm zusagende Verstecke vorhanden sind. Wie die Ausrottungsgeschichte aber zeigt, reagiert die Art empfindlich auf uneingeschränkte Verfolgung.

Letzteres gilt auch für die **Wildkatze**, die in den trockenen Gebieten Masurens nachweislich vorgekommen ist und von der FREVERT annimmt, daß sie einst auch die Rominter Heide besiedelte. Ob das in dem überdurchschnittlich feuchten und winterkalten Gebiet möglich war, muß doch sehr bezweifelt werden. Die Wildkatze ist nämlich sehr wärmeliebend und meidet Gebiete mit hohen Niederschlägen und lange liegender Schneedecke (EIBERLE, 1980). Wenn sie überhaupt je in der Lage war, ein Gebiet wie die Rominter Heide zu besiedeln, dann nur sehr dünn, und es ist nicht verwunderlich, daß sie dort auch leicht wieder zum Verschwinden gebracht werden konnte.

Das kleinere Haarraubwild

Auf die Rollen des **Fuchses** und des aus dem Amur- und Ussuri-Gebiet (Ostasien) stammenden **Marderhundes** wurde bereits hingewiesen. Der Letztgenannte, polnisch „Jenot" genannt, fand in der Rominter Heide einen ihm sehr zusagenden Lebensraum, den er flächendeckend angenommen hat. Er trat in der Heide erstmals schon Ende der fünfziger Jahre auf und bevorzugt feuchtes Laubwaldgelände. Im Nadelwald kommt er nur vor, wenn dieser – wie in Rominten – von Sümpfen unterbrochen ist. Die in Polen eingewanderten Marderhunde stammen aus den grenznahen Ausbürgerungsgebieten (Riga, Witebsk, Pinsk), wo diese Art des Pelzwerks wegen eingeführt wurde.

Der Marderhund kann aber auch sehr weit wandern. Zum Beispiel wurde 1957 bei Piotrków Tribunalski, südwestlich von Warschau gelegen, ein alter Rüde geschossen, der eine Ohrmarke mit der Aufschrift „Moskwa 42273-B" trug (DUDZIŃSKI u.a., 1963)! Der Jenot weist ein sehr breites Nahrungsspektrum auf. Die ersten Befürchtungen über seine Schädlichkeit sind dem Anschein nach übertrieben, aber trotzdem wird er von Jägern und Naturschützern nicht gern gesehen.

Seit alten Zeiten ist auch der **Dachs** in der Rominter Heide ansässig. Man begegnet ihm recht häufig. So befinden sich zum Beispiel in der Budergrabenschlucht uralte Dachsbaue (ROEGLER, unveröff.). Wie der Fuchs hält auch Grimbart sich eher an die Randbereiche eines großen Waldes, dringt aber wohl häufiger etwas tiefer in das Innere der großen Bestände ein. Die Bedingungen in Rominten sind für ihn sehr günstig, findet er an den Hängen der zahlreichen Hügel doch überall hervorragende Möglichkeiten zur Anlage trockener und tiefer Baue in geeignetem Erdreich. Das stets vorhandene Wasser und die reichhaltige Vegetation gewähren ihm eine gute Versorgung mit Fraß aller Art.

Tabelle 16: Erbeutetes Haarraubwild in den vier Kgl. Oberförstereien der Rominter Heide vom 1. 4. 1885 bis 31. 3. 1886 (nach SCHWENK, 1982)

Kgl. Oberförsterei	Füchse	Dachse	Otter	Baummarder	Iltisse
Szittkehmen	6	2	–	1	1
Goldap	22	2	–	2	3
Nassawen	30	9	1	4	–
Warnen	12	7	2	3	2
Rominter Heide	70	20	3	10	6

Zahlreich kommt auch heute noch der **Fischotter** in den Gewässern der Rominter Heide vor. Die Bedingungen für ihn lassen sich noch als ausgesprochen günstig bezeichnen. Die fließenden und stehenden Waldgewässer sind genügend sauber und die Struktur des Uferbewuchses und der Waldbestände sind unverfälscht natürlich erhalten geblieben. Verlustursachen gibt es kaum, da in der Heide keine Reusen Verwendung finden und kaum die Gefahr besteht, daß ein Otter von einem Kraftfahrzeug totgefahren wird. Da bei den Gewässern der Heide oftmals recht schroffe Ufererhöhungen auftreten, sind die Voraussetzungen für die Anlage von Otterbauen (deren Einfahrtsröhren befinden sich unter Wasser) sehr gut gegeben. Der Otter wird in Polen seit 1959 ganzjährig geschont.

In der Rominter Heide taucht neuerdings auch der **Amerikanische Nerz** oder **Mink** zahlreich auf, der sich nach Ausbruch aus Zuchtfarmen in Mitteleuropa rasch verbreitet. In der ehemaligen UdSSR wurde der Mink sogar, aus den gleichen Überlegungen wie beim Marderhund, in die freie Wildbahn ausgesetzt. Mit dem Otter teilt er denselben Lebensraum, ist aber etwas weniger ans Wasser gebunden. Seine Baue haben mehrere Röhren und werden in Gewässernähe angelegt. Das starke Zurückgehen des Bisams glaubt man dem Konto des Minks anrechnen zu können. In Polen schreibt man ihm auch einen sehr ungünstigen Einfluß auf die Besätze der verschiedenen Wildenten zu. Der Mink besitzt in diesem Land keinen jagdrechtlichen Status.

Die beiden Töchter von Forstmeister Witte mit einem gestreckten Fischotter vor dem Eingang der Oberförsterei Goldap in Jagdhaus Rominten

Der **Sumpfotter** oder **Europäische Nerz** ist eine sehr problematische Art, die westlich Rußlands schon nahezu verschwunden ist, obschon sie in Mitteleuropa einst weit verbreitet war. In Ostpreußen besaß man Belege aus Skirwiet (Kreis Elchniederung, 1901), Friedrichsfelde (Kreis Ortelsburg, 1909), Elbing (1919) und Mednicken (Kreis Fischhausen, 1922), wie Friedrich Mager (1941) angibt. Vermutlich hat er einst auch in der Rominter Heide gelebt. Kramer (1963) führt ihn noch als seltenes Raubwild der Forstämter an der Kurischen Nehrung auf. Über die Ursachen seines Verschwindens gibt es zur Zeit eine beachtenswerte Mutmaßung, die Schröpfer (1989) vorgelegt hat.

Es wäre denkbar, daß der Nerz seit dem 17. Jahrhundert durch Lebensraumveränderungen immer mehr in Konkurrenz zum Iltis, aber auch zum Otter, geriet. Oft wird auch vermutet, der Mink verdränge den Nerz. Man sollte aber berücksichtigen, daß das Verschwinden des Nerzes Jahrzehnte bis Jahrhunderte vor dem Auftauchen des Minks stattfand, der lediglich eine freie ökologische Nische besetzt hat.

Aus Estland ist bekannt, daß der Mink den Nerz nicht verdrängen kann, solange dieser noch einen intakten Besatz bildet. Aber alle diese Beobachtungen und Vermutungen erklären nicht, warum der Nerz beispielsweise in so gewässerreichen, natürlichen und großen Waldgebieten wie der Rominter Heide keinen geeigneten Lebensraum gefunden hat, ein bisher immer noch ungeklärtes Rätsel.

Ottersteig an der Bludsze

Auch **Iltis**, **Hermelin** und **Mauswiesel** kommen in der Rominter Heide vor, wahrscheinlich am häufigsten in den Randzonen der Wälder und entlang den großen Flußtälern. Den Bauen des Iltisses begegnet man häufig.

Der **Steinmarder** steht in Polen unter Schutz. In der Rominter Heide kommt er nur am Rand, hauptsächlich in Siedlungen vor. Auch dem Oberförstergehöft in Szittkehmen und den Förstereien Bludszen und Boczki werden gelegentlich Besuche abgestattet. Frhr. Speck v. Sternburg schoß am 12. März 1892 einen Steinmarder im Oberförstergehöft in Nassawen.

Erheblich häufiger ist jedoch der **Baummarder** in den ausgedehnten Forsten anzutreffen. Er findet hier, im Gegensatz zu manchen Gegenden Westeuropas, noch geradezu ideale Verhältnisse. Zwar sind ausgedehnte Althölzer, die eigentlich beste Unterschlupfmöglichkeiten böten, in der Heide selten, aber an Bruchholz, Windwürfen und mit Höhlen versehenen Baumstümpfen besteht kein Mangel. Die dichten jüngeren Bestände und die stufigen Altbestände mit tief herabreichender Beastung bieten dem Baummarder gute Bedingungen. Aber selbst wenn diese Requisiten in der Rominter Heide nur in geringerem Umfang vorhanden wären, würde ihm allein die Größe des Waldraums genügend Sicherheit gewährleisten. An tierischer und pflanzlicher Kost aller Art besteht kein Mangel. Außerdem muß er sich nicht mit seinem Vetter, dem Steinmarder, Lebensraum und Beute teilen. Gelbkehlchen ist in der Rominter Heide häufig auch am Tag unterwegs, außer im Winter.

Die russischen Jäger sind ihrem ganzen Interesse und ihrer Herkunft und Tradition nach passionierte Pelzjäger. Begeistert erzählt Oberjäger A. F. Sitschow vom Ausneuen des Baummarders in den verschneiten Rominter Wäldern – seine höchste Tagesstrecke betrug drei Stück, seine Gesamtstrecke etwa fünfzig Stück –, von seinen Flintenjagden mit Laikas und Jagdterriern auf Wolf, Otter, Fuchs und Nerz. Als sichere Flintenschützen lieben die Russen dementsprechend auch die Jagd auf Hasen und Flugwild über alles.

Im Südteil der Heide wird dagegen heute dem Raubwild nur noch wenig nachgestellt. Die Beamten sind hauptsächlich mit dem Beschußplan des Schalenwildes beschäftigt und erbeuten das Raubwild mehr oder weniger zufällig. Sicher hängt das mit dem geringen Auftreten des Fuchses zusammen, der früher den Hauptanreiz bot. In einem polnischen „Urwald", wo das Hochwild die Musik macht, hat die Jagd auf das kleinere Raubwild zudem wenig Tradition. Früher war das anders.

Nach dem Schußbuch des Frhrn. Speck v. Sternburg erlegte dieser in der Zeit vom 30. Oktober 1890 bis zum 28. Mai 1903, also in 13 Wintern in der Rominter Heide, 40 Füchse, 38 Dachse, 9 Baummarder und den erwähnten Steinmarder. Tabelle 17 gibt Auskunft über die Jagdarten, mit denen v. Sternburg zu dieser Strecke gekommen ist. Den größten Teil der Füchse schoß er bei Ansitz oder Pirsch sowie etwa ein Dutzend von der Lauerhütte aus, also am Luder. Die Anzahl der Dachse erreicht erstaunlicherweise fast diejenige der Füchse und zeigt, daß Grimbart wohl damals nicht sehr selten gewesen sein mag. Die Dachse wurden zur Hauptsache gegraben. Gelegentlich hat v. Sternburg auch Iltisse gegraben.

In der Heide wurden mindestens drei weiße Füchse gestreckt, davon nachweislich zwei durch Baron v. Sternburg. Ein Stopfpräparat befand sich im Jagdhaus des Kaisers. Daß es sich dabei um zugewanderte Polarfüchse gehandelt hat, ist unwahrscheinlich, obwohl man es nicht mit letzter Sicherheit ausschließen kann. Vermutlich waren es aber Albinoformen des

Tabelle 17: Raubwildstrecke des Forstmeisters Frhrn. Speck v. Sternburg in der Rominter Heide vom 30. Oktober 1890 bis zum 28. Mai 1903

Jagdart	Fuchs	Dachs	Baummarder*
Lauerhütte	11	–	2
Lappjagd Nassawen	2	–	–
Treibjagd Bludozon	2	1	–
Gegraben	–	35	–
Ohne nähere Angaben	25	2	6
Im Eisen gefangen	–	–	2
Gesamt	40	38	10

*inkl. 1 Steinmarder

einheimischen Fuchses. Oberforstmeister WALLMANN, Nassawen, erbeutete bis Ende 1936, als er die Heide verließ, 145 Füchse, die er zum größten Teil wohl dort zur Strecke brachte.

Bemerkenswert ist auch eine Stelle in den Aufzeichnungen des Szittkehmer Revierförsters ROEGLER über die Ansitzjagd in der Lauerhütte:

„Viele Stunden habe ich so verbracht, den Drilling neben mir, das schmale Fensterchen offen, so daß der Blick über die verschneiten Fichten hinging bis zu den ewigen Sternen, die noch heute dort leuchten. Wenn ich müde wurde, rauchen durfte man ja nicht, so rezitierte ich stumm die herrlichen Balladen von Börries v. Münchhausen, Agnes Miegel usw., ich kann mehrere noch heute auswendig. 16 Füchse in einem Winter waren meine höchste Strecke, davon lieferte die Lauer an meinem Dienstland allein 7. Leider schoß ich auch mal als ‚Katze' den Teckel des Forstmeisters am Luder tot, tat mir sehr leid, es war allerdings nicht viel an ihm dran."

Leider ist das Schußbuch des wohl größten Rominter Fuchsjägers, des Forstmeisters v. SAINT PAUL, 1959 in Lüneburg beim Brand des Ostpreußischen Jagdmuseums vernichtet worden. Es wäre gewiß amüsant gewesen, nachzulesen, wie viele Rotröcke dieser Spezialist gen Avalun, den Jägerhimmel, hat fahren lassen!

Diese Ausführungen mögen belegen, daß die Rominter Heide nicht nur ein Paradies für Hirsche und Brunftjäger ist, sondern auch dem passionierten Freund des Raubwilds fast keinen Wunsch offen läßt!

Hase, Biber und Bisam

In der Rominter Heide wurde um 1890 noch vereinzelt der **Schneehase** beobachtet und auch gelegentlich erlegt. Am 27. November 1897 schoß Oberförster v. STERNBURG einen solchen am Krapinnweg im Belauf Blindischken. Um 1925 war diese nordische Art jedoch bereits praktisch aus der Heide verschwunden (STRAATMANN). Sie scheint um 1800 noch sporadisch über ganz Masuren verbreitet gewesen zu sein, hundert Jahre später hatte sie sich bis nördlich von Pissa und Pregel zurückgezogen (MAGER, 1941). Möglicherweise bildete die Rominter Heide infolge ihrer hohen Lage und ihres rauhen Klimas eine Bastion, in der sich dieser Kulturflüchter etwas länger zu halten vermochte. Vermutlich hat auch die allgemeine Klimaerwärmung zum weitgehenden Verschwinden dieser borealen Art an ihrer Südwestgrenze beigetragen.

Daß aber – wenn auch äußerst selten – noch heute mit einigen Exemplaren des Wechselhasen in der Rominter Heide gerechnet werden muß, zeigt die Tatsache, daß 1989 ein russischer Jäger südöstlich des Marinowosees einen Vertreter dieser Art schoß (SITSCHOW, mdl. Mitt.). Vielleicht lagen in diesem Teil der Heide mit den riesigen Kahlflächen in den fünfziger Jahren und dem anschließenden Anflug der Pionierholzarten die Verhältnisse noch etwas günstiger („Taiga") als in den südlichen Revieren.

Der **Feldhase** bildet sowohl innerhalb wie außerhalb der Rominter Heide zur Zeit einen beachtlichen Besatz. Der schnelle Abtrieb der Fichtenalthölzer in den siebziger Jahren schuf Licht und Wärme anstelle feuchter Dunkelheit, was wohl dem Hasen in der Rominter Heide sehr zugute kam. Er ist bekanntlich von seinem Ursprung her ein östliches Steppentier. Er wird in der Rominter Heide kaum bejagt, aber viel mit Schlingen gewildert.

Der **Biber** wurde auch in Ostpreußen von alters her wegen seiner begehrten Bestandteile stark verfolgt. Zu Beginn des 19. Jahrhunderts kam er entlang der Rominte und im Gebiet des Langensees bei Warnen noch vor. 1805 ist der letzte Biber bei Theerbude von einem Holzhauer erschlagen worden. Zweifellos hat die starke Nachstellung zu seinem Verschwinden geführt, denn die natürlichen Bedingungen seines Lebensraums waren selbstverständlich in der damaligen Zeit noch unversehrt. Nach Ende des Zweiten Weltkriegs gab es innerhalb der neuen Grenzen Polens keine Biber mehr.

Aber im Baltikum und in Rußland hatte an verschiedenen Stellen, beispielsweise am Oberlauf der

Biberburg im Hühnerbruch, Jagen 52, Oberförsterei Szittkehmen

Deutliche Hinweise auf die Anwesenheit des Bibers in der Rominter Heide

Memel, bereits in den Jahren 1937 bis 1939 der natürliche Anstieg des Biberbesatzes begonnen. Zwischen 1947 und 1959 wurden in Litauen mit gutem Erfolg 78 Biber ausgesetzt. Auch in Polen begann man, den Biber zu züchten und in die Wildbahn einzubürgern, worauf eine schnelle Wiederbesiedlung der geeigneten Gebiete, hauptsächlich in den nördlichen und östlichen Landesteilen, stattfand (STUBBE, 1989).

Der Biber ist heute, wie zuvor angeführt, sehr zahlreich und von Jahr zu Jahr stärker in der Rominter Heide aufgetreten. Seine Anwesenheit wurde zwischen 1958 und 1960 erstmalig bemerkt. Die genaue Herkunft der heutigen Biber ist nicht bekannt, somit auch nicht, welcher Unterart sie angehören. Nach Auskunft des Jägers BARWICKI soll es sich um europäische Biber handeln. Zu Nahrungszwecken fällt der Biber nicht nur die in der Nähe erreichbaren Weichhölzer, sondern macht sich auch an Eichen und Fichten zu schaffen.

Die Eingangsröhren zu den im Erdreich angelegten Kesseln liegen unter Wasser. Wenn sich der Wasserspiegel infolge des ständigen Anstauens weiter hebt, wird über dem Erdkessel eine Biberburg aus Knüppeln und Erdreich errichtet und der Kessel schließlich höher hinauf in die Burg verlegt. Bei sehr kalter Witterung verrät eine Dampffahne aus dem Gibel der Biberburg die Anwesenheit der großen Nager. Bei einer Anlage in Bibergraben ist auch eine gut 48 cm Brusthöhendurchmesser aufweisende Eiche stark angenagt worden, die aber schließlich wieder aufgegeben wurde. In der Rominter Heide gelingt es, die Biber bei gutem Licht abends und morgens zu beobachten.

Oberförster KRAJEWSKI berichtete 1989 von einem kohlschwarzen Biber, der in einen betonierten Schacht der Szittkehmer Mühle geraten war. Das Tier wurde unverletzt wieder in die Freiheit entlassen. In den russischen Revieren der Heide wird der Biber bejagt, in Polen steht er jedoch unter Naturschutz.

Auch die **Bisamratte** ist in der Rominter Heide heimisch geworden. Sie benutzt dieselben Gewässer wie der Biber und legt ebenfalls Burgen an. Neuerdings wird diese aus Nordamerika stammende Art, deren Einbürgerung in Mitteleuropa im Jahr 1905 begann, sehr stark vom Mink bedrängt. Bei einer Kontrolle von 70 Bisamhabitaten fand der Szittkehmer Revieroberförster TOMASZ LIWAK 1989 nur an vier Stellen Bisame.

Die Bisame werden von den Forstbeamten gerne mit der Flinte bejagt, wenn sie mittags in der Sonne liegen. Sie genießen in Polen eine Schonzeit vom 16. April bis zum 10. August.

Das Federwild

Im Rahmen der von Forstassessor Dr. WELLENSTEIN geleiteten Nonnenuntersuchungen in der Rominter Heide fand vom Frühling 1935 an auch eine sehr genaue vogelkundliche Erforschung statt, die von einem der besten und gewissenhaftesten Ornithologen, Dr. OTTO STEINFATT (1908 – 1947), und mehreren Mitarbeitern durchgeführt wurde. STEINFATT, der in Jagdhaus Rominten lebte, wurde 1947 in Mecklenburg von einem Rotarmisten im Streit um ein Fahrrad ermordet. Die folgenden Ausführungen stützen sich im wesentlichen auf seine Ergebnisse (STEINFATT, 1938). Die Angaben über das Vorkommen gelten, ohne besondere Hinweise, für den Zeitraum der dreißiger Jahre.

Das **Auerwild** war schon gegen Ende des vorigen Jahrhunderts in der Heide sehr selten geworden. Auf Anordnung des Ministers vom 8. März 1882 wurden ein Hahn und drei Hennen in der Försterei Schwentischken der Oberförsterei Nassawen ausgesetzt, die von JOHANN SCHROEDER, Loschwitz bei Dresden, stammten. Das Ergebnis war negativ; es ist nicht bekannt, wie lange das Wild sich in der Heide gehalten hat.

Oberförster WALLMANN setzte nach dem abermaligen Verschwinden des Auerwilds 1928, 1929 und 1930 etwa fünfzig aus Schweden bezogene Hähne und Hennen in den Förstereien Kuiken (Jagen 4), Szinkuhnen (Jagen 28) und Jägersthal (Jagen 104) aus. In den ersten Jahren erfolgte eine ganz gute Vermehrung, die aber immer mehr zurückging. Ende der dreißiger Jahre wurde nur noch selten ein Stück Auerwild beobachtet, hauptsächlich in Kuiken und im Sodwarierbruch.

Die Gründe, weshalb das Auerwild aus der Rominter Heide verschwand und auch nicht mehr angesiedelt werden konnte, dürften zu einem nicht geringen Teil auf die zunehmend ungünstiger werdenden Waldstrukturen zurückzuführen sein, die sich nach dem Nonnenfraß der 1850er Jahre in der Heide einstellten. Zum zweiten ist das Klima der Rominter Heide (Kälterückschläge und Schlechtwettereinbrüche im Frühjahr) geeignet, Verluste bei den Gesperren hervorzurufen, die sich natürlich in einem ausgedünnten Bestand verstärkt auswirken. Die Waldentwicklung seit 1853 verlief den vielfältigen Ansprüchen, die das Auerhuhn an seinen Lebensraum stellt, direkt entgegengesetzt. Diese Waldhuhnart ist nämlich unmittelbar an bestimmte Bestandstypen gebunden. Sie zeigt sich darin in keiner Weise anpassungsfähig.

Ein grundlegendes Charakteristikum der idealen Auerwildlebensstätten ist der von KROTT (1991) geprägte Begriff des „Fluchtraumes", der durch einen Abstand der Stämme von mindestens 10 m gekennzeichnet ist. Am besten eignen sich also weiträumige, vorratsarme Plenterbestände oder lockere Altbestände mit tief herabgezogenen Kronen, die möglichst langsam natürlich verjüngt werden. Das Auerwild ist in seinem Lebensraum auf eine Vielzahl von Requisiten angewiesen, die stark von der Bewirtschaftungsart des Waldes abhängen. Eine zu hohe Schalenwilddichte, die das Hochkommen von Beerensträuchern verhindert, ist abträglich. Die Standortverhältnisse wären für das Auerwild in vielen Gebieten der Rominter Heide nicht grundsätzlich ungünstig. Aber es fehlt eben an möglichst ausgedehnten, lichten Althölzern. Mit der Schaffung von Reservaten, die ja zumeist keine große Flächenausdehnung aufweisen, könnte dem Auerwild nicht geholfen werden. Vielmehr müßte die ganze waldbauliche Arbeit auf eine aktive Pflege der Lebensstätten dieser Art hinauslaufen.

Auch das **Birkwild** ist sehr stark von der Waldstruktur abhängig, allerdings bevorzugt es gerade die entgegengesetzten Entwicklungsstufen des Waldes. Nach dem Entstehen der großen Nonnenkahlschlagflächen 1853 bis 1856 nahm es in der Rominter Heide sehr stark zu. 1864 wurde im Wildbeschußplan für Nassawen der Bestand an Hähnen mit 70 Stück veranschlagt, und 20 Stück wurden zum Abschuß vorgeschlagen. 1890 gab es nach Oberförster v. STERNBURG noch sehr viel Birkwild, und „große Flüge" saßen zuweilen in den Birken. Mit dem Heranwachsen und Sich-schließen der Kulturen verlor das Birkwild fast schlagartig seine bevorzugten Lebensstätten und verschwand aus der Heide. Am längsten konnte es sich naturgemäß in der Umgebung offener Moore und Wiesen halten.

Frhr. v. STERNBURG schoß in dem Jahrzehnt nach 1891 noch zehn Hähne in der Balz, und zwar drei auf der Dagutschwiese, zwei im Hühnerbruch und je einen auf der Wakschischke bei Dagutschen und auf der

Burkhard Winsmann-Steins auf einem Pirschgang im Jagen 52, Oberförsterei Szittkehmen (Wolfsweg). Auch hier wird regelmäßig Haselwild bestätigt

Torfwiese in Szittkehmen. In den dreißiger Jahren fehlte das Birkwild bereits in der Heide. Erst mit dem Abtrieb der alten Fichtengeneration, die in Warnen und Nassawen gleich nach dem Krieg und in Szittkehmen und Goldap in den siebziger Jahren erfolgte, fand sich wieder Birkwild in der Rominter Heide ein. Der Besatz dürfte aber in einigen Jahren naturgemäß wieder zurückgehen und sogar verschwinden. Am häufigsten ist gegenwärtig das Birkwild im Jagen 55 des Forstamts Szittkehmen, in der sogenannten „Sandecke". Es besiedelt die Förstereien Maków, Błąkały, Zacisze, Dziki Kąt und Bludzie.

Das **Haselwild** lebte um 1935 in der Rominter Heide in noch etwa 50 Stücken. Nach übereinstimmenden Mitteilungen der damaligen Forstbeamten war sein Besatz bis zu diesem Zeitpunkt dauernd zurückgegangen. STEINFATT schreibt: „Der Grund dafür ist sicherlich nicht eine Vermehrung des Haarraubwildes, sondern die immer mehr fortschreitende Nutzbarmachung der forstlichen Ausschlußflächen und vor allem das fast vollständige Verschwinden des Unterholzes."

Heute gibt es in der Rominter Heide viel Haselwild. Der Besatz in der Oberförsterei Goldap ist flächendeckend. Die ausgedehnten Stangenhölzer, die eine natürliche Baumartenmischung aufweisen, und die von Nebenbestand aller Art durchsetzten älteren Bestände bieten ihm hervorragende Bedingungen. Als Deckung benutzt es gern die Fichte. Stufigkeit und tiefe Beastung, wie sie in Rominten ja vorherrschen, sind sehr günstig. In Bialowies wurden in den besten Habitaten Siedlungsdichten bis 30 Stück auf 100 ha ermittelt (BERGMANN u.a., 1978). In der Rominter Heide dürfte dieser Wert vermutlich ebenfalls erreicht werden. Das Beispiel des Haselhuhns zeigt besonders deutlich, in welch positiver Richtung sich die waldbaulichen Verhältnisse in der Rominter Heide verändert haben – sowohl im Hinblick auf die naturnahe Mischung der Bestände als auch auf deren Struktur.

Der **Weißstorch** brütet in der Umgebung der Rominter Heide fast in allen Dörfern, geht aber immer mehr zurück, eine Folge „moderner" Landwirtschaft. Der Storch wurde vor einem Jahrhundert noch gern geschossen, wie die Streckenliste des Szittkehmer Revierverwalters Frhr. SPECK V. STERNBURG (Tabelle 18, Seite 220) zeigt. Nach seinen Angaben wurden damals gelegentlich bis zu 300 „Junggesellenstörche" auf den Bäumen des Waldrands gezählt.

Demgegenüber scheint der **Schwarzstorch** in seinem Bestand nach vorübergehendem Rückgang neuerdings wieder zuzunehmen. Um 1935 brüteten 25 Paare in der Heide, gegenwärtig sind es wohl mindestens deren dreißig.

Zu STEINFATTS Zeit nisteten etwa zehn **Kranich**paare in der Heide. Durch Entwässerung mancher Moore, die damals leider noch anhielt, ging sein Bestand immer mehr zurück. Die Vernässung der Rominter Heide nach dem Krieg kam dem Kranich zugute. Er ist heute mit vielen Paaren regelmäßiger Brutvogel. Im

Weißstorch auf der Feldmark bei Szabojeden

Tabelle 18: Von Forstmeister Frhrn. Speck v. Sternburg in der Rominter Heide vom 24. Juni 1890 bis zum 9. Mai 1902 erlegtes Federwild

Kraniche	3	Elstern	1
Kormorane	1	Schwarzspechte	1
Störche	30	Sperlingseulen	1
Wilde Enten	67	Schelladler	2
Haubentaucher	4	Schreiadler	6
Möwen	3	Gabelweihen	4
Schnepfen	113	Wanderfalken	3
Bekassinen	11	Baumfalken	4
Birkhähne	7	Habichte	11
Haselhühner	1	Sperber	13
Rebhühner	29	Mäusebussarde	24
Tauben	1	Falkenbussarde	1
Blauracken	1	Wespenbussarde	2
Kolkraben	1	Steppenbussarde	1
Nebelkrähen	9	Purpurreiher	1
Tannenhäher	1		

strengen Winter 1936/37 verbrachte übrigens ein flügellahmer Kranich die ganze harte Jahreszeit in der Heide und hielt glücklich bis zum Frühjahr durch.

Der **Graureiher** kommt an den Gewässern der Heide vor, aber nur in geringer Zahl. In der Försterei Schillinnen am Goldaper See existiert eine größere Kolonie. Um die Jahrhundertwende gab es nur einen einzelnen Graureiherhorst mitten in der Heide auf dem Wolfsberg, Jagen 53, Oberförsterei Szittkehmen, in der Nähe des Szittkehmer Flußes. Sehr selten kommt als Irrgast der Purpurreiher vor. Oberförster v. STERNBURG schoss vor dem 1. Weltkrieg einen solchen am Szittkehmer Fluß und lieferte damit den ersten Nachweis für Ostpreußen.

Die **Waldschnepfe** kommt zur Zeit sehr häufig als Brutvogel in der Heide vor. Während STEINFATT (1938) einen Besatz von 125 brütenden Weibchen für die ganze Heide angab, darf man heute ohne weiteres ein Mehrfaches davon in Betracht ziehen. Wie das Birkwild hat auch die Waldschnepfe großen Nutzen aus den riesigen Kahlflächen gezogen. Ebenso hat die Vernässung vermutlich den Brutbesatz positiv beeinflußt. Die Umstellung auf naturnahe Baumartenmischung zur Verbesserung des Bodenlebens wird außerdem zu günstigeren Nahrungsverhältnissen für die Waldschnepfe beigetragen haben. Sie darf in Polen lediglich vom 1. bis 30. April bejagt werden. Von den Forstbeamten wird jedoch hiervon in der Rominter Heide kein Gebrauch gemacht. Im Herbst sind gelegentlich sehr viele Zugschnepfen in der Heide anzutreffen. Oberförster v. STERNBURG erlegte pro Jahr etwa 10 Schnepfen. Am 6. Dezember 1895 schoß er eine Lagerschnepfe, Revierförster HELLWIG in Schuiken eine solche im Januar.

Zahlreiche **Entenarten** kommen hauptsächlich auf den die Heide umgebenden Seen vor. In den Waldgewässern selbst brüten jedoch nur wenige Arten. **Saat-**, **Grau-** und **Bläßgans** sowie **Sing-** und **Höckerschwan** waren vordem nur Durchzügler. Bei letzterem sind heute Bruten auf den Waldseen nachgewiesen.

Die **Ringeltaube** brütet in Rominten nur in mäßiger Zahl, dagegen kommt die **Hohltaube** etwas häufiger vor. Ihre Nester fand STEINFATT in alten Schwarzspechthöhlen, in Kiefern, Aspen und Winterlinden. Sie ist völlig abhängig vom Vorhandensein solcher hohler Bäume, die deshalb ohne zwingenden Grund nicht geschlagen werden sollten.

See- und **Steinadler** waren schon früher gelegentlich über der Rominter Heide beobachtet worden, letztere jedoch seltener. Ein Steinadler wurde Anfang des Jahrhunderts von Förster SCHMIDT, Markawen, in einem Tellereisen am Luder gefangen. Ein Goldaper Präparator erhielt auch Nachweise aus Szeldkehmen und Jagdhaus Rominten. Einer der Verfasser beobachtete im Mai 1987 mehrere Male einen über der

Kranich, Brutvogel in der Rominter Heide. Nach einem Gemälde von Fritz Laube im Ostpreußischen Landesmuseum zu Lüneburg

Schwarzstorchhorst auf einer Schwarzerle in der Oberförsterei Nassawen

Rominter Heide kreisenden Steinadler. Auch der Seeadler wird ab und zu bestätigt. Bei einem Ausritt im Februar 1985 beobachtete Oberförster KRAJEWSKI in der Nähe des Szittkehmer Flüßchens am Hühnerbruch aus nächster Nähe, wie ein Seeadler einen Hasen schlug. Hegemeister KENNEWEG schoß im Herbst 1909 ein Seeadlerweibchen am Pferdeluder im Jagen 76a der Försterei Hirschthal.

Von den übrigen Greifen tritt als Brutvogel in der Heide der **Schreiadler** auf. Er bevorzugt die Nähe kleiner Flußläufe mit den sie umgebenden Brüchern und die nassen Bestände im Wald. Ferner brüten hier **Habicht**, **Sperber**, **Mäusebussard** und **Schwarzmilan**. Als seltene Brutvögel gelten nach STEINFATT **Schlangenadler**, **Schelladler**, **Wespenbussard**, **Wander-** und **Baumfalke**. Als Durchzügler lassen sich **Wiesenweihe** und **Falkenbussard** bezeichnen, als seltene Durchzügler **Rauhfußbussard**, **Rotmilan**, **Fischadler** und **Merlinfalke**. Der Fischadler trat verstärkt in der Rominter Heide auf, als dort die Fischzucht eingeführt wurde. Hegemeister KENNEWEG fing einen Fischadler im Jagen 59 der Försterei Hirschthal in einem Pfahleisen am dortigen Karpfenteich.

Von der Familie der Eulen ist der **Uhu** gelegentlich in der Heide bemerkt worden. Forstsekretär WESTPHAL und Hilfsförster TEUWSEN hörten seinen Ruf auf dem abendlichen Schnepfenstrich im April 1935 im Jagen 5, Försterei Budweitschen. Von Revierförster SCHMIDT, Markawen, wurde 1918 ein Uhu erlegt. Frhr. SPECK V. STERNBURG hielt lange Jahre einen Uhu, „Malchus" genannt, den er zur Hüttenjagd auf den Wiesen um das Soldatenbruch einsetzte. Am 22. September 1993 hörte A. GAUTSCHI abends einen rufenden Uhu am Waldrand des Jagens 50, Oberförsterei Szittkehmen. Die **Waldohreule** ist wohl spärlicher Brutvogel in den Randgebieten der Heide. SPECK V. STERNBURG sah sie einige Male am Heiderand bei Szittkehmen, und Wildmeister RODENWALD bemerkte im Herbst 1936 eine Waldohreule im Jagen 48, Szittkehmen.

Die **Sumpfohreule** ist ein sehr seltener Durchzügler. STEINFATT beobachtete sie nur einmal auf einem Hochmoor bei Kuiken. Die **Zwergohreule** tritt ebenfalls äußerst selten in Erscheinung. Ein Nachweis aus der Rominter Heide existiert vom Mai 1893. Auch der **Ural-** oder **Habichtskauz** gilt hier als äußerst seltener Strichvogel. Verbreiteter ist dagegen natürlich der **Waldkauz**. Als höchst seltener nordischer Gast stattet die **Sperbereule** der Heide einen Besuch ab. Frhr. V. STERNBURG hat sie in fünfzig Jahren nur zweimal nachgewiesen. Selten ist auch die **Schnee-Eule**, die einmal 1905 von Förster HÜTTER in Bludszen geschossen wurde. Vom **Rauhfußkauz** vermutete Steinfatt, daß er möglicherweise vereinzelt in der Rominter Heide brütet. Äußerst selten ist auch der **Sperlingskauz**.

Der **Kolkrabe** wurde von Steinfatt noch als seltener Brutvogel bezeichnet, heute kommt die Art häufig in der Heide vor und bildet im Herbst und Winter gelegentlich größere Flüge. Die eigenartigen Rufe der Raben passen so recht zu dem Charakter des Rominter Waldes. In der Försterei Schillinnen existierte ein Horst 25 m hoch in einer Kiefer, 5 m unter der Spitze des Baumes. Der Grundbau bestand aus dürren Kiefernästen von 1/2 bis 2 cm Dicke und bis 1/2 m Länge, die Polsterung aus Moos und Haarklumpen. Diese Angaben besitzen für die meisten Horste Gültigkeit.

Die Kolkraben stehen übrigens in enger Beziehung zu den Wölfen. Diese achten sehr genau auf den Flug der Raben und ihre Stimmen. Umgekehrt begleiten die Raben die Wölfe, fliegen ihnen voraus, erwarten sie auf einem Baum sitzend oder folgen ihrer Spur. Wenn die Wölfe ein Stück Wild anfallen, kreisen die Raben manchmal neugierig über ihnen. Oft brüten die Kolkraben in der Nähe von Wolfslagern. Sie verzehren die Reste des für die Welpen bestimmten Futters und warnen gleichzeitig die Wölfe bei Gefahr. So profitieren beide Arten voneinander, der Rabe als Aasfresser aber zweifellos mehr (Bibikov, 1988).

Die **Nebelkrähe** kommt ausschließlich in den Randbereichen der Heide vor. Der **Eichelhäher** brütet in großer Zahl, dagegen ist der **Tannenhäher** nur noch ein seltener Brutvogel. Um 1890 war er nach v. Sternburg noch ziemlich häufig, nahm aber seitdem immer mehr ab.

Der Uhu wurde in der Rominter Heide bestätigt. Nach einem Gemälde von Fritz Laube im Ostpreußischen Landesmuseum zu Lüneburg

Zum Schluß

Wir sind am Ende unseres Pirschgangs durch die Geschichte der Rominter Heide. Als Rest der einstigen Großen Wildnis blieb sie erhalten und wurde zur eingegatterten Heimstatt des berühmtesten Rotwilds, an dessen Hege Generationen der besten hirschgerechten Jäger beteiligt waren.

Der schicksalhafte Krieg setzte dem ein Ende. Heute, ein halbes Jahrhundert danach, ist die Fläche der Rominter Heide größer geworden, ein ausgedehnter, einsamer Naturraum ist entstanden, der stellenweise den Charakter der Wildnis angenommen hat. Eine Wertung vorzunehmen ist schwierig. Der polnische und der russische Förster und der unbefangene junge Naturfreund werden zu anderen Schlüssen gelangen als der Deutsche, dem die Heide einst Heimat war. Jener findet, was von der Stätte seiner Geburt übrigblieb, vielleicht auch die Gräber seiner Vorfahren, von Moos bedeckt, von hohen Bäumen überwachsen. Über den Ruinen rauscht der ewige Wald. Das ist das Schicksal der verlorenen Heimat.

Die quer durch die Rominter Heide verlaufende Grenze ist schmerzlich. Niemand kann wissen, wie lange dieser Zustand andauern wird. Alles hängt davon ab, was mit dem Königsberger Gebiet geschieht. Die Verfasser möchten dieses Buch mit dem Wunsch auf den Weg schicken, daß an diesem geschichtsträchtigen Ort, wo sich seit jeher verschiedene Kultureinflüsse zu einem harmonischen Ganzen zusammenfanden, dereinst wieder etwas Gemeinsames geschaffen werden kann. Es müssen in Europa künftig Zustände herrschen, die den guten Seiten der menschlichen Natur und den kulturellen Traditionen des Abendlands würdig sind – und dazu gehört auch, daß grenzüberschreitende große Waldgebiete in waldbaulicher, jagdlicher und naturschützerischer Hinsicht aufeinander abgestimmt und gemeinsam geleitet werden.

Abendstimmung über der Rominter Heide in der Zeit der Hirschbrunft

Ein weiteres Anliegen der Verfasser ist es, dazu beizutragen, daß nicht fast ausschließlich reine Trophäenjäger von den Jagdvermittlern in die östlichen Wildbahnen entsandt werden. Es wäre dem Waidwerk weit besser gedient, wenn ein breiter jagdlicher Austausch zustande käme. Eine solche Zusammenarbeit käme unseren westlichen Wildbahnen zugute, indem wir uns Artenkenntnisse und jagdliche Erfahrungen aus wesentlich naturnäheren Lebensräumen aneignen könnten und somit neue Gesichtspunkte zur Beurteilung der bei uns bedrohten Wildarten fänden. Umgekehrt könnten auch Jäger aus dem Osten von manchen Erfahrungen bei der Hege Nutzen ziehen, die unter zunehmend größer werdenden umweltbedingten Schwierigkeiten bei uns gewonnen werden.

Als vor langen Jahren die russische Grenzstadt Wystiten abbrannte, erfuhr dies durch den Nassawer Revierverwalter v. Saint Paul auch der Kaiser. Er überwies dem Forstmeister eine Summe mit dem Auftrag, damit die erste Not der Bevölkerung zu lindern. Der „Heilige Paul" mit seiner alten Wirtschafterin Lene fuhr also mit zehn großen Wagen, vollbepackt mit Kleidungsstücken, zur russischen Grenze. Die Sperre fiel, da er dort allgemein bekannt war; er fuhr auf den Marktplatz der verbrannten Stadt, wo er mit Freude empfangen wurde.

Im Herbst kam der Kaiser zur Pirsch nach Rominten und wollte sich das inzwischen neu erbaute Wystiten ansehen. Forstmeister v. Saint Paul auf seiner alten Fuchsstute war der Führer, der Kaiser in russischer Generalsuniform folgte, die Grenzposten salutierten, die Sperre fiel, und dann ging es auf den Marktplatz, wo die Bevölkerung in Jubel ausbrach, als sie den Kaiser erkannte. Das Vertrauen, die Vernunft und Unkompliziertheit, die aus dieser Geschichte sprechen, müssen das ferne Ziel aller Bemühungen sein.

Schließlich der letzte, wichtigste Wunsch, der mit dem vorliegenden Buch einhergehen soll: **Möge die Rominter Heide für alle Zeiten von überbordenden Menschenmassen verschont sein und immer das stille, einsame Waldgebiet bleiben, als das wir es lieben!**

*

Die Verfasser danken den Herren Frank Rakow, Inhaber des „nimrod-verlages", für sein lebhaftes Interesse und die gute Ausstattung des Buches, Legationsrat Erster Klasse Dr. L. Biewer (Bonn) für wichtige Hinweise, Oberförster Mgr. Ing. A. Krajewski (Szittkehmen) für stetiges Entgegenkommen, Hilfe und Auskünfte sowie Dr. A. Freiin Speck v. Sternburg (Bonn) für Unterlagen, wertvolle Ratschläge und die arbeitsintensive Durchsicht des Manuskripts. Mgr. Ing. B. Pawłowski (Blankenheim) brachte es nach hartnäckigen Bemühungen fertig, daß die Verfasser als erste nach dem Krieg die nördlichen Reviere Warnen und Nassawen bereisen konnten, wofür ihm hier bestens gedankt sei.

Ferner sind die Verfasser gegenüber folgenden Persönlichkeiten – neben vielen anderen –, die ihnen Auskünfte erteilten und Unterlagen zugänglich machten, zu Dank verpflichtet: Oberjäger St. Barwicki (Goldap), Forstamtmann a. D. F. Borkenhagen, Forstamtmann a. D. K. H. Diekert (Hörden), Fürst A. zu Dohna-Schlobitten (Basel), K. J. Ellert (Neustadt/Weinstraße), Forstamtmann Rüdiger Elsholz (Bad Lauterberg), Forstamtmann a. D. D. Eschment (Lüneburg), Frau H. Frevert (Gernsbach), Forstdirektor Dr. M. Holm (Einhaus), Dr. F.-J. Kaup (Neustadt/Rübenberg), Prof. Dr. W. Kausch (Bovenden), Frau Ch. Kollmeyer (Göttingen), Frau U. Korell geb. Witte (Nidda), Frau R. Londa geb. Hübner (Wanna), Forstamtsrat i. R. H. Müller, Duppach, Frau I. Nagel geb. Roegler (Bad Kreuznach), G.-W. v. Oppen (Kirchzarten), Forstamtmann W. Puchmüller (Springe), Frau R. Remanofsky (Einbeck), Frau A. Röhrig geb. Meyer (Meppen), Oberförster i. R. W. Schröder (Rinteln), Oberjäger A. F. Sitschow (Stallupönen), Frau F. Steinfatt (Düsseldorf), Vortragender Legationsrat Dr. J. Stoffers (Bonn), H. M. F. Syskowski (Soest), Revierförster B. Szkiładź (Blindgallen) sowie Forstamtmann H. Weinreis (Winnefeld/Solling).

Schrifttum

Da häufig mit Ablichtungen gearbeitet werden mußte, fehlen bei einigen Titeln die genauen Jahrgänge und Nummern. Das Verzeichnis enthält auch Schrifttum, das im Text nicht zitiert wurde.

ACHLEITNER, A.: Der Büchsenspanner des Kaisers. Wild und Hund, 1920, Nr. 51
ADOMAT, Forstmeister zu Rominten: Führer zum Ausflug der Gruppe Ost- und Westpreußen des Preußischen Forstvereins in das Forstamt Rominten am 16. Juni 1934. Bericht der 50./51. Versammlung des Pr. Forstvereins zu Königsberg und Goldap 1933/34
ALLGEMEINER DEUTSCHER JAGDSCHUTZVEREIN: Fünfzig Jahre deutscher Jagd. Berlin, 1935
ALPERS, F.: Unser Reichsjägermeister 51 Jahre. Wild und Hund, 1944, Nr. 14
AMBRASSAT, A.: Die Provinz Ostpreußen. Frankfurt/Main, 1978 (Nachdruck von 1912)
ANONYMUS: Der Regierungsbezirk Gumbinnen. Hamburg, 1981 (Nachdruck von 1818)
ANONYMUS: Aus dem Jägerleben des Prinzen Friedrich Karl. Deutsche Jägerzeitung, 19. Juli 1885
ANONYMUS: Das kaiserliche Jagdhaus Rominten bei Theerbude in Ostpreußen. Illustrierte Zeitung, 1891, Nr. 2517
ANONYMUS: Bauskizzen von Jagdhaus und Hubertuskapelle in Rominten
ANONYMUS: Mitteilung über die Versendung von Schwarzwild aus Rußland zum Bahnhof Trakehnen (Geschenk für den Kaiser). Wild und Hund, 1895, Nr. 1
ANONYMUS: Jagdschlösser seiner Majestät Kaiser Wilhelm II. Wild und Hund, 1895, Nr. 6
ANONYMUS: Die Strecke des Kaisers in der Rominter Heide während der diesjährigen Brunftzeit. Wild und Hund, 1895, Nr. 44
ANONYMUS: Aus der Rominter Heide. Wild und Hund, 1898, Nr. 38
ANONYMUS: Se. Majestät der Kaiser vor dem am 30. September 1897 in der Rominter Heide gstreckten Jubiläumshirsch. Wild und Hund, 1898, Nr. 4
ANONYMUS: Nachträgliche Betrachtungen über die letzte deutsche Geweihausstellung. Wild und Hund, 1898, Nr. 18
ANONYMUS: Die von seiner Majestät Kaiser Wilhelm II während den Jahren 1895 - 1899 in den Jagdgehegen Schorfheide und Rominten erlegten Hirsche. Wild und Hund, 1900, Nr. 4
ANONYMUS: Aus der Rominter Heide. Wild und Hund, 1902, Nr. 5
ANONYMUS: Über ein seltenes Jagdabenteuer des Kaisers. Wild und Hund, 1906, Nr. 43
ANONYMUS: Menükarte eines Essens der Rominter Oberförster mit den Offizieren des Königsberger Pionierbataillons Fürst Radziwill (Ostpr.) Nr. 1 in Königsberg, 1910
ANONYMUS: Kaiser Wilhelm in Rominten 1912. St. Hubertus, 1912, Nr. 41
ANONYMUS: Aufnahme des Gedenksteins zu Ehren des Prinzen Friedrich Karl von Preußen in der Rominter Forst. Wild und Hund, 1913
ANONYMUS: Aus der Rominter Heide. Wild und Hund, 1914, Nr. 43
ANONYMUS: Preußisches Försterjahrbuch, 1913, 1925 und 1929. Deutsches Forsthandbuch, 1926 und 1937 und Preußisches Forstbeamten-Jahrbuch, 1936
ANONYMUS: Sammlung von Jagdtrophäen Seiner Majestät des Kaisers und Königs im Schloß zu Schwedt an der Oder (Katalog)
ANONYMUS: Kaiser Wilhelm II. in Goldap. Goldaper Zeitung vom 2. September 1917. Goldaper Heimatbrief, 1988
ANONYMUS: Forstmeister a. D. Freiherr v. Nordenflycht verstorben. Wild und Hund, 1921, Nr. 35
ANONYMUS: Werbeprospekt der Rominter Heide. Undatiert
ANONYMUS: Der Reichsjägerhof Rominten. Seinen Gästen überreicht von Reichsjägermeister Generaloberst Göring
ANONYMUS: Zum 45. Geburtstage des Reichsjägermeisters. Wild und Hund, 1939, Nr. 42
ANONYMUS: Amtliche Bekanntmachung in „Der deutsche Forstwirt" vom 3. Januar 1939 über die Ernennung Fm. Freverts zum Oberforstmeister
ANONYMUS: Zum 46. Geburtstag des Reichsjägermeisters. Wild und Hund, 1939, Nr. 42
ANONYMUS: Zum 47. Geburtstag des Reichsjägermeisters. Wild und Hund, 1940, Nr. 40/41
ANONYMUS: Matador, Zweiundzwanzigender, vom Reichsmarschall des Großdeutschen Reiches, Hermann Göring, im Forstamt Wehrkirchen, Revierförsterei Kausch, am 22. September 1942 erlegt. Wild und Hund, 1943
ANONYMUS: Die Försterin von Jagdbude. Goldaper Heimatbrief
ANONYMUS: Notiz über die Erlegung des „Kriegsministers". Goldaper Heimatbrief, 1971, Nr. 12
ANONYMUS: Bericht aus dem russischen Teil der Rominter Heide zu Ende der vierziger Jahre. Goldaper Heimatbrief, 1987, Nr. 2
ANONYMUS: Die heutigen forstlichen Verhältnisse im nördlichen Ostpreußen. Holz-Zentralblatt Stuttgart, 1967, Nr. 27

ANONYMUS: Buchrezension „Rominten – gestern und heute". Wild, Jacht & Natuur (belgische Jagdzeitschrift), Juni 1993
ABENSPERG, C. u.a.: Um die Aufartungsmethode Draskovitch. Wild und Hund, 1951, Nr. 23
ANHEUSER, E.: Oberforstmeister Walter Frevert verstorben. Wild und Hund, 1962, Nr. 13
ANONYMUS: Die Entstehung des Reichsjagdgesetzes. Wild und Hund, 1949, S. 31-33
ANONYMUS: Buchrezension „Rominten – gestern und heute". Der Anblick, 1993, Nr. 1
ANONYMUS: Buchrezension „Rominten – gestern und heute". Unsere Jagd, 1993, Nr. 7

B. P.: Oberforstmeister Otto Bernhardi im Ruhestand. Wild und Hund, 1974, Nr. 17
BEGLEIT-REGIMENT HERMANN GÖRING: Befehl des Kommandeurs vom 1. August 1944 über die Niederbrennung des Reichsjägerhofes, des Forsthauses sowie des Jagdschloßes Rominten
BENINDE, J.: Die Einbürgerung märkischen Rotwildes im südlichen Ostpreußen. Wild und Hund, 1937
BENINDE, J.: Zur Naturgeschichte des Rothirsches. Hamburg und Berlin, 1988 (Nachdruck von 1937)
BENINDE, J.: Die Krone des Rothirschgeweihs. Zeitschrift für Säugetierkunde, Bd. 15, 1940
BENINDE, J.: Die Fremdblutkreuzung (sog. Blutauffrischung) beim deutschen Rotwild. Sonderheft der Zeitschrift für Jagdkunde, 1940
BENINDE, R. M.: Jagen und Reiten, Passion meines Lebens. Hamburg und Berlin, 1975
BENZEL, W.: Im Paradies der Hirsche. Berlin, 1967
BERCIO, DR.: Aus der Rominter Heide vor 100 Jahren. Wild und Hund, 1926
BERGMANN, H. H. et al.: Das Haselhuhn. Wittenberg Lutherstadt, 1978
BIBIKOW, D. I.: Der Wolf. Wittenberg Lutherstadt, 1988
BIEHL, K.: Die Einbürgerung des Damwildes in Ostpreußen. Wild und Hund, 1940
BIEWER, L.: Buchrezension „Rominten – gestern und heute". Deutsches Adelsblatt, 1994, Nr. 1
BISMARCK, O. V.: Aus einem deutschen Jagdparadies. Der Heger, 1926, Nrn. 1 und 2
BISMARCK, O. V.: Paul Witte vollendet 90. Lebensjahr. Wild und Hund, 1956, Nr. 19
BLEY, F.: Kaiserliche Jagdgebiete am Kriegsschauplatze. Wild und Hund, 1915, Nr. 4
BLEY, F.: Richard Friese. Wild und Hund, 1916, Nr. 25
BLEY, F.: Von wehrhaftem Raubwilde. Leipzig, 1918
BLEY, F.: Zu Richard Frieses Gedächtnis. Wild und Hund, 1919, Nr. 26
BLEY, F.: Wald und Wild in deutscher Kunst. Wild und Hund 1919, Nr. 52
BLEY, F.: Vom Edelen Hirsche. Leipzig, 1923
BOETTCHER, M.: Deutschen Weidwerks Hohes Lied. Zur Fünfzigjahrfeier des A. D. J. V. Berlin, 1925
BORCKE, H. V.: Mit Prinz Friedrich Karl. Berlin, 1893
BORKENHAGEN, F.: Der Weg zur deutschen Försterchronik. Unveröffentlicht, 1977
BOROWSKI, ST. und L. MIŁKOWSKI: Beobachtungen zum Schalenwild der Białowieża-Heide in den Jahren 1969 - 1973. Zeitschrift für Jagdwissenschaft, 1977
BRASSAT, E.: Bericht über die Erlegung eines Rominter Hirsches mit Forstmeister Frhrn. Speck v. Sternburg und Revierförster Carl Gau. Unveröffentlichtes Manuskript
BUSDORF, O.: Wilddieberei und Förstermorde. München, 1980

CEGLARSKA, E. et al.: Gołdap z dziejów miasta i powiatu. Olsztyn, 1971
CONRAD, A.: Mischwaldbestände Ostpreußens. Der deutsche Forstwirt, 1929, Nr. 70

D., E. V.: Zum Geburtstag unseres Reichsjägermeisters. Der deutsche Jäger, 1941/1942, Nr. 41/42
DAVYDOV, A. V. und KRAVCENKO, V. I.: Lesa Kaliningradskoj oblasti. Lesa SSSR, 1966, Nr. 2
DECKEN, E.: Verein „Hirschmann" in Rominten. Wild und Hund, 1926
DEUTSCHER FORSTVEREIN: Jahresbericht 1929. Berlin, 1929
DIECKERT, H.: Buchrezension „Rominten – gestern und heute". Niedersächsischer Jäger, 1993, Nr. 6
DIEKERT, K. H.: Schriftwechsel mit W. Puchmüller
DIEKERT, K. H.: Dokumente, Unterlagen und Briefe aus seiner Lehrzeit bei Revierförster Glashagen in Nassawen
DINCKLAGE, Frhr. V.: Der Kaiser als Jäger und Heger. Wild und Hund, 1913, Nr. 24
DOHNA, A. Fürst zu: Erinnerungen eines alten Ostpreußen. Berlin, 1989
DOHNKE, A.: Erinnerungen an Rominten. Stallupöner Heimatbrief
DORNBERGER, W.: Buchrezension „Rominten – gestern und heute". Journal für Ornithologie, 1993
DRASKOWICH, I. Graf: Rotwildhege. Innsbruck, 1951
DUBAS, J. W. und W. JEZIERSKI: Effekte der jagdlichen Auslese beim männlichen Rotwild. Zeitschrift für Jagdwissenschaft, 1989, Nr. 3

Dudziński, W., Haber, A. und G. Matuszewski: Die Verbreitung des Marderhundes in Polen. Zeitschrift für Jagdwissenschaft, 1963, Nr. 3

Eiberle, K.: Lehren aus der Verbreitungsgeschichte der mitteleuropäischen Wildkatze. Schweizerische Zeitschrift für Forstwesen, 1980, Nr. 11
Eiselt, R.: Rominten. Wild und Hund, 1915, Nr. 4
Ellert, K.-J.: Bronze-Hirsch aus Rominten steht in Smolensk. Goldaper Heimatbrief
Engels, R.: Die preußische Verwaltung von Kammer und Regierung Gumbinnen 1724 - 1870. Berlin und Köln, 1974
Eschment, D.: Forstamt Adlersfelde. Verzeichnis der Dienstbezirke und der Beamten. Unveröffentlichte Aufzeichnung
Eschment, D.: Zusammenstellung der Namen der Forstbeamten der Rominter Heide in Tabellenform. Unveröffentlichte Aufzeichnung

Fałat, J.: Pamiętniki. Katowice, 1987
Fallschirm-Panzer-Grenadier-Regiment 1 Hermann Göring: Befehl des Kommandeurs, November 1944
Fengewisch, H. J.: Großraubwild in Europas Revieren. München, 1968
Finckenstein, K. Graf: Blick von den Zinnen. Hamburg und Berlin, 1963
Foerster, W.: Prinz Friedrich Karl von Preußen. Stuttgart und Leipzig, 1910
Forsteinrichtungsanstalt Berlin: Waldpläne der Oberförstereien Nassawen, Warnen und Szittkehmen, verschiedene Jahrgänge
Fournier, W. (der „wilde Jäger"): Die Jagdbilderausstellung bei Schulte. Wild und Hund, 1907, Nr. 9
Frevert, H.: Waidwerk und moderne Technik. Wild und Hund, 1958, Nr. 3
Frevert, H.: Meine Waidmänner und ich. München, 1965
Frevert, H.: Feisthirsche... leise! Wild und Hund, 1974
Frevert, H.: Blamier' die Innung nicht! Wild und Hund, 1975
Frevert, H.: Sein Leutnant. Wild und Hund, 1976, S. 378-380
Frevert, H.: Die erste Beute. Wild und Hund, 1978
Frevert, H.: Der Wettlauf. Wild und Hund, 1978
Frevert, H.: Da drückt Hubertus ein Auge zu. Melsungen, 1990
Frevert, H.: So entstand das Buch Rominten. Die Pirsch
Frevert, W.: Die deutschen Jagdsignale. Wild und Hund, 1937, Nr. 15
Frevert, W.: Die Schweißhundführung, eine Organisationsfrage. Wild und Hund, 1937, Nr. 32
Frevert, W.: Schau Rominten. Waidwerk der Welt, Berlin, 1937
Frevert, W.: Schau Rominten. IJA Berlin 1937, amtlicher Führer
Frevert, W.: Brief vom 16. August 1939 an Revierförster Neureuther, Reiff
Frevert, W.: Die Geweihbildung in der Rominter Heide. Wild und Hund
Frevert, W.: Wolfsjagden in der Rominter Heide. Wild und Hund, 1939
Frevert, W.: Die Leistungen unserer Hannoverschen Schweißhunde. Wild und Hund, 1940, Nr. 1/2
Frevert, W.: Rotwildstatistik. Wild und Hund, 1941
Frevert, W.: Saujagden mit der Meute. Wild und Hund, 1942, Nr. 45/46
Frevert, W.: Zehn Jahre Jagdherr in Rominten. Zum 50. Geburtstag des Reichsjägermeisters. Manuskript, 1943
Frevert, W.: Unbetiteltes, undatiertes Manuskript über Göring und Rominten
Frevert, W.: Abwurfstangen. Wild und Hund, 1949, S. 8-9
Frevert, W.: Die gerechte Führung des Hannoverschen Schweißhundes. Hamburg und Berlin, 1952
Frevert, W.: Rominten, wie wir es lieben. Goldaper Heimatbrief, 1953
Frevert, W.: Hirsche haben ihre Schicksale. Wild und Hund, 1954
Frevert, W.: Gedenkschau „Rominten". Jagd und Hege in aller Welt. Düsseldorf, 1955
Frevert, W.: Die Fütterung des Rotwildes. Hamburg, 1956
Frevert, W.: Architektur und Malerei in Rominten. Die Pirsch, 1957, Nr. 19
Frevert, W.: Ansprache zu seinem 60. Geburtstag (gedruckt)
Frevert, W.: Rominten. München, 1957
Frevert, W.: Und könnt' es Herbst im ganzen Jahre bleiben. Hamburg und Berlin, 1957
Frevert, W.: In eigener Angelegenheit. Wild und Hund, 1959, Nr. 1
Frevert, W.: Das Jägerleben ist voll Lust und alle Tage neu. Hamburg und Berlin, 1960
Frevert, W.: Das Schiwy-Abkommen. Wild und Hund, 1960, Nr. 26
Frevert, W.: Die Rominter Heide. Kapitel aus „Ulrich Scherping und ein halbes Jahrhundert deutsche Jagdgeschichte". Hamburg und Berlin, 1960

FREVERT, W.: Korrespondenz über die Suche nach dem Hirsch „Junker" des Generalobersten K. Student
FREVERT, W.: Waidwerk und Technik. Die Pirsch, 1962, Nr. 9
FREVERT, W.: Abends bracht' ich reiche Beute. Hamburg und Berlin, 1963
FREVERT, W.: Wörterbuch der Jägerei. Hamburg und Berlin, 1966
FREVERT, W.: Das jagdliche Brauchtum. Hamburg und Berlin, 1969
FREVERT, W.: Militärische Personalakten (aus dem Bestand des Bundesarchivs)
FRIEDRICH WILHELM Prinz von Preußen: Das Haus Hohenzollern 1918 - 1945. München, Wien, 1985
FRIESE, E.: Richard Friese, ein deutsches Künstlerleben. Berlin, 1930
FRIESE, R.: Kaiserhirsche. 17 Geweihstudien aus dem früheren Leibgehege Rominten. Deutsche Jäger-Zeitung, 1920, Nr. 35
FRIESE, R.: Skizzen aus seinem Nachlaß. Archiv der Landsmannschaft Ostpreußen, Hamburg

GALLAND, A.: Die Ersten und die Letzten. Darmstadt, 1953
GAUTSCHI, A.: Die Rominter Heide und ihr Wild. Wild und Hund, 1982, Nr. 23
GAUTSCHI, A.: Hirschgedenksteine in der Rominter Heide. Niedersächsischer Jäger, 1983, Nr. 1
GAUTSCHI, A.: Winter – erlebt in einer polnischen Oberförsterei. Feld, Wald, Wasser, 1985, Nr. 5
GAUTSCHI, A.: Bericht über die Erlegung eines ungeraden Sechzehnenders in der Rominter Heide. Goldaper Heimatbrief, 1986, Nr. 1
GAUTSCHI, A.: Eine Hirschbrunft im Osten. Feld, Wald, Wasser, 1988, Nr. 9
GAUTSCHI, A.: Mein Weg nach Rominten. Goldaper Heimatbrief, 1991, Nr. 3
GAUTSCHI, A.: Das Wiederauftauchen des Bären (Ursus arctos L.) in einem früheren Ausrottungsgebiet der Ebene Ostmitteleuropas. Feld, Wald, Wasser, 1992, Nr. 1
GAUTSCHI, A.: Verkämpfte Rominter Hirsche. Wild und Hund, 1992, Nr. 1
GAUTSCHI, A.: Wolfsbegegnungen in der Rominter Heide. Goldaper Heimatbrief, 1992
GAUTSCHI, A.: Rominten wird größer als einst. Wild und Hund 1993, Nr. 7
GAUTSCHI, A.: Der Rominter Hirsch. Bothel, 1994
GENERALSTAB DER ROTEN ARMEE (Herausg.): Karte der Rominter Heide, 1936, 1:100.000
GENTHE, F.: Kaiser Wilhelm II. als Jäger. Das Weidwerk in Wort und Bild, 1913, Nr. 18
G. H.: Der letzte Oberforstmeister von Rominten. aus einer Tageszeitung vom 3. August 1962
GŁÓWNY URZĄD GEODEZJI I KARTOGRAFII: Mapa topograficzna Zytkiejmy/Gołdap 1 : 25 000
GÖRING, H.: Jagdtagebuch aus Rominten, 1936, 1937
GÖRING, H.: Tagebuchauszüge aus den Jahren 1940, 1941, 1943 und 1944 von seinen Aufenthalten in Rominten. Mikrofilmsammlung David Irving
GÖRING, H.: Zum 10. Jahrestag des Reichsjagdgesetzes. Wild und Hund, 1944, Nr. 14
GOLDAPER KREISBLATT vom 15. Sept. 1912: Polizeiverordnung über die Sperrung der Rominter Heide vom 20. Sept. bis zur Abreise des Kaisers
GRACZYK, R.: Der Wisent in Polen und die Perspektiven seiner Restitution in Wäldern Europas. Zeitschrift für Jagdwissenschaft, 1981
GRIGAT, S.: Goldap aktuell – Goldap offiziell. Goldaper Heimatbrief, 1991
GRITZBACH, E.: Hermann Göring – Werk und Mensch. München, 1943
GROSS, H.: Die Moorformen der Fichte. Mitteilungen der deutschen dendrologischen Gesellschaft, 1929, Nr. 41
GROSS, H.: Forstbotanische Besonderheiten Ostpreußens. 50. Mitgliederversammlung des Preußischen Forstvereins zu Königsberg und 1. Mitgliederversammlung des Deutschen Forstvereins, Gruppe Ost- und Westpreußen zu Goldap, 1933/34
GROSS, H.: Lindenwaldbestände in Ostpreußen. Naturschutz, 1933, Nr. 7
GROSS, H.: Die Fichte in Ostpreußen. Zeitschrift für Forst und Jagdwesen, 1934
GROSS, H.: Zur Entwicklungsgeschichte des Fichtenanteils der Rominter Heide. Forstliche Wochenschrift Silva, 1935, Nrn. 1 und 2
GROSSMANN, Kgl. Forstaufseher: Aus der Rominter Heide. Deutsche Jägerzeitung, 17. Januar 1886
GUSSONE, H.: Oberforstmeister Frevert 60 Jahre. Wild und Hund, 1957, Nr. 15

HABE: Erinnerungen an Iszlaudszen. Goldaper Heimatbrief, 1963
HAGEN, O. V.: Die forstlichen Verhältnisse Preußens. Berlin, 1894
HARLING, G. V.: Professor Gerhard Löbenberg zum 100. Geburtstag. Wild und Hund, 1991, Nr. 19
HAUSENDORF, E.: Gedenken an Joachim Beninde. Wild und Hund, 1951, S. 37-38
HECK, L.: Der deutsche Edelhirsch. Berlin, 1935
HECK, L.: Hirschbrunft in Rominten 1934. Wild und Hund, 1935

Heck, L.: Brunfteindrücke 1936. Wild und Hund, 1936
Heck, L.: Die Neuzüchtung des Auerochsen. Wild und Hund, 1939
Heck, L.: Stangen- und Geweihschauen 1931 in den großen norddeutschen Rotwildgebieten Rominten, Schorfheide und Landsberger Heide. Wild und Hund, 1931, Nr. 4
Heck, L.: Hirschbrunft 1943 in Rominten. Wild und Hund, 1943
Heck, L.: Waidwerk mit bunter Strecke. Hamburg und Berlin, 1968
Heek, G. J. van: Prof. Richard Friese. Zwolle, 1956
Heidemann, R. und H. Ronigkeit: Verbotenes Ostpreußen. Das Ostpreußenblatt, 21. Juli 1990
Hell, P.: Der Wolf in den slowakischen Karpaten. Zeitschrift für Jagdwissenschaft, 1990, Nr. 3
Hellwig, H.: Die „Hirschmama" mit ihrem „Dicken". Wild und Hund, 1933, Nr. 14
Henderson, Sir N.: Fehlschlag einer Mission. Zürich, 1940
Hennenberger, C.: Große Landkarte Preußens 1576
Hennig, R.: Buchrezension in: Waldhygiene 20, 1994, Heft 3
Heptner, V. G. und N. P. Naumov: Die Säugetiere der Sowjetunion. Band II. Jena, 1974
Herber, R.: Gerhard Löbenberg – ein Lebensbild. Wild und Hund, 1967
Herrmann, G.: Aus dem Weidmannsleben eines deutschen Heerführers. Zum Gedächtnis Seiner Königlichen Hoheit des Prinzen Friedrich Karl von Preußen. Wild und Hund, 1895, Nr. 34
Heydenreich, H. G.: Vereinzelte Elchvorkommen in Ostpreußen 1958. Zeitschrift für Jagdwissenschaft, 1959, Nr. 1
Hintze, O.: Die Hohenzollern und ihr Werk. Berlin, 1916
Hitschold, Fm. Dr.: Das Fichtensterben in Ostpreußen. Bericht der 50./51. Versammlung des Preußischen Forstvereins zu Königsberg und Goldap 1933/34
Hitzer, F.: Rotwild in der Augustow-Heide. Wild und Hund, 1958, Nr. 1
Holm, H.: Geweihskizzenbuch des Forstamts Warnen 1943 und 1944
Holzapfel, A.: Es war nicht alles Gold, was glänzte! Die Pirsch
Hoppe, St. v.: Großraubwild in polnischen Wildbahnen. Wild und Hund
Hornberger, F. W.: Der Wolf in Ostpreußen 1900 - 1945. Zeitschrift für Jagdwissenschaft, 1963, Nr. 3
Hüttenrauch, O.: Die Rominter Heide. Die Gartenlaube, 1903, Nr. 35
Hufnagel, H.: Kopfstücke. Kurier (Wien) vom 16. Jan. 1993

Internationaler Militärgerichtshof Nürnberg: Der Prozeß gegen die Hauptkriegsverbrecher, Nürnberg, 1948
Irving, D.: Göring. München und Hamburg, 1987
Irving, D.: Die Tragödie der deutschen Luftwaffe. Frankfurt/M. und Berlin, 1970

Järisch, F.: Vom deutschen Rotwild vergangener Zeiten. Jahresbericht der Hövelsammlung im Jagdschloß Hubertusstock. Eberswalde, 1931
Järisch, F.: Die Auslese der deutschen Kapitalgeweihe. Deutsches Weidwerk, 1934, Nr. 11
Johannes, J.: Denkschrift über seine Gespräche mit Generalleutnant a.D. Adolf Galland. Attendorn, 1994 (unveröffentlicht)
Jüdtz, Oberförster zu Warnen: Kurze Beschreibung der Reviere der Romintischen Heide, insbesondere der Forstreviere Warnen und Goldap. 16. Versammlung des Preußischen Forstvereins zu Goldap, 1887

K.: Kapitalhirsch „Fürst", erlegt am 24. September 1938 in der Rominter Heide durch den Reichsjägermeister. Wild und Hund
Kr.: Rominter Kapitalhirsch in Het Loo (Holland). Wild und Hund, 1962, S. 162
Karte der Rominter Heide, ungefähr zur Zeit des Ersten Weltkriegs
Karte des Regierungsbezirks Gumbinnen, 1733
Keck, O.: Litauische Geschichten. Manuskript
Kenneweg, Hegemeister: Eine dreitägige Wolfsjagd. Insterburg, 1939
Kenneweg, Hegemeister: Adler in der Rominter Heide. Insterburg, 1939
Kenneweg, Hegemeister: Der Rominter Hirsch – ein ostpreußisches Naturdenkmal. Insterburg, 1939
Kiessling, W.: Der Rothirsch und seine Jagd. Neudamm, 1925
Kolk, der Rabe: Der Reichsjägermeister zur Hirschbrunft 1937 in Ostpreußen. Wild und Hund, 1937
Kontny, M.: Hirschbrunft in der Rominter Heide. Goldaper Heimatbrief, 1957
Korell-Witte, U.: Mitteilung über Forstmeister Witte, 1989
Körner, A. und R. Vetter: Wildnis der Wisente. Leipzig, 1973
Kr: Der angebundene Hirsch. Deutsche Jagd, 1940, 2. August
Krajewski, J.: Analiza populacji Jelenia i łosia w Puszczy Rominckiej. Magisterarbeit, ausgeführt an der Abteilung

für Jagdwirtschaft und forstliche Zoologie der Landw. Hochschule Warschau, Fakultät für Forstwissenschaften. Warschau, 1993 (unveröffentlicht)
KRAMER, H.: Elchwald. Land, Leute, Jagd. München, 1963
KROTT, P.: Die Bedeutung des Fluchtraumes für das Auerwild. Der Anblick, 1991
Kurhaus und Hotel ZUM HIRSCHEN, Jagdhaus Rominten: Prospekt, ca. 1933

L., Kgl. Forstmeister a.D.: Ein Gedenktag der Rominter Heide. Wild und Hund, 1917, Nr. 28
LACKNER, M.: Rominten. Der Anblick, 1987
LANGE, E.: Der Reichsmarschall im Kriege. Stuttgart, 1950
LAUTERJUNG, F. und v. FRANKENBERG UND LUDWIGSDORF, O.: Oberforstmeister Walter Frevert verstorben. Wild und Hund, 1962, Nr. 13
LEBEDEVA: Ekologicnye osobennosti kabana v Belovezskoj pusce. Ucenye zapisi Moskov. gorodsk. pedagog. instituta zoologii, 1956, Nrn. 4 und 5
LEHNDORFF, H. Graf: Menschen, Pferde, weites Land. München, 1980
LEMKE, K.: Rominten – Versunkenes Jagdeldorado. Unsre Jagd, 1992, Nr. 3
LEWARK, S.: Tradition des Holzbaues in Norwegen. Allgemeine Forstzeitschrift, 1987, Nr. 18
LIEBENEINER, E.: Aus meinem Leben. Lüneburg, 1987 (unveröffentlicht)
LINDEINER-WILDAU, H.-G. v.: Scherping – einem Freund zum Gedächtnis. Wild und Hund, 1978
LINDEMANN, W.: Luchse im Bezirk Allenstein. Wild und Hund, 1955, Nr. 20
LINDEMANN, W.: Rotwild in der Augustow-Heide. Wild und Hund, 1956, Nr. 1
LINDENBERG, P.: Hindenburg – Denkmal für das deutsche Volk. Berlin, 1922
LÖBENBERG, G.: Brunfttage in einem Idealrevier. Wild und Hund, 1921, Nr. 38/39
LÖBENBERG, G.: Der Schirmherr der deutschen Jagd in Rominten. Wild und Hund
LOEFFKE, H. L.: Kurzbiographien Rominter Jäger und Forstleute. Unveröffentlicht
LOPSIEN, K.: Marder am Luder. Wild und Hund, 1978
LÖWE, O.: Rominter 20-Ender. Wild und Hund, 1955, Nr. 26
LUCHS, F.: Eine Erinnerung an Frhr. von Nordenflycht. Wild und Hund, 1921, Nr. 41
LUCHS, F.: Des Kaisers Jagdtrophäen im Schlosse zu Schwedt an der Oder. Wild und Hund, 1932, Nr. 25
LUDEWIG, K. W.: Hegemeister ... Wild und Hund, 1975
LUDWIG, E.: Wilhelm der Zweite. Berlin, 1926
LUDWIG, H.: Russische Schilder am Wystiter See. Goldaper Heimatbrief, 1994

MAGER, F.: Wildbahn und Jagd Altpreußens. Neudamm und Berlin, 1941
MAGER, F.: Der Wald in Altpreußen als Wirtschaftsraum. Köln und Graz, 1960
MALANOWSKI, A.: Gehören Görings Geweihe ins Museum? AZ München, 5. März 1992
MARSCH-POTOCKA, R.: Heute pirschen hier die „Devisenjäger". Aus der Thüringer Landeszeitung vom 27. April 1992
MECKEL, A.: Meine Waidmannsjahre. Melsungen, 1957
MEINECKE, G.: Professor Gerhard Löbenberg zum 75. Geburtstag. Wild und Hund, 1966
MEYER, E. J.: Verdienste um Ostpreußens Wald und Wild. Die Pirsch, 1963, Nr. 19
MEYKE, R.: Ein Kapitalhirsch. Goldaper Heimatbrief, 1953
MICKE, D.: Ersatzbetriebswerke für die Forstämter Nassawen und Rominten, 1960/61
MIGNAT, J.: Der Kreis Goldap. Würzburg, 1965
MINISTERIUM FÜR LANDWIRTSCHAFT, DOMÄNEN UND FORSTEN: Korrespondenz betr. den Kgl. Förster Walter zu Szittkehmen
MIRBACH-SORQUITTEN, J. Graf v.: Anbau der perennierenden Lupine. – Das Vorkommen des Haselhuhns in Ostpreußen. Wild und Hund, 1895, Nr. 46
MONKIEWICZ, W.: Bez Przedawnienia. Białystok, 1986
MONKIEWICZ, W.: Białowieża w cieniu swastyki. Białystok, 1984
MONKIEWICZ, W.: Wies białostocka oskarża. Białystok, 1981
MOSLER-BOEHM, L.: Die freilebende Tierwelt im heutigen Ostpreussen. Wild und Hund, 1957, Nr. 22
MÜLLER, G. A. v.: Der Kaiser ... Herausgegeben von Walter Görlitz, Göttingen, 1965
MÜLLER, H.: Die gemischten Bestände Ostpreußens. Forstliche Wochenschrift Silva, 1929, Nrn. 24 und 25

NADLEŚNICTWO GOŁDAP: Statistische Erhebungen über Abschuß und Wildbestand
NIEMANN, Forstassessor: Ein Luchs in der Rominter Heide. Wild und Hund, 1930, Nr. 33
NORDENFLYCHT, G. Frhr. v.: Referat zu den Winterverlusten von Rot- und Rehwild, gehalten an der 18. Versammlung des Preußischen Forstvereins zu Wehlau, 1889
NORDENFLYCHT, G. Frhr. v.: Noch ein Beitrag zur Fütterung der Rehe. Wild und Hund, 1895, Nr. 21

Nordenflycht, G. Frhr. v. (anonym): Jagdnachbarschaften. Wild und Hund, 1897, Nrn. 22 und 24
Nordenflycht, G. Frhr. v.: Der Schuß auf den Birkhahn. Wild und Hund, 1905, Nr. 43
Nordenflycht, G. Frhr. v.: Über den Abschuß des weiblichen Schalenwildes. Wild und Hund, 1907, Nr. 50
Nordenflycht, G. Frhr. v.: Der Rotwildabschuß in den preußischen Staatsforsten. Wild und Hund 1914, Nr. 13
Nordenflycht, G. Frhr. v.: Erfreuliches vom Hochwilde. Wild und Hund, 1921, Nr. 10
Notz, F. W. v.: Vergleichende Studien an Rothirschgeweihen alter und neuer Zeit. Wild und Hund, 1955, S. 147-150
Notz, F. W. v.: Drei Spitzengeweihe aus dem Ostpreußischen Jagdmuseum. Wild und Hund, 1973
Nüsslein, F.: Oberforstmeister Walter Frevert verstorben. Wild und Hund, 1962, Nr. 11

Oberforstmeisterbezirk „Rominter Heide": Geweihbewertungskarte für den von Ofm. Frevert am 18. Okt. 1939 erlegten Hirsch. Verfügungen vom 23 Juni 1939, 25. Juli 1939 und vom 7. Dez. 1939. Protokoll über die Dienstbesprechung der Forstbeamten der Rominter Heide vom 4. September 1940. Wildstatistik ab 1935
Oberforstmeisterbezirk „Rominter Heide": Hirschlagerbuch. Nassawen, 1938
Oberforstmeisterbezirk „Rominter Heide": Verzeichnis der Hirsche, die in den Jagdjahren 1943/44 und 1944/45 zum Abschuß für den Reichsmarschall und seine Gäste vorgesehen sind
Obgartel, W.: Die Rominter Heide. Goldaper Heimatbrief, 1957
Oepen, H. v.: Jagen in Rominten. Hamburg und Berlin, 1982
Okręgowy zarząd lasów państwowych w Białymstoku: Auszug aus dem Forsteinrichtungswerk 1984 der Oberförsterei Goldap. Abschrift
Okręgowy zarząd lasów państwowych w Białymstoku: Wildschadenerhebung für die Oberförsterei Goldap, 1990
Omiljanowicz, A.: Tajemniczy gość zamku Rominten. Gazeta współczesna, Dezember 1991
Oppen, D. v.: Lebensskizzen aus der Familie von Oppen, vornehmlich im 20. Jahrhundert. Marburg/Lahn, 1983/85
Orthwein, L.: Erbgut und natürliche Selektion als Faktoren der Merkmalsbildung beim Rotwild Ostpreußens. Z. f. angew. Zoologie, im Druck

Padeffke, W.: Rominten vor fünfzig Jahren. Erinnerungen eines Försters
Passarge, L.: Aus Baltischen Landen. Glogau, 1878
Perling, B.: Zwölf Kupfertiefdruckkarten von der Rominter Heide. Königsberg/Pr.
Personalakten der NSDAP, Archivbestände des Berlin Document Center
Pharus-Plan der Rominter Heide. 1 : 55 000
Pogge, K.: Aus Rominten. Wild und Hund, 1931, Nr. 41
Pogge, K.: Aus meiner Jagdtasche. Wild und Hund, 1935, Nr. 24
Preussisches Finanzministerium: Akte über das Kaiserl. Jagdschloß Rominten 1920 bis 1924. Archivbestände des früheren Zentralen Staatsarchivs, Merseburg
Preussisches Landwirtschaftsministerium: Plan des Unterförster-Etablissements Gollubien. Aktenbände über die Anstellung der Oberforstbedienten im Forstberitt Nassawen 1807 - 1827. Archivbestände des früheren Zentralen Staatsarchivs Merseburg
Preussisches Staatsministerium: Belege für den Jägerhof Rominten des Ministerpräsidenten. Archivbestände des Geheimen Preußischen Staatsarchivs Berlin
Preussisches Staatsministerium: Handbuch über den Preußischen Staat. 1938
Proell, F.: "Deine Bauchschüsse kenne ich, mein Sohn!" Das Ostpreußenblatt, 1982. Dazu eine Ergänzung von Dr. Anna v. Sternburg

Rabetge, H.: Das Jagdschloß von Rominten. Königsberg/Pr.
Rakowski, G.: Mazury Garbate. Warschau, 1989
Ramelow: Das Aussetzen von Rominter Rotwild. Wild und Hund, 1934, Nr. 16
Reetz, H.: Buchrezension „Rominten – gestern und heute". Wild und Hund, 1992, Nr. 25
Redaktion Wild und Hund: Abschied von Walter Frevert. Wild und Hund, 1962, Nr. 11
Regierungsforstamt Gumbinnen: Schreiben von Ministerpräsident Göring vom 1. Dez. 1939 betr. Verhalten der Beamten, Angestellten und Arbeiter im öffentlichen Dienst. Verfügung vom 11. September 1939 betr. Bruchlandungen von Flugzeugen
Reichsamt für Landesaufnahme: Meßtischblätter der Rominter Heide, 1 : 25 000
Reichsbund deutsche Jägerschaft: Jahrbücher 1935/36 - 1939/40
Reiff, C. F. W.: Eine Luchsjagd in der Rominteschen Heide, im Regierungsbezirk Gumbinnen. Forstliche Blätter, 1862
Reiff, C. F. W.: Das Rothwild der Romintischen Haide. Kritische Blätter für Forst- und Jagdwissenschaft, 1858
Reiff, J. W.: Buchrezension „Rominten – gestern und heute". Feld, Wald, Wasser – Schweizerische Jagdzeitung,

1993, Nr. 2
RIECK, W.: Professor F. Nüsslein zum 60. Geburtstag. Wild und Hund, 1959, Nr. 5
RIEDEL, E.: Ein starker Rominter Bock und seine Geschichte. Wild und Hund, 1993, Nr. 4
RODE, M.: Kaiser Wilhelm II. Jagdschloßanlage in Rominten. Goldaper Heimatbrief, 1990, Nr. 1
ROEGLER, K. (Revierförster zu Szittkehmen): Unveröffentlichte Aufzeichnungen
RÖHRIG-MEYER, A.: Jugenderinnerungen aus der Kaiserzeit. Goldaper Heimatbrief, 1988, Nr. 4
ROLLFING, J.: Über die Jagdgewehre des Kaisers. Wild und Hund
ROLLFING, J.: Seine Majestät der Kaiser zur Brunft 1898. Wild und Hund, 1898, Nr. 43
ROLLFING, J.: Streckenbericht über die Erlegung des 44-Enders in der Rominter Heide. Wild und Hund, 1898, Nr. 40
ROLLFING, J.: Seine Majestät der Kaiser in der Schorfheide, in Schweden und Rominten. Wild und Hund, 1899, Nr. 43
ROLLFING, J.: Birschfahrten Seiner Majestät des Kaisers in seinen Leib-Birschrevieren Rominten und Schorfheide 1900. Wild und Hund, 1900, Nrn. 44 und 45
ROLLFING, J.: Birschfahrten Sr. Majestät des Kaisers. Wild und Hund, 1901, Nrn. 41, 42 und 44
ROLLFING, J.: Birschfahrten Sr. Majestät des Kaisers. 1902, Nr. 44
ROLLFING, J.: Der Kaiser in Rominten 1903. Wild und Hund, 1903, Nrn. 42 und 43
ROLLFING, J.: Kapitale Abwurfstangen aus der Rominter Heide. Wild und Hund, 1904, Nr. 26
ROLLFING, J.: Jagdtage Sr. Majestät des Kaisers in Ost- und Westpreußen und der Mark. Wild und Hund, 1904
ROLLFING, J.: Se. Majestät der Kaiser in Rominten 1905. Wild und Hund, 1905, Nrn. 40, 41 und 42
ROLLFING, J.: Se. Majestät der Kaiser in Rominten 1906. Wild und Hund, 1906, Nrn. 40, 41 und 42
ROLLFING, J.: Rominten 1907. Wild und Hund, 1907, Nrn. 41, 42 und 43
ROLLFING, J.: Der Kaiser in Rominten. Wild und Hund, 1908, Nrn. 42, 43 und 44
ROLLFING, J.: Der Kaiser in Rominten. Wild und Hund, 1909, Nrn. 41, 42 und 43
ROLLFING, J.: Der Kaiser in Rominten. Wild und Hund, 1910, Nrn. 42 und 43
ROLLFING, J.: Der Kaiser in Rominten. Wild und Hund, 1911, Nrn. 40, 41, 42 und 43
ROLLFING, J.: Der Kaiser in Rominten. Wild und Hund, 1912, Nrn. 41, 42 und 43
ROLLFING, J.: Der Kaiser in Rominten 1913. Wild und Hund, 1913, Nrn. 42 und 43
ROLLFING, J.: Seine Majestät der Kaiser in der Schorfheide, in Schweden und Rominten. Wild und Hund, 1899, Nr. 43
ROMINTICUS: Brunftbeobachtungen. Wild und Hund, 1921, Nr. 46
ROMINTICUS: Ein Scheintoter. Wild und Hund, 1922, Nr. 5
ROMINTICUS: Ein Wolf in der Rominter Heide erlegt! Wild und Hund, 1922, Nr. 15
ROMINTICUS: Das Rotwild der Rominter Heide. Wild und Hund, 1922, Nr. 42
ROTHE, W.: Neue Mähdrescher im Regen. Beobachtungen und Eindrücke über eine Reise nach Tollmingkehmen. Das Ostpreußenblatt, 12. Okt. 1991
ROTHE, W.: Jagdhaus des Kaisers in Königsberg. Das Ostpreußenblatt, 1992, Nr. 32
ROTHE, W.: Rominter Heide 1992. Die Pirsch, 1992, Nr. 21
ROTHE, W.: Buchrezension „Rominter Heide – gestern und heute". Goldaper Heimatbrief, 1993, Nr. 1
RUBNER, H.: Deutsche Forstgeschichte 1933 - 1945. St. Katharinen, 1985

SCHÄFF, E.: Jagdtierkunde. Berlin, 1907
SCHERPING, U.: Manuskripte und Korrespondenz (aus dem Nachlaß des Oberstjägermeisters). Bundesarchiv, Koblenz
SCHERPING, U.: Der Reichsjägermeister. Entwurf für das Buch von Gritzbach über Göring. Manuskript
SCHERPING, U.: Hirschbrunft 1938. Wild und Hund, 1938
SCHERPING, U.: Bialowies wieder in deutscher Verwaltung. Wild und Hund, 1941
SCHERPING, U.: Der Reichsjägermeister 50 Jahre. Deutsche Jagd, 1943
SCHERPING, U.: Waidwerk zwischen den Zeiten. Hamburg und Berlin, 1950
SCHERPING, U.: Zur Rotwildhege von Graf Ivan Draskovich. Wild und Hund, 1950, Nr. 23
SCHERPING, U.: Klumpenbalis. Die Pirsch, 1954, Nr. 20
SCHERPING, U.: Otto Braun verstorben. Wild und Hund, 1955, Nr. 20
SCHERPING, U.: Buchrezension „Und könnt' es Herbst im ganzen Jahre bleiben" von Ofm. Frevert. Wild und Hund, 1957, Nr. 16
SCHERPING, U.: Zu: „Waidwerk und moderne Technik". Wild und Hund, 1958, Nr. 5
SCHMIDT, J.: Ein kostbarer Schatz versinkt im Feuer. Süddeutsche Zeitung vom 28. September 1959
SCHMIDT, K. E.: Rominter Heide. Norddeutsche Städte und Landschaften, 1898, Nr. 10
SCHMIDT, W.: Begegnung in Rominten. Goldaper Heimatbrief, 1994, Nr. 3
SCHOEPE, O.: Erinnerungen an die Rominter Heide. Handschr. Manuskript
SCHÖNBURG, J. Graf (Herausg.): Der deutsche Jäger. München, 1979
SCHREIBER, J. G.: Karte „Das Königreich Preußen nebst dem polnischen Antheil". Leipzig, 1732

SCHRÖPFER, R.: Zur historischen und rezenten Bestandesänderung der Nerze in Europa - eine Hypothesendiskussion. Vortrag am Mitteleuropäischen Musteliden-Symposium, Spremberg, 1989
SCHRÖTTER, F. W. Frhr. v.: Herbstliche Tage in Rominten. Wild und Hund, 1966
SCHULZE, D.: Rominten – eine Fahrt in die Vergangenheit. Niedersächsischer Jäger, 1992
SCHWENK, S. (Herausg.): Preußische Jagdstatistiken. 1865 bis 1892. Bonn, 1982/83
SELLE, H.: Die Staatsjagden von heute. Wild und Hund, 1952, Nr. 23
SILVA-TAROUCA, E. Graf: Kein Heger, kein Jäger. 2. Auflage, Berlin, 1927
SŁOMA, J.: Cesarskie Rominty. Gołdap z bliska, 1992, Nr. 18/19
SŁOMA, J.: Rominckie Jelenie. Gołdap z bliska, 1993, Nr. 1
SŁOMA, J.: Buchrezension „Rominten – gestern und heute". Gołdap z bliska, 1993, Nr. 2
SŁOMA, J.: Rominccy Malarze. Gołdap z bliska, 1993, Nr. 3/4
SŁOMA, J.: Myśliwskie Rominty. Gołdap z bliska, 1993, Nr. 12/13
SPECK VON STERNBURG, J. Frhr.: Jagdtagebuch, 1882 bis 1903
SPECK VON STERNBURG, J. Frhr.: Kaiser Wilhelm II. als Jäger. Hohenzollern-Jahrbuch, 1908
SPECK VON STERNBURG, J. Frhr.: Rominten. Wild und Hund, 1913
SPECK VON STERNBURG, J. Frhr.: Brief an Kaufmann B. Czerninski, Szittkehmen, 1933
STABY, L.: Aus der Rominter Heide. Wild und Hund, 1921, Nr. 3
STEINFATT, O.: Die Vögel der Rominter Heide und ihrer Randgebiete. Schriften der Physikal.-Ökonom. Gesellschaft zu Königsberg, 1938, Nr. 20
STEINFATT, O.: Das Brutleben der Waldschnepfe. J. Orn., 1938, Heft 3
STEINFATT, O.: Enträtselte Geheimnisse der Waldschnepfenbalz. Wild und Hund, 1939, Nr. 1
STRAATMANN, E.: Führer durch die Rominter Heide. Königsberg/Pr.
STUBBE, H. (Herausg.): Buch der Hege, Bd. 1, Berlin, 1989
STUBBE, M.: Der Marderhund in der DDR. Hercynia, 1977, Nr. 1
SUMIŃSKI, P.: The present status of the wolf in Poland. Manuskript
SUMIŃSKI, P. und W. FILIPIAK: Beitrag zur Nahrungsuntersuchung des Wolfes. Zeitschrift für Jagdwissenschaft, 1977, Nr. 1
SYSKOWSKI, H. M. F.: Ein Schleier der Natur über der Stätte. Das Ostpreußenblatt, 1992
SYSKOWSKI, H. M. F.: Sie haben die Heide intensiv erforscht. Buchrezension „Rominten – gestern und heute". Das Ostpreußenblatt, 1992, Nr. 50
SYSKOWSKI, H. M. F.: Plötzlich polterte es auf einer Lichtung. Das Ostpreußenblatt, 1994, Nr. 9
SZEMSKAT-BORKOWSKI, E.: Förstermord in der Rominter Heide. Goldaper Heimatbrief
Sztab generalny wojsko polskiego: wojskowa mapa topograficzna 1 : 200 000

TAUTORAT, H. G.: Rominten. Hamburg, 1979
TAUTORAT, H. G.: Die Natur war ihm Lehrmeisterin. Vor 130 Jahren wurde Richard Friese in Gumbinnen geboren. Das Ostpreußenblatt, 1984
TIGÖR, G.: Jagdgeschichte – selbst erlebt. Wild und Hund, 1981, Nr. 2
TILITZKI, CH.: Alltag in Ostpreussen 1940-45. Die geheimen Lageberichte der Königsberger Justiz. Leer, 1991
TIRPITZ, A. V.: Erinnerungen. Leipzig, 1920
TOFFERT, E.: Goldap in Ostpreußen. Leer, 1992
TOURNIER, M.: Der Erlkönig. Frankfurt/M., 1985

UECKERMANN, E.: Zur Geschichte des Rotwildes am Niederrhein in Nordrhein-Westfahlen. Z. Jagdwissenschaft, 1993, Nr. 2
Unleserlich: Auerochsen hausen in der Rominter Heide. Aus „Ostpreußen im schaffenden Alltag", Beiblatt zur Preußischen Zeitung
URBSCHAT, J.: Zur Kenntnis der Waldsiedlung in der Rominter Heide. Inaugural-Dissertation der Universität Königsberg. Königsberg/Pr., 1931

VEREIN HIRSCHMANN: Hirschmann-Chronik, 1894 bis 1980. Hannover, 1980
VEREIN HIRSCHMANN u.a.: Oberforstmeister Walter Frevert verstorben. wild und Hund, 1962, Nr. 12
VIKTORIA-LUISE, Herzogin: Ein Leben als Tochter des Kaisers. Göttingen, 1965
VIKTORIA-LUISE, Herzogin: Im Strom der Zeit. Göttingen, 1974
VORREYER, F.: Auf alten Wechseln zu neuen Wegen. Hannover, 1983
VORREYER, F.: Blätter aus meinem Jagdtagebuch. Hannover, 1986

W.: Aus der Rominter Heide. Wild und Hund, 1899, Nr. 12
W. K.: Der Ostpreussische Tiermaler Prof. Richard Friese. Wild und Hund, 1951, S. 327
WALCKHOFF, Forstmeister: Aus der Rominter Heide. Wild und Hund, 1931, Nr. 50
WALLMANN, F.: Korrespondenz mit Frevert, Gernlein, v. Keudell, Scherping u. a. (aus seinem Nachlaß)
WALLMANN, F.: Schußbuch, 1908 bis 1936
WALLMANN, F.: Hege und Pflege des Rotwildes, insbesondere in der Rominter Heide. Wild und Hund, 1927, Nr. 33
WALLMANN, F.: Die Geweihausstellung auf der „Grünen Woche" in Königsberg (Ostmesse). Wild und Hund, 1927, Nr. 38
WALLMANN, F.: Entwicklung und Hege des Rotwildes in der Rominter Heide. Manuskript
WALLMANN, F.: Rominten und der Rominter Hirsch. Deutsches Weidwerk, Heft 8
WAWZYN, D.: Rominten, eine ostpreußische Jagdlegende. Video-Filmkassette, Bergisch Gladbach, 1988
WELLENSTEIN, G.: Die Nonne in Ostpreußen. Freilandstudien der Waldstation für Schädlingsbekämpfung in Jagdhaus Rominten. Sonderdruck der Monographien zur angewandten Entomologie. Berlin, 1942
WELLENSTEIN, G.: Schreiben vom 12.8. und 21.8.1987 über die Waldverhältnisse in der Rominter Heide
WILHELM II.: Telegramm aus Jagdhaus Rominten, datiert vom 30. September 1891. Ordensverleihung an F. Wallmann vom 7. Nov. 1932
WILHELM II.: Ereignisse und Gestalten aus den Jahren 1878 bis 1918. Leipzig und Berlin, 1922
WINSMANN-STEINS, B.: Der „Ziegenbock" von der „Kaiserinwiese". Wild und Hund, 1991, Nr. 15
WINSMANN-STEINS, B.: Rominter Heide – Kein Ende der Schlingenstellerei in Sicht. Wild und Hund, 1991, Nr. 16
WINSMANN-STEINS, B.: Die nördliche Rominter Heide heute. Wild und Hund, 1992, Nr. 2
WOHLGEMUTH, E.: Ostern in der Rominter Heide. Wild und Hund, 1916, Nr. 22
WRONISZEWSKI, A. und D.: Krwawy Aneks. Prawo i Zycie, 34, 1989

ZEDLITZ-TRÜTZSCHLER, Graf R. v.: Zwölf Jahre am deutschen Kaiserhof. Stuttgart, Berlin, Leipzig, 1923
ZEHLE, E.: Eine Erinnerung an den Kgl. Forstmeister Gustav Freiherr v. Nordenflycht. Wild und Hund, 1922, Nr. 21
ZEIDLER, Hegemeister: Aus der Rominter Heide. Wild und Hund, 1926, Nrn. 36 und 37
ZEIDLER, Hegemeister: Kann man Kapitalhirsche erziehen? Wild und Hund, 1927, Nr. 49
ZIEBELL, H. (Revierförster zu Blindischken): Fotokopie einer Bestandeskarte der Revierförsterei Blindischken, um 1940

Personen- und Ortsregister

Die Dienstgrade entsprechen denjenigen, die zur Zeit der Erwähnung Gültigkeit besaßen

Achleitner, Artikelverfasser 103
Adler, Wildnisbereiter 52
Adlersfelde, Gut und Forstamt 35, 51, 52, 61
Adomat, Forstmeister 40, 41, 42, 76, 122, 137, 138
Äschenbach, siehe Bludsze-Fluß
Albrecht v. Brandenburg-Ansbach, Herzog in Preußen 35, 36, 71, 96, 98
Albrecht Friedrich, Herzog in Preußen 98
Albrechtsrode, siehe Kuiken
Allenstein 9, 21, 199
Alpers, Generalforstmeister 53
Alpersbrücke 69
Ambrassat, Buchverfasser 65
Amur-Strom 212
Angerapp-Fluß 36, 54
Ardennen 59
Arnim, Graf v., siehe Boitzenburg
Aschelauken, siehe Aschlauken
Aschlauken 93
Auguste Viktoria, Deutsche Kaiserin 73, 76, 102, 167, 170, 172, 173, 174, 176
Auguste-Viktoria-Wiese 174
Augustów-Heide 177, 178
Ausgebranntes Bruch 88, 171, 172

Bajorgallen 47
Balbo, italienischer Marschall 120
Barckhausen, Forstmeister 51, 81, 86, 112, 117, 122, 138, 139, 197
Barckhausen, siehe Warnen
Bärenbruch 132
Barstiltisbrücke 26
Bartels, Geheimer Forstrat 39
Barwicki, polnischer Berufsjäger 59, 84, 85, 95, 160, 184, 185, 186, 187, 188, 189, 190, 195, 196, 197, 198, 199, 204, 211, 217
Będziszewo, siehe Padingkehmen
Bellevue 50, 78
Belowesh, siehe Białowieża
Beninde, Joachim, Jagdwissenschaftler 150, 158, 160, 177
Benzel, Wildmeister 151, 159
Berghof (Berchtesgaden) 85
Bergmann, Jagdwissenschaftler 219
Berlin 46, 49, 75, 78, 104, 105, 111, 114, 115, 129, 131, 135, 176, 200
Bernhardi, Forstassessor 58, 141
Beskiden 178
Bezzenberger, Archäologe 34
Biała Podlaska 143
Bialowies, siehe Białowieża
Białowieża 33, 52, 56, 115, 163, 191, 194, 199, 201, 211, 219
Białystok 9, 62, 143, 178, 199, 206
Bibergraben 16, 23, 51, 105, 130, 133
Bibikow, russischer Jagdwissenschaftler 205, 206, 207, 223
Bielicki, Forstoberinspektor 151, 152
Billehnen 198
Billehner See 13, 62
Binnenwalde 16, 23, 37, 51, 65, 89, 117, 118
Błąkały, siehe Blindgallen
Błędzianka, siehe Blinde-Fluß
Błędziszki, siehe Blindischken
Bley, Jagdschriftsteller 150, 201
Blinde-Fluß 13, 14, 15, 34, 38, 52, 61, 69
Blindebrücke 132
Blindgallen 51, 61, 62, 67, 82, 84, 184, 189, 197, 219
Blindischken 12, 15, 24, 34, 46, 51, 61, 62, 65, 87, 152, 188, 172, 204, 216, 219
Bludsze-Fluß 13, 15, 17, 61, 189, 213
Bludszen 21, 24, 30, 31, 32, 38, 48, 51, 55, 58, 61, 62, 63, 66, 67, 70, 116, 132, 133, 152, 153, 161, 163, 167, 172, 173, 174, 189, 190, 204, 214, 219, 222
Bludzianka, siehe Bludsze-Fluß
Bludzie, siehe Bludszen
Bluth, Forstassessor 117, 118, 122
Bobrow, russischer Jäger 151
Bock, Tierpräparator 176
Boczki 21, 23, 24, 28, 30, 33, 62, 63, 85, 199, 200, 214
Bodschwingken 48, 94
Boeck, Leibjäger 99
Bogdanowicz, polnischer Oberförster 122
Boitzenburg 177, 199
Boldt, Oberförster 122
Bolte, Oberförster 122
Borcke v., Buchverfasser 99
Borggreve, Landforstmeister 123
Boris, König von Bulgarien 116, 120
Borken (Borker Heide) 94, 151, 156, 160, 177, 186, 199
Borkenhagen, Forstamtmann 52
Borkenhäuschen 82, 176
Borkowski, Revierförster 204
Borowikowo, siehe Szinkuhnen
Borowski, polnischer Jagdwissenschaftler 199
Botkuny, siehe Butkuhnen
Brastasgestell 69, 87, 209
Brauchitsch v., Generalfeldmarschall 112, 120, 147, 178
Brauchitsch v., Oberst 117, 118, 183
Braun, preußischer Ministerpräsident 109
Breitenheide 55
Breslau 48, 61
Brzost, polnischer Unterförster 200
Bückeburg 125

Budapest 194
Budergraben 31, 132, 134
Budszwayen, vermutlich Budweitschen, siehe dort
Budweitschen 28, 37, 38, 39, 40, 43, 51, 58, 61, 62, 63, 67, 85, 88, 95, 145, 199, 222
Budwiecie, siehe Budweitschen
Budzyń, polnischer Oberförster 122
Busdorf, Kriminaldirektor 95
Butkuhnen 61
Butterweg 82, 176

Carinhall 80, 111, 115
Ceglarska, Buchverfasserin 60
Chaldappe, siehe Medunischken
Christa, Krankenschwester 116, 117
Cilly, Köchin 114
Colbitz-Letzlinger Heide 177
Commusin 150
Czarna Struga, siehe Joduppe-Fluß
Czarnen 58
Czarner See 13, 26, 36, 26, 36, 61
Czarnowo Średnie, siehe Mittel Jodupp
Czarnowo Wielkie, siehe Groß Jodupp
Czerwone Bagno 189
Czerwona Struga, siehe Rotes Flüßchen

Dagutschen 9, 12, 16, 35, 37, 48, 51, 59, 61, 67, 108, 132, 134, 197, 204, 218
Dagutschwiese 82, 84, 150, 176, 182, 197, 218
Danzig 61, 176, 177
Darss 177
Dauksz, polnischer Oberförster 122
Degucie, siehe Dagutschen
Deterding, britischer Ölmagnat 120
Devalwiese, siehe Dewallwiese
Dewallwiese 172
Diekert, Forstanwärter 163
Dieminger, Jägermeister 47
Dimitrijewka, siehe Iszlaudszen
Dniepr-Strom 202
Dobauer See, siehe Dobawer See
Dobawen 35, 204
Dobawer Fluß, siehe Szittkehmer Flüßchen
Dobawer See 13, 62, 132, 197
Dodillet, Oberförster 122
Dohna-Schlobitten, Fürst Alexander zu 106
Dohna-Schlobitten, Fürst Richard zu 66, 75, 99, 100, 102, 105, 106, 107, 108, 127, 130, 173
Dohna-Weg 69
Dohnke, Berichterstatter 102
Donau-Strom 112
Donner, Oberlandforstmeister 49, 129
Doorn 131
Dorpat 139
Draskovich, ungarischer Rotwildheger 150
Dreilinden 99
Dresden 75

Dressler v., Forstbeflissener 102
Dubas, polnischer Jagdwissenschaftler 153
Dubeningken 54, 61, 62, 63, 199
Dubeninki, siehe Dubeningken
Dudziński, polnischer Jagdwissenschaftler 212
Dullo, Bürgermeister 54
Düsseldorf 67
Duvenstedter Brook 177
Dziki Kąt, siehe Blindischken

Eberswalde 129, 138, 139, 178
Ehlers, Forstmeister 122, 166
Eiberle, Jagdwissenschaftler 212
Eichkamp, siehe Schackummen
Elbe-Strom 129
Elbing 213
Elchniederung 21, 80, 213
Elchwald 199
Elsgrund, siehe Budweitschen
Emmyhall, siehe Jägerhof Rominten
Enschede 144
Entenbruch 88
Epp v., Reichsstatthalter von Bayern 114, 120, 150
Eschenbruch 171, 172
Eschment, Forstamtmann 122
Estland 18, 202, 213
Ewert, Revierförster 121
Eydtkuhnen 101

F-Gestell 60, 69, 90, 117
Fengewisch, Buchverfasser 194
Filipiak, polnischer Jagdwissenschaftler 195
Filipów 93
Finnland 18, 211
Finck v. Finckenstein, Gaujägermeister 137, 140
Fischhausen 213
Forstmeisterhaus, siehe Jägerhof Rominten
Forstmeisterweg 31
Frankfurt/Oder 138
Franz, Forstaufseher 74, 102
Franz Ferdinand, Erzherzog von Österreich 100
Franz-Josef, Kaiser von Österreich 81, 130
Franzkus-Wald 48
Frevert, Heinke, Buchverfasserin 119, 138, 142
Frevert, Kord Hubertus, Oberforstrat 152
Frevert, Walter, Oberforstmeister 7, 43, 49, 50, 51, 52, 56, 57, 58, 67, 72, 81, 82, 83, 84, 85, 86, 109, 112, 113, 114, 115, 116, 118, 120, 122, 138, 139, 140, 141, 142, 149, 150, 152, 153, 154, 158, 160, 161, 163, 176, 177, 178, 180, 181, 182, 183, 189, 191, 192, 194, 195, 200, 201, 204, 206, 211, 212
Friedrich I., König von Preußen 28, 125
Friedrich II. (der Große), König von Preußen 47, 48, 54, 91, 94, 96
Friedrich III., Deutscher Kaiser 76
Friedrich III., Kurfürst von Brandenburg 75
Friedrich Karl, Prinz von Preußen, Generalfeldmarschall

77, 87, 99, 105, 128, 158, 160, 191, 203
Friedrich Wilhelm, der Große Kurfürst 46, 71, 72, 92, 98
Friedrich Wilhelm I., König von Preußen 36, 47, 48, 92, 96, 98
Friedrich Wilhelm II., König von Preußen 52
Friedrich Wilhelm IV., König von Preußen 124
Friedrich von Sachsen, Hochmeister 96
Friedrichsfelde 213
Friese, Emil, Buchverfasser 95
Friese, Richard, Jagdmaler 67, 74, 75, 76, 80, 95, 101, 106, 131, 144, 145, 146, 168, 169, 171, 173, 174, 175
Frisching 177
Fromm, Generaloberst 120
Fuchsweg 50, 69, 71, 174, 204, 210
Fürstenwalde 125

Galland, Generalmajor 120
Galwiecie, siehe Gehlweiden
Gantzer, Leibjäger 102
Gąsiewski, polnischer Heerführer 54
Gau, Forstaufseher 102
Gebirgsweg 23, 45, 69
Gehlweiden 36, 37, 43, 61, 67, 96, 189
Gehlweider Moosbruch, siehe Großes Moosbruch
Gelewitz, Siedler 36
Georg Friedrich, Herzog in Preußen 46, 47, 71, 96, 98, 158, 201
Germaniuk, polnischer Oberförster 122
Germingkehmen 93
Gernlein, Oberlandforstmeister 136
Gierek, polnischer Parteiführer 143
Glashagen, Revierförster 204
Głęboki Bród, Oberförsterei 178
Gohrbandt, Prof. Dr. med. 120, 178
Göhrde 177
Gołdap, siehe Goldap
Gołdap, polnische Oberförsterei 9, 23, 24, 31, 62, 64, 84, 90, 143, 153, 183, 184, 186, 189, 190, 193, 199, 203, 204, 205, 211, 219
Goldap, Stadt und Kreis 9, 13, 34, 35, 36, 54, 55, 56, 57, 58, 59, 60, 61, 66, 89, 94, 95, 101, 102, 108, 143, 201, 211, 221
Goldap, Forstrevier, siehe Rominten, Forstrevier
Goldap, Forstinspektion 49
Goldaper Berg 35, 61
Goldap-Fluß 36
Goldaper Grenzgestell 17, 90, 209
Goldaper See 12, 13, 25, 34, 35, 55, 59, 61, 68, 90, 220
Gołdapska Góra, siehe Goldaper Berg
Gollubien 34, 48, 51, 52, 61, 70, 132, 134, 164, 197, 211
Golubie, siehe Gollubien
Gömbös, ungarischer Ministerpräsident 112, 120, 138, 166
Gömbössee, siehe Marinowosee

Göring, Emmy 114
Göring, Reichsjägermeister 50, 52, 53, 54, 55, 56, 57, 66, 69, 76, 78, 79, 80, 81, 82, 84, 110, 111, 112, 113, 114, 115, 116, 117, 118, 119, 120, 121, 124, 136, 137, 138, 139, 140, 142, 145, 147, 149, 150, 154, 156, 157, 159, 162, 163, 166, 178, 180, 182, 183, 192, 211
Göringweg, siehe F-Gestell
Göritten 77
Gorkischken, siehe Jörkischken
Gornnert, Referent Görings 54
Gottberg v., Generalleutnant 76
Graczyk, polnischer Jagdwissenschaftler 199
Grigalischker Wald 48
Grigat, Artikelverfasser 89
Gross, Forstbotaniker 18, 19, 21, 26, 27, 30, 34
Groß Brittanien 166
Groß Jodupp 61
Groß Kummetschen, siehe Kummetschen
Große Wildnis 9, 35, 91, 96
Großer Lindenberg 210
Großes Moosbruch 15, 23, 61, 63
Großnassawenscher Forstberitt 38, 70, 195, 201, 204, 211
Groß Rominten 36, 54, 55, 57, 62, 64, 102, 108, 166, 167, 176
Groß Schönebeck 135
Groß Schwentischken 62
Großwarnenscher Forstberitt 38, 70, 191, 195, 201
Guderian, Generaloberst 59
Gumbinnen, Stadt und Regierungsbezirk 9, 15, 36, 38, 47, 48, 49, 50, 59, 67, 68, 89, 93, 94, 97, 99, 101, 104, 124, 129, 135, 137, 139, 144, 160, 209, 211

Hagen v., Oberlandforstmeister 49, 129
Hajnówek, siehe Mittel Jodupp
Halle v., Lorenz, Gutsbesitzer 36
Halle v., Reinhard, Oberforstmeister 48, 93, 96
Halstenbek/Holstein 43
Hańcza 52
Hannover 137
Hannoversch Münden 139
Hannoverscher Jägerhof 136
Hardteck, siehe Groß Rominten
Harz 124, 125, 145
Hausmann, Oberförster 122
Haus Vierlinden 131, 132
Heck, Jagdwissenschaftler 79, 109, 116, 120, 200
Heidemann, Artikelverfasser 64
Heidensee, siehe Schillinnen
Heiliger Paul, siehe v. Saint Paul
Heilsberg 163
Helbach 185
Hell, slowakischer Jagdwissenschaftler 205
Hellwig, Revierförster 221
Henderson, britischer Botschafter 110, 117, 118, 120
Hennenberger, Pfarrer 36, 71

Heptner, russischer Jagdwissenschaftler 201, 206
Hermes, Siedler 36
Herrmann, Staatsrat 79, 118, 120, 138, 177
Hertefeld v., Oberjägermeister 38, 47
Het Loo 177
Hetzelt, Regierungsbaurat 78, 80
Heydenreich, Jagdwissenschaftler 189
Heym, Revierförster 154
Himmler, Reichsführer SS 53, 120
Hintze, Historiker 98
Hirschbeck, Soldat der Division „Hermann Göring" 58
Hirschbrücke 67, 68, 74, 75, 76, 77
Hirschthal 35, 40, 41, 43, 51, 105, 132, 135, 173, 200, 204, 208, 209, 222
Hirschthaler See 13, 62
Hirschweg 45
Hitler, Reichskanzler 55, 56, 59, 85, 110, 111, 116
Hövel v., Forstmeister 130
Holland, siehe Niederlande
Hollmann v., Admiral 76
Holm, Forstmeister 57, 58, 122
Holzeck, siehe Mittel Jodupp
Hornberger, Jagdwissenschaftler 203, 204
Hossbach, General der Infanterie 56
Hotel zum Hirschen 68, 73, 74, 76, 166
Hühnerbruch 16, 25, 193, 197, 216, 218, 222
Hütter, Revierförster 222
Hubertuskapelle 74, 75, 76, 77, 104, 170

Igter See 13
Insterburg 9, 36, 37, 46, 47, 54, 93, 160, 201
Irving, britischer Historiker 56, 57, 118
Ischlaudszen, siehe Iszlaudszen
Iszlaudszen 35, 38, 48, 50, 62, 95

Jaerisch, Forstreferendar 158, 160
Jägerhof Rominten 41, 50, 55, 56, 57, 58, 77, 78, 79, 80, 81, 82, 110, 111, 112, 113, 114, 115, 116, 117, 120, 121, 145, 163, 166, 204
Jägersthal 50, 80, 85, 218
Jagdbude, Ort, Revierförsterei und kurfürstliches Jagdhaus 15, 36, 46, 48, 50, 54, 56, 65, 69, 71, 72, 74, 75, 78, 80, 85, 98, 166, 172, 204, 210
Jagdbuder Straße 78
Jagdbuder Weg 69
Jagdhaus Rominten, Ort und Kaiserliches Jagdhaus 9, 12, 13, 15, 31, 32, 34, 36, 37, 40, 43, 45, 47, 49, 54, 55, 58, 60, 62, 65, 67, 68, 71, 73, 74, 75, 76, 77, 78, 80, 82, 90, 101, 102, 105, 107, 108, 118, 120, 124, 130, 132, 135, 138, 144, 165, 166, 167, 170, 174, 204, 210, 213, 214, 216, 218, 222
Jakowlewka, siehe Pellkawen
Jarka, siehe Jarke-Fluß
Jarke-Fluß 35, 61
Jarkenthal, siehe Jörkischken
Jaroszewicz, polnischer Ministerpräsident 66
Jatkowski, polnischer stellvertretender Oberförster 63

Jędrzejów 62, 63
Jejer, polnischer Revieroberförster 63
Jekat, Haumeister 133
Jeschonnek, Generaloberst 55, 165
Jezierski, polnischer Jagdwissenschaftler 153
Jezioro Czarne, siehe Czarner See
Jezioro Gołdap, siehe Goldaper See
Jezioro Ostrówek, siehe Ostrowker See
Jezioro Pobłędzie, siehe Pablindscher See
Jezioro Przerośl, siehe Loyer See
Jezioro Rakówek, siehe Rakowker See
Joachimsthal 130
Jodupoer Wälder 48
Jodupowo Średnie, siehe Mittel Jodupp
Joduppe-Fluß 15, 23, 61, 62
Jörkischken 37, 38, 47, 48, 51, 61, 63, 69, 89, 94, 118, 174, 175, 184
Johann Sigismund, Kurfürst 71, 98, 158, 160, 189
Johannisburg 57
Johannisburger Heide 55, 94
Johanniskreuz 177
Johanniterkrankenhaus 74, 105, 114, 131
Jubiläumswiese 166
Jüdtz, Oberförster 23, 28, 33, 34, 122
Jurkiszki, siehe Jörkischken

Kaczmarski, polnischer Oberförster 122
Kahnert, Hilfsförster 89, 94, 95
Kaiser, Forstmeister 48, 122
Kaiserbrücke 90, 172
Kaiserhotel Jagdschloß Rominten, siehe Hotel zum Hirschen
Kaiserinwiese 83, 85, 90, 170, 195, 196, 197, 198
Kaiserlich Rominten, siehe Jagdhaus Rominten
Kaiserlingk, Graf 120
Kaiserweg 34, 69
Kaliningrad, siehe Königsberg
Kalinino, siehe Mehlkehmen
Kalkhof, Oberförster 122
Kaltenbronn 142
Kaputtenthal, siehe Haus Vierlinden
Karinhall, siehe Carinhall
Karpaten 129
Kasan 18
Kasuar (Förster S.) 107
Katerkopff, Siedler 36
Kattenau 47
Kattowitz 151, 153
Kausch, Revierförsterei, siehe Bludszen
Keck, Forstrat 95
Keilergestell 168
Kempinewald 35
Kenneweg, Hegemeister 68, 95, 154, 155, 208, 222
Keppurdeggen 32
Keudell v., Generalforstmeister 43, 112, 137
Kiauten 71
Kiekskiejmy, siehe Kögskehmen

Kittlitz v., Gutsbesitzer 36
Klein Jodupp 43, 51, 69, 83, 90, 118, 147, 182
Klein Naujock 159, 177
Klein Szittkehmen, siehe Szittkehmen; Klein Pellkawen, siehe Pellkawen usw.
Kleve 177
Knigge, Forstmeister 136
Knöfel, Revierförster 204
Knyszyn-Heide 199
Koch, Gauleiter 120
Koennecke, Oberforstmeister 52
Kögskehmen 61
Köhsgries, Waldteil 38
Königsberg 9, 28, 36, 50, 61, 73, 77, 79, 92, 94, 101, 109, 176, 206
Königsforst/Köln 177
Königshöhe 12, 61, 105, 171
Körner, Staatssekretär 79, 117, 118, 120
Körner, Bucherverfasser 201
Körnergestell 69
Köslin 178
Koloda, russischer Fortsamtsleister 122
Konrad, Herzog von Masovien 35
Korell, Ursula, geb. Witte 135, 213
Korn, Wildwäger 98
Korten, Generalstabschef der Luftwaffe 55
Kotziolker Wald 48
Kowalski, polnischer Revierförster 153
Kraft, Forstanwärter 121
Kraguttkehmen 93
Krajewski, polnischer Oberförster 23, 63, 122, 143, 155, 184, 195, 196, 204, 211, 217, 222
Kramer, Oberforstmeister 21, 159, 199, 213
Krapinnweg 132, 216
Krapinnwiese 132
Krasnaja, siehe Rominte-Fluß
Krasnolessje, siehe Groß Rominten
Krause, Revierförster 177
Krebs, Forstaufseher 102
Kreutz v., Kanzler 28
Kreuzburg 64
Kriegsministerwiese 90, 117, 118
Królewska Góra, siehe Königshöhe
Kröner, Jagdmaler 76
Kropp, Diener 116, 117, 192
Krott, Jagdwissenschaftler 218
Kruttinnen 94
Kuiken 35, 48, 50, 82, 151, 152, 185, 195, 198, 202, 218
Kulm 27
Kumiecie, siehe Kummetschen
Kummetschen 13, 55, 62, 63, 90
Kurfürstliche Jagdbude, siehe Jagdbude
Kurhaus Marinowo 68
Kurhaus Schillinnen 68
Kurisches Haff (Nehrung) 189, 213
Kurland 59

Kurwien 95

Labiau 106
Lábod 7
Lammers, Reichsminister 120
Lange, Eitel, Kriegsberichterstatter 57, 111, 156
Lange, Heinrich, Forstmeister 23, 40, 122
Langeloh (Kreis Harburg) 139
Langer See 216
Łapiński, polnischer Oberförster und Wildfotograf 178
Lasdenitze 69, 82, 89, 130, 176, 197
Lasdehnkalnis, siehe Lasdinkalnis
Lasdinkalnis 12, 148
Laube, Jagdmaler 221, 223
Lebedeva, russische Jagdwissenschaftlerin 194
Lehmann, Revierförster 173
Lehndorff, Graf, Dr. med. 162
Leipzig 129
Lene, Wirtschafterin 225
Lessistoje, siehe Nassawen
Lettland 202
Lieben 177
Liebeneiner, Oberforstmeister 52, 161, 177, 178
Lindenberg, Buchverfasser 54
Lindenhütte 82
Linnawen 35, 61
Linowo, siehe Linnawen
Lipski, polnischer Botschafter 120
Litauen 9, 35, 92, 201, 217
Litauische (nordostpreußische) Lehmreviere 158
Littauen, siehe Preußisch Litauen
Liwak, polnischer Revieroberförster 63, 217
Loerzer, Generaloberst 57, 120
Löbenberg, Jagdmaler 80, 144, 145, 146, 147, 148
Lödderitz 129
Löschwitz/Dresden 218
Lötzen 94
London 135
Lopsien, Forstmeister 52, 58, 183
Louis Ferdinand, Prinz von Preußen 135
Loyer See 13, 61
Lubiathfließ 138
Lüdemann, Gustav, Forstpflanzenproduzent 43
Lüneburg 145, 146, 169, 175, 178, 179, 215, 221, 223
Lüttenhagen 177
Ludewig, Revierförster 122
Ludwig, Biograf Kaiser Wilhelms II. 105
Lucanus, Historiker 71, 72, 97
Luisenkirche/Königsberg 77
Lupinenberg 89
Luther, Reformator 98
Lyck 189

Maciejowięta, siehe Matznorkehmen
Mager, Forsthistoriker 27, 28, 31, 34, 36, 38, 42, 47, 72, 91, 92, 93, 94, 96, 97, 98, 155, 156, 157, 158, 160, 189, 191, 195, 201, 203, 204, 211, 213, 216

Magnitogorsk 186
Mahnke, Revierförster 204
Maker, Berichterstatter 204
Maków 62, 64, 219
Makunischken 15, 62
Mannerheim, finnischer Feldmarschall 120
Marienburg 176
Marinewiese 85, 89
Marinowosee 10, 13, 62, 68, 69, 216
Markauen, siehe Markawen
Markawen 39, 48, 51, 61, 67, 70, 221
Markowo, siehe Markawen
Marseille, Leutnant 120
Masowien 92
Massin 177
Masuren 80, 150, 178, 212, 216
Matjuschkin, russischer Jagdwissenschaftler 207, 211, 212
Matznorkehmen 35, 48, 61, 152, 203
Maurach, Revierförster 95
Mechacz Wielki, siehe Großes Moosbruch
Meckel, Jagdmaler 165
Mecklenburg 139, 218
Mednicken 213
Medunischken 47
Mehlauken 159, 177
Mehlkehmen 62
Melinisweg 69
Memel-Strom 57, 109, 217
Mengede v., Oberforstmeister 36
Menthe, Oberjägermeister 111, 114, 116, 117
Meschonat, Revierförster 124
Mesedtkehm 93
Meyer, Forstmeister 122
Meyer, Ernst Jürgen, Artikelverfasser 124
Micke, Forstmeister 43, 53, 58, 70, 76, 118, 122, 177
Mignat, Buchverfasser 54, 55
Milch, Generalfeldmarschall 118, 120, 141
Minkwitz v., Oberförster 122
Missisches Schultzen-Ambt 93
Mittel Jodupp 24, 51, 61, 67, 117, 152, 184, 185, 186
Mogilew 55
Mölders, General der Jagdflieger 118, 120
Monkiewicz, polnischer Historiker 52
Mordweg 210
Morgenländer, Verfasser der Forstbeschreibungen 38, 94
Moritzburg/Dresden 75
Motzfeldt, ostpreußischer Waldbauer 41
Mościcki, polnischer Staatspräsident 115
Moskau 64, 176, 212
Moskwa, siehe Moskau
Müller v., Admiral 76
Müller, Oberregierungs- und Forstrat 25, 40
Müller, Revierförster 56
München 178
Murgaswiese und -fütterung 56
Münster, Graf zu, Jagdschriftsteller 184

Munthe, norwegischer Architekt 73
Mürzforste 81
Mürzsteg 81

Nadrauen 35
Napoleon Bonaparte, französischer Kaiser 131
Naruszewicz, polnischer Berufsjäger 204
Nassawen, Ort, Forstrevier (Oberförsterei, Forstamt) und Revierförsterei 7, 9, 12, 13, 15, 22, 26, 31, 36, 37, 38, 39, 41, 42, 43, 44, 45, 47, 48, 49, 50, 56, 57, 58, 62, 66, 67, 78, 80, 85, 86, 87, 90, 92, 94, 97, 99, 104, 109, 113, 114, 120, 122, 124, 127, 129, 132, 135, 136, 137, 139, 140, 141, 149, 150, 151, 152, 154, 155, 161, 172, 182, 183, 185, 191, 194, 204, 206, 207, 208, 212, 214, 218, 219, 222, 225
Nassawer See (Gr.) 62
Natangen 201
Naunyn, Prof. Dr. med. 73
Nemmersdorf 59
Nesterow, siehe Stallupönen
Neubacher, Berichterstatter 204
Neuer Pürschweg 69
Neues Palais, siehe Potsdam
Neu Lubönen 177
Neumann v., Flügeladjutant 108
Neurath v., Reichsaußenminister 120
Niederlande 108, 135, 144, 145, 160
Nikolaiken 94
Nikolaus II., russischer Zar 54
Nordenflycht v., Forstmeister 15, 100, 122, 129, 200
Norwegen 55, 73
Nostitz v., Gutsbesitzer 36
Nüsslein, Oberlandforstmeister 50

Obernkirchen (Schaumburg/Lippe) 139
Oberschleißheim 80, 145
Oberschlesien 150, 151, 199
Oblatiswiese 108
Oepen v., Dr. med. 85, 152, 153, 183, 184, 186, 195
Olecko, siehe Oletzko
Oletzko 9, 37, 62, 96
Olsen, norwegischer Architekt 73
Oppen v., Forstmeister 115, 122, 139
Orliniec, siehe Adlersfelde
Orlowski, Forstmeister 109
Orthwein, Forstmeister 150, 211
Osada leśna, siehe Szittkehmen
Oserki, siehe Warnen
Osero Kamyschowoje, siehe Dobawer See
Osero Marinowo, siehe Marinowosee
Osero Prototschnoje, siehe Szinkuhner See
Osero Rybnoje, siehe Nassawer See (Gr.)
Osero Tschistoje, siehe Billehner See
Osero Utinoje, siehe Hirschthaler See
Osteroder Heide 26
Ostrówek, siehe Ostrowken
Ostrowken 61, 62, 63, 199

Ostrowker See 61
Ortelsburg 213

Pablindschen 61
Pablindscher See 61
Packmor v., Gutsbesitzer 36
Padeffke, Revierförster 102
Padingkehmen 61
Pait 166
Pallenberg, Bildhauer 67
Papen v., Reichskanzler a. D. 120
Papen v., Forstmeister 122, 135
Passarge, Dichter 15, 23, 92
Pauckstadt, Forstmeister 89, 95, 119, 120, 122, 123, 124
Pauliński, polnischer Oberförster 122
Peipussee 139
Pellkauen, siehe Pellkawen
Pellkawen 16, 23, 35, 40, 50, 62, 77, 90, 124, 172
Pellkawer Schloßberg 12, 35
Perkuno, pruzzischer Gott 35
Perschelowissee, siehe Hirschthaler See
Petri, Haumeister 210
Petznick, Hegemeister 204
Philippowa, siehe Filipów
Pietrascher Wald 48
Pillkallen 59, 64
Pilnekalnis 12
Pinsk 212
Piotrków Tribunalski 212
Pissa-Fluß 15, 216
Plautzkehmen 37, 61, 71
Plautzkehmer Straße 67, 68
Plauzken, siehe Plautzkehmen
Pleiger, Generaldirektor 120
Pless 151, 159, 199
Plinda, siehe Blinde-Fluß
Plovdiv 194
Pludsche, siehe Bludsze-Fluß
Pluszkiejmy, siehe Plautzkehmen
Pobłędzie, siehe Pablindschen
Pöwgallen 38
Pogge, Forstmeister 108, 128, 208
Pommern 178
Ponkelnis 27, 69
Porinngraben 133
Posen 143, 199
Potsdam 99, 176
Poznań, siehe Posen
Pracherbrücke 132, 173
Pracherteich 13, 55
Präsidentenweg 58
Pregel-Strom 216
Preußisch Litauen 9, 37, 46, 93, 94
Prinzenweg 69
Prinz-Friedrich-Karl-Gestell 99
Prinz-Oskar-Wiese 117, 184, 188

Prochladnoje, siehe Schuiken
Proeckelwitz, siehe Prökelwitz
Prökelwitz 106, 133
Protoka, siehe Szinkuhner Fluß
Przerośl 61
Pszczyna, siehe Pless
Puchmüller, Forstamtmann 193
Pugatschowo, siehe Groß Schwentischken
Puszcza Romincka (Rominter Heide) 61
Puttkamerweg 69

Rabetge, Artikelverfasser 76
Rademacher, Forstassessor 114, 115
Radonsfluß, siehe Raudonsfluß
Radushnoje, siehe Jagdhaus Rominten
Raesfeld v., Forstmeister 141
Rajgród 189
Rakowker See 61
Rantzau, Gräfin 76, 176
Rastenburg 57, 143
Radonsfluß, siehe Rotes Flüßchen
Raudonsfluß, vermutlich Rotes Flüßchen, siehe dort
Raudonsgestell 132
Reemtsma, Großindustrieller 118, 120
Reichel, Oberförster 122
Reichenau v., Generalfeldmarschall 120
Reichsjägerhof, siehe Jägerhof Rominten
Reiff, Oberförster 48, 67, 92, 93, 122, 124, 125, 126, 127, 150, 151, 153, 154, 156, 158, 160, 195
Reiff, Revierförsterei 50, 55, 82, 127
Reiffbahn 127
Reinerz 136, 177
Rekwirowicz, polnischer Oberförster 122
Remanofsky, Revierförster 141, 177
Rennenkampf v., russischer General 54, 55
Ribbenischken 62, 93
Ribbentrop v., Reichsaußenminister 120
Richthofen v., Generalfeldmarschall 120
Rickenwiese, siehe Rückenwiese
Riebenischken, siehe Ribbenischken
Riga 212
Rigele, Olga, geb. Göring 120
Ring, Regierungs- und Forstrat 204
Rode, Artikelverfasser 76
Rodenwald, Kurt, Forstamtmann und Wildmeister 50, 154, 163, 215, 222
Roegler, Kurt, Revierförster 31, 52, 55, 57, 58, 69, 85, 112, 115, 121, 132, 133, 134, 136, 142, 149, 154, 163, 182, 183, 212
Rogainen 61
Rogajny, siehe Rogainen
Rogonnen 177
Röhrig, Annegret, geb. Meyer 74, 105, 193
Rollfing, Büchsenspanner 101, 102, 103, 106, 108, 155, 166, 169, 197
Rominta, siehe Rominte-Fluß
Rominte-Fluß 9, 15, 35, 36, 41, 61, 62, 72, 73, 74, 75,

76, 79, 82, 90, 108, 110, 124, 168, 172, 210
Rominten, Forstrevier (Oberförsterei, Forstamt), früher Oberförsterei Goldap-Rominten 11, 12, 15, 16, 21, 23, 24, 27, 28, 29, 30, 34, 40, 42, 43, 44, 48, 49, 51, 55, 62, 63, 67, 74, 83, 88, 89, 94, 104, 105, 116, 122, 129, 132, 135, 137, 138, 143, 145, 147, 149, 152, 154, 157, 169, 170, 171, 173, 174, 175, 191, 193, 194, 208, 211, 212, 213, 219
Rominter Grenzgestell, siehe Goldaper Grenzgestell
Romintische Schneidemühle 37
Romittische Iagdtpude, siehe Jagdbude
Romowe 35
Ronigkeit, Artikelverfasser 64
Roponatschen 25, 48, 50
Rosen v., schwedischer Geograf 116, 117, 118, 120
Rosen v., Mary, geb. v. Fock 116, 117, 118
Rossitten 135
Rotes Flüßchen 16, 17, 63, 89, 168
Rothebude 36, 160, 177
Rubner, Forsthistoriker 52, 53
Rückenwiese 82
Rundewischke 85, 87
Russische Sozialistische Föderative Sowjetrepublik 61
Rybino, siehe Wyszupönen

Saint Paul v., Forstmeister 67, 99, 103, 122, 127, 128, 129, 136, 156, 160, 191, 207, 215, 225
Saint Paul v., Gendarmeriemajor 127, 128
Samaiten 92
Samland 35, 46
Sandecke 219
Sankalnia, siehe Sankalnis
Sankalnis 12, 23, 61
Saupark Springe 177, 199
Sausleschowen, siehe Sausleszowen
Sausleszowen 62
Schade, Oberforstmeister 111, 112, 116, 183
Schackummen 28, 38, 50, 55
Schanzenort, siehe Schwentischken
Scharnen, siehe Czarnen
Schelden, siehe Szeldkehmen
Schenk v. Stauffenberg, Oberst 55
Schenkenhagen, siehe Szinkuhnen
Scherping, Oberstjägermeister 49, 52, 53, 69, 81, 109, 111, 112, 113, 115, 116, 117, 118, 119, 120, 140, 150, 154, 164, 165, 166, 178, 179, 180, 181, 182
Scherpingbrücke 69
Schillinnen 12, 13, 25, 39, 51, 61, 62, 63, 68, 90, 187, 199, 203, 220, 223
Schimmelpfennig, Oberförster 122
Schirwindt 64
Schittkehmen, siehe Szittkehmen
Schlesien 151, 177
Schleswig-Holstein 153
Schlobitten 127, 132
Schloßberg, siehe Pillkallen
Schmidt, Revierförster 204, 221, 222

Schmidt, Forstaufseher 173
Schmidt, K. E., Artikelverfasser 23
Schneegrund, siehe Blindgallen
Schoepe, Revierförster 82, 134
Schön v., Oberpräsident 67
Schönheide, siehe Iszlaudszen
Schorfheide 130, 135, 176
Schreitlaugken 130, 177
Schroeder, Auerwildzüchter 218
Schröpfer, Jagdwissenschaftler 213
Schrötter v., Forstmeister 22
Schuiken 25, 39, 41, 43, 48, 51, 60, 62, 70, 148, 221
Schulz, Oberförster 122
Schulze, Revierförster 204
Schütz v., Oberförster 122
Schwarz, Revierförster 99
Schwarzbach, siehe Klein Jodupp
Schwarze-Fluß, siehe Joduppe-Fluß
Schwarzwald 142
Schwedt/Oder 176
Schwentischke-Fluß 10
Schwentischken 35, 50, 70, 71, 132, 218
Serpentine 82, 182, 183
Sibirien 21
Sidory 52
Silva-Tarouca, Jagdschriftsteller 161
Sitschow, Oberjäger des Rayons Stallupönen 152, 190, 198, 203, 214, 216
Skaisgirren 61
Skajzgiry, siehe Skaisgirren
Skirwiet 213
Skomand, pruzzischer Gaufürst 35
Smadelka 168
Smolensk 75
Śnieżyński, polnischer Oberförster 122
Sodwarier Bruch 218
Sodwariersee 13
Sokołowski, polnischer Berufsjäger 52, 197, 204, 205
Soldatenbruch 132, 222
Sorquitten 177
Sosnowka, siehe Szeldkehmen
Spała, russisches Hofjagdrevier in Polen 151
Spandauer Forst 135
Spechtsboden, siehe Schuiken
Speck v. Sternburg, Anna, geb. v. Dressler 130
Speck v. Sternburg, Anna-Josepha 94, 131
Speck v. Sternburg, Forstmeister 15, 34, 83, 95, 100, 101, 102, 105, 107, 122, 129, 130, 131, 132, 133, 134, 137, 157, 159, 162, 169, 173, 214, 216, 218, 219, 220, 221, 222, 223
Spychalski, polnischer Marschall 66
St. Andreasberg 124
Staatshausen 61
Staatshausen-Dagutscher-Weg 69
Stachurski, polnischer Berufsjäger 177
Stallupönen, Stadt und Kreis 9, 56, 64, 77, 84, 101, 102
Stańczyki, siehe Staatshausen

Steiger, preußischer Landwirtschaftsminister 109
Steiner, Revierförster 121
Steinfatt, Ornithologe 42, 43, 130, 218, 219, 220, 221, 222, 223
Steinheide, siehe Roponatschen
Stenglin, v., Maler 100
Sternburg, Forstsekretärgehöft 55
Stettin 61
Stoltzner, Wildnisbereiter 46
Straatmann, Buchverfasser 41, 69, 216
Stubbe, Hans, Jagdwissenschaftler 217
Stubbe, Michael, Jagdwissenschaftler 207
Student, Generaloberst 120, 178
Stuhm 98
Stumbernwald 38
Stuttgart 44
Suchwalko, polnischer Oberförster 122
Sudauen 35
Sudnik, polnischer Oberförster 122
Sumiński, polnischer Jagdwissenschaftler 195, 204, 205, 206
Supraśl 26
Suwałki 9, 57, 61, 205, 206
Suwalski Park Krajobrazowy 52
Swerre, norwegischer Architek 73
Szabojeden 19, 38, 61, 77, 220
Szeldkehmen 23, 48, 50, 62, 154, 221
Szinkuhnen 48, 50, 62, 218
Szinkuhner See 13, 62
Szinkuhner Fluß 15, 25, 62, 90
Szittkehmen, Ort, Forstrevier (Oberförsterei, Forstamt) und Revierförsterei, früher Oberförsterei Rominten-Szittkehmen 11, 12, 13, 15, 17, 18, 23, 24, 26, 27, 31, 32, 35, 42, 44, 45, 48, 49, 51, 54, 55, 57, 60, 61, 62, 63. 65, 66, 67, 68, 69, 70, 74, 76, 82, 84, 87, 88, 89, 90, 95, 104, 105, 108, 114, 122, 123, 129, 130, 131, 132, 133, 139, 143, 150, 151, 154, 155, 161, 167, 168, 169, 170, 172, 173, 176, 190, 191, 193, 194, 197, 204, 205, 208, 209, 212, 214, 215, 216, 217, 219, 220, 222
Szittkehmer Flüßchen 15, 16, 25, 61, 63, 90, 220, 222
Szittkehmer Mühlenfließ, siehe Szittkehmer Flüßchen
Szkiłądż, polnischer Revierförster 43, 44, 52, 89, 184, 189
Szumski, polnischer Oberförster 122
Szyliny, siehe Schillinnen

Tacitus, römischer Historiker 35
Taberbrück 26
Tallinn 151
Tannenberg 54
Tapiau 106
Taplacken 46
Teerbude, Ort, siehe Jagdhaus Rominten
Teerbude, Revierförsterei, siehe Theerbude, Revierförsterei
Teuwsen, Hilfsförster 222

Thadden, Oberförster 122
Theerbude, Ort, siehe Jagdhaus Rominten
Theerbude, Revierförsterei 26, 51, 89, 99, 132, 133, 167, 173, 174, 209
Theerbude-Szittkehmer-Straße 69
Thorn 27
Thüringen 40
Tirpitz v., Großadmiral 54, 76, 103, 105, 106, 108
Tischendorff, Revierförster 183, 186
Titel, Revierförster 58, 154
Tokarewka, siehe Makunischken
Tollmingkehmen 55, 62, 135
Torfwiese 219
Trakehnen 73, 101, 102, 132
Trakischken 55
Trappönen 177
Trautloft, Oberst 120
Trebra v., Oberforstmeister 48
Treuburg, siehe Oletzko
Tschernjachowski, sowjetischer Armeegeneral 57
Tschistyje Prudy, siehe Tollmingkehmen
Tschornaja, siehe Schwarze-Fluß

Udet, Generaloberst 79, 120
Uhl, Oberförster 122
Ulatowski, polnischer Oberförster 122
Ungarn 112, 141
Unterfelde, siehe Gollubien
Upeliswiese 88, 168
Urbatsweg 85
Urbschat, Botanikerin 11, 20, 35, 38, 41, 47, 48
Uslar-Gleichen, Frhr. v. 207
Ussuri-Strom 212
Uszballen 94
Uwarowo, siehe Ribbenischken

Venuswiese 117, 174
Victoria, Königin von England 135
Vierundzwanzigenderwiese 89, 108, 117
Viktoria Luise, Herzogin 100, 109, 167, 176
Vogt, Budenwerkbetreiber 37
Voss, Oberförster 122

Wachholtz, Oberlandforstmeister 50, 137
Wagner, Hegemeister 133
Wakelinis 90
Wakschischke 132, 218
Walckhoff, Forstrat 128, 129, 191
Walisko 177
Wallmann, Ferdinand, Oberforstmeister 43, 54, 67, 76, 95, 109, 112, 113, 114, 122, 135, 136, 137, 138, 153, 154, 155, 160, 161, 166, 214, 218
Wallmann, Heinrich, hannoverscher Oberwildmeister 136
Wallmann, Henning, Forstreferendar 151, 161, 178
Walter, Revierförster 102
Wanda, Krankenschwester 117

Wangenheim v., Oberforstmeister 156, 189
Wannert, Revierförster 204
Warnen, Ort und Forstrevier (Oberförsterei, Forstamt), später Forstamt Barckhausen 9, 11, 13, 15, 23, 25, 26, 28, 31, 34, 36, 38, 39, 42, 43, 44, 45, 47, 48, 50, 51, 62, 67, 70, 71, 81, 86, 87, 88, 93, 94, 96, 101, 104, 117, 122, 124, 127, 129, 135, 136, 138, 152, 155, 156, 170, 171, 172, 174, 177, 183, 194, 210, 212, 216, 217
Warschau 51, 115, 138, 200, 206, 212
Wedemeyer v., 193
Wehrkirchen, siehe Szittkehmen
Weinreich, Haumeister 71
Weinreis, Revierförster 50, 116, 163
Wellenstein, Forstentomologe 21, 41, 43, 177, 218
Wels, Revierförster 204
Wesener, Oberlandforstmeister 101
Westphal, Herbert, Forstsekretär 58, 222
Wiesbaden 113
Wilcza Góra, siehe Wolfsberg
Wilcze Bagno, siehe Wolfsbruch
Wilde Jagen 23, 33, 40, 41, 42, 195, 196
Wildwinkel, siehe Blindischken
Wilhelm I., Deutscher Kaiser 99
Wilhelm II., Deutscher Kaiser 41, 51, 65, 66, 73, 74, 75, 76, 82, 83, 84, 85, 87, 88, 89, 99, 100, 101, 102, 103, 104, 105, 106, 107, 108, 109, 127, 128, 129, 130, 131, 135, 136, 144, 145, 150, 154, 157, 159, 160, 166, 167, 168, 169, 170, 171, 172, 173, 174, 175, 176, 191, 193, 195, 197, 225
Wilhelm, Kronprinz 109
Wilkanitze 82
Witebsk 56, 212
Witte, Forstmeister 122, 135, 191, 200, 213
Wiżajny 61
Wöllner-Wiese 117, 118
Wolfsberg 61, 220
Wolfsbruch 61
Wolfsschanze 56, 57, 80, 183
Wolfsweg 69, 219
Wrobel, Landforstmeister 122
Wroniszewski, Artikelverfasser 61
Wyschtinietzki Les, siehe Wystiter Wald
Wystiten 105, 225
Wystiter See 12, 13, 34, 44, 55, 90, 149
Wystiter Wald 9, 62
Wyszupönen 12, 62

Żabojedy, siehe Szabojeden
Zacisze 62, 63, 219
Zapfengrund, siehe Dagutschen
Zedlitz-Trützschler v., Hofmarschall 101, 102, 106, 108
Zeidler-Brücke 89
Ziebell, Revierförster 43
Zienow 177
Zietlow, Revierförster 113
Zillbach/Thüringen 177

Zinten 64
Żyliny, siehe Schillinnen
Żytkiejmy, siehe Szittkehmen
Żytkiejmska Struga, siehe Szittkehmer Flüßchen

Bildquellen-Verzeichnis

Karl-Heinz Diekert:
　Seite 163
Deutsches Jagd- und Fischereimuseum München:
　Seiten 149, 183
Rüdiger Elsholz:
　Seiten 150, 164
Dietrich Eschment:
　Seiten 48, 138 (1)
Heinke Frevert:
　Seiten: 50 (1), 57, 79 (1), 86, 117, 118, 121 (1), 136 (1), 139, 140, 141 (1), 182, 192 (1)
Andreas Gautschi:
　Seiten 23, 27, 29, 77 (1), 85 (1), 143, 152 (1), 161 (1), 167
Prof. Dr. Lutz Heck:
　Seiten 79 (1), 110, 114 (1), 129, 144 (1), 166
Christel Heitmann-Wachholtz:
　Seite 50 (1)
Hohenzollernjahrbuch 1908:
　Seite 102, 127
Dr. Franz-Josef Kaup-Wallmann:
　Seiten 107, 114 (1), 136 (1), 137, 151, 181
Prof. Dr. Kausch-Blecken v. Schmeeling:
　Seite 83 (1)
Ursula Korell-Witte:
　Seiten 51 (1), 108, 135, 191, 200, 203, 213 (1)
Andrzej Krajewski:
　Seite 211
Landsmannschaft Ostpreußen:
　Seiten 71, 73, 101, 103, 105, 170
Rut Löbenberg:
　Seiten 111, 142, 149 (1), 161 (1)
Ostpreußenstiftung Oberschleißheim:
　Titelbild, Seiten 147 (u.), 148 (o.)
Bruno Perling:
　Seiten 74, 75
Ingeborg Nagel, geb. Roegler:
　Seiten 112, 121 (1), 123, 192 (1)
Ruth Remanofsky:
　Seiten 138 (1), 141 (1), 177
Prof. Dr. Heinrich Rubner:
　Seite 53
Karl-Heinz Schmeelke:
　Seiten 58, 59
Dr. Otto Steinfatt:
　Seite 222
Dr. Freiin Anna-Josepha Speck v. Sternburg:
　Seite 131
Hartmut M. F. Syskowski:
　Seite 68 (1)
Verfasser:
　Seite 51 (1)
Burkhard Winsmann-Steins:
　Seiten 10/11, 12, 13, 14, 15, 16, 17, 19, 21, 22, 24, 25, 26, 30, 31, 32, 37, 40, 41, 45, 56, 60, 63, 64, 65, 66 (1), 67, 68 (1), 69, 70, 72, 77 (2), 78, 81, 83 (2), 84, 85 (3), 92, 95, 113, 149 (1), 152 (2), 153 178, 179, 183, 185, 187, 189, 190, 193, 194, 197, 198, 202, 205, 207, 209, 213 (1), 216, 217, 219, 220, 224

Rominter Heide

Übersichtskarte aus dem Jahre 1930

Maßstab 1 : 55000

Germingkehmen
Girnischken
Dumbeln
Daugelischken
WYSCHTYNEN
Messeden
Baibeln
Kl. Kallweitschen
Mehlkehmen
Gr. Grigalischken
Gr. Kallweitschen
Schenzen-B.
WYSZ-
Gr. Jodupp
TYTER
SEE
Die Salis
Kl. Grigalischken
Pfaffen B.
Oberförsterei Nassawen
Abdeckerei
Aschlauken
Grünwalde
Heldenfrdh.
Wyszupönen
Jägersthal
Katharinen
F.Hs.Szinkuhnen
Krajutkehmen
Damerau
Neuteich
Baraken
Nassawen
Szinkuhnen
Szinkuhner See
Matzutkehmen
Schönbruch
Försterei Kuiken
Kraginnen
Kuiken
Billehnen
Ribbenischken
Krug
Abschermingken
Neu-Pellawen
Dobawen S.
Dobawen
Försterei Pellkawen
Pellkawen
Budweitschen
Heldenfrdh.
Schanzen Bge.
Försterei Theerbude
Oberförster. Rominten
Jagdschloß Rominten
Binnenwalde
Kugelfichten
Szittkehmen
Jengkupchen
Kögskehmen
Kl.Szittkehmen
Försterei Szittkehmen
Keppurdeggen
Oberförsterei Szittkehmen
Försterei Blindischken
Försterei Bludszen
Dagutschen
Kl.Skaisgirren
Försterei Dagutschen
Blindischken
Szabojeden
Padingkehmen
Kl. Bludszen
Gr.
Markawen
Blindgallen
Försterei Gollubien
Kl.Gollubien
Linnawen
Staatshausen
Gollubien
Thewel-
Eszer-

Andreas Gautschi:

DER ROMINTER HIRSCH

„Das Geweih eines Hirsches sollte in einer richtig verstandenen Hege nicht Kultgegenstand, Statussymbol oder Sammlerobejekt sein. Es sollte vielmehr den Lohn für fachmännische Arbeit, für Beschränkung und Enthaltsamkeit, für die Pflege der Lebensgemeinschaft im Rotwildrevier und für die Erhaltung einer der letzten und imponierendsten Großwildarten Europas schlechthin darstellen. Zu Recht darf sich jeder Jäger an einem Geweih freuen, wenn er sich dieser Zusammenhänge bewußt ist und in ihrem Sinne handelt", schreibt A. Gautschi in der Einleitung zu diesem Buch.

Die ehemals ostpreußische „Rominter Heide" gilt für Kenner auch heute noch als Synonym für erfolgreiche Rotwildhege. Der Autor hat aus vielen verschiedenen Quellen die - teilweise verschollenen - Erlegungsdaten jagdbarer Hirsche aus den letzten 100 Jahren zusamengetragen, verglichen und die interessantesten Geweihe detailgetreu nachgezeichnet. Aus der Gesamtschau ergeben sich aufschlußreiche Folgerungen besonders in Hinblick auf erstrebenswertes Zielalter der Hirsche und die Einwirkung von Fremdblut-Einkreuzungen.

Nach dem Erfolgstitel „ROMINTEN - GESTERN UND HEUTE" ein weiteres sorgfältig recherchiertes Werk des Schweizer Forstmanns und Jäger - vor Ort geschrieben und gezeichnet; denn unterdessen hat er seinen Standort dorthin verlegt, wo die Wurzeln seiner Erkundungen beheimatet sind: in die Rominter Heide.

Format DIN A 5, 160 Seiten mit 129 farbigen Abbildungen. DM 46,--

Christoph Hinkelmann:

WALD UND JAGD IN OSTPREUSSEN

Der Zugang zum heute russischen Teil der Rominter Heide ermöglicht seit einigen Jahren eine realitätsbezogene Fortschreibung ihrer Geschichte. So lag es nah, daß im Ostpreußischen Landesmuseum zu Lüneburg viele alte und neue Fakten, Exponate und Darstellungen zusammengetragen wurden, die in äußerst lebendiger Art neue Einblicke in dieses Thema verschafften. Die überragende Besucher-Resonanz bestätigte das nach wie vor große Interesse. Der vielfach geäußerte Wunsch, von dieser einmalig umfangreichen Materialsammlung eine Dokumentation vorzulegen, wurde durch die Herausgabe dieses Bandes Rechnung getragen. Enthalten sind hierin vor allem Wort- und Bildbeiträge, die in den bisherigen Veröffentlichungen unberücksichtigt blieben. Speziell die von Dr. Otto Steinfatt Ende der 30er Jahre gemachten Aufnahmen von Romintgen mit den ersten Agfa-Dia-Testfilmen gleichen einer Sensation. Dazu gesellen sich viele andere Unikate, die - wie sollte es bei diesem berühmten Jagdgebiet anders sein -- vorwiegend Wald, Tierwelt und Waidwerk von damals bis heute eindrucksvoll lebendig bleiben lassen.

Format 21 x 20 cm, 78 Seiten mit 79 Abbildungen, davon 19 farbig. DM 20,--

nimrod
verlag + versandbuchhandel

Postfach 11 13, 27384 Bothel
Tel. 04266/8666 · Fax 8667

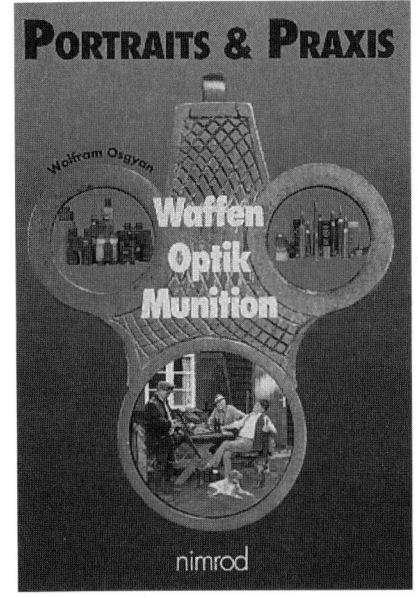

Wolfram Osgyan:

PORTRAITS & PRAXIS

Waffen, Optik, Munition

Aus dem umfangreichen Angebot an Jagdwaffen, Munition und Optik portraitet der Autor exemplarisch in der jagdlichen Praxis persönlich erprobte Produkte. Detailliert, umfassend und für jedermann verständlich setzt er sich mit den für Jäger wichtigsten Neuentwicklungen der letzten Jahrzehnte auseinander, schult mit zahlreichen Fotos sowohl den Blick für das Ganze als auch für charakteristische Einzelheiten und bietet so neben nützlichen Hintergrundinformationen Entscheidungshilfen vor einem Kauf.

Ein wesentlicher Teil des Buches widmet sich grundsätzlichen Fragen des jagdlichen Schießens: Was z. B. von ballistischen Tabellen der Munitionshersteller zu halten ist, wie Maßschäfte richtig angefertigt werden oder welche Absehen sich in der Dämmerung bewährt haben. Dazu viele Tips aus der Praxis gerade auch in Hinblick auf die Grundausstattung bis hin zur Pflege der wertvollen Ausrüstung.

Vom jagdlichen Einsteiger bis zum Experten bietet dieses großformatige Werk jedem Leser eine Informationsfülle, die ihresgleichen sucht. Eine Stärke dieses aufwendig ausgestatteten Bandes sind die zahlreichen Abbildungen (insgesamt über 500), die wesentlich zum Verständnis des Geschriebenen beitragen.

Großformat DIN A 4, 276 Seiten mit 518 Abbildungen. Jetzt nur noch 49,80 DM

Werner Flachs:

DAS JAGDHORN

Seine Geschichte von der Steinzeit bis zur Gegenwart

Dieses Buch schließt eine Lücke auf dem jagdlichen Buchmarkt. Es behandelt die Entwicklung vom einfachen Rinderhorn als Signalinstrument zum orchesterfähigen Waldhorn. Daß dabei die Jagd und das Horn als Kommunikationsmittel eine bedeutende Rolle spielt, geht als roter Faden durch dieses Werk. Geschrieben von einem internationalen Experten für den großen Kreis der Jagdhornbläser ebenso wie für Musiker. Frhr. v. Bistram schreibt im Vorwort: „Dieses Buch bietet nicht nur eine gründliche, über das Spezielle hinausgehende Gesamtschau zum Thema Jagd und Musik, sondern auch eine Fülle kulturgeschichtlicher Fakten, authentischer Text-, Noten- und Bildnachweise, technischer und bibliographischer Informationen, wie sie so zusammengefaßt bisher nicht zu finden waren. Ein Sachbuch sondergleichen.

Format 22 x 28 cm mit Schutzumschlag, 208 Seiten mit 165 zum Teil farbigen Abbildungen. 115,-- DM

nimrod
verlag + versandbuchhandel

Postfach 11 13, 27384 Bothel
Tel. 04266/8666 · Fax 8667

Wolfram Osgyan:
REHWILD-REPORT
Franz Riegers bahnbrechende Hegeerfolge

Eineinhalb Jahrzehnte wurde markiertes Rehwild in freier Wildbahn tagtäglich mit Notizblock und Kamera beobachtet. Der Erfolg: Eine einmalige Fülle von Aufzeichnungen und Bilddokumenten lieferten hieb- und stichfeste Fakten, die viele Ansichten zum Rehwild revolutionierten. Fragen, die jeden Rehwildjäger seit Jahrzehnten bewegen, werden hier endlich erschöpfend beantwortet. Wie z. B. über Jährlinge und was aus ihnen wird, wie viele Böcke ein Revier maximal verkraftet, wann der Bock sein stärkstes Gehörn trägt, über das Ansprechen und Wiedererkennen von Böcken und vieles mehr. Sensationelle Ergebnisse brachten die Beobachtungen des weiblichen Rehwildes - eine äußerst wichtige, aber meist vernachlässigte Frage. All das zusammen sorgte für einen Durchbruch in der Hege.
Wichtige, in der Praxis nachvollziehbare Hinweise zur Bejagung, bewährte Methoden zur Äsungsverbesserung und das ganze Know-how einer rehwildgerechten Winterfütterung runden das Konzept ab, mit dem z. B. Franz Rieger seit vielen Jahren in seinem ansonsten „normalen" Revier starkes Rehwild heranhegt. Jedes Jahr fallen dort jetzt auf 500 Hektar Böcke um 500, zum Teil sogar über 600 g.
Wer mehr über das Rehwild wissen will und Lust hat, wirklich etwas auf diesem Gebiet voranzubringen, für den ist dieser Erfolgstitel die richtige Lektüre. Denn hier dominieren keine trockenen wissenschaftlichen Darstellungen, sondern spannende Beschreibungen, mit denen der Jäger etwas anfangen kann - in den wesentlichen Aussagen mit fast 300 Farbbildern lebendig und eindrucksvoll belegt.

Format 17 x 24 cm, 248 Seiten mit 289 Farbabbildungen, 69,80 DM

Jürgen Jösch
TROPHÄENFIEBER

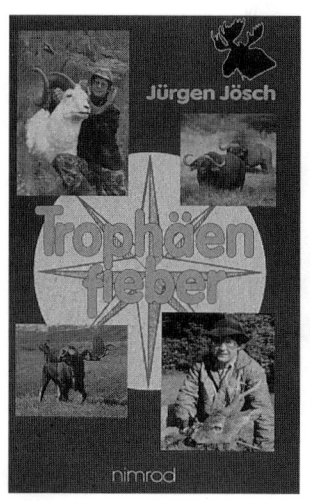

Der Autor dieses Buches hat einen Traum für sich zur Wirklichkeit gemacht. Nach vielen Auslandsreisen schlägt ihn vor allem die afrikanische Wildbahn in ihren Bann. Dem Zauber des schwarzen Kontinents verfallen, siedelt Jürgen Jösch kurzentschlossen nach Ostafrika um und beginnt seine Laufbahn als Professional Hunter. Das Führen von Jagdgästen schafft täglichen Kontakt zu Jagd und starkem Wild, aber auch die Voraussetzung für eigenes Jagen. Dabei steht das kapitale, reife und wehrhafte Wild immer im Vordergrund.
Die Bilanz: Über 300 Goldmedaillen, allein 19mal bedeutete die Bewertung der erbeuteten Trophäen aktuellen Weltrekord. Darüber hinaus unternimmt der Autor weiterhin Reisen in andere Länder, um neue Herausforderungen zu suchen. Die herausragenden Ereignisse aus über 30 Jahren engstem Kontakt mit ursprünglichen Wildbahnen in aller Welt sind hier in ebenso spannenden wie einfühlsamen Schilderungen zusammengefaßt, die jeden Jäger mit Fernweh absolut begeistern werden.

Format 13,5 x 21,3 cm, 184 Seiten mit 49 Farb- und 4 Schwarzweiß-Abbildungen. 20,-- DM

nimrod
verlag + versandbuchhandel

Postfach 11 13, 27384 Bothel
Tel. 04266/8666 · Fax 8667

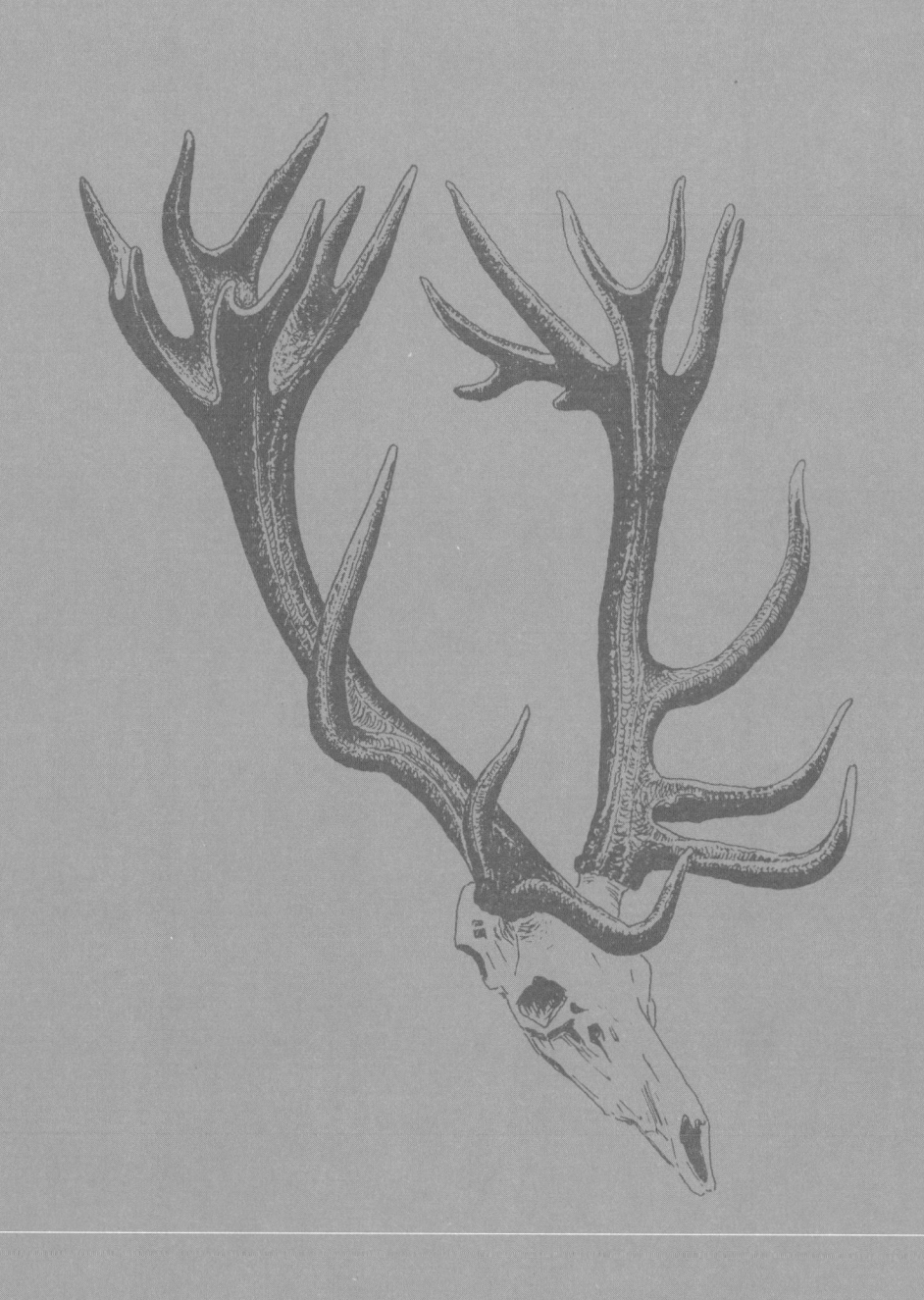